기적의 삶
365

A LIFE OF MIRACLES

copyright © 2008 — Bill Johnson
All right reserved.
Destiny Image Publisher, Inc
P.O. Box 310 Shippensburg, PA 17257-0310
All rights reserved.
Korean Translation Copyright © 2011 Shekinah publications.

이 책의 한국어판 저작권은 쉐키나 출판사에 있습니다.
저작권법에 의해 한국에서 보호받는 저작물이므로 무단전재와 무단복제를 금합니다.

기적의 삶

365일 기도와 기적의 가이드

■
■
■

빌 존슨

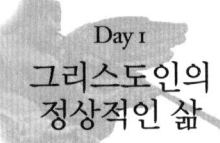

Day 1
그리스도인의 정상적인 삶

주린 자에게 네 심정이 동하며 괴로워하는 자의 심정을 만족하게 하면 네 빛이 흑암 중에서 떠올라 네 어둠이 낮과 같이 될 것이며

:: 이사야 58장 10절

비 내리는 쌀쌀한 토요일에 한 교회 버스가 우리가 사는 도시, 레딩의 가장 빈곤한 지역에서 노숙자와 가난한 사람들을 찾아 다녔다. 신랑신부는 버스가 돌아오기를 고대하며 그들을 위해 식사를 준비 했다. 그 빈민들이 바로 결혼식 손님이 될 것이다.

랠프와 콜린은 빈민 사역에서 봉사하다가 만났다. 그들은 하나님에 대한 열정과 가난한 사람들에 대한 사랑을 함께했다. 미국에서는 신랑신부들이 대개 지인들이 결혼선물을 백화점의 한 가게에서 구입하도록 지정해두지만, 랠프와 콜린은 구호물품 판매소를 지정해두었다. 그들이 희망하는 선물은 코트들, 모자들, 장갑들, 침낭들이었다…그리고 그것은 그 손님들에게 주려는 것이었다. 이것은 일반적인 결혼식은 아니었다.

결혼식 전에 주례인 내가 신랑신부를 만났을 때, 신랑신부는 결혼식 도중 성령께서 사람들을 치유하기 원하신다면 성령님께서 인도하시는 대로 따라주기를 바랐다. 그들이 하나님께서 **기적을 행하실 수밖에 없는 자리를 마련했기**에 기적은 더 이상 특별한 일이 아니었다.

결혼식 후에 신혼부부는 곧장 연회실로 가서 손님들을 위해 음식을 접시에 담았다. 굶주린 자들이 만족하였고 하나님께서는 기뻐하셨다.

결혼식이 시작되기 전에 두세 명이 내게 와서 흥분한 목소리로 말했다. "2년 반밖에 못 산다는 진단을 받은 사람이 여기 왔어요!" 치유의 기적이 일상화되다보니 우리는 이미 어떤 경계선을 넘어서 있었다. 치명적인 질병을 두려워하기보다는 그 안에서 기적의 가능성을 발견하는 것이다. 그 자체가 이미 나에게는 꿈이 실현된 것이다. 그것은 사람들이 하나님께 초자연적인 것을 **기대하는** 것이다!

「하늘이 땅을 침노할 때」 1장에서 인용

그들이 하나님께서
기적을 행하실 수밖에 없는 자리를 마련했기에
기적은 더 이상 특별한 일이 아니었다.

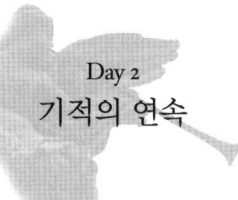

Day 2
기적의 연속

예수께서 들으시고 그들에게 이르시되 건강한 자에게는 의사가 쓸 데 없고 병든 자에게라야 쓸 데 있느니라 나는 의인을 부르러 온 것이 아니요 죄인을 부르러 왔노라 하시니라
:: 마가복음 2장 17절

루크라는 사람이 있었다. 그는 잘 걷지 못해 지팡이가 필요했고 양팔과 목에 큰 받침대를 하고 있었다. 나의 형제 밥과 나는 그를 교회 식당으로 데려오면서 양팔의 받침대에 관하여 물어 보았다. 그는 손목골 증후군 때문에 받침대를 하고 있다고 했다. 우리는 그의 손목에 안수하고 손목골이 열려 모든 무감각과 고통이 사라질 것을 명했다. 그 후 손이 치유를 받아 자유롭게 움직이게 되었다.

우리는 그의 지팡이와 다리 문제에 대해서도 물었다. 그는 끔찍한 사고로 인해 폐의 절반을 잃었고 인공 정강이뼈와 고관절을 갖게 되었다고 했다. 그리고 의사들이 그의 몸을 접합시킬 때, 다리 한 쪽이 1인치 짧아졌다고 했다. 우리는 그의 다리에게 자라라고 명령했다. 그러자 다리가 자랐다! 하나님께서 역사하고 계셨다. 하나님께서 잃어버린 뼈 1인치를 채워 주셨고, 사고 후유증인 모든 고통을 제거하셨다.

다음은 목에 대해 물었다. 그는 암에 걸려서 2년 밖에 못 살 뿐만 아니라 목의 근육이 없어져 받침대가 필요하다고 했다. 교인 중의 한 의사가 새 근육이 자라도록 명령했다. 우리가 기도를 끝마치고 났을 때, 루크는 고개를 양쪽으로 돌려보았다. 모든 것이 회복되었다. 그러고 나서 그는 손을 목 양쪽에 대어보고 나서 외쳤다.

"종양이 사라졌어요!"

병원에서는 그가 건강하다고 진단을 했다. 육체적 치유 이후에도 오래 동안 다른 기적들이 이어졌다. 몇 주 후에 루크는 직장을 구했다. 그것은 17년만이었다. 예수님께서는 전인(全人)적으로 치유하신다.

『하늘이 땅을 침노할 때』 1장에서 인용

예수님께서는 전인(全人)적으로
치유하신다.

Day 3
또 하루

내가 복음을 부끄러워하지 아니하노니 이 복음은 모든 믿는 자에게 구원을 주시는 하나님의 능력이 됨이라
:: 로마서 1장 16절

[처음 두 이야기를 읽으라. 지난번의 치유의 이야기는 첫 이야기의 결혼식에서 일어났다.]

물론 이런 종류의 결혼식은 드물지만, 우리 교회가 가난한 사람들을 찾아가고 기적이 일어나는 일은 흔하다. 그 이야기는 사실이며, 교회가 **보통** 경험하는 것보다 정상적인 그리스도인의 삶에 더 가깝다. 기적이 일어나지 않는 것은 그것이 하나님의 뜻이 아니라서가 아니라 우리가 듣고만 있기 때문이다. 우리에게는 **마음이 새로워지는** 변화가 필요하다. 그리고 그것은 간절히 찾는 이에게는 언제나 임하시는 성령의 역사를 통해서만 가능하다.

앞서 언급한 신랑신부는 평범한 사람에 지나지 않는다. 그 일에 위대한 사람은 개입되지 않았다. 위대하신 분은 오직 예수님뿐이셨다. 우리들은 단지 하나님께 자리를 만들어 드렸을 뿐이고, 하나님의 선하심을 언제나 믿었을 뿐이다. 신랑신부가 그런 수고를 감수한 것을 보신 하나님께서는 그냥 지나치실 수 없으셨다. 그래서 그 결혼식 피로연 중에 지옥의 질병에 매인 사람들에게 임하셔서 하나님의 영광을 위한 간증이 이뤄지게 하셨다.

이런 성격의 이야기들이 일반적인 것이 되어가고 있으며, 이러한 진정한 복음, **하나님 나라의 복음**을 추구하는 대열에 합류하는 사람들이 늘어나고 있다. 하나님과 하나님의 백성을 사랑하는 것은 존귀한 일이다. 우리는 더 이상 능력 없음에 대해 이것저것 핑계를 대지 않을 것이다. 왜냐하면 능력 없음은 용납될 수 없기 때문이다. 우리가 받은 임무는 간단하다. 하나님의 살아있는 능력을 공개적으로 나타낼 수 있는 세대를 일으키는 것이다. 이 책은 바로 그 여정, 곧 그 왕과 그분의 나라에 대한 추구를 위한 것이다.

"하나님의 나라는 말에 있지 아니하고 오직 능력에 있음이라 (고전 4:20)."
"너희는 먼저 그의 나라와 그의 의를 구하라 (마 6:33)."

「하늘이 땅을 침노할 때」 1장에서

**우리가 받은 임무는 간단하다.
하나님의 살아있는 능력을 공개적으로 나타낼 수 있는
세대를 일으키는 것이다.**

Day 4
대명령의 회복

이스라엘 사람들아 이 말을 들으라 너희도 아는 바와 같이 하나님께서 나사렛 예수로 큰 권능과 기사와 표적을 너희 가운데서 베푸사 너희 앞에서 그를 증언하셨느니라
:: 사도행전 2장 22절

예수님께서는 스스로 병자를 고치거나 또한 귀신들린 자를 해방시키거나 죽은 자를 살릴 수도 없으셨다. 그렇지 않다고 믿는 것은 예수님께서 자신을 향해 하신 말씀을 무시하고, 자기 자신을 제한해서서 사람으로 살려고 하신 예수님의 목적을 놓치는 것이다.

예수 그리스도께서는 자신에 대해 "아들이…**아무 것도** 스스로 할 수 없나니(요 5:19)"라고 말씀하셨다. 헬라어로 아무 것도라는 단어는 독특한 의미를 갖는다. 그것은 영어의 "nothing"과 같은 의미이다! 예수님께서는 스스로 **아무런** 초자연적 능력도 갖지 않으셨다! 그는 100% 하나님이시지만, 또한 100% 인간이셨다. 예수님께서는 예수의 이름으로 불가능을 정복하라는 초청을 받게 될 모든 사람들의 모델이 되셨다. 예수님께서는 **기적과 표적과 기사**를 행하셨다. 그것은 하나님으로서 하신 것이 아니라, 하나님과 올바른 관계 안에 있는 사람으로서 하신 것이다. 만일 예수님께서 하나님이셨기 때문에 기적들을 행하셨다면, 우리는 그것을 흉내 내지 못할 것이다. 그러나 예수님께서 사람으로서 그렇게 하셨다면, 우리는 예수님의 삶을 본받을 책임이 있다. 이 단순한 진리를 되찾는 것이 모든 것을 변화시킨다. 그리고 교회 안에 예수님의 사역이 온전히 회복될 가능성을 열어준다.

• 예수님의 인성의 특징들은 무엇인가?
  1. 예수님을 아버지와 단절시킬 죄가 없으셨다.
  2. 예수님을 통해 역사하시는 성령의 능력을 철저히 의지하셨다.
• 우리의 인성의 특징들은 무엇인가?
  1. 우리는 예수님의 피로 씻김을 받은 죄인들이다. 예수님께서는 자신의 희생을 통해 믿는 모든 자들에 대한 죄의 권세와 영향을 온전히 처리하셨다. 아무 것도 아버지로부터 분리시킬 수 없다. 그러나 한 가지 해결되지 않은 쟁점이 남아 있다.
  2. 과연 얼마나 기꺼이 성령님을 의지하며 살고자 하는가?　　「하늘이 땅을 침노할 때」 2장에서

예수님께서는 예수님의 이름으로 불가능을 정복하라는 초청을
붙잡게 될 모든 사람들의 모델이 되셨다.

Day 5
최초의 명령

하나님이 그들에게 복을 주시며 하나님이 그들에게 이르시되 생육하고 번성하여 땅에 충만하라, 땅을 정복하라, 바다의 물고기와 하늘의 새와 땅에 움직이는 모든 생물을 다스리라 하시니라

:: 창세기 1장 28절

하나님 나라의 권세와 능력의 중심은 **위임 명령**에서 발견된다. 인류에 대한 하나님의 최초의 명령과 목적을 발견하는 것은 역사를 바꾸는 의미 있는 삶을 살고자 하는 우리의 결단을 한층 굳세게 한다. 그 진리를 발견하려면, 태초로 돌아가 보아야 한다.

사람은 하나님의 형상으로 창조되어 하나님의 아름다움과 평화가 궁극적으로 표현된 곳인 에덴동산에 두어졌다. 그 동산 밖은 완전히 달랐다. 그 안에 있는 질서와 축복이 밖에는 없었고 하나님의 권위를 위임받은 자, 아담의 손길을 간절히 기다리고 있었다.

아담과 하와는 사명을 받고 에덴동산에 두어졌다. 하나님께서 말씀하셨다. "생육하고 번성하여 땅에 충만하라, 땅을 정복하라(창 1:28)." 여기에 담긴 하나님의 의도는 그들이 자녀를 낳아서, 자녀들도 하나님의 통치 아래 살고, 그들이 하나님께 대한 단순한 헌신을 통해 하나님의 동산(하나님의 통치)의 경계선을 확장시키는 것이었다. 하나님과 올바른 관계 속에 있는 사람들의 수가 많을수록, 그들의 리더십의 영향력이 증대될 것이다. 사람을 통해 하나님의 영광스러운 통치가 온 땅을 덮을 때까지 그 과정이 지속될 것이었다.

그러나 창세기 1장에서, 우리는 그것이 완전한 우주가 아니라는 것을 발견한다. 사탄이 반역해서 하늘에서 내쫓겼고, 사탄과 함께 타락한 천사들의 무리가 땅을 장악했다. 왜 사람이 땅의 나머지 부분을 정복해야 했는지 분명히 알 수 있다. 그 땅이 어둠의 영향 아래 있었기 때문이다(창 1:2). 하나님께서 한 마디 말씀으로 마귀와 그 무리를 멸하실 수도 있으셨지만, 그 대신에 하나님께서는 그의 권세를 위임하신 자들, 곧 하나님의 형상으로 만들어지고 하나님을 사랑하기를 선택한 자들을 통해 어둠을 무찌르길 택하셨다.

「하늘이 땅을 침노할 때」 2장에서

**인류에 대한 하나님의 최초의 명령과 목적을 발견하는 것은
역사를 바꾸는 의미 있는 삶을 살고자 하는
우리의 결단을 한층 굳세게 한다.**

Day 6
로맨스 스토리

하나님이 이르시되 우리의 형상을 따라 우리의 모양대로 우리가 사람을 만들고 그들로 바다의 물고기와 하늘의 새와 가축과 온 땅과 땅에 기는 모든 것을 다스리게 하자 하시고
:: 창세기 1장 26절

주권자 하나님께서 아담의 자손인 우리에게 이 땅, 지구를 맡기셨다. "하늘은 여호와의 하늘이라도 땅은 사람에게 주셨도다(시 115:16)." 하나님께서 인간을 사랑하셨기에 지극히 높은 명예를 우리에게 주셨다. 이것이 창조 로맨스의 시작이다. **친밀함을 위하여** 우리를 하나님의 형상으로 창조하시고 하나님의 통치가 사랑을 통해 표현되게 하셨다. 우리는 그 계시로부터 하나님의 대사로 행동하는 법을 배워야 하고, "이 세상 임금"을 물리칠 줄 알아야 했다. 모든 피조물 위에 하나님의 경건한 영향력을 미침으로써 모든 어둠이 무너질 수 있었지만, 오히려 인간은 타락했다.

사탄은 에덴동산에 폭력적으로 난입해서 아담과 하와를 사로잡지 않았다. 사탄은 그렇게 할 수 없다! 왜? 사탄은 에덴동산에 대한 지배권이 없었기 때문이다. 사람에게 이 땅에 대한 지배권의 열쇠가 주어졌으므로 마귀가 사람에게서 권세를 받아야 한다. 금지된 실과를 먹으라는 마귀의 제안은 아담과 하와가 하나님을 대적하여 자신에게 능력을 부여하게 하려는 시도였다. 그 합의를 통해 마귀는 **죽이고, 훔치고, 멸망시킬** 수 있다. 오늘날에도 사탄은 사람의 동의에 의해서 힘을 부여받는다는 것을 깨닫는 것이 중요하다.

바울은 "너희 자신을 종으로 내주어 누구에게 순종하든지 그 순종함을 받는 자의 종이 되는 줄을 너희가 알지 못하느냐(롬 6:16)"라고 말했다. 그 한 행동으로 인류는 악한 자의 종과 소유가 되었다. 아담이 소유했던 것은 세상에 대한 권리증서와 그에 따르는 지배의 위치이고 따라서 이 모든 것은 마귀의 전리품이 되었다. 그러나 하나님께서 미리 정해놓으신 구속의 계획이 즉시 실행되었다. "내가 너로 여자와 원수가 되게 하고 네 후손도 여자의 후손과 원수가 되게 하리니 여자의 후손은 네 머리를 상하게 할 것이요 너는 그의 발꿈치를 상하게 할 것이니라(창 3:15)." 예수님께서 오셔서 잃어버린 모든 것을 되찾으실 것이었다.

『하늘이 땅을 침노할 때』 2장에서

이것이 창조 로맨스의 시작이다.
친밀함을 위하여 우리를 하나님의 형상으로 창조하시고
하나님의 통치가 사랑을 통해 표현되게 하셨다.

Day 7
예수님의 승리에 쉬운 길은 없었다

아담 안에서 모든 사람이 죽은 것 같이 그리스도 안에서 모든 사람이 삶을 얻으리라

:: 고린도전서 15장 22절

인간을 향한 하나님의 계획은 결코 끝나지 않았다. 예수님께서는 누가복음 19장 10절에 "인자가 온 것은 잃어버린 자를 찾아 구원하려 함이니라"고 말씀하신다. 인류는 길을 잃고 죄에 빠졌을 뿐 아니라, 이 땅에 대한 지배권도 상실했다. 예수님께서는 두 가지를 다 되찾으려고 오셨다. 사탄은 예수님의 40일 금식 후 그 계획을 망치려했다. 사탄이 예수님께 말했다. "이 모든 권위와 그 영광을 내가 네게 주리라 이것은 내게 넘겨 준 것이므로 내가 원하는 자에게 주노라 그러므로 네가 만일 내게 절하면 다 네 것이 되리라(눅 4:6-7)."

'이것은 내게 넘겨 준 것이므로'라는 구절에 주목하라. 사탄은 그것을 훔칠 수 없었다. 아담이 하나님께서 주신 통치권을 포기함으로서 사탄에게 내어 준 것이다. 마치 사탄이 예수님께 이런 얘기를 하고 있는 것 같다. "나는 당신이 무엇을 위해 왔는지 알고 당신은 내가 뭘 원하는지 알아. 내게 절하면 열쇠들을 돌려주겠어." 사탄은 사람이 죄로 인해 잃어버린 권세의 열쇠를 되찾는 쉬운 방법을 알려 주겠다고 예수님께 제안하고 있었던 것이다. 그러나 예수님께서는 "아니다"라고 말씀하셨다. 사탄에게 어떤 영광도 주기를 거절하신 것이다(사탄이 애초에 천국에서 떨어진 것도 예배를 받으려는 그런 욕심 때문이었다. 이사야 14:12 참조). 예수님께서는 자신의 길을 고수하셨다. 왜냐하면 그는 죽으러 오셨기 때문이다.

하나님께서는 하나님의 형상으로 만들어진 사람이 사탄에게 승리하기를 원하셨다. 예수님께서는 인류를 구속하시려고 피를 흘리셨고, 하나님으로서의 권리를 비우시고 인간의 한계를 직접 경험하셨다. 하나님과 올바른 관계에 있는 사람으로서 인자인 예수님께 마귀가 패했다. 이제 예수 그리스도의 구원의 십자가를 받아들일 때, 우리는 예수님의 승리에 접붙여진다. 예수님께서 죄 없는 삶으로 마귀를 무찌르셨고, 우리의 죄 때문에 피 흘리고 죽으셨으며, 승리하여 부활하사 사망과 음부의 열쇠를 가지셨다.

『하늘이 땅을 침노할 때』 2장에서

> 이제 예수 그리스도의 구원의 십자가를 받아들일 때,
> 우리는 예수님의 승리에 접붙여진다.

Day 8
우리는 다스리며 살도록 태어났다

한 사람의 범죄로 말미암아 사망이 그 한 사람을 통하여 왕 노릇 하였은즉 더욱 은혜와 의의 선물을 넘치게 받는 자들은 한 분 예수 그리스도를 통하여 생명 안에서 왕 노릇 하리로다

:: 로마서 5장 17절

예수님께서 사람을 구속하심으로써 사람이 잃어버린 것을 되찾으셨다. 예수님께서 승리의 보좌에서 선언하셨다. "하늘과 땅의 모든 권세를 내게 주셨으니 그러므로 너희는 가서…"(마 28:18-19). 다시 말해서 이런 말씀이다. "내가 모두 되찾았다. 이제 가서 그것을 사용하여 인류를 되찾거라." 이 구절에서 예수님께서는 제자들에게 "내가 천국 열쇠를 네게 주리니"(마 16:19)라고 하셨던 약속을 성취하셨다. 원래의 계획은 결코 폐지되지 않았다. 그것은 예수님의 부활과 승천으로 단번에 완전히 이루어졌다. 그 다음에 우리는 하나님의 형상으로 만들어진 사람으로서 마땅히 다스려야 한다. 그것이 하나님의 계획이 온전히 회복되는 것이다. 우리는 갈보리에서 획득한 승리를 어떻게 집행할지 배워야 한다. "평강의 하나님께서 속히 사탄을 너희 발 아래에서 상하게 하시리라(롬 16:20)."

우리는 다스리며 살도록 태어났다. 피조물을 다스리고, 어둠을 다스려야 한다. 하나님 나라의 복음을 전파함으로써 우리가 가는 곳마다 예수님의 통치를 확립하고 지옥을 약탈해야 한다. **왕국**(Kingdom)**은 왕의 영토**를 의미한다. 하나님의 원래의 목적 속에서는 인간이 피조물을 다스렸다. 이제는 죄가 세상에 들어왔기 때문에 피조물인 자연이 어둠, 즉 질병, 아픔, 악의 영들, 빈곤, 자연재해, 악한 영의 영향 등등에 시달리게 되었다. 우리는 여전히 피조물을 다스리지만, 이제 그 초점은 마귀의 일을 드러내고 멸하는 데 있다. 우리는 그 목표에 도달하기 위해 우리가 받은 것을 나눠줘야 한다(롬 16:20). 만일 내가 하나님과 만남으로써 능력을 받으면, 능력을 전달할 수 있도록 무장된다. 높은 곳에서 오는 능력을 받고 그 능력을 삶 속에 풀어놓을 줄 아는 사람들을 통해서 하나님께서 불가능한 상황들 속에 침노하시는 일이 이뤄진다.

「하늘이 땅을 침노할 때」 2장에서

**우리는 여전히 피조물을 다스리지만,
이제 그 초점은 마귀의 일을 드러내고 멸하는 데 있다.**

Day 9
다윗의 열쇠

내가 천국 열쇠를 네게 주리니 네가 땅에서 무엇이든지 매면 하늘에서도 매일 것이요 네가 땅에서 무엇이든지 풀면 하늘에서도 풀리리라 하시고

:: 마태복음 16장 19절

구원의 복음은 영, 혼, 육의 전인에 역사한다. **악**(*evil*)이라는 단어를 공부해보면 하나님께서 구속하려 하신 범위가 무엇인지 다시 한 번 확인된다. 마태복음 6장 13절의 "다만 악에서 구하시옵소서"라고 하는 구절에 그 단어가 나온다. '악하다'라는 단어는 사람에게 미친 저주 전체를 나타낸다. 악을 뜻하는 헬라어 '포네로스'는 '고통'을 의미하는 '포노스'라는 단어에서 유래되었다. 그리고 그 단어의 어원은 '페네스'인데 '가난하다'를 의미한다. 이것을 잘 보라. **악**-죄, **고통**-질병, **가난**-빈곤.

예수님께서 십자가의 구속 사역을 통해 죄, 질병, 빈곤의 세력을 멸하셨다. 아담과 하와가 땅을 정복하라는 위임령을 받았을 때, 그들은 질병, 가난, 죄가 없었다. 이제 우리가 하나님의 원래의 목적으로 회복되었는데, 그보다 못한 것을 기대해서야 되겠는가? 무엇보다도, 우리는 더 나은 언약 아래 있다!

우리는 천국 열쇠를 받았다. 그 일부분은 **지옥의 모든 세력을 짓밟는 권세**이다(마 16:19, 눅 10:19). **다윗의 열쇠**라는 구절이 요한계시록과 이사야서에 두 번 언급된다(계 3:7, 사 22:22). 아버지께서 가지신 모든 것이 그리스도 안에서 우리의 것이다. 우리로 하여금 하나님의 위임령을 성취하게 하려고 하나님의 보화 전부를 사용할 수 있게 하셨다. 그러나 이 예화에서 더 정신 번쩍 들게 하는 것은 **왕을 만나는 것을 제한하는 자가 누구인가**에 있다. 우리가 복음을 제한하지는 않는가? 우리가 누군가에게 복음을 선포할 때는 그가 왕께 나아와 구원을 받을 기회를 주는 것이다. 그러나 침묵하면, 복음을 들을 수 있는 사람이 영생에서 멀어지도록 하는 것이다. 예수님께서 그 열쇠를 얻으려 큰 값을 치르셨다. 바로 우리가 그 열쇠를 사용하도록 값을 치르신 것이다. 이제 우리는 영원한 세계에서 예수님이 치르신 그 값을 더욱 뼈저리게 느끼게 될 것이다.

「하늘이 땅을 침노할 때」 2장에서

우리가 침묵하면, 복음을 들을 수 있는 사람이
영생에서 멀어지도록 하는 것이다.

Day 10
정체성 혁명

> 우리 가운데서 역사하시는 능력대로 우리가 구하거나 생각하는 모든 것에 더 넘치도록 능히 하실 이에게…
>
> :: 에베소서 3장 20절

우리의 비전에 혁명이 일어나야할 때다. 예언자들이 **"당신의 비전은 너무 작습니다"**라고 말하면, 많은 사람들이 그 해결을 숫자를 늘리는 것으로 생각한다. 예를 들어, 10명의 새 신자를 기대했었다면, 100명으로 바꾼다. 도시들을 위한 기도를 나라들을 위한 기도로 바꾼다. 그러나 그것은 핵심을 놓치고 있는 것이다. 비전은 정체성과 목적으로부터 시작된다. 정체성의 혁명을 통해 우리는 거룩한 목적을 생각할 수 있다. 그리고 그런 변화는 하나님에 대한 **계시**로부터 시작된다.

어떤 사람들은 교회의 상태가 점점 더 악화될 것이라고 믿는다. 그래서 교회 안에 일어나는 비극은 지금이 마지막 때라는 징표일 뿐이라고 생각한다. 그런 왜곡된 관점을 가진 많은 사람들은 현재 교회의 연약함이 자신들의 관점을 증명한다고 여긴다. 세상과 교회의 상태가 악화되는 것이 그들에게는 모든 것이 잘되고 있다는 징표인 것이다. 그러나 그런 사고방식에는 **믿음이 필요하지 않다!**

믿음이 필요하지 않은 신앙체계를 받아들이는 것은 위험하다. 그것은 하나님의 본질이나 성경에서 선포하는 모든 것과 반대가 된다. 하나님께서는 우리가 **구하는 것이나 생각하는 것에 더 넘치도록** 행하려고 계획하시기 때문에 하나님의 약속들은 그 본질 상 우리의 지성이나 기대를 넘어선 도전을 제시한다. 우리는 하나님의 약속이 빠져버린 결과를 맞이해선 안 된다.

우리는 하나님의 **고귀한 가치**보다 우리의 **무가치함**을 더 확신할 때가 종종 있다. 하나님의 **능력**보다 우리의 **무능함**에 더 초점을 맞출 때가 있다. 그러나 하나님께서는 **겁 많은 기드온**을 용사라 부르셨고, **불안정한 베드로**를 반석이라고 부르셨다. 그리고 우리를 그리스도의 몸이라고 부르신다. 그리스도는 하나님께서 사랑하시는 아들이시며, 우리는 이 땅에서 그의 몸이다(삿 6:12, 마 16:18). 오직 그것만이 중요하다.

「하늘이 땅을 침노할 때」 2장에서

> 믿음이 필요하지 않은 신앙체계를
> 받아들이는 것은 위험하다.

Day 11
회개하여 보게 됨

또 그의 이름으로 죄 사함을 받게 하는 회개가 예루살렘에서 시작하여 모든 족속에게 전파될 것이 기록되었으니
:: 누가복음 24장 47절

이스라엘은 그들의 메시야가 다른 모든 왕들을 다스릴 왕으로 오시기를 기대했다. 그리고 메시야는 왕으로서 오셨다. 그러나 이스라엘이 하나님 나라의 위대함에 대해 잘못된 생각을 갖고 있었기 때문에 메시야가 땅의 화려한 축하 연주도 없이 탄생해서 모든 사람의 종이 되는 것을 이해 할 수 없었다.

그들은 메시야가 철장 권세로 통치할 것이고 그렇게 되면 지난 세월 동안 그들을 억압해온 모든 자들에게 마침내 복수할 수 있을 것이라고 생각했다. 그러나 메시야의 복수는 이스라엘의 원수들에 대한 것이라기보다는 사람의 원수인 죄, 마귀, 마귀의 역사, 종교에 의해 조장된 자기 의의 태도에 관한 것이다.

메시야 예수님의 오심에는 놀라운 면들이 가득했다. 오직 통회하는 심령을 가진 자들만이 예수님의 **예상 밖의 면모**들을 받아들일 수 있었고 그것에 마음이 상하지 않을 수 있었다. 예수님의 목적이 예수님의 첫 메시지에 계시되었다. "회개하라 천국이 가까이 왔느니라(마 4:17)." 거기에는 완전히 그들의 허를 찌르는 것이 있었는데 바로 예수님께서는 예수님의 세계를 가지고 오셨다는 것이다!

회개란 죄에 대해 울거나, 그 죄들로부터 돌아서서 하나님을 따르는 것 이상의 의미가 있다. 사실, 죄로부터 돌아서서 하나님께로 오는 것은 회개의 **결과**에 가깝다. **회개**란 "생각하는 방식을 바꾸는 것"을 의미한다. 오직 우리가 생각하는 방식을 바꿈으로써만 우리는 예수님의 사역의 초점인 하나님 나라를 발견할 수 있다.

이것은 단지 행복한 생각을 하라는 하늘의 명령이 아니다. 이 명령에 순종하는 것은 하나님의 은혜를 받아들이는 자들만 가능하다. 생각이 새로워지는 것은 마음을 복종한 결과이다.

『하늘이 땅을 침노할 때』 2장에서

회개란 "생각하는 방식을 바꾸는 것"을 의미한다.

Day 12
180도 전향

그러므로 우리가 그리스도의 도의 초보를 버리고 죽은 행실을 회개함과 하나님께 대한 신앙과 침례들과 안수와 죽은 자의 부활과 영원한 심판에 관한 교훈의 터를 다시 닦지 말고 완전한 데로 나아갈지니라

:: 히브리서 6장 1절

    회개는 종종 180도 방향전환으로 정의된다. 그것은 내가 삶에서 한 방향을 추구하다가 다른 방향을 추구하는 것으로 변한다는 것이다. 성경은 그것을 "죽은 행실을 회개함과 하나님께 대한 신앙(히 6:1)"이라고 설명한다. 그러므로 믿음(신앙)은 회개의 아름다운 결과이기도 하고 회개를 가능하게 하는 원동력이기도 하다.

    회개의 초점은 우리의 사고방식을 바꾸어서 하나님 나라의 임재가 우리의 의식을 충만히 채우게 되는 것이다. 원수는 우리가 눈에 보이는 것들만을 사랑하게 하려 하지만, 우리의 마음이 하나님의 세계의 존재를 인식하게 될 때, 원수의 그런 시도에 쉽게 저항할 수 있다. 그런 인식은 우리가 그리스도의 **동역자**가 되어 **마귀의 일을 멸하는** 임무를 감당하게 도와준다(고전 3:9, 요일 3:8 참조).

    하나님 나라가 **지금, 여기** 있다면, 우리는 그것이 보이지 않는 영역에 있음을 인정해야 한다. 그러나 또한 하나님 나라가 **가까웠다**는 것은 하나님 나라가 **우리의 손이 닿는 범위 안에 있음을** 일깨워준다. 바울은 보이지 않는 세계는 영원하지만, 반면에 보이는 세계는 일시적이라고 말했다(고후 4:18 참조). 예수님께서 니고데모에게 하나님 나라를 보려면 거듭나야 한다고 말씀하셨다(요 3:3 참조). 그 보이지 않는 것은 오직 **회개**를 통해서만 실현될 수 있다. 예수님께서 마치 이렇게 말씀하신 것과 같다고 할 수 있다. "네가 사물을 인식하는 방식을 바꾸지 않으면, 너는 자연적인 세계에서 보는 것이 우월한 실체라고 생각하며 평생을 살 것이다. 네가 생각하는 방식을 바꾸지 않으면 너는 바로 네 코앞에 있는 세계를 결코 보지 못할 것이다. 그것은 나의 세계이며, 그 세계는 네가 가졌던 모든 꿈을 성취시킬 것이다. 내가 그 세계를 친히 가져왔다." 예수님께서 삶과 사역에서 행하신 모든 것은 그 **우월한** 실체로부터 말미암았다.

「하늘이 땅을 침노할 때」 3장에서

믿음(신앙)은 회개의 아름다운 결과이자
회개를 가능하게 하는 원동력이다.

Day 13
보이지 않는 세계로부터 오는 능력으로 살기

> 의에 주리고 목마른 자는 복이 있나니 그들이 배부를 것임이요
>
> :: 마태복음 5장 6절

"일을 숨기는 것은 하나님의 영화요 일을 살피는 것은 왕의 영화니라(잠 25:2)." **간절한 자들만이** 발견할 수 있는 것이 있다. 하나님 나라에서 매우 소중히 여겨지는 태도(마 5:6 참조)는 **하나님 나라에 진정으로 충성된** 마음에서 나오는 태도이다. "또 충성된 증인으로 죽은 자들 가운데서 먼저 나시고 땅의 임금들의 머리가 되신 예수 그리스도로 말미암아(계 1:5)" 하나님께서는 그의 나라로 친히 임하셨지만 돌 속에 있는 감춰져있는 금을 겉에서는 볼 수 없듯이 보이지 않게 하셨다.

바울은 골로새에 쓴 편지에서 이것을 다루었다. 거기서 바울은 하나님께서 우리의 풍성한 삶을 그리스도 안에 감추어두셨다고 우리에게 알려준다. "이는 너희가 죽었고 너희 생명이 그리스도와 함께 하나님 안에 감추어졌음이라(골 3:3)." 그가 어디 계신가? **하늘에서 아버지의 오른편에 앉아계신다**(엡 1:20 참조). 우리의 풍성한 삶이 하나님 나라에 감추어져 있다. 그리고 오직 믿음으로만 그것을 찾을 수 있다.

하나님의 나라(*Kingdom*, **왕국**), '**왕**', '**국**'이라는 단어에 주목하라. 그것은 **왕의 영토**를 가리키며, 권세와 주권의 의미를 함축한다. 예수님께서는 예수님의 통치에 굴복하는 모든 자들에게 예수님의 세계의 유익을 제공하려고 오셨다. 하나님께서 통치하시는 영역, 그리고 모든 것이 충분한 영역이 하나님 나라의 영역이다. 하나님께서 통치하실 때의 혜택이 하나님의 용서, 해방, 치료를 통해 나타난다.

그리스도인의 삶은 이 목표를 향해 나아가도록 정해져 있다. 그것이 주님께서 보여주신 기도문에 나타난다. "나라가 임하시오며 뜻이 하늘에서 이루어진 것 같이 땅에서도 이루어지이다(마 6:10)."

하늘에서 이루어지는 일이 여기에서도 일어날 때, 하나님의 통치가 실현된다.

「하늘이 땅을 침노할 때」 3장에서

우리의 풍성한 삶이 하나님 나라에 감추어져 있다.
오직 믿음으로만 그것을 되찾을 수 있다.

Day 14
최고의 설교

기뻐하고 즐거워하라 하늘에서 너희의 상이 큼이라
:: 마태복음 5장 12절

예수님 **안에** 있는 성령님의 임재는 사람들에게 하나님께 대한 갈망을 불러일으켰다. 그 갈망이 그들의 태도에 변화를 일으켰다.

복이 있다는 것은 **행복하다**는 의미이다! 다음은 마태복음 5장 3-12절을 의역한 것이다.

3절 심령이 가난한 자는 행복하나니 천국이 그들의 것임이요
4절 애통하는 자는 행복하나니 그들이 위로를 받을 것임이요
5절 온유한 자는 행복하나니 그들이 땅을 기업으로 받을 것임이요
6절 의에 주리고 목마른 자는 행복하나니 그들이 배부를 것임이요
7절 긍휼히 여기는 자는 행복하나니 그들이 긍휼히 여김을 받을 것임이요
8절 마음이 청결한 자는 행복하나니 그들이 하나님을 볼 것임이요
9절 화평하게 하는 자는 행복하나니 그들이 하나님의 아들이라 일컬음을 받을 것임이요
10절 의를 위하여 박해를 받은 자는 행복하나니 천국이 그들의 것임이라
11절 나로 말미암아 너희를 욕하고 박해하고 거짓으로 너희를 거슬러 모든 악한 말을 할 때에는 너희가 행복하나니
12절 기뻐하고 즐거워하라 하늘에서 너희의 상이 큼이라 너희 전에 있던 선지자들도 이같이 박해하였느니라

그 각각의 새로운 태도를 가질 때의 결과를 보라. **천국을 받다, 위로받다, 긍휼히 여김을 받다, 하나님을 본다** 등등. 많은 사람들이 예수님의 가르침을 **그저 또 하나의 율법으로만** 보고 있기 때문에 이러한 각각의 결과들이 중요하다. 진심으로 듣고자 하는 자들에게는 명령을 준행할 능력을 주신다. 이 은혜로 말미암아 **계명을 실행할 수 있게 된다.**

「하늘이 땅을 침노할 때」 3장에서

은혜가 율법과 다른 점은 순종하기 전에
은총이 먼저 임한다는 것이다.

Day 15
하나님의 통치를 실현하라

> 그는 보이지 아니하는 하나님의 형상이시요 모든 피조물보다 먼저 나신 이시니 만물이 그에게서 창조되되 하늘과 땅에서 보이는 것들과 보이지 않는 것들과 혹은 왕권들이나 주권들이나 통치자들이나 권세들이나 만물이 다 그로 말미암고 그를 위하여 창조되었고
>
> :: 골로새서 1장 15-16절

보이지 않는 세계가 보이는 세계에 영향을 미친다. 하나님 나라가 손만 뻗으면 닿을 수 있는 곳에 가까이 있지만 하나님의 백성이 손을 뻗어 그 나라를 임하게 하지 않으면, 어둠이 영향을 발휘할 것이다.

"여호와께서…그의 왕권으로 만유를 다스리시도다(시 103:19)"라는 좋은 소식이 있다. 예수님께서 마태복음 12장 28절에서 그 사실을 나타내는 말씀을 하셨다. "내가 하나님의 성령을 힘입어 귀신을 쫓아내는 것이면 하나님의 나라가 이미 너희에게 임하였느니라." 여기서 주목할 점이 두 가지 있다.

첫째, 예수님께서는 오직 성령을 통해 일하셨다. 둘째, 하나님의 나라가 어떤 사람 위에 임하면 그 사람이 해방된다. 예수님께서는 두 세계, 곧 어둠의 세계와 빛의 세계를 충돌하게 하셨다. 어둠은 **항상** 빛에 굴복한다! 그처럼 하나님의 통치가 예수님을 통해 어둠아래 있던 사람에게 임하자 그가 자유로워졌다.

병자가 치료될 때도 동일하게 빛과 어둠의 충돌이 일어난다. 월터라는 형제는 지난해에 두 번의 뇌졸중을 겪어서 몸 오른쪽 전부가 감각을 잃었다. 그런데 내 마음 속에 믿음이 불같이 일어나기 시작했다. 나는 감각 상실이 존재하지 않는 하나님 나라를 인식하게 되었다. 나는 그의 문제가 얼마나 심각한지는 더 알고 싶지 않았다. 기도를 시작하자, 곧 그가 말했다. 내가 그의 어깨에 손을 얹은 것과 그의 오른손에 내 셔츠가 닿는 것을 느낀다는 것이었다. 하나님 나라의 세계가 감각 상실의 세계와 충돌하기 시작했고, 감각 상실은 사라져버렸다.

보이지 않는 세계의 우월성을 발견하는 열쇠는 믿음이다. 우리 안에 있는 그 "하나님의 은사"를 드러내야 한다.

『하늘이 땅을 침노할 때』 3장에서

어둠은 **항상** 빛에 굴복한다!

Day 16
믿음은 보이지 않는 것에 기반을 둔다

너는 기도할 때에 네 골방에 들어가 문을 닫고 은밀한 중에 계신 네 아버지께 기도하라 은밀한 중에 보시는 네 아버지께서 갚으시리라

:: 마태복음 6장 6절

믿음은 보이지 않는 세계에 기반을 두고 있다. 믿음은 보이지 않는 것**으로부터 나와서** 보이는 것을 **향하여 나아가며** 산다. 믿음은 깨달은 것을 실현시킨다. 성경은 믿음의 삶을 자연적인 시야의 한계와 대비시킨다(고후 5:7 참조). 믿음은 마음의 눈을 열어준다.

예수님께서는 사람들이 마음의 눈으로 보기를 바라신다. 사람들은 영적 세계를 들여다보는 능력을 특별한 은사의 결과로만 생각할 뿐 모든 사람들이 가지고 있으면서도 사용하지 않는 잠재력이라고 보지 않는다. 우리는 은혜를 인하여 믿음으로 말미암아 구원을 받는다(엡 2:8 참조). 거듭남의 경험은 우리에게 마음으로 볼 수 있는 눈을 준다(요 3:3 참조). 보지 못하는 마음은 강퍅한 마음이다(막 8:17-18 참조). 믿음은 단지 우리를 가족이 **되게** 하기 위한 것만은 아니다. 오히려, 믿음은 하나님의 가족의 삶의 본질이다. 우리는 믿음으로 본다. 믿음은 하나님 나라에 초점을 맞추게 한다. 하나님 아버지의 모든 자원, 그 모든 은택은 믿음을 통해 접근할 수 있다.

우리로 하여금 보는 것을 격려하시려고 예수님께서 "너희는 먼저 그의 나라와 그의 의를 구하라(마 6:33)"는 구체적인 교훈을 주셨다. 바울은 "위의 것을 생각하고 땅의 것을 생각하지 말라(골 3:2)"고 우리를 가르쳤다. 또 바울은 "보이는 것은 잠깐이요 보이지 않는 것은 영원함이라(고후 4:18)"고 말했다. 성경은 보이지 않는 것에 주의를 돌리라고 우리에게 교훈한다. 성경에 반복적으로 언급되어있는 이 주제는 서구문화의 논리에 얽매여있는 사람들을 상당히 긴장시킨다.

우리가 교회에 회복되기를 바라는 초자연적 세계의 비밀이 여기 있다. 예수님께서는 아버지께서 행하시는 것을 **볼 때에만** 행하셨다고 우리에게 말씀하셨다. 더 많은 것을 원하는 사람이라면 그런 통찰을 꼭 가져야 한다. 예를 들어, 맹인의 눈에 진흙을 바르실 때, 예수님의 행하심에 능력이 있었던 것은 예수님께서 그것을 보실 수 있었기 때문이다.

「하늘이 땅을 침노할 때」 4장에서

믿음은 마음의 눈을 열어준다.

Day 17
예배와 믿음의 학교

하나님은 영이시니 예배하는 자가 영과 진리로 예배할지니라

:: 요한복음 4장 24절

하나님은 매우 헌신적으로 우리가 볼 수 있도록 가르치신다. 그것을 가능하게 하기 위해 우리에게 성령을 개인 교사로 보내 주셨다. 성령께서 사용하시는 커리큘럼은 매우 다양하다. 그 중에서 우리 모두 참여할 수 있는 한 과목은 예배이다. **보는 방법**을 배우는 것은 우리의 예배의 목적이 아니지만, 예배의 좋은 부산물이다.

영과 진리로 예배하는 자들은 성령의 인도를 따를 줄 알게 된다. 성령의 영역은 하나님 나라. **하나님의 백성의 찬양** 위에 세워지는 하나님의 보좌가 하나님 나라의 중심이다 (시 22:3 참조). 우리는 예배 속에서 우리의 지성의 이해를 넘어서는 것들을 배울 수 있다. 그 중에서도 가장 큰 교훈은 하나님의 임재가 너무나 소중하다는 것이다(엡 3:20 참조). 다윗이 그것에 흠씬 젖어들었기 때문에 하나님께 온전히 드려진 그의 마음은 그의 다른 모든 업적들을 무색하게 할 정도였다. "내가 여호와를 항상 내 앞에 모심이여 그가 나의 오른쪽에 계시므로 내가 흔들리지 아니하리로다(시 16:8)"와 같은 말을 보면 그가 하나님의 세계를 들여다볼 줄 알았다는 것을 알 수 있다. 하나님의 임재가 그가 보는 것에 영향을 미쳤다. 그는 하나님의 임재를 인식하는 것을 항상 연습했다. 그는 매일 하나님을 보았다. 그것은 육신의 눈으로가 아니라, 믿음의 눈으로였다. 하나님은 값을 매길 수 없이 소중한 그 계시를 예배자에게 주신다.

성경에 나타나는 이런 종류의 주제들을 대하는 것이 아직 익숙하지 않은 사람들에게 예배는 좋은 출발점이다. 예배 속에서 우리는 하나님께서 주신 이 은사, 즉 마음으로 보는 능력에 주의를 기울이는 법을 배울 수 있다. 우리가 정결한 마음으로 예배할 수록 우리의 눈이 점점 열려질 것이다. 그래서 하나님께서 원하시는 것을 보게 될 것이다.

「하늘이 땅을 침노할 때」 4장에서

> 영과 진리로 예배하는 자들은
> 성령의 인도를 따를 줄 알게 된다.

Day 18
보이지 않는 것 보기

우리가 주목하는 것은 보이는 것이 아니요 보이지 않는 것이니 보이는 것은 잠깐이요 보이지 않는 것은 영원함이라
:: 고린도후서 4장 18절

보이지 않는 세계는 자연적인 세계보다 우위에 있다. 그 보이지 않는 세계의 실체가 우리가 살고 있는 자연적 세계를 지배한다. 보이지 않는 것이 자연적인 것보다 우위에 있으므로 믿음은 보이지 않는 것에 기반을 둔다.

믿음은 하나님의 계시된 뜻 안에서 사는 것이다. 하나님이 누구신지, 하나님이 어떤 분이신지 오해하면, 믿음이 그 오해로 때문에 제한된다. 예를 들어, 하나님께서 성품을 변화시키기 위해 질병을 허락하셨다고 믿는다면, 치료가 필요할 때 기도할 자신감을 갖지 못할 것이다. 그러나 만일 질병과 몸의 관계가 죄와 영혼의 관계와 같다고 믿는다면, 어떤 질병도 우리를 위협하게 두지 않을 것이다. 우리가 하나님의 선하심을 정말로 안다면 믿음이 훨씬 더 자유롭게 일어날 수 있다.

기적의 믿음을 가져야할 사람들에게 그런 오해들이 영향을 미친다. 기적이 필요한 한 여인이 있었다. 그녀는 하나님께서 어떤 목적을 위해 그녀에게 질병을 허락하셨음을 느낀다고 내게 말했다. 나는 만일 내가 자녀를 그런 식으로 대한다면 아동학대죄로 체포될 것이라고 말했다. 진리가 그녀의 마음에 심어진 후, 그녀에게 치료가 임했다.

불신은 눈에 보이는 것과 하나님과 상관없이 합리적으로 보이는 것에 뿌리를 내리고 있다. 불신은 자연적 세계를 보이지 않는 세계보다 우월하다고 높인다. 그러나 사도 바울은 보이는 것은 일시적이고 보이지 않는 것이 영원하다고 말한다(고후 4:18 참조). 불신은 믿음을 열등하게 보는 것이다.

불신은 자연적 세계에 근거를 둔다. 그 세계 자체를 악하다고 보지는 말아야 한다. 오히려 마음이 겸손한 자들은 보이는 것을 통해 하나님의 손을 인식한다. 강이나 나무, 천사나 하늘 등 만물은 하나님을 증거 하도록 창조되었다. 자연적 세계는 하나님의 위대하심을 증거한다. 그래서 눈이 있는 자들이 보고 귀 있는 자들이 듣게 하신다(롬 1:20-21 참조).

「하늘이 땅을 침노할 때」 4장에서

> 강이나 나무, 천사나 하늘 등 만물은
> 하나님을 증거 하도록 창조되었다.

Day 19
현실주의자냐, 물질주의자냐?

위의 것을 생각하고 땅의 것을 생각하지 말라

:: 골로새서 3장 2절

내가 만나본 사람들 중에 불신으로 가득 찼던 대부분의 사람들은 자신을 '현실주의자'라고 불렀다. 그들은 물질세계가 영의 세계를 지배한다고 믿는다.

물질주의는 단지 물건을 쌓아두는 것만이 아니다. 원하는 것이 아무 것도 없다 하더라도 물질주의적일 수 있다. 물질주의는 자연적인 것이 우월한 실체라고 믿는 것이기 때문이다.

우리의 사회는 감각적인 사회이므로, 감각을 통해 얻는 것으로 규정된 문화를 갖고 있다. 우리는 보는 것만을 믿도록 훈련된다. 참된 믿음은 자연적 세계를 부인하며 사는 것이 아니다. 만일 병원에서 종양이 있다고 하는데, 종양이 없는 것처럼 생각하는 것이 믿음이 아니다. 그러나 믿음은 그 종양보다 더 우월한 실체에 기반을 둔다. 종양의 존재를 인정하면서도 나의 치료를 위해 예수님께서 채찍에 맞으셨음을 믿을 수 있다. 나의 치료가 2,000년 전에 이미 예비되었다. 그것은 더 우월한 실체인 천국의 산물이다. 천국에는 종양이 없고, 믿음이 그 실체를 현실 속으로 가져온다.

사탄은 천국에도 암을 퍼뜨리고 싶을 것이다. 그러나 천국에는 사탄의 지배권이 없다. 사탄이 이 세상에서 지배권을 갖는 때와 장소는 사람이 동의하는 것에 국한된다. 현실을 부인하며 사는 것으로 보일까봐 많은 사람들이 믿음을 갖지 못한다. 왜 다른 사람의 시선을 그렇게 중시해서, 모든 것을 걸고 하나님을 신뢰하려 하지 않는가? 사람을 두려워하는 것은 불신과 연관성이 있다. 거꾸로, 하나님을 두려워하는 것과 믿음은 긴밀하게 관련된다.

믿음의 사람들은 현실주의자이기도 하다. 다만 그들은 더 우월한 실체에 기반을 둘 뿐이다. 불신은 사실 하나님 아닌 다른 어떤 것을 믿는 것이다. 하나님께서는 우리의 마음에 대해 질투하신다. 하나님 외의 다른 사람을 우선적으로 신뢰하는 사람은 성령을 근심하시게 한다.

『하늘이 땅을 침노할 때』 4장에서

**믿음의 사람들은 현실주의자이기도 하다.
다만 그들은 더 우월한 실체에 기반을 둘 뿐이다.**

Day 20
믿음은 머릿속에 있지 않다

그가 또한 우리를 새 언약의 일꾼 되기에 만족하게 하셨으니 율법 조문으로 하지 아니하고 오직 영으로 함이니
:: 고린도후서 3장 6절

믿음은 사람의 마음속에서 성령으로 말미암아 생겨난다. 믿음은 지성적이거나 반지성적인 것이 아니다. 믿음은 지성보다 우위에 있다. 성경은 **사람이 생각으로 믿는다**고 말하지 않는다. 사람의 생각은 믿음을 통해 하나님의 생각과 일치하게 된다.

우리가 하나님으로부터 온 것을 사람의 생각에 굴복시키면 결과적으로 불신앙과 종교가 나타난다. 사람이 그 생각을 하나님의 생각에 굴복시키면, 믿음과 새로워진 생각이 생겨난다. 생각은 잘 다스리면 훌륭한 종이 되지만 끌려가게 되면 최악의 주인이 된다.

부흥을 대적하는 자들은 대부분 혼에 이끌리는 그리스도인들이다. 그들은 이성적 기준에 맞지 않으면 성경과 어긋난다고 생각한다.

성령께서 내 영 안에 거하시므로 내 영은 하나님과 교제하는 **장소가** 된다. 우리의 영으로부터 성령님을 받아들일 줄 알게 될 때 성령의 인도를 받을 수 있게 된다.

"믿음으로 우리가 안다(히 11:3)." 믿음은 모든 참된 지성주의의 기반이다. 우리가 그런 방식으로 **깨닫는 것을 배우게 될 때**, 참된 믿음 안에 성장하게 된다. 왜냐하면 우리가 다 이해하지 못한다 할지라도 믿음은 하기 때문이다.

대부분이 성경을 읽고 있는데 한 구절이 **책에서 튀어나오듯이 마음에 다가오는 경우**를 경험해 보았을 것이다. 그 구절은 흥분을 불러일으키며 엄청난 생명력을 갖는다. 처음에는 잘 설명할 수 없었던 구절이 이렇듯 엄청난 생명력으로 다가오는 것은 당신의 영이 생명을 주는 말씀의 능력을 성령님으로부터 받았기 때문이다. "율법 조문은 죽이는 것이요 영은 살리는 것이니라(고후 3:6)." 우리가 우리의 영에서 나오는 것을 받을 줄 알게 될 때, 우리의 생각이 변화하여 성령님께 순복하게 된다. 그러한 계시와 경험의 과정을 통해서 우리의 생각이 결국 이해에 도달하게 된다. 그런 것이 성경적인 배움이며, 영이 생각에 영향을 주는 것이다.

「하늘이 땅을 침노할 때」 4장에서

**믿음은 지성적이거나 반지성적인 것이 아니다.
믿음은 지성보다 우위에 있다.**

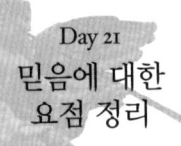

Day 21
믿음에 대한 요점 정리

그의 영광의 풍성함을 따라 그의 성령으로 말미암아 너희 속사람을 능력으로 강건하게 하시오며 믿음으로 말미암아 그리스도께서 너희 마음에 계시게 하시옵고
:: 에베소서 3장 16,17절

다음은 히브리서 11장 2-30절에 나타난 믿음의 영향을 요약한 것이다.

믿음으로 - 선진들이 증거를 얻었다.
- 우리가 안다.
- 에녹이 옮겨졌고 하나님을 기쁘시게 했다.
- 노아가 상속자가 되었다.
- 아브라함이 순종하여 약속의 땅에 거류했다.
- 사라가 잉태할 수 있는 힘을 얻었고 약속하신 이가 미쁘신 줄 알았다.

믿음으로 - 아브라함이 약속들을 받았다.
- 이삭이 아들을 축복했다.
- 요셉은 자신의 사후에 일어날 일을 예언했다.

믿음으로 - 모세의 부모가 아름다운 아이임을 보고 모세를 살렸다.
- 모세는 애굽에서 왕족의 삶을 거절하고 오히려 하나님의 백성과 함께 핍박당하는 것을 선택했다.

믿음으로 - 여리고 성벽이 무너졌다.
- 라합이 멸망하지 않았다.

믿음으로 - 나라들을 이겼다.
- 의를 행했다.
- 약속을 받았다.
- 사자들의 입을 막았다.
- 불의 세력을 멸했다.
- 칼날을 피했다.
- 강하게 되었다.
- 용맹하게 전쟁에 임했다.
- 이방 사람들의 진을 물리쳤다.

"믿음은 들음에서 나며…(롬 10:17)." 들었던 **것에서** 난다고 하지 않았다. 바로 지금 귀 기울이며 천국에서 오는 믿음의 자산을 받을 준비가 된 마음이 필요하다.

사도 바울은 "온 천하에 다니며 만민에게 복음을 전파하라(막 16:15)"는 명령에 이끌림을 받았다. 그러나 그가 아시아에 복음을 전파할 준비가 되었을 때, 하나님께서 아니라고 하셨다(행 16:6 참조). 하나님께서 **전에 말씀하셨던 것이** 하나님께서 **현재 말씀하고 계신 것과** 상충되는 것으로 보였다. 그러나 하나님께서는 결코 하나님의 말씀에 상충되게 행하지 않으신다. 다만 하나님께서는 말씀에 대한 우리의 이해를 고치려 하신다. 대명령의 원리(막 16:15)가 사도행전 16장의 상황으로 무효화되지 않았다. 하나님께서 말씀하시려는 것은 그 원리를 어떻게 적용할 것인가 하는 것이다. 그 후에 바울은 비두니아로 갈 준비를 했다. 그런데 다시 하나님께서 아니라고 하셨다. 이어서 바울은 마게도냐 사람이 부르는 꿈을 꿨다. 그는 그것이 하나님의 뜻이라고 인정하고 거기로 갔다.

우리가 성경을 통해 하나님의 뜻을 알더라도, 그것을 해석하고, 적용하고, 하나님의 뜻을 수행할 능력을 받기 위해 우리는 여전히 성령의 도움이 필요하다.

「하늘이 땅을 침노할 때」 4장에서

바로 지금 귀 기울이며 천국에서 오는
믿음의 자산을 받을 준비가 된 마음이 필요하다.

Day 22
믿음은 실상이자 증거이다

믿음은 바라는 것들의 실상이요 보이지 않는 것들의 증거니
:: 히브리서 11장 1절

믿음은 하나님의 세계의 실체들을 우리의 세계 속으로 반영하는 마음의 거울이다. 믿음은 보이지 않는 영역의 실체이다. 하나님으로부터 오는 이 놀라운 선물은 하나님 나라가 이 땅에 나타난 최초의 징후이다. 그것은 하나님 나라라는 보이지 않는 영역을 증거한다. 우리는 기도를 통해 그 실체를 이 세상 속으로 가져올 수 있다. 그것이 믿음이 역사하는 방법이다.

내가 피자 가게에 가서 피자를 주문하면 종업원이 번호표와 영수증을 준다. 그런데 누군가 와서 나에게 피자를 주지 않겠다고 말할지 모른다. 그러면 나는 번호표를 가리키며 말할 것이다. "피자 52번이 나오면, 그건 내 거예요!" 그 번호표는 기다리고 있는 피자의 실체이다. 만일 그 사람이 그 번호표가 소용없다고 하면, 나는 영수증을 보여줄 것이다. 영수증은 그 번호표의 가치를 확인시켜준다. 나의 피자가 다 구워지면, 웨이터가 내 번호표를 찾을 것이다. 천국으로부터 오는 것이 어떻게 이 땅에서 제 자리를 찾을까? 하나님께서 실체를 찾으신다. 그것은 번호표와 같다. 만일 내 번호표의 타당성에 대해 질문이 떠오르면, 성경 속에 담겨 있는 나의 영수증이 번호표와 피자에 대한 나의 권리를 확인시켜줄 것이다.

천국은 단순히 사람의 필요에 의해 움직이는 것은 아니다. 그렇다고 하나님께서 사람에게 관심이 없으시다는 것이 아니다. 하나님께서는 크신 긍휼로 예수님을 보내셨다. 하나님께서 사람의 궁핍함을 보시고 도와주고자 하실 때, 직접 문제를 고치시는 경우는 드물다. 그 대신 하나님께서는 하나님 나라의 원리들을 제공하신다. 그 원리들을 올바로 받아들이면 문제들을 고치게 된다. 만일 하나님께서 오로지 인간의 궁핍함에만 마음이 움직이신다면, 인도, 아이티 같은 나라들이 세계에서 가장 부유한 나라들이 될 것이다. 그러나 그런 식으로 되지 않는다. 천국은 믿음에 의해 움직인다. 믿음은 천국의 화폐다.

「하늘이 땅을 침노할 때」 4장에서

믿음은 천국의 화폐다.

Day 23
두려움

여호와는 나의 빛이요 나의 구원이시니 내가 누구를 두려워하리요 여호와는 내 생명의 능력이시니 내가 누구를 무서워하리요

:: 시편 27장 1절

성경에 가장 많이 나오는 명령은 "두려워하지 말라"이다. 왜 그런가? 두려움은 하나님과 우리의 관계의 기반인 믿음을 공격한다. 두려움은 마귀를 믿는 것이다. 또한 그것은 불신이다. 예수님께서 두려워하는 제자들에게 "어찌하여 너희가 믿음이 없느냐?"라고 질문하셨다. 왜냐하면 두려움은 믿음 없음과 같기 때문이다. 두려움과 믿음은 공존할 수 없다. 둘은 서로를 공격한다.

마귀를 바알세붑이라고도 하는데 그것은 **파리들의 주**라는 뜻이다. 마귀와 그 무리는 부패에 끌린다. 우리는 별채 건물에 냉장고를 두었었다. 어느 주일에 교회에 갔다가 집에 왔는데 아직까지도 잊을 수 없는 심한 냄새를 맡았다. 우리 냉장고가 고장 난 것이다. 나는 차의 앞좌석에 앉아서 10미터 정도 떨어진 곳에 있는 그 건물의 유리창을 보았다. 파리들이 창문을 까맣게 뒤덮고 있었다. 그 수가 얼마나 될지 아직까지도 모르겠다. 그 냉장고에는 각종 고기들이 가득했다. 파리들에게 그 썩은 고기는 행복한 보금자리가 되었고 파리들은 엄청나게 번식하고 있었다. 결국 썩은 고기와 냉장고는 통째로 쓰레기장에 실려 갔다.

원망, 질투, 미움 등의 문제들은 충분히 마음을 부패시켜서 마귀를 불러들여 그들에게 우리 마음의 자리를 내주게 된다. 심지어 그리스도인들도 마찬가지이다(약 3:15-16 참조). 바울이 에베소 교회에 권고한 것을 기억하라. "마귀에게 틈을 주지 말라(엡 4:27)." 두려움도 마음을 부패시킨다. 두려움도 원망이나 미움과 마찬가지로 악한 영들을 불러들인다. 파리들이 내 냉장고가 어디 있는지 어떻게 알았는가? 썩은 고기 냄새 때문이었다. 두려움도 비슷한 냄새를 풍긴다. 믿음처럼 **두려움**도 영적 세계의 '실체'이다. 사탄은 우리가 동의하지 않으면 힘을 발휘하지 못한다. 우리가 마귀의 위협에 동의할 때 우리의 마음이 두려움으로 반응한다.

『하늘이 땅을 침노할 때』 4장에서

> 두려움은 하나님과 우리의 관계의
> 기반인 믿음을 공격한다.

Day 24
육신적으로 반응할 것인가, 믿음으로 응답할 것인가?

그 후에 열한 제자가 음식 먹을 때에 예수께서 그들에게 나타나사 그들의 믿음 없는 것과 마음이 완악한 것을 꾸짖으시니 이는 자기가 살아난 것을 본 자들의 말을 믿지 아니함일러라

:: 마가복음 16장 14절

어떤 사람들이 믿음이라는 명목을 내세워 지나친 행동을 한 것을 보고 많은 사람들이 두려워했다. 그래서 그들은 아이러니하게도 불신을 받아들였다. 오류에 육신적으로 반응하면 또 다른 오류를 낳는다. 어떤 사람들은 다른 사람들의 오류를 지적하지 않으면 자신의 신념체계를 갖지 못할 것처럼 행동한다. 균형을 추구하는 사람들은 생기를 잃게 된다. **균형**이라는 단어는 "중도"를 의미하는데 그것은 사람들이나 마귀에게 아무 위협도 주지 않고, 위험부담을 거의 갖지 않으며, 무엇보다도 우리의 좋은 이미지를 손상시키지 않는 것이다.

교회는 교인들에게 자기 분수를 넘어서는 것이 큰 죄라고 경고한다. 그러나 하나님께서는 우리에게 불신의 죄를 경고하신다. 예수님께서는 "내가 다시 올 때 지나치고 주제넘은 사람들을 보겠느냐?"라고 말씀하지 않으셨다. 예수님께서 보여주신 것과 같은 믿음을 가진 사람들을 발견할 수 있을지 염려하셨다. 믿음의 사람들은 우리 모두의 편안한 영역을 위협하는 새 길을 개척한다. 믿음은 붙박이형 사람들의 마음을 불편하게 한다.

믿음이 큰 사람들과 함께 살기는 어렵다. 그들의 논리는 **딴 세상의 것**이다. 나의 할아버지께서는 목사이셨고 1900년대 초의 위대하신 하나님의 남녀 종들 몇 분과 함께 사역하셨다. 할아버지는 스미스 위글스워드를 모든 사람이 다 좋아하지는 않았다고 내게 얘기를 해주곤 하셨다. 그의 믿음은 다른 사람들을 불편한 기분으로 만들었다. 우리는 그런 사람과 같아지거나, 그런 사람을 피하거나 둘 중의 하나가 된다. 우리는 그들의 생활방식에 동화되거나, 그것이 거슬리거나 둘 중의 하나이며, 중립적인 상태에 머무는 사람은 별로 없다. 스미스 위글스워드는 오늘날 사랑받는다. 그러나 그것은 그가 죽은 후이기 때문이다. 이스라엘도 그들의 죽은 선지자들은 사랑했다.

불신에게도 놀라운 면이 있다. 그것은 기대한 대로 성취된다는 것이다. 불신은 안전하다. 왜냐하면 위험을 감수하지 않아도 되고 항상 예상대로 되기 때문이다. 불신하던 사람이 불신한 대로 결과가 나오면 "내가 그럴 거라고 말했잖아"라고 말한다. 『하늘이 땅을 침노할 때』 4장에서

> 예수님께서는 그분이 보여주신 것과 같은
> 믿음을 가진 사람들을 발견할 수 있을지 염려하셨다.

Day 25
우월한 실체

예수께서 이르시되 할 수 있거든이 무슨 말이냐 믿는 자에게는 능히 하지 못할 일이 없느니라 하시니

:: 막 9장 23절

믿음은 정적인 것이 아니라 역동적인 것이다. 믿음은 초점과 목적을 향해 적극적으로 나아가게 한다. 믿음은 하나님 나라의 실체를 붙잡은 후 그것을 자연적 세계와 강력한 충돌이 일어나게 한다. 두 나라는 양립할 수 없다.

내가 사람들의 치유를 위해 기도하려할 때 사람들이 자주 하는 말 중에 이런 것이 있다. "저는 하나님께서 할 수 있다는 것을 알아요." 그것은 마귀도 안다. 그런 것은 기껏해야 희망사항일 뿐 믿음이 아니다. 믿음은 하나님께서 그렇게 할 것을 아는 것이다.

믿음을 가진 사람에게 불가능이란 없다. 그리고 예외도 없다.

'셰리'라는 여인이 기도를 받으러 나왔다. 그녀는 낭창(결핵성 피부병-역주)으로 24년 간 고통을 받았다. 최근 4년간은 폐 고혈압으로 악화되고 증세가 심해서 알루미늄 관을 흉부에 삽입해야할 정도였다. 거기에 펌프가 연결되어, 그녀를 살아있게 하는 데 필요한 약이 투입되었다. 의사는 그 약이 없으면 3분밖에 못 산다고 말했다.

그녀가 내게로 걸어올 때, 그녀는 전에는 결코 느껴보지 못한 정도로 어떤 것을 강하게 느꼈다. 그것은 그녀의 믿음이었다. 그녀는 기도를 받고서 하나님의 능력으로 쓰러졌다. 그녀가 일어섰을 때 나는 어떠냐고 물어보았다. 그녀는 흉부에 뜨거움이 있다고 말했다. 그녀가 떠날 때 나는 "당신의 믿음으로 나았습니다!"라고 말했다.

그때는 토요일 밤이었다. 다음 날 아침 7시에 주님께서 그녀에게 약이 더 이상 필요하지 않다고 말씀하셨다(나는 약을 먹어야 하느냐는 질문을 사람들에게서 받으면 각자의 마음 속에 있는 대로 하라고 말한다).

그녀는 14시간 후에 와서 하나님의 놀라운 치료의 능력을 간증했다. 그리고 나서 그녀는 알루미늄 관을 제거했고 이제 다시는 그것이 필요하지 않다!

「하늘이 땅을 침노할 때」 4장에서

**믿음은 하나님께서
그렇게 하실 것을 아는 것이다.**

Day 26
듣는 귀

네 귀를 지혜에 기울이며 네 마음을 명철에 두며
:: 잠언 2장 2절

"그러므로 믿음은 들음에서 나며 들음은 그리스도의 말씀으로 말미암았느니라(롬 10:17)." **믿음은 과거에 들었던 것에서 난다고** 하지 않은 것에 유의하라. 믿음의 속성은 하나님과의 현재 관계를 내포한다. 지금 듣는 것이 강조되고 있다!

세상은 교회가 하나님 나라를 보여주며 말해주는 것을 필요로 한다. 세상 사람들은 일상적으로 볼 수 있는 것 이상의 기반이 필요하다. 세상 체계는 점점 늘어만가는 문제들에 대한 해답이 없다. 모든 해결책은 일시적일 뿐이다.

데일은 돈 문제로 우리를 속였고 직접 자백해야겠다고 느꼈다. 나는 그에게 하나님의 용서와 나 개인의 용서를 모두 말하고 난 후에 그의 등은 어떠냐고 물어보았다. 그가 내 사무실에 들어올 때 몸이 부자유했고 많이 아팠었기 때문이다. 그는 척추 골절을 당했었고 교통사고로 증상이 악화되었었다. 그는 " 하나님께서 나를 치료하고 싶어 하십니다. 하지만 저는 하나님께 거슬렀어요."라고 말했다. 그래서 나는 "하나님께는 그것이 그렇게 큰 문제가 되지는 않습니다."라고 했다. 나는 하나님의 위대하심과 인간의 작음만 보았다. 데일이 큰 믿음을 당장 갖게 되진 않았지만, 자신의 의심을 의심하기 시작했다. 그것이면 되었다. 나는 그의 아픈 곳에 낫기를 명령했다. 그에게서 고통이 떠나고 자유롭게 움직이면서 하나님을 찬양하며 돌아갔다.

믿음은 의심이 없는 것이 아니라, 신앙이 있는 것이다. 나는 나 자신이 큰 믿음을 가졌다고 항상 느끼지 않을 수도 있다. 그러나 나는 언제나 순종하여, 어떤 사람에게라도 손을 얹고 기도할 수 있다. 항상 나 자신의 믿음을 조사하려는 것은 잘못이다. 내 안에서 믿음을 쉽게 발견하는 경우는 드물다. 그보다 더 좋은 것은 내가 **빨리** 순종하는 것이다. 나중에 뒤돌아보면 내가 믿음으로 말미암아 순종했음을 볼 수 있을 것이다.

『하늘이 땅을 침노할 때』 4장에서

> 더 좋은 것은 내가 빨리
> 순종하는 것이다.

Day 27
집속탄 효과

어찌 하나가 천을 쫓으며 둘이 만을 도망하게 하였으리요
:: 신명기 32장 30상반절

집단적인 믿음의 수준이 자라면, **집속탄 효과**(cluster bomb - 한 개의 폭탄 안에 또 다른 소형 폭탄이 들어있는 무기. 공중에서 떨어뜨리면 지표면 가까이 내려오면서 자폭탄이 터져 광범위한 지역으로 널리 퍼진다. -편집자 주)가 있다. 그래서 직접 참여하지 않던 사람까지도 하나님의 기적의 능력을 경험한다.

프랜시스는 식도암에 걸린 여성이었다. 어느 주일 오전의 찬양 시간 중에 그녀는 남편에게 고개를 돌려 "나 방금 나았어요!"라고 말했다. 그녀는 하나님의 **불**이 손에 임하는 것을 느꼈고 그것이 하나님의 치유의 역사를 나타낸다고 결론을 내렸다. 그녀가 의사에게 가서 그 경험을 얘기했을 때, 의사의 반응은 "이런 것은 없어지지 않아요"라는 것이었다. 그러나 그녀를 검사하고 난 후에 의사는 말했다. "암이 없을 뿐 아니라, 식도가 완전히 새것이 되었네요!"

섀런은 여러 해 전에 사고로 다리의 인대를 다쳤다. 그래서 동작이 제한되었고 발의 일부에 감각이 없었다. 내가 토요일 저녁 집회에서 하나님과 올바른 관계를 가지라고 사람들을 앞으로 불러 나오게 하고 있을 때였다. 섀런이 이상한 소리들을 내기 시작했다. 나는 사람들을 앞으로 불러내던 것을 멈추고 섀런에게 무슨 일이 있었냐고 물었다. 그녀는 간질이는 듯한 느낌이 다리를 따라 내려가더니 동작을 자유자재로 할 수 있게 되었고 발의 감각이 회복되었다고 말했다. 아무도 기도하지 않았는데도 창조의 기적이 일어났다.

그 집회에는 상당히 적은 인원이 참석했다. 그러나 능력은 참석인원의 수에 있지 않다. 합심하는 사람들의 수가 중요하다. **연합된 믿음**은 기하급수적인 능력을 만들어낸다(신 32:30).

어떤 집회에서는 열정을 믿음으로 착각하기 쉽다. 그럴 때 나는 간증을 통해 사람들에게 불가능한 것을 믿는 마음을 불러일으켜서 하나님께서 침노하시게 한다.

「하늘이 땅을 침노할 때」 4장에서

능력은 참석인원의 수에 있지 않다.
합심하는 사람들의 수가 중요하다.

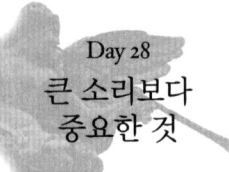

Day 28
큰 소리보다 중요한 것

이에 예수께서 그들의 눈을 만지시며 이르시되 너희 믿음대로 되라 하시니

:: 마태복음 9장 29절

    영적 세계에서 두려움이 실질적 요소이듯이 믿음도 실질적이다. 자연적 세계에서는 큰 목소리가 다른 사람을 놀라게 한다. 그러나 마귀는 믿음 **때문에** 용감하고 공격적인 사람과 공격적인 행동으로 두려움을 은폐하고 있는 사람을 구별한다. 그리스도인들은 악한 영들을 쫓아낼 때 종종 그런 전술을 사용한다. 우리들 중에서 많은 사람들이 소리 높여 악한 영들을 위협하거나, 천사들에게 도움을 요청하거나, 악한 영들에게 심판 날 더 힘들게 하겠다는 식의 어리석은 행동들을 하지만 그것은 단지 미성숙과 두려움을 은폐하려하는 것뿐이다. 진정한 믿음은 보이지 않는 세계에 기반을 두고 있으며 주 예수 그리스도의 이름으로 주신 권세와 직결되어 있다.

    악한 영들을 쫓아내는 권세는 안식 속에 있다. 안식 가운데서 믿음은 성장한다(히 3:11, 4:11 참조). 이 안식은 하나님과의 평화를 누리는 데서 나온다. 그리고 평화의 왕께서 사탄을 우리 발아래 곧 멸하실 것이다(롬 16:20)! 그러므로 우리가 안식을 누리는 것이 지옥의 세력에게 폭력적인 힘이 된다. 이것은 믿음의 폭력적 속성이다.

    믿음은 자신감이나 결단력을 가지려는 혼적인 노력이 아니다. 믿음은 마음을 순복의 자리, 안식의 자리에 놓는 것이다. 순복된 마음이 믿음의 마음이다. 하나님을 기쁘시게 하려면 믿음이 있어야 한다.

    "지금까지 천국은 침노를 당하나니 침노하는 자는 빼앗느니라(마 11:12)." 길가에 앉아있던 두 맹인이 예수님을 외쳐 부를 때 사람들은 잠잠하라고 했다. 그러나 그들은 그 말을 듣고 오히려 의지를 더 결연하게 할 뿐이었다. 그들은 더 간절해졌고 더 큰 소리로 외쳐 불렀다. 그러자 예수님께서 그들을 불러내셔서 그들을 고치시며 "하나님의 나라가 너희에게 가까이 왔다"고 하셨다. 예수님께서는 그 기적이 그들의 믿음 때문이라고 하셨다(마 9:27).

『하늘이 땅을 침노할 때』 4장에서

> 진정한 믿음은 보이지 않는 세계에
> 기반을 두고 있으며 주 예수 그리스도의 이름으로 주신
> 권세와 직결되어 있다.

Day 29
믿음은 능력을 준다

예수께서 돌이켜 그를 보시며 이르시되 딸아 안심하라 네 믿음이 너를 구원하였다 하시니 여자가 그 즉시 구원을 받으니라

:: 마태복음 9장 22절

12년 동안 출혈병을 앓는 여자가 힘겹게 인파를 헤치며 걷고 있었다. 마침내 그녀가 예수님의 옷을 만졌을 때, 그녀의 출혈병이 치료되었다. 예수님께서는 그것을 그녀의 믿음 때문이라고 하셨다(마 9:20-22 참조).

이런 종류의 많은 이야기들이 비슷하게 끝난다. 그들은 믿음 덕분에 치료되거나 해방되었다. 믿음으로 조용히 다가갈 수도 있고, 믿음으로 크게 부르짖을 수도 있지만, 여하간 항상 믿음은 영적 세계에 강력한 힘을 미친다. 믿음은 보이지 않는 실체를 붙잡고 놓지 않는다. 하나님께서 가능하게 하신 것을 실현시키려면 믿음으로 하나님 나라를 받아들이는 강력한 행동이 필요하다.

수백 마력을 가진 자동차가 있더라도 클러치를 풀지 않는 한 꼼짝도 하지 않을 것이다. 클러치를 풀어서 모터에 있는 파워를 바퀴로 이동시켜야 한다. 믿음도 그렇다. 우리에게는 하늘의 모든 능력이 주어져 있다. 하지만 믿음이 있어야 그것을 현실 세계에 끌어 올 수 있다. 믿음은 가능하기만 했던 것을 끌어와 그것이 실재가 되게 한다.

믿음을 성장시키려 하는 것은 부당하지 않다. 표적을 구하고 기적이 늘어나기를 구하는 것은 잘못이 아니다. 그것들은 모두 신자의 권리 안에 이미 있다. 당면과제는 어떻게 기도해야 하는지를 아는 것이다.

「하늘이 땅을 침노할 때」 4장에서

> 믿음은 가능하기만 했던 것을 끌어와
> 그것이 실재가 되게 한다.

Day 30
기도로 천국이 임하게 하라

진실로 너희에게 이르노니 무엇이든지 너희가 땅에서 매면 하늘에서도 매일 것이요 무엇이든지 땅에서 풀면 하늘에서도 풀리리라

:: 마태복음 18장 18절

우리 동네에서 7월 4일 미국독립기념일은 연중 최대의 행사였다. 퍼레이드, 로데오, 자동차 경주 등이 축제 중에 있는데 거의 한 주 동안 계속된다.

어느 해에는 점쟁이가 축제에 참여하려고 했다. 그 여자는 다른 사람들처럼 천막을 치고 타로 카드, 수정 공, 그 외의 점치는 도구들을 펼쳐놓았다. 마귀가 그 여자를 우리 도시에 보내서 시민들을 귀신 들리게 하려고 했던 것이다. 우리 교회 사람들은 기도하기 시작했고, 나는 그 여자의 텐트를 지나가면서 선포하기 시작했다.

"너는 천국에 존재하지 않는다. 그러므로 너는 여기에도 존재하지 말아야 한다. 여기는 나의 마을이다. 네가 여기 있는 것은 불법적이다. 나는 네가 여기에 뿌리 내리는 것을 금한다! 내 발이 밟는 곳마다 하나님께서 내게 주셨다고 선언하셨다. 내가 너에 대한 권세를 갖는다는 하나님의 말씀으로 내가 너를 묶노라. 떠나가라!"

나는 그 여자에게 직접 말하지 않았다. 그녀가 눈치 챌 만큼 크게 말하지도 않았다. 사실은 나의 대적이나 문제는 그녀가 아니었다. 그녀에게 힘을 주는 어둠의 왕국이 나의 공격 목표였다.

그녀가 한 커플을 앉히고 점을 칠 때, 나는 몇 발자국 떨어진 곳에 서있었다. 나는 그들을 향해 손을 들고, 그들을 멸망시키려 하는 지옥의 세력을 묶었다. 그리고 나서 나는 끝났다고 느꼈을 때 자리를 떴다(하나님께 올려진 손은 천국의 능력을 임하게 한다. 그것은 마치 광선처럼 영적 세계에 임한다. 합 3:2-4 참조). 축제는 며칠 더 계속되었지만, 그녀는 다음 날 아침에 마을을 떠났다. 그녀에게 영향을 주던 세력이 깨어졌던 것이다.

『하늘이 땅을 침노할 때』 5장에서

**하나님께 올려진 손은
천국의 능력을 임하게 한다.**

Day 31
우리의 모범이 되시는 예수님을 따르라

여호와께서 용사 같이 나가시며 전사 같이 분발하여 외쳐 크게 부르시며 그 대적을 크게 치시리로다
:: 이사야 42장 13절

주님의 기도는 하나님의 세계의 실체를 어떻게 이 세계에 임하게 할지 가장 분명한 지침을 제공하고 있다. 지난 시대부터 부흥의 용사들은 "기도하면 그가 임하실 것이다!"라고 우리에게 말해왔다.

예수님은 기도의 두 가지 우선순위를 알려준다. 첫째로, 하나님과의 친밀함이 있어야 하고 그것이 예배로 표현되어야 한다. 그것은 **"이름이 거룩히 여김을 받으시오며"**라는 구절에 나타난다. 둘째로, 하나님 나라가 땅에 임하도록 기도해야 하고, 인간의 필요 위에 하나님의 통치가 확립되도록 기도해야 한다. 그것은 **"나라가 임하시오며"**라는 구절에 나타난다.

아버지라는 호칭은 영예의 호칭이며 관계에 대한 부름이다. 참 된 예배자가 되기 위해 알아야 할 모든 것을 예수께서 이루셨는데 그로 인해 우리는 하나님을 '우리 아버지'라 부를수 있게 되었다. '거룩히 여김을 받는다'는 것은 '존경받다, 혹은 숭배되다'를 의미한다. 이것도 찬양의 표현이다. 요한계시록을 보면 찬양과 경배는 천국의 우선적인 일 중 하나임이 분명하다. 우리가 천국시민으로서 살수록, 천국 일이 우리의 생활방식에 점점 더 영향을 미칠 것이다.

예배는 우리의 첫 번째 우선순위이다. 우리가 예배의 부르심에 얼마나 헌신 되어 있는가에 우리의 모든 사역이 영향을 받는다. 그는 우리의 찬양 중에 거하신다. 한 번역에서는 이렇게 표현하고 있다. "그러나 당신은 거룩하시며, 이스라엘의 찬양 중에서 보좌에 앉으시나이다(시|22:3)." 신자들의 예배를 통해 하나님께서 응답하셔서 천국이 땅을 침노하게 하신다.

예배하는 사람들 위에 하나님의 임재가 분명히 나타날 때, 불신자들조차 하나님과 만나게 된다. 나의 아들과 딸이 샌프란시스코의 어지러운 거리들에서 주님을 찬양했다. 사람들이 지나가다 주님의 임재 안에 들어가자 많은 사람들에게서 악한 영들이 드러나는가 하면 또 어떤 사람들은 즐거움의 웃음을 터뜨렸다.

「하늘이 땅을 침노할 때」 5장에서

> 신자들의 예배를 통해 하나님께서 응답하셔서
> 천국이 땅을 침노하게 하신다.

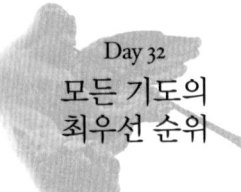

Day 32
모든 기도의 최우선 순위

기록된 바 하나님이 자기를 사랑하는 자들을 위하여 예비하신 모든 것은 눈으로 보지 못하고 귀로 듣지 못하고 사람의 마음으로 생각하지도 못하였다 함과 같으니라 오직 하나님이 성령으로 이것을 우리에게 보이셨으니

:: 고린도전서 2장 9-10절

"나라가 임하시오며 뜻이 하늘에서 이루어진 것 같이 땅에서도 이루어지이다."

이것이 모든 기도의 최우선 순위이다. 천국에 존재하는 것이라면 반드시 땅에도 임해야 한다. 그리스도인의 기도는 천국이 여기 **나타나게** 한다. 신자가 하나님의 계시된 뜻에 따라 기도할 때, 믿음은 구체적이고 분명한 초점을 갖게 된다. 믿음은 그 **실체를** 붙잡는다. 인내하는 믿음은 포기하지 않는다. 천국의 침노로 인하여 이곳의 상황들이 천국의 상황과 같이 변화된다. 여기서 일어나는 모든 일은 천국의 그림자여야 한다. 다시 말해서, 하나님께서 천국에 대해 우리에게 계시해주시는 모든 것은 우리가 기도에 초점을 맞추도록 무장시키시려는 것이다.

하나님께서 이 땅위에 얼마만큼의 천국을 회복하시려는 것인지는 아무도 확실히 모른다. 다만 우리가 성경을 통해 아는 것은 하나님의 생각은 우리의 생각을 훨씬 능가한다는 것이다(고전 2:9-10, 엡 3:20-21 참조). 하나님의 뜻이 무엇인지는 그분의 임재로 말미암은 하나님의 통치에서 나타난다. 주 성령께서 예수님의 주권을 나타내 보이시는 곳마다 자유와 해방이라는 결과가 나타난다. **만왕의 왕께서 통치권을 나타내실 때, 그 통치의 열매는 자유이다.** 그 영역을 **하나님의 나라**라고 부른다. 하나님께서 우리의 부르짖음에 응답하셔서 하나님의 세계를 우리의 세계 속으로 가져오신다.

반대로, 천국에 존재 할 자유가 없는 것이라면, 여기서도 묶임 받아야 한다. 이때도 우리는 기도를 통해 우리가 받은 권세를 사용해야 한다. "내가 천국 열쇠를 네게 주리니 네가 땅에서 무엇이든지 매면 하늘에서도 매일 것이요(shall have been) 네가 땅에서 무엇이든지 풀면 하늘에서도 풀리리라(shall have been) 하시고 (마 16:19, NASB, 이탤릭체는 저자가 강조한 것)." 강조한 시제에 주목하라. 그 함축된 의미는 하늘에서 이미 묶이거나 풀린 것만을 우리가 묶거나 풀 수 있다는 것이다. 역시 천국이 우리의 모델이다.

「하늘이 땅을 침노할 때」 5장에서

하나님께서 우리의 부르짖음에 응답하셔서
하나님의 세계를 우리의 세계 속으로 가져오신다.

Day 33
두 개의 공급로

나의 하나님이 그리스도 예수 안에서 영광 가운데 그 풍성한 대로 너희 모든 쓸 것을 채우시리라

:: 빌립보서 4장 19절

"오늘 우리에게 일용할 양식을 주시옵고."

천국에 굶주린 사람이 있는가? 물론 아니다. 주기도문의 이 구절은 하나님의 통치가 여기 땅 위에 어떻게 나타나 보여야 하는지에 대한 구체적인 적용이 된다. 즉 그것은 풍성한 공급이다. 물질을 남용하는 소수의 사람들 때문에 하나님께서 자녀들에게 풍성하게 공급하신다는 약속을 포기하겠다는 핑계를 댈 수 없다. 왜냐하면 하나님께서는 자녀들에게 풍성하게 공급하기를 기뻐하시기 때문이다. 하늘에 완벽하고 완전한 공급이 있으므로 여기도 그래야 한다. 천국은 그리스도인의 물질세계에 대한 기준을 제시한다. 즉 그것은 하나님의 자녀로 태어난 자들의 갈망을 만족시키기에 충분해야 하며, '모든 착한 일(고후 9:8)'을 하기에 충분해야 한다. 공급에 대한 우리의 합법적 근거는 그리스도 예수 안에서 우리에게 주신 다음과 같은 하늘의 모델로 말미암는다. "나의 하나님이 그리스도 예수 안에서 영광 가운데 그 풍성한 대로 너희 모든 쓸 것을 채우시리라(빌 4:19)." 무엇대로? 그 풍성한 대로. 어디서? 영광 가운데서. 천국의 자원이 지금 여기 있는 우리에게 영향을 미치게 되어 있다.

"우리가 우리에게 죄 지은 자를 사하여 준 것 같이 우리 죄를 사하여 주옵시고."

천국에 앙심을 품는 일이 있는가? 아니다! 천국은 우리가 여기 땅 위에서 가져야할 관계의 모델을 제시한다. "서로 친절하게 하며 불쌍히 여기며 서로 용서하기를 하나님이 그리스도 안에서 너희를 용서하심과 같이 하라 그러므로 사랑을 받는 자녀 같이 너희는 하나님을 본받는 자가 되고(엡 4:32-5:1)." 이 구절들은 우리의 모델이 예수 그리스도시라는 것을 분명히 보여준다. 그는 하늘에 오르사 아버지 우편에 앉아계신 분이요, 우리가 찾는 그 나라의 주인이시다. 이 기도는 천국의 실체가 이 땅 위에 영향을 미치도록 기도하기 위한 실제적인 방법을 제시해준다.

『하늘이 땅을 침노할 때』 5장에서

>
> 하늘에 완벽하고 완전한 공급이 있으므로
> 여기도 그래야 한다.

Day 34
악으로부터 분리

사람이 시험을 받을 때에 내가 하나님께 시험을 받는다 하지 말지니 하나님은 악에게 시험을 받지도 아니하시고 친히 아무도 시험하지 아니하시느니라

∷ 야고보서 1장 13절

"우리를 시험에 들게 하지 마시옵고 다만 악에서 구하시옵소서."

천국에는 유혹이나 죄가 없다. 악의 존재도 없다. 악과 분리되어 있다는 것은 우리가 왕의 통치 하에 있다는 실질적인 증거이다. 이 기도는 하나님께서 우리를 시험하고 싶어 하신다는 의미를 함축하지 않는다. 우리는 야고보서 1장 13절 말씀을 통해 하나님께서 우리를 죄 짓도록 유혹하는 것은 불가능하다는 것을 안다.

이런 종류의 기도는 중요하다. 우리에게 은혜가 필요함을 깨우쳐주기 때문이다. 이것은 우리의 마음을 천국에 맞추고 하나님을 절대적으로 의지하게 도와준다. 하나님 나라는 마음속의 갈등 문제에 대한 모델을 우리에게 제시해준다. 이 기도는 우리의 인격을 우리가 다룰 수 있는 것 이상으로 함양시켜달라고 하나님께 요청하는 것이다. 때로 우리가 더 큰 책임을 맡아야할 때 우리의 기름부음이나 은사에 비해 성품이 미달할 때가 있다. 그럴 때 너무 빨리 높은 지위에 오르게 되면 오히려 은사가 몰락을 촉진할 수 있다.

"우리를 악에서 구하시옵소서"라는 구절은 전통적으로 해석되는 대로 "우리를 악한 자에게서 구하시옵소서"라는 뜻이다. 천국을 닮은 마음의 소유자는 영적 전쟁에서 크게 승리한다. 그래서 "너희는 하나님께 복종할지어다 마귀를 대적하라 그리하면 너희를 피하리라(약 4:7)"고 말씀한다.

예수님께서는 "사탄은 내게 관계할 것이 없다"고 말씀하실 수 있으셨다. 신자도 사탄의 영향과 결탁으로부터 완전히 자유로워야 한다. 그것이 주님의 기도에 나타난 외침이다

「하늘이 땅을 침노할 때」 5장에서

악과 분리되어 있다는 것은 우리가 왕의 통치 하에 있다는 실질적인 증거이다.

Day 35
그 모든 것은 아버지의 것이다!

적은 무리여 무서워 말라 너희 아버지께서 그 나라를 너희에게 주시기를 기뻐하시느니라

:: 누가복음 12장 32절

"나라와 권세와 영광이 아버지께 영원히 있사옵나이다 아멘."

하나님의 나라는 하나님의 소유이므로 오직 하나님께서만 그것을 우리에게 주실 수 있다(눅 12:32 참조). 우리가 그 사실을 선포할 때, 우리는 찬양의 선언 속으로 들어간다! 주님의 기도에서 **모든 영광과 권세가** 아버지께 있다고 선언하는 것과 비슷한 찬양의 선포들이 성경 전체에 나타난다.

내가 받은 가르침 중에 가장 중요한 한 가지는 30년 전에 데렉 프린스에게 들은 것이었다. 그것은 찬양에 대한 놀라운 메시지였다. 그는 기도할 시간이 10분이라면 그 중의 8분 동안은 하나님을 찬양해야 한다고 했다. 그리고 남은 2분으로 우리가 얼마나 많이 기도할 수 있는지를 알면 놀랄 것이라 했다. 그 비유는 내가 목사님이셨던 아버지에게서 배워왔던 예배의 우선순위를 더 강조해주었다.

앞서 나누었듯이, 이 기도에는 두 가지 큰 목적이 있다.
(1) 친밀한 인격적 관계로 하나님을 섬긴다.
(2) 하나님의 통치(나라)의 실체를 땅에 임하게 한다.

마태복음 6장 9-13절은 기도에 대한 하나님 나라의 접근법을 우리에게 제시해준다.
1. 찬양과 경배(하늘에 계신 우리 아버지여 이름이 거룩히 여김을 받으시오며).
2. 지상에 천국이 임하도록 기도함(나라가 임하시오며 뜻이 하늘에서 이루어진 것 같이 땅에서도 이루어지이다).
   a. 물질적 필요에 대한 천국의 영향(오늘 우리에게 일용할 양식을 주시옵고).
   b. 인간관계에 대한 천국의 영향(우리가 우리에게 죄 지은 자를 사하여 준 것 같이 우리 죄를 사하여 주시옵고).
   c. 악과의 관계에 대한 천국의 영향(우리를 시험에 들게 하지 마시옵고 다만 악에서 구하시옵소서).
3. 찬양과 경배(나라와 권세와 영광이 아버지께 영원히 있사옵나이다 아멘).

「하늘이 땅을 침노할 때」 5장에서

기도할 시간이 10분이라면 그 중의 8분 동안은 하나님을 찬양해야 한다.

Day 36
우선순위를 바로 잡으라

믿음의 주요 또 온전하게 하시는 이인 예수를 바라보자 그는 그 앞에 있는 기쁨을 위하여 십자가를 참으사 부끄러움을 개의치 아니하시더니 하나님 보좌 우편에 앉으셨느니라

:: 히브리서 12장 2절

"너희는 먼저 그의 나라와 그의 의를 구하라 그리하면 이 모든 것을 너희에게 더하시리라(마 6:33)."

알다시피, 위의 구절은 마태복음 6장 9-13절에서 예수님께서 가르쳐주신 기도에 들어있지 않다. 그러나 이 구절은 산상수훈의 하나님 나라에 대한 전반적인 메시지의 문맥과 일치한다. 산상수훈에서 예수님께서 모든 기독교적 가치와 목표를 포괄하는 우선순위를 확립시키신다. **먼저 그의 나라를 구하라!**

마태복음 6장의 '주기도문'을 이해하는 것은 모든 기도에 대해 하나님께서 뜻하신 목표가 무엇인지 깨닫게 해준다. 그것은 예수님의 주권이 삶의 모든 환경들 속에 나타나 보이는 것이다. 하나님 나라가 죄와 직면하면, 용서가 이루어지고 죄를 사랑하던 본성에 변화가 일어난다. 예수님의 통치가 질병과 충돌하면, 사람들이 치료된다. 예수님의 통치가 귀신 들린 사람들과 맞닥뜨리면, 그들이 해방되어 자유하게 된다. 하나님 나라의 메시지의 본질은 영혼육의 전인에 구원을 제공한다. 그것이 예수 그리스도의 복음이다.

"이 모든 것을 너희에게 더하시리라"는 구절은 나의 우선순위들이 올바르면 예수님께서 나에게 필요한 것을 반드시 갖게 하실 것이라는 뜻인 줄 알았다. 그러나 예수님의 기도를 깊이 이해하게 된 후, 나는 그것이 예수님의 분명한 의도였는지 되짚어보게 되었다. 예수님께서 말씀하신 것은 우리가 하나님 나라를 먼저 찾으면, 하나님 나라가 충만히 임하여 우리의 필요에 넘치도록 충족시키신다는 것이다. 그것은 우리의 물질적, 관계적 필요와 악에 대한 우리의 싸움에도 예수님의 응답이 임한다는 것이다. 『하늘이 땅을 침노할 때』 5장에서

하나님 나라의 메시지의 본질은
영혼육의 전인에 구원을 제공한다.

Day 37
새 프랜차이즈 세우기

주의 손으로 만드신 것을 다스리게 하시고 만물을 그의 발아래 두셨으니

:: 시편 8장 6절

내가 운영하는 음식점이 성공해서 당신도 프랜차이즈 권리를 구매하고 싶다고 해보자. 나의 음식점의 프랜차이즈를 구입하면, 당신은 그 식당의 이름과 더불어 그에 딸린 모든 것, 즉 메뉴, 고유한 디자인, 경영 프로그램 등등을 갖게 된다. 또한 당신은 그 식당의 규정된 기준을 따라야할 의무가 있을 것이다. 핵심을 말하자면, 새로운 식당들이 본점과 비슷하게 보이도록 만드는 것이다.

하나님 나라가 임하기를 기도한다는 것은 하나님의 세계의 규칙, 질서, 은총을 이 세계에 더하셔서 이 세계가 하나님의 세계처럼 보이게 해달라고 간구하는 것이다. 병자가 치료되고 귀신 들린 자가 해방될 때 바로 하나님의 세계가 이 세계에 들어오는 것이다. 하나님의 세계가 어둠의 세계와 충돌하면, 언제나 하나님의 세계가 이긴다. 우리의 전쟁은 항상 지배권에 대한 전쟁이며, 두 나라의 충돌이다. 우리는 하나님과 친밀함을 갖도록 창조되었고 그 친밀함 가운데서 통치에 관한 명령을 받는다. 하나님께서는 다스림, 즉 통치를 우리와는 다르게 보시는데 하나님께서 보시는 통치는 섬김을 통한 것이다.

많은 사람들은 그리스도인들이 모든 회사, 정부, 부서의 머리가 되어야 한다고 생각하는 오류를 범한다. 물론 그것도 좋지만, 사실 그것은 참된 목표가 성취될 때의 하나의 **부수적 열매**일 뿐이다. 그리스도를 닮는 것, 즉 **겸손함에 탁월한 것**이 진정한 목표이다. 우리를 높이는 일은 주님께서 하실 일이다. 우리가 **하나님 나라의 마음**을 추구하는 데 더 많은 시간을 들인다면, 더 많은 사람들이 리더십의 요직에 앉게 될 것이다.

기도는 신자의 가장 단순한 활동이다. 그것은 어린이가 아버지와, 연인과 연인이 대화하는 것이다. 또한 기도는 복잡한 문제 중 하나이기도 하다. 하지만 하나님 나라의 관계 속에 정해진 공식이 있는 것은 아니다.

우리 기도의 특권은 모든 이해를 초월하는 것이다. 우리는 땅에서 하나님을 대리하며, 하나님의 세계에서 파송된 대사이다. 우리의 모든 부르짖음은 전부 하나님의 마음을 감동시킨다.

「하늘이 땅을 침노할 때」 5장에서

그리스도를 닮는 것,
즉 겸손함에 탁월한 것이 진정한 목표이다.

Day 38
다른 나라의 대사

너희 발바닥으로 밟는 곳은 모두 내가 너희에게 주었노니
:: 여호수아 1장 3절

"우리의 시민권은 하늘에 있는지라 거기로부터 구원하는 자 곧 주 예수 그리스도를 기다리노니." 바울은 마게도냐 지역에 있는 로마의 도시, 빌립보에 있는 교회에게 이 말을 했다. 그 도시는 마게도냐 지역에 있지만, 로마의 문화를 즐겼고 로마 정부의 통치와 보호 하에 있었다. 그래서 빌립보 시민들은 다른 세계의 시민이라는 바울의 말을 매우 잘 이해했다. 바울은 언젠가 천국에 가는 것에 대해 말하지 않고, 바로 오늘 천국 시민으로 사는 것에 대해 말했다. 구체적으로 그것은 **이 땅에 임하는 천국**이었다.

우리는 이 세상 속에서 천국을 대표하는 특권을 갖는다. 그래서 이 세상에 천국을 나타내 보일 수 있다.

우리는 대사로서 한 세계 속에 살면서 다른 나라를 대표한다. 대사와 직원들의 본부인 대사관이 본국 영토의 일부로 여겨지듯, 대사로서의 신자도 마찬가지이다.

미국 대사는 어느 나라에 봉직하든 상관없이 본국의 생활수준에 근거한 수입을 받듯이, 하나님 나라의 대사들도 여전히 땅에 있지만 천국의 경제에 따라 산다. 우리 왕의 모든 자원이 왕의 뜻을 수행하기 위해 우리의 재량권 아래 있다. 그래서 예수님께서 **참새를 생각해 보라**고 하시며 염려로부터 자유한 삶에 대해 말씀하셨다.

본국의 군대가 왕의 명령 수행을 돕기 위해 나의 재량권 아래에 있다. 한 나라의 대표자인 나의 생명이 위협을 받는다면, 본국의 모든 무슨 수를 써서라도 나를 보호하고 구출해 낼 것이다. 하늘의 천군도 마찬가지이다. 그들은 **구원의 상속자들을 위해 봉사한다**.

「하늘이 땅을 침노할 때」 5장에서

우리는 이 세상 **속에서** 천국을 대표하는 특권을 갖는다.
그래서 이 세상**에** 천국을 나타내 보일 수 있다.

Day 39
중보할 것인가, 불평할 것인가

이에 예수께서 이르시되 너희가 인자를 든 후에 내가 그인 줄을 알고 또 내가 스스로 아무 것도 하지 아니하고 오직 아버지께서 가르치신 대로 이런 것을 말하는 줄도 알리라
:: 요한복음 8장 28절

사람들이 기도하지 않는 가장 큰 이유 중 하나는 기도하는 일부 사람들의 삶을 보고 생긴다. 중보자라고 자칭하는 많은 사람들이 침체된 삶을 산다. 나는 우리가 강력하게 기도할 때 주님의 부담이 우리에게 임한다는 면을 과소평가하고 싶지 않다. 그것은 실재하며 또한 필요하다. 그러나 중보자라고 하면서도 기도로 **맡기는** 것을 배우지 못한 사람들이 불안정한 생활방식을 조장한다. 그러나 주님께서 주시는 부담은 우리를 어딘가로 이끄신다! 나도 시행착오를 거치며 어렵게 이것을 배웠다.

나는 기도에 초점을 맞추면서 영성에 집중하기도 했지만, 때로는 영성을 놓치기도 했다. 나는 아침 일찍 일어나고 밤늦게까지 기도하곤 했다. 하나님께서는 나의 희생을 존중하셨으나 나의 기도시간과 나의 승리는 비례하지 않았다. 오히려 승리는 기도보다는 나의 믿음의 행동과 더 연관이 있는 것으로 보였다. 나의 승리의 원인을 기도로 돌릴 수 있는 경우는 별로 없었다. 기도할 때에 나의 초점이 여전히 나 자신에게 있었기 때문이다.

기도하며 신음하는 것이 항상 참된 중보의 징표는 아니다. 많은 사람들이 **자신의 불신으로부터 오는 부담과 주님께서 주시는 부담**을 아직 구별하지 못한다. 이제 나는 그 상황에 대한 믿음에 이를 때까지 기도한다. 그렇게 되면, 문제에 대한 나의 관점이 변화된다. 나는 하늘의 관점으로 그것을 보기 시작한다. 그럴 때, 나의 역할도 변한다. 하나님께 내 환경들에 침노해 달라고 간구하는 대신에, 나는 "**높은 산들아 움직이라!**"라고 하나님의 이름으로 명령한다. 그러한 믿음(혹은 안식)의 자리에서 나의 역할을 발견한다.

돌파구가 열릴 때까지 기도하라. 그리고 나서 당면한 환경들을 향하여 하나님이 주신 권세를 사용하여 하나님의 뜻을 실행하라.

『하늘이 땅을 침노할 때』 5장에서

> 이제 나는 그 상황에 대한
> 믿음에 이를 때까지 기도한다.

Day 40
하나님 나라와 성령

내가 진실로 너희에게 말하노니 여자가 낳은 자 중에 침례 요한보다 큰 이가 일어남이 없도다 그러나 천국에서는 극히 작은 자라도 그보다 크니라

:: 마태복음 11장 11절

침례 요한은 구약의 모든 사람들 중에 **최고**였다. 그러나 새 시대의 가장 작은 자라 할지라도 성령과의 관계를 통해 침례 요한을 능가하도록 태어났다.

우리 교회 교인들과 벧엘 초자연적 사역 학교(The Bethel School of Supernatural Ministry)의 학생들은 이 특권을 받아들이고 있다.

제이슨이라는 한 학생이 패스트푸드 음식점에서 주문하고 있었다. 그는 카운터에 있는 사람들에게 그리스도를 나누었고, 운전자용 판매 창구 너머로 자동차에 앉아있는 세 사람에게 말하기 시작했다! 제이슨이 음식을 받아서 나가다가 그들이 식사하려고 주차하는 것을 봤다. 그는 다시 그들과 대화를 시작했고 뒷좌석에 앉은 사람의 다리가 골절된 것을 보았다. 그래서 제이슨은 그들과 함께 차에 타서 성령께서 임하시기를 초청했다. 그리고 성령께서 임하셨다. 그런데 환자는 욕지거리를 하기 시작했다. 자신의 다리에 거룩한 불이 임하는 것이 어찌된 영문인지 이해하지 못했기 때문이었다. 그들은 모두 차에서 황급히 내렸고, 부상자는 부목을 떼고 다쳤던 다리로 뛰기 시작했다. 그는 완전히 치료되었다! 세 사람은 하나님의 선하심에 감동한 나머지 마약이 가득 들어있는 차 트렁크를 열었다. 그들은 마약을 길 아스팔트 위에 버리고 그것들을 밟고 춤추면서 파괴했다! 제이슨은 그 세 명을 우리의 24시간 기도의 집인 옥합의 집으로 데려갔고, 그들을 그리스도께로 인도했다. 하나님의 인자하심이 그들을 회개로 이끌었다. 이것이 정상적인 그리스도인의 삶이다.

하늘의 대리자이신 성령께서 이런 종류의 역사들을 가능하게 하신다. 뿐만 아니라, 순종하는 자들의 삶에 그런 일들이 일상적인 표준이 되게 하신다.

「하늘이 땅을 침노할 때」 6장에서

그러나 새 시대의 가장 작은 자라 할지라도
성령과의 관계를 통해 침례 요한을 능가하도록 태어났다.

Day 41
새로운 표준

모든 선지자와 율법이 예언한 것은 요한까지니 만일 너희가 즐겨 받을진대 오리라 한 엘리야가 곧 이 사람이니라
:: 마태복음 11장 13-14절

예수님께서 침례 요한이 구약의 모든 선지자들 중에 가장 크다고 하심으로써 표준을 설정하셨다(마 11:11). 침례 요한은 눈에 띄는 기적들을 행하지는 않았다. 침례 요한의 사역은 영광스럽고 꼭 필요했지만, 엘리야나 다니엘처럼 더 눈에 띄는 선지자들의 사역과 비교되지 않았다. 그러나 모든 것을 다 아시는 분께서 침례 요한이 가장 크다고 말씀하셨다. 이 구절에 담긴 진리는 우리의 잠재력을 하늘의 관점에서 보게 도와준다. 이것이 너무나 놀라운 진리이기 때문에 지옥의 세력 전부가 이 단순한 진리를 우리가 깨닫지 못하게 하는 일을 그들의 최우선순위로 삼았다.

그 다음에는 더 놀라운 소식이 등장한다. "그러나 천국에서는 극히 작은 자라도 그보다 크니라(마 11:11)." 예수님의 이 말씀은 천국의 사람들이 요한보다 더 위대하다는 말씀이 아니었다. 당연히 그것은 모든 신자에게 곧 가능해질 삶의 영역에 대해 말씀하고 계신 것이었다. 요한은 그리스도께서 오실 것을 예언했다. "내 뒤에 오시는 이는 나보다 능력이 많으시니…그는 성령과 불로 너희에게 침례를 베푸실 것이요(마 3:11)."

예수님께서 침례를 받으러 오시자 요한이 막으려 했다. "내가 당신에게서 침례를 받아야 할 터인데…(마 3:14)." 요한은 자신도 예수님의 침례를 받아야할 필요가 있음을 고백했다. 구약의 모든 선지자들, 심지어 침례 요한도 **성도들 중의 가장 작은 자**가 받을 것을 갖지 못했다. 그것은 성령의 침례였으며, 그것이 인류에 대한 하나님의 목표가 되었다.

성령의 침례는 요한조차 갖지 못했던 새로운 삶을 우리에게 가능하게 한다. 예수님께서 친히 모범을 보여주심으로써 우리도 그런 삶을 갈망하게 하셨다. 그리고 나서 우리에게 그것이 가능하다고 약속하셨다.

『하늘이 땅을 침노할 때』 6장에서

> 성령의 침례는 요한조차 갖지 못했던
> 새로운 삶을 우리에게 가능하게 한다.

Day 42
궁극적 목표

나는 너희로 회개하게 하기 위하여 물로 침례를 베풀거니와 내 뒤에 오시는 이는 나보다 능력이 많으시니 나는 그의 신을 들기도 감당하지 못하겠노라 그는 성령과 불로 너희에게 침례를 베푸실 것이요

∷ 마태복음 3장 11절

현재의 목표와 궁극적 목표는 차이가 있다. 현재의 목표 달성에 성공하는 것은 궁극적 목표의 달성을 가능하게 한다. 그러나 현재의 실패는 우리의 최종 목표 달성을 막는다.

볼링을 하는 사람들은 이것을 안다. 각 레인마다 끝에 열 개의 핀과 마커들이 있다. 훌륭한 볼링 선수는 자신의 볼이 손에서 떠날 때 그것이 어떻게 회전할 지 예측할 수 있다. 볼링 선수는 레인에 있는 마커를 첫 번째 목표로 삼는다. 그러나 마커를 친다고 점수를 얻는 것은 아니다. 궁극적 목표인 레인 끝의 핀을 칠 때만 점수를 얻는다.

마찬가지로, 구원은 그리스도에서 오신 궁극적 목표가 아니었다. 구원은 레인의 마커처럼 일차적인 목표였다. 그러나 구속이 이뤄지지 않으면, 궁극적 목표 달성을 바랄 수 없다. 그것은 거듭난 사람마다 성령으로 충만해지는 것이다. 하나님께서 바라시는 것은 신자가 하나님으로 차고 넘쳐서 우리가 '하나님의 모든 충만하신 것으로 충만해지는(엡 3:19)' 것이다. 그 결과 나타난 성령의 충만함은 그 전까지 그 누가 경험했던 것과도 달랐다. 그런 이유로 구약의 가장 위대한 선지자가 "제가 당신에게 침례를 받아야 합니다"라고 고백했던 것이다. 그 의미는 "나는 당신의 침례가 필요합니다…저는 그것을 선포하는 임무를 맡았습니다!"라는 것이었다.

성령의 침례는 침례 요한조차 가질 수 없었던 삶을 우리에게 가능하게 한다. 이것을 생각해보라. 우리가 초속 30만 킬로미터의 광속으로 지구상의 어느 곳이든지 다니며 수십 억 년 동안 사역하더라도 성령을 소멸 시킬 수는 없다. 그 모든 것이 하나님의 손 안에 있다. 그 하나님께서 우리를 하나님의 충만으로 충만하게 하기를 원하신다.

『하늘이 땅을 침노할 때』 6장에서

현재의 목표 달성에 성공하는 것은
궁극적 목표의 달성을 가능하게 한다.

Day 43
구약의 장면

나는 너희에게 물로 침례를 베풀었거니와 그는 너희에게 성령으로 **침례를** 베푸시리라

:: 마가복음 1장 8절

어린 양의 피를 집의 문설주와 인방에 발랐을 때 이스라엘이 애굽을 떠났다. 마찬가지로 우리도 예수님의 피가 우리 삶에 발라졌을 때 죄에서 해방되었다. 홍해를 통과한 것을 가리켜 **모세의 침례**(고전 10:2)라고 한다. 비슷하게 우리도 회심 후에 침례를 받는다. 유대인들이 마침내 약속의 땅에 들어갈 때도 강을 건넜다. 그것은 또 한 번의 침례였다.

그 새로운 침례는 그들을 다른 생활 속으로 이끌 것이었다. 예를 들어, 그들이 요단강을 건너고 나면, 새로운 전쟁을 치를 것이었다. 약속의 땅을 가능하게 하신 분은 하나님이시지만, 그곳에서 살기 위해 값을 치러야 할 사람은 우리이다. 태울 가치가 있는 뭔가를 드리면, 하나님께서 불의 침례를 주실 것이다.

이 성령의 침례는 약속의 땅에 들어가는 구약의 모형의 성취이다. 만일 이스라엘 자손이 요단강을 건너길 선택하긴 했지만 그냥 강둑에 사는 데 만족했다면 어땠을까? 그들은 애초에 요단강을 건넌 목적을 놓쳤을 것이다. 그곳에는 여전히 멸해야 할 나라들과 소유하기로 되어 있는 도시들이 남아 있을 것이다. 하나님의 목적에 미달하는 상태에 만족하는 것은 적과 동거해야 한다는 것을 의미한다. 신자가 성령 침례를 받지만 방언을 말하는 것 이상으로 넘어가지 않으면 그렇게 된다. 지배하라는 하나님의 궁극적 목적에 도달하지 못한 채 우리가 만족한다면, 우리 삶의 일부분에서 마귀를 참고 있는 것이다. 방언은 영광스러운 은사이지만, 능력의 삶의 시작점일 뿐이다. 그 능력을 우리에게 주신 것은 지옥의 견고한 진을 몰아내고 하나님의 영광을 소유하라고 주신 것이다.

『하늘이 땅을 침노할 때』 6장에서

방언은 영광스러운 은사이지만, 능력의 삶의 시작점일 뿐이다.

Day 44
하나님의 나라는 권능으로 임한다

여기 서 있는 사람 중에는 죽기 전에 하나님의 나라가 권능으로 임하는 것을 볼 자들도 있느니라
:: 마가복음 9장 1절

복음서에 위의 말씀이 나올 때마다 변화산상의 사건이 이어진다. 어떤 사람들은 변화산상에서 예수님께 일어난 일이 하나님 나라가 권능으로 임한 것이라고 생각한다. 만일 그렇다면 왜 예수님께서 거기 있는 사람 중의 일부가 하나님 나라가 권능으로 임하는 것을 보기 전에는 죽지 않을 것이라고 강조하셔야 했겠는가? 예수님께서는 훨씬 더 큰 사건에 대해 말씀하고 계셨다. 예수님께서는 **아버지의 약속하신 것**이 임할 것을 말씀하셨다. 그 사건이 우리를 위로부터 오는 능력으로 덧입힐 것이었다. 그것은 바로 성령의 침례였다.

성령의 침례는 일회성 사건이 아니다. 사도행전 2장의 120명이 다락방에서 성령의 침례를 받았다. 그러나 사도행전 4장에서 같은 무리 중 일부가 **다시 충만히 채워졌다**. 어떤 사람들은 그것을 한 번의 침례, 여러 번의 채움이라고 표현했다. 왜 다시 채워지는 것인가? 우리가 받은 것이 새어나가기 때문이다.

지난 10여 년 간, 사람들은 **생수가 있는 곳**을 찾아 세계 곳곳으로 다녔다. 그것은 더 많은 것에 대한 본능적인 갈급함 때문이었다. 어떤 곳에서 그들은 줄을 서서 기도받길 기다린다. 다른 곳에서 그들은 성전 앞으로 몰려나와 하나님께서 누군가를 사용해 그들에게 안수하게 하셔서 그들을 축복하시기를 기다린다. 개인적으로 나도 하나님의 축복을 받으려는 열정이 있기 때문에, 또 다른 축복을 받으려고 계속 기도 받으러 오는 사람들을 별로 문제시하지 않는다. 나도 하나님의 축복이 **필요하다**. 문제는 하나님의 축복을 더 많이 받는 것이 아니다. 문제는 우리가 일단 받은 후에 다른 사람들에게 주려고 하지 않는 것이다.

기도를 받는 것을 통해 하나님께서는 하나님의 백성을 하나님의 성령으로 충만하게 하셨다. 기도 받는 것은 은사가 나누어지는 놀라운 방법이다.

『하늘이 땅을 침노할 때』 6장에서

기도를 받는 것을 통해 하나님께서는
하나님의 백성을 하나님의 성령으로 충만하게 하셨다.

Day 45
하나님 나라, 영적 세계

> 그러나 내가 하나님의 성령을 힘입어 귀신을 쫓아내는 것이면 하나님의 나라가 이미 너희에게 임하였느니라
> :: 마태복음 12장 28절

이 구절을 보라. '하나님의 성령을 힘입어…하나님의 나라가' 성령께서 하나님의 나라를 감싸고 계신다. 그 두 가지가 같은 것은 아니지만, 분리될 수 없다. 성령께서 예수님의 주권을 실행시키시며, 예수님의 영토에 자유가 임하게 하신다(고후 3:17). **하나님 나라의 영역**은 성령의 역사를 통해 분명히 나타난다.

이 구절의 후반부는 사역의 본질을 나타내준다. 기름부음 받은 사역은 두 세계의 충돌을 야기한다. 즉 어둠의 세계가 빛의 세계와 충돌한다. 이 본문은 악한 영으로부터 해방되는 것의 본질을 보여준다. 하나님 나라가 어떤 사람에게 임하면, 어둠의 세력이 강제로 떠나게 된다. 빛은 어둠보다 훨씬 강력하기 때문에 승리가 즉시 이뤄진다.

성령께서는 전쟁 후의 상흔을 갖지 않으신다. 성령께서는 악한 영의 세계와 주도권을 놓고 다투느라 생긴 이빨자국이 없으시다. 성령과 동역할 줄 아는 자들은 하나님의 세계(하나님의 영토)의 실체가 어떤 사람이나 상황에 영향을 미치는 어둠의 세력과 충돌하게 한다. 하나님의 임재가 더 강하게 나타날수록, 더욱 빠르게 승리한다. 하나님의 임재의 가치를 발견하는 사람들은 전에는 상상하지 못했던 하나님과의 깊은 친밀한 영역 속으로 들어간다. 그 생명의 관계로부터 전에는 꿈에 불과했던 능력의 사역이 일어난다. 그가 우리와 함께 계시기 때문에 이해할 수 없는 일들이 가능해진다.

하나님께서 모든 종들에게 "내가 너와 함께하리라"라고 약속하셨다. 이것은 하나님께서 인간의 힘으로는 불가능한 일을 요구하실 때 주신 약속이다. 하나님의 임재는 우리로 하여금 불가능한 것을 가능하게 한다. 하나님의 임재는 무엇이든 가능하게 한다! 하나님께서는 초자연적인 것들을 하려고 애쓰실 필요가 없으시다. 하나님 자신이 초자연적이시다. 오히려 초자연적이지 않으시려면 노력이 필요하실 것이다. 하나님을 어떤 상황 속에 초청한다면 우리는 초자연적인 침노의 역사를 예상할 수밖에 없다.

『하늘이 땅을 침노할 때』 6장에서

> 하나님의 임재는 우리로 하여금
> 불가능한 것을 가능하게 한다.

Day 46
어둠 가운데 임하는 하나님의 임재

심지어 병든 사람을 메고 거리에 나가 침대와 요 위에 누이고 베드로가 지날 때에 혹 그의 그림자라도 누구에게 덮일까 바라고

:: 사도행전 5장 15절

사역을 할 때의 특권 중 하나는 어떤 지역에 어떻게 성령께서 임하시게 할지 아는 것이다. 내가 캘리포니아 주, 위버빌에서 목회할 때, 우리 교회 사무실이 시내에 있었는데, 맞은편과 바로 옆에 술집이 있었다. 그곳은 카운티 전체의 상업 중심지였고, 교회 사무실이 있기에는 최고의 장소였다.

그리스도인들이 그리스도인들하고만 사업을 하려고 하는 것은 좋지 않다. 우리는 빛과 소금이므로 어두운 곳에서 가장 잘 빛난다! 나는 사업체들과 그 업주들을 사랑하고 그들이 성공하기를 진심으로 바란다. 어떤 가게에 들어가기 전에 성령께서 나를 통해 임하시기를 종종 기도한다. 물건을 사러 가게에 들어갈 때면 그 물건이 있는 반대쪽 문으로 들어가서 가게 전체를 통과한다. 생업 현장에 어떻게 하나님의 임재를 임하게 하는지 알게 되자, 많은 사역 기회들이 생겼다.

사람들은 병자들을 거리에 눕혀 놓고 베드로가 지나갈 때 그림자라도 덮여서 치료되기를 바랐다(행 5:15). 그러나 치료를 일으킨 것은 베드로의 그림자가 아니었다. 그림자는 실체가 없다. 베드로를 성령께서 **덮고 계셨고** 그 임재가 기적을 일으켰다. 기름부음은 인격이신 성령께서 표현되시는 것이다. 성령은 실체이시다. 예수님의 사역 중에 그리스도의 옷을 만진 사람마다 치료되거나 해방된 적이 있었다(막 6:56). 기름부음은 실체이다. 그것은 성령의 실제적인 임재이며, 성령께서 우리 주변 환경 속에 임하실 수 있다.

『하늘이 땅을 침노할 때』 6장에서

기름부음은 인격이신 성령께서 표현되시는 것이다.
성령은 실체이시다.

Day 47
리더를 따라 지도 밖으로 행군하라

갈릴리 해변에 다니시다가 두 형제 곧 베드로라 하는 시몬과 그의 형제 안드레가 바다에 그물 던지는 것을 보시니 그들은 어부라 말씀하시되 나를 따라오라

:: 마태복음 4장 18-19절

알렉산더 대왕은 군대를 이끌고 연승 행진을 해서 더 큰 정복에 대한 갈망으로 마침내 히말라야 산 밑에까지 이르렀다. 그는 그 위압적인 산을 넘기 원했다. 그러나 그 산 너머에 무엇이 있는지 아는 사람은 아무도 없었다. 장교들은 알렉산더 대왕의 새 비전에 고심했다. 왜 그랬을까? 그들이 가진 지도의 한계에 이르러, 알렉산더가 소유하고 싶어 하는 새 영토의 지도가 없었기 때문이었다. 그 장교들은 결정해야 했다. 그들의 리더를 따라 지도 밖까지 행군할 것인가, 아니면 한계 안에서 사는 데 만족할 것인가? 그들은 알렉산더를 따르기로 결정했다.

성령을 따라가는 것도 우리에게 같은 딜레마를 안길 수 있다. 성령께서는 말씀에 어긋나게 행하지 않으시지만, 말씀에 대한 우리의 이해에 어긋나는 행동은 거침없이 하신다. 자신이 성경을 지적으로 이해하고 있다고 생각하여 안전하다고 느끼는 사람들은 잘못된 안정감을 가진 것이다. 우리 중 아무도 성경을 완전히 이해하지 못한다. 그러나 우리 모두에게 성령이 계신다. 그가 우리의 공통분모이시며 진리 가운데로 항상 인도하실 것이다. 그러나 그분을 따라가려면, 지도 밖으로 행군해야 한다. 즉 우리가 아는 것 밖으로 나아가야 한다. 그것을 잘하려면 무엇보다도 성령의 임재를 인식해야 한다.

예수님께서 사역을 하신 방식과 오늘날 전형적으로 이뤄지는 사역 방식 사이에는 큰 차이가 있다. 예수님께서는 아버지께서 행하시고 말씀하시는 것에 완전히 의존하셨다. 예수님께서 성령 침례를 받으신 후부터 그런 생활양식을 친히 보여주셨다. 예수님께서는 성령의 인도를 따르셨으며, 그것이 불합리해보일 때조차 따르셨다.

우리의 초점이 하나님의 임재에 있지 않으면, 우리는 우리 스스로 하나님을 위해 할 수 있는 최선을 다하는 것으로 그치고 만다. 그렇게 되면, 우리의 의도는 숭고할지라도, 결국 효과는 미미하다.

『하늘이 땅을 침노할 때』 6장에서

**우리는 지도 밖으로 행군해야 한다.
즉 우리가 아는 것 밖으로 나아가야 한다.**

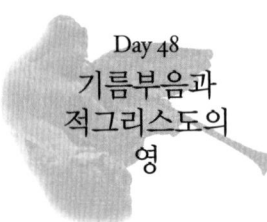

Day 48
기름부음과 적그리스도의 영

주의 성령이 내게 임하셨으니 이는 가난한 자에게 복음을 전하게 하시려고 내게 기름을 부으시고 나를 보내사 포로 된 자에게 자유를, 눈 먼 자에게 다시 보게 함을 전파하며 눌린 자를 자유롭게 하고

:: 누가복음 4장 18절

기름부음이라는 단어는 "기름을 바르다"를 의미한다. 성령은 예수님께서 물 침례를 받으실 때 예수님 위에 부어진 하나님의 기름이다(눅 3:21-22). **예수 그리스도**라는 이름은 "예수님은 성령으로 기름부음 받은 분이시다"라는 의미를 함축한다.

그러나 모든 시대마다 매복해 교회를 공격하려 하는 다른 영이 있었다. 사도 요한이 "지금도 많은 적그리스도가 일어났으니(요일 2:18)"라는 말로 그 세력을 드러냈다. 적그리스도의 속성은 그 이름에 나타난다. **적**(anti)은 '대항하다'를 의미하고 **그리스도**는 '기름부음 받은 자'를 의미한다.

예수님께서 인간의 한계들을 가지고 지상의 삶을 사셨다. 예수님께서는 아버지께서 주신 임무를 성취하기 위해 신성을 잠시 유보해두셨다. 그 임무는 죄 없는 사람으로 사시고 나서 인류의 죄를 대신해 죽으시는 것이었다(빌 2:5-7). 그것은 인류를 구속하려는 예수님의 계획에 필수적일 것이다. 죄를 속할 제물은 어린양이어야 했고(연약한 것을 말한다), 흠이 없어야 했다(죄가 없는 것을 말한다).

예수님께서 받으신 기름부음은 인간의 한계를 넘어서 살 수 있도록 아버지께서 무장을 시키신 것이었다. 예수님께서는 사람을 구속하실 뿐 아니라, 아버지를 나타내셔서 천국이라 불리는 아버지가 계신 세계를 나타내셔야 했다. 거기에는 초자연적인 역사들을 행하시는 것이 포함되었다. 그 기름부음이 사람이신 예수님을 신성에 연결시켜서 마귀의 일을 멸하실 수 있게 했다. 그 기적의 방법으로 무엇인가의 작동이 준비되었다. 인류가 구속되면 그것을 물려받을 것이었다. 하늘의 그 초자연적인 세계가 인류의 일용할 양식이 될 것이었다.

그것의 "현재성"이 "천국이 가까웠느니라"라는 예수님의 말씀으로 설명된다. 그것은 천국이 우리의 영원한 종착지만이 아니라, 현재의 실체이며, 우리의 손이 닿는 곳에 있다는 것을 의미한다.

「하늘이 땅을 침노할 때」 7장에서

> 그 기름부음이 사람이신 예수님을 신성에 연결시켜서
> 마귀의 일을 멸하실 수 있게 했다.

Day 49
기름부음은 사역의 자격을 갖춰준다

또 누구든지 말로 인자를 거역하면 사하심을 얻되 누구든지 말로 성령을 거역하면 이 세상과 오는 세상에서도 사하심을 얻지 못하리라

:: 마태복음 12장 32절

예수님께서는 사명을 감당하기 위해 성령이 필요하셨다. 그 사명은 여러 목표들이 있었고, 궁극적으로는 아버지의 일을 이루시는 것이었다(요 4:34). 하나님의 아들께서 그렇게 기름부음에 의존하셨다면, 우리도 아버지께서 우리에게 맡기신 것을 행하기 위해 성령의 임재가 필요하다는 것을 분명히 보여준다. 지금 우리는 이것을 반드시 이해해야만 한다. 우리는 초자연적인 사역을 위해 성령으로 옷 입어야 한다. 구약에서는 기름부음을 받은 자라야 제사장으로 사역할 자격이 있었다(출 40:15). 예수님의 모범에 따르면, 신약의 사역도 마찬가지이다. 기름부음은 초자연적인 결과들을 일으킨다.

이 기름부음으로 예수님께서는 **아버지께서 하시는 일을 본 것만** 하실 수 있으셨다(요 5:19 참조). 성령께서 아버지를 예수님께 계시하셨다.

'예수'라는 이름이 매우 의미심장하므로 예수님의 구속 사역을 저해하려는 자라면 '적그리스도'가 아니라 '적-예수'라 불려야할 것 같아 보인다. 그러나 이단들도 사람이신 예수님을 인정하고 귀하게 여긴다. 최소한 이단과 사교들은 예수님을 교사, 선지자, 혹은 하나님의 아들 중 '하나'로 여긴다. 이런 무서운 오류를 통해 우리는 왜 대적하는 이 영을 **적그리스도**의 영이라고 부르는지 이해할 수 있다. 즉 지옥의 영들은 기름부음을 대적하고 있다. 왜냐하면 기름부음이 없으면, 인류는 지옥의 세력에게 위협이 되지 않기 때문이다.

예수님께서 인류에게 관심을 기울이신 것은 박수를 받을 만한 일이다. 예수님의 겸손은 존경을 받았다. 그러나 초자연적인 역사를 일으킨 것은 기름부음이었다. 하나님께서 친히 초자연적으로 침노하시자 종교 지도자들이 거부했다. 이 기름부음은 삼위일체의 한 위격이신 성령께서 어떤 사람 위에 임해 그 사람을 무장시켜서 초자연적인 역사를 행할 수 있게 하시는 것이다.

『하늘이 땅을 침노할 때』 7장에서

예수님의 모범에 따르면…기름부음은 초자연적인 결과들을 일으킨다.

Day 50
능력으로 무장된 사역

표적과 기사의 능력으로 성령의 능력으로 이루어졌으며 그리하여 내가 예루살렘으로부터 두루 행하여 일루리곤까지 그리스도의 복음을 편만하게 전하였노라

:: 로마서 15장 19절

성령의 능력을 덧입은 사역은 사람들로 하여금 모든 것을 버리고 예수님을 따르게 했다. 성령의 기름부음은 겸손한 자들의 삶을 영원히 변화시켰다. 그러나 또한 성령의 능력을 덧입은 사역은 교만한 자들의 심기를 크게 거슬렀고 예수님의 십자가 처형을 야기했다. 똑같은 태양이 얼음은 녹이지만, 진흙은 단단하게 만든다. 그와 마찬가지로, 하나님의 역사는 완전히 다른 두 가지 반응을 일으킬 수 있다. 그것은 사람들의 심령 상태에 달려 있다.

하나님은 우리의 아버지이시다. 그리고 우리는 하나님의 유전자를 물려받는다. 모든 신자의 영적 DNA에는 초자연적인 것에 대한 갈망이 새겨져 있다. 우리는 그것이 우리의 영원한 종착지임을 감지하도록 미리 정해져 있다. 그러나 하나님으로 말미암은 그 열정이 논리에 의해 퇴색될 수 있다. 그 열정을 실행하지 않거나, 실망해서 그 열정이 묻힐 때 그렇게 된다. "소망이 더디 이루어지면 그것이 마음을 상하게 하거니와(잠 13:12)"라고 성경은 말씀한다.

적그리스도의 영은 신자들이 성령의 기름부음과 관련된 모든 것을 거절하도록 영향을 주려 한다. 그 거절은 여러 종교적 형태를 갖지만, 기본적으로 압축하면, 우리가 조정할 수 없는 것은 거절한다는 것이다. 하나님께서 좋아하는 요소 중 하나인 믿음을 조정의 영이 대적한다. 그러므로 인간의 이성적 능력에 우리의 믿음의 기반을 두어서는 안된다.

적그리스도의 영이 종교의 영을 일으켜왔다. 종교의 영은 하나님의 성령을 따르는 대신에 우리로 하여금 우리의 지성을 따르게 한다. 성령의 인도를 받는 것은 끊임없이 하나님을 만나는 것이다. 종교는 개념들을 우상화하고 개인적 경험을 거부한다. 종교는 현재 우리 삶 속의 하나님의 역사를 희생시켜서 과거의 업적을 숭배하게 한다. 우상숭배와 비슷하지 않은가? 성령과 성령의 능력의 역사를 의지하는 대신에 다른 것을 의지하게 하는 모든 것을 추적해보면 이러한 대적의 영으로 귀착된다.

『하늘이 땅을 침노할 때』 7장에서

하나님의 역사는 완전히 다른 두 가지 반응을 일으킬 수 있다. 그것은 사람들의 심령의 상태에 달려 있다.

Day 51
이성을 초월한 세계

만군의 여호와께서 말씀하시되 이는 힘으로 되지 아니하며 능력으로 되지 아니하고 오직 나의 영으로 되느니라
:: 스가랴 4장 6절

기름부음(성령)을 따르는 것은 이스라엘이 광야에서 주의 임재의 구름을 따라간 것과 매우 비슷하다. 이스라엘 백성이 하나님을 통제한 것이 아니라 하나님께서 그들을 인도하셨고 그들은 주님을 따라갔다. 그가 가시는 곳마다 초자연적인 역사들이 일어났다. 그들이 구름을 떠났다면, 그들을 지탱해 줬던 기적들이 떠나갔을 것이다.

신약의 용어로, 하나님의 임재에 초점을 맞춘 사람이 된다는 것은 우리가 이성을 초월하는 삶을 선택한다는 것을 의미한다. 그것은 충동적으로 살거나 어리석게 산다는 의미가 아니다. 충동적 삶은 진정한 믿음을 조잡하게 모방한 것일 뿐이다. 이성을 초월한 세계는 하나님께 순종하는 세계이다. 순종은 믿음의 표현이며, 믿음은 하나님의 세계를 주장할 수 있게 하는 티켓이다. 이상하게도, 하나님의 임재에 초점을 맞추다보면 우리는 바람과 같은 삶을 살게 되는데, 그것 역시 성령의 속성 중 하나이다(요 3:8). 하나님의 본질은 능력과 의지만, 하나님의 길을 우리가 통제할 수 없다. 하나님은 예측 불가능 하시다.

이것은 교회 리더들인 우리의 가장 큰 약점이다. 빌리 그레이엄이 이렇게 말했다고 한다. "성령께서 우리에게서 사라져도 오늘날의 교회 활동의 95퍼센트는 계속될 것이다. 하지만 초대교회에서 성령이 사라졌다면 95퍼센트의 활동이 중단되었을 것이다."

우리는 예배를 계획하고, 그것을 부지런함이라고 한다. 우리는 1년을 계획하고서 그것을 비전이라고 한다(물론 계획은 성경적이다. 그러나 우리의 부지런함과 비전이 성령의 권위를 찬탈하는 것이어선 안 된다. 우리가 성령의 인도를 따르려 하는 데서 우리가 예수님을 주님으로 섬기고 있음이 나타난다. 예수님께서 예수님의 교회를 되찾기 원하신다!). 그런데 우리가 그의 임재를 인식하지도 못한다면 어떻게 그를 따르겠는가?

하나님의 임재에 대해 말할수록, 하나님과의 만남 중에 더욱 특별한 일이 일어난다. 현상들도 중요하지만, 우리가 진정으로 갈망하는 것은 하나님 자신이다. 「하늘이 땅을 침노할 때」 7장에서

**우리가 하나님의 임재에 대해 말할수록,
하나님과의 만남 중에 더욱 특별한 일이 일어난다.**

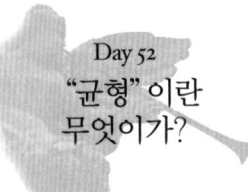

Day 52
"균형"이란 무엇인가?

나를 사랑하는 자는 내 아버지께 사랑을 받을 것이요 나도 그를 사랑하여 그에게 나를 나타내리라

:: 요한복음 14장 21절

신자들이 속을 것을 두려워하는 바람에 비극적인 흐름이 생겼다. 그들은 우리에게 성경이 있기 때문에, 만일 하나님과의 '느낄 수 있는' 경험을 추구한다면 감정적으로 치우치고 속을 수 있는 위험이 있다고 말한다. 예수님께서 성경 공부를 중시하며 경험을 반대하는 사람들에 대해 깜짝 놀랄 말씀을 하셨다. "너희가 성경에서 영생을 얻는 줄 생각하고 성경을 연구하거니와 이 성경이 곧 내게 대하여 증언하는 것이니라 (요 5:39)."

만일 우리가 성경을 공부하기만 하고 하나님과의 더 깊은 관계(만남)로 이어지지 않는다면, 우리의 영적 교만이 커질 뿐이다. 요한복음 10장 16절에서 예수님께서 "내 양은 내 책을 알고"라고 말씀하지 않으셨다. 우리가 알아야할 것은 예수님의 **음성**이다. 우리는 성경을 부지런히 공부하되, 예수님을 알 때 성경의 가장 큰 진리들을 이해할 수 있다는 것을 유념해야 한다.

성령께서 부어지시는 현재의 시대 속에서, 우리는 그의 음성을 알 수 있도록 그의 임재로 속속들이 채워지고 있다. 그가 우리에게 말씀을 열어주심에 따라 우리는 그를 더욱 의지하게 된다. 사람들은 다시 한 번 그들이 받은 최대의 선물에 초점을 돌리고 있다. 그것은 하나님 자신이시다. 기름부음을 가리켜 종종 그것이라고 하지만, 사실은 그분이라고 하는 것이 더 정확할 것이다.

성령께서 하나님의 백성에 대한 통치권을 돌려받으심에 따라, 그리스도인의 삶의 기준을 더 성경적으로 재정의하신다. 우리는 성경의 하나님을 경험으로 알 수 있고 알아야 한다. 사도 바울이 이렇게 말했다. "지식에 넘치는 그리스도의 사랑을 알고…하나님의 모든 충만하신 것으로 너희에게 충만하게 하시기를 구하노라 (엡 3:19)." **지식에 넘치는** 것이 무엇인지 아는가? 그것은 하나님의 약속이다. 결과를 생각해보라. "하나님의 모든 충만하신 것으로 충만하게 된다." 얼마나 큰 상급인가!

『하늘이 땅을 침노할 때』 7장에서

> 예수님께서 "내 양은 내 책을 알고"라고 말씀하지 않으셨다.
> 우리가 알아야 할 것은 예수님의 음성이다.

Day 53
하나님을 만나도록 가르치라

예수께서 모든 도시와 마을에 두루 다니사 그들의 회당에서 가르치시며 천국 복음을 전파하시며 모든 병과 모든 약한 것을 고치시니라

:: 마태복음 9장 35절

교사의 모범이신 예수님께서는 가르침을 행함과 결코 분리시키지 않으셨다. 예수님은 가르침의 은사의 귀감이시다. 하나님의 계시된 말씀이 기름부음 받은 교사(설교자)의 입을 통해 선포되면 능력의 나타남으로 이어져야 한다. 니고데모가 예수님께 말했다. "랍비여 우리가 당신은 하나님께로부터 오신 선생인 줄 아나이다 하나님이 함께 하시지 아니하시면 당신이 행하시는 이 표적을 아무도 할 수 없음이니이다(요 3:2)." 하나님의 교사들은 단지 말만 하지 않고 행한다는 것을 그들은 알고 있었다.

예수님께서 사역의 궁극적 모범을 보여주셨다. 그것은 복음 선포, 그리고 표적과 기사의 결합이었다. 마태는 기록한다. "예수께서 온 갈릴리에 두루 다니사 그들의 회당에서 가르치시며 천국 복음을 전파하시며 백성 중의 모든 병과 모든 약한 것을 고치시니(마 4:23)." 그러고 나서 예수님께서는 제자들에게도 똑같은 초점을 가지고 사역을 하라고 명하셨다.

요한은 말씀과 초자연적 역사의 결합 사역이 어떻게 이뤄졌는지 기록한다. "내가 너희에게 이르는 말은 스스로 하는 것이 아니라 아버지께서 내 안에 계셔서 그의 일을 하시는 것이라(요 14:10)." 우리가 **말씀**을 전하면, 아버지께서 **역사를 행하신다**는 것이 분명하다. 아버지께서 기적을 행하신다!

말씀을 가르치는 하나님의 사람으로서 우리도 **능력의 역사를 행할 것**을 우리 자신에게 요구해야 한다! 그리고 그 **행함**은 표적과 기사를 통해 불가능 속으로 뛰어드는 것을 포함해야 한다. 성경 교사들은 **자신들이 한 것**, 혹은 **하려 하는** 것이 무엇인지 설명하기 위해 가르쳐야 한다. 자신의 은사를 단지 말에만 제한하는 사람들은 그의 의도와는 달리 신자들을 교만하게 할 수 있다. 왜냐하면 하나님의 임재와 능력을 아는 면에 성장하지 않으면서 지식만 증가시키기 때문이다. 그리스도의 형상을 닮은 사역 중에는 하나님께 전적으로 의존하는 것을 배우는 것이 들어 있다. 하나님을 의지하여 불가능 속으로 들어가는 것은 교만의 발생을 미연에 방지해준다.

『하늘이 땅을 침노할 때』 7장에서

> 예수님께서 사역의 궁극적 모범을 보여주셨다.
> 그것은 복음 선포, 그리고 표적과 기사의 결합이었다.

Day 54
체험

너희가 나를 택한 것이 아니요 내가 너희를 택하여 세웠나니 이는 너희로 가서 열매를 맺게 하고 또 너희 열매가 항상 있게 하여 내 이름으로 아버지께 무엇을 구하든지 다 받게 하려 함이라

:: 요한복음 15장 16절

1987년에 나는 캘리포니아 주, 애너하임에서 열리는 존 윔버의 표적과 기사 컨퍼런스에 참석했다. 하지만 나는 그 자리를 떠날 때 낙심되었다. 거기서 가르친 모든 것은 많은 예들까지 나도 이미 다 가르쳐보았던 것이었다. 내가 낙심한 이유는 그들은 믿은 대로 열매를 거두고 있지만, 나는 훌륭한 교리만 가지고 있다는 사실 때문이었다.

단지 진리를 아는 것만으로는 더 이상 만족하지 못할 때가 온다. 진리가 환경을 변화시키지 못하면 무슨 유익이 있겠는가? 그래서 나는 심각하게 나의 개인적 우선순위들을 재점검하기 시작했다. 좋은 일이 일어날 수 있다고 믿거나, 혹은 일어나야만 한다고 믿는다고 해도 그것만으로는 아무것도 달라지지 않는다. 뭔가 내가 위험을 감수하고 들어가야 했다. 윔버는 그것을 믿음이라고 불렀다. 가르침 후에는 하나님께서 역사하실 자리를 만들어드리는 **행동**이 **뒤따라야** 한다 (하나님께 역사하실 자리를 만들어드린다고 해서 하나님께서 우리의 허락을 받고 행하신다는 의미는 전혀 아니다. 단지 하나님께서 우리가 자원하여 그분을 초청하시는 것을 기뻐하신다는 의미이다).

급격한 변화가 일어났다. 우리는 사람들을 위해 기도했고, 많은 기적들이 일어나는 것을 보았다. 이것은 영광스러운 일이었지만, 오래지 않아 치료되지 않는 사람도 많다는 것을 발견했다. 그러자 실망이 일어났고, 위험을 감수하고 기적을 추구하는 일이 줄어들었다.

1995년 3월에 토론토에 처음 가면서 나는 하나님께 약속했다. 나를 다시 만져주시면, 이제는 결코 물러서지 않겠다고. 결코 다시는 **주제를 바꾸지** 않겠노라고 말씀드렸다. 나의 약속은 성령의 임함과 그에 따른 은사들의 충만한 나타남을 나의 존재의 유일한 목적으로 삼겠다는 것을 의미했다. 그리고 무슨 일이 있더라도 그 소명에서 벗어나지 않겠다고 작정했다! 곧 하나님께서 다시 나를 만지셨고, 나는 그 이후로 지금까지 부단히 그 길을 가고 있다.

『하늘이 땅을 침노할 때』 8장에서

> 가르침 후에는 하나님께서 역사하실 자리를
> 만들어드리는 행동이 뒤따라야 한다.

Day 55
문화의 영향에 저항하라

우리가 마음에 뿌림을 받아 악한 양심으로부터 벗어나고 몸은 맑은 물로 씻음을 받았으니 참 마음과 온전한 믿음으로 하나님께 나아가자

:: 히브리서 10장 22절

대학교에서 경영학 학위를 받은 사람이라 할지라도 직접 사업을 경영해본 사람에게서 가르침을 받지 못했을 수 있다. 우리는 결과가 있는 경험보다 개념과 사상을 가치 있게 여긴다. 나는 그것이 일반 학교에만 해당되기를 바라지만, 경험보다 개념을 가치 있게 여기는 문화가 대부분의 성경 학교, 신학교, 교단에 영향을 미쳐왔다. 오늘날은 하나님을 경험하는 **것보다 코스를 지키는 것**을 가치 있게 여긴다.

설상가상으로, 자신이 경험한 것을 말하는 사람은 종종 의심을 받으며 위험하게 여겨지기까지 한다. 그러나 경험 없이 하나님을 알 수 없다. 랜디 클락이 이렇게 말했다. "하나님을 경험하지 않은 사람은 하나님을 모른다." 하나님은 인격이시며, 철학이나 개념이 아니시다. 이제는 하나님을 만난 사람들이 두려움 때문에 자신들의 체험을 희석시키는 것을 멈춰야할 때이다. 우리는 하나님의 백성들이 초자연적인 것을 더욱 맛보고 싶게 만들어야한다. 간증은 그런 갈급함을 불러일으키는 능력이 있다.

우리의 사역 팀이 전 세계로 사역을 다니면서 특별한 것들을 예상하게 되었다. 치료, 해방, 회심은 우리의 일의 열매이다. 치료가 우리의 가르침의 주제가 되는 경우는 드물지만 가장 흔히 일어나는 결과 중의 하나이다. 우리가 하나님 나라의 메시지를 선포할 때, 사람들이 낫는다. 하나님 아버지께서 능력으로 말씀을 확증하심으로써 하나님 자신의 메시지에 "아멘!"이라고 하시는 것 같다(막 16:20 참조).

베드로는 그의 말씀 전파의 담대함을 위해 기도할 때 이것을 알았으므로 하나님께서 "손을 내밀어 병을 낫게 하시옵고 표적과 기사가 거룩한 종 예수의 이름으로 이루어지게(행 4:29-30)" 하셔서 응답하실 것을 기대했다. 우리의 메시지가 하나님 나라의 복음이라면 하나님께서 능력을 베푸셔서 우리의 메시지를 지지해주실 것이라고 약속하셨다.

『하늘이 땅을 침노할 때』 8장에서

경험 없이 하나님을 알 수 없다.

Day 56
능력 Vs 교만

> 내가 너희를 부끄럽게 하려고 이것을 쓰는 것이 아니라 오직 너희를 내 사랑하는 자녀 같이 권하려 하는 것이라 그리스도 안에서 일만 스승이 있으되 아버지는 많지 아니하니 그리스도 예수 안에서 내가 복음으로써 너희를 낳음이라 그러므로 내가 너희에게 권하노니 너희는 나를 본받는 자가 되라
> :: 고전 4장 14-16절

오늘날 우리가 직면하는 문제들은 새로운 것이 아니다. 사도 바울도 고린도 교회에 대한 염려가 컸다. 그들이 능력 없는 복음에 미혹되고 있었기 때문이다. "이로 말미암아 내가 주 안에서 내 사랑하고 신실한 아들 디모데를 너희에게 보내었으니 그가 너희로 하여금 그리스도 예수 안에서 나의 행사 곧 내가 각처 각 교회에서 가르치는 것을 생각나게 하리라 (고전 4:17)."

바울은 교사와 아버지를 대조시키는 것으로 시작했다. 그 교사들은 예수님께서 교회에 있기 바라시는 종류의 교사와 달랐다. 바울은 그들이 그리스도인일 수 있음을 인정하며 그들이 '그리스도 안에' 있다고 말한다. 그러나 후에 바울은 그들이 '교만하여졌다고' 말한다(고전 4:18 참조).

이 시대에 우리는 신자들이 영적 아버지(꼭 남성을 의미하는 것은 아니다)를 중심으로 모이는 전례 없는 초교파적인 운동을 보고 있다. 과거에 우리는 특정 진리 중심으로 모였고, 그것은 교단 형성으로 이어졌다. 그런 모임의 장점은 교리와 신앙생활이 일치한다는 것이다. 그리고 약점은 다양성이나 변화를 많이 허용하지 않는다는 것이다. 20세기로 접어들 때쯤엔 성령 침례를 받고 방언을 말하는 사람들은 대부분의 교회에서 환영받지 못했다. 왜냐하면 많은 교단들의 신앙 고백이 돌에 새겨 놓은 것처럼 요지부동이었기 때문이다.

그러나 지금은 영적 아버지를 중심으로 모이는 움직임이 다양한 교단들 내에서도 일어나고 있다. 그런 신자들의 모임은 비핵심적인 교리들의 차이를 허용하면서 분열을 야기하지 않는다. 많은 사람들은 이 운동이 하나님의 사도적 질서의 회복이라고 보고 있다.

「하늘이 땅을 침노할 때」 8장에서

이 시대에 우리는 신자들이 영적 아버지를 중심으로 모이는 전례 없는 초교파적인 운동을 보고 있다.

Day 57
능력 있는 아버지 Vs 말만 있는 교사

어떤 이들은 내가 너희에게 나아가지 아니할 것 같이 스스로 교만하여졌으나 주께서 허락하시면 내가 너희에게 속히 나아가서 교만한 자들의 말이 아니라 오직 그 능력을 알아보겠으니 하나님의 나라는 말에 있지 아니하고 오직 능력에 있음이라
:: 고린도전서 4장 18-20절

바울은 영적 자녀들의 교만한 상태에 대해 우려한다. 바울은 신실함과 교만을 대비시켜 요점을 말한다. 바울은 그들이 달변가들의 이론에 속지 않기를 바랐다. 개인의 카리스마가 기름부음이나 진리보다 교회에서 더 가치 있게 여겨질 때가 종종 있다. 그래서 인격을 갖추지 못한 사람들이 리더쉽이 있다는 이유로 교회에서 지도자의 위치에 오르는 경우가 있다. 바울은 이러한 문제들을 종종 발견했다.

바울은 고린도인들을 믿음으로 이끌기 위해 수고했다. 바울은 자신이 얼마나 많이 아는지 보여줘서 그들이 '감탄하게' 만들지 않았다. 오히려 바울은 모든 능력의 하나님을 만나게 이끌어서 하나님만이 그들의 믿음의 기반이 되시게 했다(고전 2:1-5). 그러나 고린도교회에 말만하는 자들이 등장했다. 이에 대한 바울의 해답은 자신과 같은 사람, 디모데를 보내는 것이었다. 그들은 그들의 영적 아버지가 어떤 사람이었는지 상기해야 했다. 그것은 그들의 가치관을 실제적인 인물들, 또한 능력의 사람들에게 맞추도록 도와줄 것이었다!

바울은 올바른 선택이 무엇인지 놀라운 진술을 한다. "하나님의 나라는 말에 있지 아니하고 오직 능력에 있음이라(고전 4:20)." 원어는 이렇다. "하나님의 나라는 **로고스**에 있지 않고 오직 **두나미스**에 있음이라." 그들의 많은 교사들은 말을 많이 하고 잘했지만, 능력은 거의 보여주지 못했다. 그들은 예수님께서 보여주신 귀감을 따르지 않았다. **두나미스**는 '성령이 부어질 때 나타나 모두에게 나누어지는 하나님의 능력'이다. 그것이 하나님 나라다!

	아버지	교사
생활방식	아버지를 본받는다	개념 중심으로 모인다(분열을 일으킨다)
태도	겸손	교만
사역	능력사역	말이 많음
초점	하나님 나라	가르침

『하늘이 땅을 침노할 때』 8장에서

두나미스는 '성령이 부어질 때 나타나 모두에게 나누어지는 하나님의 능력' 이다.

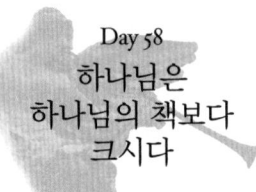

Day 58
하나님은 하나님의 책보다 크시다

너희가 성경도, 하나님의 능력도 알지 못하는 고로 오해하였도다

:: 마태복음 22장 29절

위의 성경 구절에서 예수님께서 바리새인들의 성경과 하나님의 능력에 대한 무지를 꾸짖으신다. 부활과 결혼에 대한 무지는 그들의 삶의 모든 영역에 영향을 미치는 것이었다.

그들은 성경을 제대로 이해하지 못했기에 하나님께서 이끄는 것을 허락할 수도 없었다. 이 구절에서 '알다'라는 단어는 '개인적 경험'을 가리킨다. 그들은 경험 없이 말씀을 배우려 했다. 그들은 하나님의 말씀을 공부하는 데 시간을 보내는 자들을 대변했다. 그들이 공부한다고 해서 하나님을 만나는 것이 아니었다. 그들에게는 공부 자체가 목적이 되었다.

성령은 하늘의 **두나미스**이시다. 하나님과의 만남은 종종 능력의 만남이다. 그런 만남은 하나님의 디자인에 따라 사람마다 각양각색이다. 하나님을 능력으로 만나지 못하는 것이 하나님과 하나님의 말씀에 대한 오해로 이어진다. 말씀에 대한 참된 지식을 쌓으려면 경험이 필요하다. 하나님께서는 스스로 기뻐하시는 대로 행하신다. 물론 말씀에 따라 행하시지만, 말씀에 대한 우리의 이해를 벗어나서 행하기를 주저하지 않으신다. 예를 들어, 하나님을 온유하신 분이라고 하지만, 사울을 당나귀에서 떨어뜨리셨다(행 9:4). 이 불편한 긴장은 하나님이 누구시며 성경을 통해 무엇을 말씀하시는지 우리가 이해하는 데 있어서 우리를 정직하게 하고 성령을 진정으로 의지하게 한다. 하나님의 생각은 우리의 생각과는 너무나 다르기 때문에 우리는 오직 하나님과의 관계를 통해서만 하나님께서 우리에게 보여주시는 것을 진정으로 보고 이해할 수 있다.

성경은 하나님의 절대적인 말씀이다. 성경은 하나님을 계시한다. 성경은 하나님의 성품의 밝히 드러난 면, 설명하기 어려운 면, 신비한 면, 그리고 우리 안에 우리의 심기를 불편하게 만드는 부분까지라도 계시한다. 성경 전체가 우리 하나님의 위대하심을 계시하는 것이다. 그렇다고 해서 하나님이 그것에 제한되시는 것이 아니다. 하나님은 당신의 책보다 크시다.

『하늘이 땅을 침노할 때』 8장에서

하나님의 생각은 우리의 생각과는 다르기 때문에 우리는 오직 하나님과의 관계를 통해서만 하나님께서 우리에게 보여주시는 것을 진정으로 보고 이해할 수 있다.

Day 59
지도인가, 안내자인가?

일을 숨기는 것은 하나님의 영화요 일을 살피는 것은 왕의 영화니라

:: 잠언 25장 2절

교회가 성경에 대한 헌신을 지키기 위해 소중히 고수해온 여러 개념들이 있다. 그러나 그 개념들 중 일부는 하나님의 말씀의 참 가치를 오히려 거스르고 있다. 예를 들어, 성령의 역사를 거부하는 많은 사람들은 우리에게 성경이 있으므로 교회는 표적과 기사가 필요하지 않다고 주장해왔다. 그 가르침은 말씀을 높인다고 하지만, 오히려 말씀과 상반된다. 만일 열 명의 새 신자에게 성경을 공부해서 이 세대에 대한 하나님의 마음을 발견하는 과제를 맡긴다면, 그 중 단 한 명도 영적 은사들이 오늘날에는 해당되지 않는다고 결론 내리지 않을 것이다. 그런 개념은 성경이 아니라 사람이 가르친 것이다! '우리에게 성경이 있으므로 표적과 기사는 더 이상 필요하지 않다'는 교리는 하나님의 능력을 보지 못해서 자신의 능력 없는 교회들에 대한 변명이 필요했던 사람들이 만들어냈다.

하나님을 만나도록 이끌어주지 않는 계시는 우리를 더 종교적으로 만들 뿐이다. 성경이 하나님께로 이끌어주지 않으면, 나는 그저 논쟁이나 할 줄 아는 사람이 될 뿐이다. "지식은 교만하게 하며…(고전 8:1)"라고 말씀한다. 다음에 주목하라. 바울이 말한 것은 **비성경적인** 지식이나 **육적인** 지식이 아니다. 성경에서 나온 지식을 포함하여 모든 지식은 우리를 교만하게 할 잠재성이 있다.

단지 성경을 지식적으로만 아는 데서 오는 교만은 분열을 조장한다. "스스로 말하는 자는 자기 영광만 구하되 보내신 이의 영광을 구하는 자는 참되니 그 속에 불의가 없느니라 (요 7:18)." 하나님께로 이끌어주는 계시가 없이 말씀의 훈련을 받은 자들은 스스로 말하며 자기 영광을 구한다. 하나님과 만남 없이 지식만 있으면 참된 의를 대적하게 될 뿐이다.

하나님만을 두려워하는 심령, 먼저 하나님의 나라를 구하며 하나님께서 모든 존귀와 영광을 받으시기를 갈망하는 심령 안에 믿음이 탄생한다.

『하늘이 땅을 침노할 때』 8장에서

하나님을 만나도록 이끌어주지 않는 계시는 우리를 더 종교적으로 만들 뿐이다.

Day 60
아버지의 일

만일 내가 내 아버지의 일을 행하지 아니하거든 나를 믿지 말려니와

:: 요한복음 10장 37절

"**하나님의 아들이 나타나신 것은 마귀의 일을 멸하려 하심이라**"(요일 3:8).

위의 성경 구절들은 두 주제를 다룬다. 그것은 **아버지의 일을 행하는 것**과 **마귀의 일을 멸하는 것**이다. 이 두 가지는 분리될 수 없다. 이것은 그리스도께서 오신 목적을 분명히 해준다. 그리스도는 **하나님 아버지를 기쁘시게** 하려는 큰 열정에 이끌리셨다.

예수님의 우선순위는 예수님의 사역이 시작되기 훨씬 전부터 드러나기 시작했다. 예수님이 열두 살이실 때였다. 요셉과 마리아가 예루살렘을 떠난 지 며칠 후에 예수님이 일행 중에 없는 것을 알게 되었다. 그들은 아들을 찾아 돌아갔다. 그들이 사흘 동안 떨어져있는 동안 무슨 생각을 했을지 우리는 상상밖에 할 수 없다. 예수님은 그들에게 기적의 자녀였고 하나님께서 약속하신 분이었다. 그런 예수님을 부주의해서 잃었단 말인가? 예수님을 양육하는 그들의 일은 이제 끝났단 말인가?

마침내 요셉과 마리아는 성전에서 어른들과 성경을 토론하는 예수님을 발견했다. 그들이 매우 기쁘고 안도했을 것이 분명하다. 그러나 현실적으로, 그들은 좀 화가 나기도 했을 것이다. 게다가 예수님은 그들의 염려에 대해 조금도 신경 쓰지 않으시는 것 같았다. 오히려 예수님이 어디 계신지 그들이 몰랐다는 것에 조금 놀라시는 것 같았다. "내가 내 아버지 집에 있어야 될 줄을 알지 못하셨나이까(눅 2:49)." 여기서 예수님의 목적이 계시되기 시작한다. 예수님은 어린 나이에도 하나님 아버지께 순종하느라 사람의 심기를 거스를 수 있는 가능성에 대해 전혀 신경 쓰지 않으시는 것으로 보였다. 생각해보라. 열두 살의 나이에도 사람들이 어떻게 생각할까에 대한 두려움이 없었다. 예수님께서는 오해와 갈등의 가능성 때문에 아버지의 목적을 이루지 못하는 것을 허용하지 않으셨다.

예수님의 유년기의 기록된 유일한 말씀은 아버지께 순종하는 것이 예수님의 포부의 전부였음을 보여준다. 성인이 되신 후에도 아버지께 순종하는 것이 여전히 우선순위임을 밝히셨다. 그것이 예수님의 **자양분**이었다. "나의 양식은 나를 보내신 이의 뜻을 행하며 그의 일을 온전히 이루는 이것이니라(요 4:34)."

「하늘이 땅을 침노할 때」 9장에서

아버지께 순종하는 것이 예수님의 포부의 전부였다.

Day 61
유대인의 관습

하나님의 아들이 나타나신 것은 마귀의 일을 멸하려 하심이라

:: 요한일서 3장 8절

    유대인 아버지는 아들이 성인이 되면 마을 광장으로 데려가는 관습이 있었다. 아버지는 아들이 모든 거래에 있어서 자신과 동등하다고 마을에 알린다. 그 의미는 아들과 거래한 것은 아버지와 거래한 것과 같다는 것이었다. 아버지가 그렇게 함으로써 마을 전체에게 "이는 내 사랑하는 아들이요 내 기뻐하는 자라"고 알리는 것이다.

    예수님께서 30세에 물침례를 받으실 때에 침례 요한은 예수님이 '세상 죄를 지고 가는 하나님의 어린 양(요 1:29)'이라고 선언했다. 성령께서 예수님 위에 임하셨고, 예수님을 능력으로 옷 입히셔서, 예수님께서 하나님의 목적을 실행할 수 있게 하셨다. 그러고 나서 아버지께서 하늘로부터 말씀하셨다. "이는 내 사랑하는 아들이요 내 기뻐하는 자라(마 3:17)." 그 순간에 아버지와 성령께서는 하나님의 아들의 우선적인 목적은 아버지의 일을 나타내고 수행하는 것임을 확증하셨다. 예수님께서 그 역할의 구체적 내용을 첫 설교에서 선언하셨다. "주의 성령이 내게 임하셨으니 이는 가난한 자에게 복음을 전하게 하시려고 내게 기름을 부으시고 나를 보내사 포로 된 자에게 자유를, 눈 먼 자에게 다시 보게 함을 전파하며 눌린 자를 자유롭게 하고 주의 은혜의 해를 전파하게 하려 하심이라 하였더라(눅 4:18-19)." 예수님의 삶은 그 선언이 어떤 것인지 예시하여 주었다. 그것은 사람의 영, 혼, 육을 구원하여 마귀의 일을 멸하는 것이었다(요일 3:8 참조). 점점 확장되며 드러나는 하나님 나라는 그렇게 표현되었다(사 9:7 참조).

『하늘이 땅을 침노할 때』 9장에서

> 예수님의 삶은 그 선언이 어떤 것인지 예시하여 주었다.
> 그것은 사람의 영, 혼, 육을 구원하여
> 마귀의 일을 멸하는 것이었다.

Day 62
잃어버린 연결

이는 하나님의 영광의 광채시요 그 본체의 형상이시라 그의 능력의 말씀으로 만물을 붙드시며 죄를 정결하게 하는 일을 하시고 높은 곳에 계신 지극히 크신 이의 우편에 앉으셨느니라

:: 히브리서 1장 3절

예수님의 사역의 비결을 다음의 말씀에서 볼 수 있다. "아들이 아버지께서 하시는 일을 보지 않고는 아무 것도 스스로 할 수 없나니 아버지께서 행하시는 그것을 아들도 그와 같이 행하느니라(요 5:19)." 예수님께서 아버지를 의뢰하심으로써 하나님 나라의 실체를 이 세상에 임하게 하셨다. 그래서 예수님께서는 '하나님 나라가 가까웠느니라'고 말씀하실 수 있었다.

예수님께서 아버지의 마음을 나타내 보여주셨다. 예수님의 모든 행동은 하늘에 계신 아버지를 땅에서 표현한 것이었다. 예수님께서 말씀하셨다. "나를 본 자는 아버지를 보았거늘(요 14:9)." 예수님의 삶은 아버지와 아버지의 일을 계시했다.

예수님께서는 아버지의 하시는 일을 아직도 가리키신다. 이제 성령을 통해 아버지의 마음을 발견하고 나타내는 것이 우리의 일이다. 그것은 생명을 주고 마귀의 일을 멸하는 것이다.

아버지의 일이 표적과 기사와 관계된다는 것을 이해하는 것만으로는 우리 삶 속에서 하나님의 목적의 참다운 성취를 보장할 수 없다. 그것은 기적을 행하거나 심지어 사람들을 회심시키는 것보다 큰 그 이상의 것이다. 하나님께서 초자연적으로 개입하신 일들은 사람들에 대한 아버지의 극진한 마음을 계시하려는 것이었다. 모든 기적은 하나님의 본질을 계시한다. 그리고 그 계시 속에 관계에 대한 초청이 내재되어 있다.

우리도 바리새인의 잘못을 반복하기 쉽다. 그들은 아버지의 마음을 전혀 이해하지 못했다. 기독교의 활동 중의 많은 부분이 그 최고의 가치와 별 관계가 없다. 우리는 개인의 은사를 발견하거나 사역에 더 성공하는 방법을 발견하는 것보다 훨씬 더 큰 것이 필요하다. 우리는 아버지 자신이 필요하다. 우리는 그의 임재가 필요하다. 오직 그의 임재만이 필요하다. 복음은 아버지께서 사랑을 통해 인류의 마음에 구애하시는 이야기이다. 우리가 하는 다른 모든 것은 그 발견으로부터 흘러나온다.

『하늘이 땅을 침노할 때』 9장에서

**복음은 아버지께서 사랑을 통해
인류의 마음에 구애하시는 이야기이다.**

Day 63
아버지의 일

내가 진실로 진실로 너희에게 이르노니 나를 믿는 자는 내가 하는 일을 그도 할 것이요 또한 그보다 큰 일도 하리니 이는 내가 아버지께로 감이라

:: 요한복음 14장 12절

우리가 전 세계를 다니며 복음을 전하더라도 아버지의 마음에 대한 개인적이고 인격적인 계시가 없으면 전해들은 소식만 전하고 다니는 것이다. 그것은 하나님과의 관계가 없는 이야기만 전할 뿐이다. 그것으로 사람들을 구원할 수 있을지 모른다. 왜냐하면 그것이 진리이기 때문이다. 그러나 그보다 훨씬 더 많은 것을 놓치게 된다.

대부분의 바리새인들은 평생 하나님을 섬긴다고 했지만 아버지의 마음을 발견하지 못했다. 예수님께서는 종교 지도자들의 심기를 거스르셨다. 바리새인들은 하나님께서 안식일에 관심을 가지신다고 생각했지만, 예수님께서는 안식일의 창조 목적인 사람들을 돕기 위해 일하셨다. 그 지도자들은 성경 속의 과거의 기적들에 익숙했다. 그러나 예수님께서는 초자연적인 역사의 수문을 여심으로써 그들이 편안하게 느끼는 영역에 뛰어드셨다. 예수님께서는 모든 기적으로 **아버지의 일**을 보여주셨다. 그들이 거기에 적응하려면, 그들의 모든 것이 새로워져야 했다. 그래서 무엇이 변화되어야 하는지 그들에게 일깨워주는 분을 거짓말쟁이로 낙인찍어 죽이는 것이 더 쉬웠다.

예수님께서 12세의 나이에 우리에게 교훈을 가르쳐주셨다. 그것은 우리가 아버지의 일을 해야 한다는 것이었다. 아버지의 일은 아버지의 마음으로부터 흘러나온다. 우리가 그것을 발견할 때, 우리는 사역 안에서 기쁨과 능력, 하나님의 임재를 발견할 것이다.

예수님께서 아버지의 마음을 이스라엘에 계시하셨던 것과 같은 식으로 교회도 아버지의 마음을 세상에 **나타내야** 한다. 우리는 하나님의 임재가 함께 하는 사람들이며, 하나님의 뜻을 행하는 자이다. 우리는 우리가 받은 것을 줌으로써 어둠에 사로잡혀 있던 상황들 가운데 하나님께서 임하시게 한다. 그것은 우리의 책임이자 특권이다.

「하늘이 땅을 침노할 때」 9장에서

> 예수님께서 아버지의 마음을 이스라엘에 계시하셨던 것과 같은 식으로 교회도 아버지의 마음을 세상에 **나타내야** 한다.

Day 64
모두가 후보자이다

내가 아버지 안에 거하고 아버지는 내 안에 계신 것을 네가 믿지 아니하느냐 내가 너희에게 이르는 말은 스스로 하는 것이 아니라 아버지께서 내 안에 계셔서 그의 일을 하시는 것이라

:: 요한복음 14장 10절

우리의 지역사회에 있는 모든 사람이 하나님의 사랑의 대상이다. 급격한 변화의 간증이 사회의 각 영역 안에서 나오고 있다. 아버지의 일을 생각하는 사람들이 늘어나고 있는 것이다.

우리 학생 중 한 명인 제이슨이 배심원으로 봉사하라는 법원의 요청을 받았을 때, 그는 아버지의 일을 염두에 두고 참여했다. 그가 주차장에서 배심원단 건물로 걸어가다가 뭔가 문제를 가진 것 같은 두 젊은이를 보게 되었다. 주님께서 그 중에서 연장자인 젊은이에 대해 제이슨에게 말씀하기 시작하셨다. 제이슨이 그에게 다가가 그가 아버지와의 관계에서 가진 구체적인 문제들을 말했다. 그는 하나님께서 보여주지 않으셨다면, 제이슨이 그것을 알 수 없다는 것을 깨달았다(우리는 그것을 '지식의 말씀'이라고 부르는데, 하나님께서 계시해주지 않으셨다면 알 수 없는 것을 신자가 아는 것이다. 하나님께서 종종 이 은사를 사용하셔서 하나님의 돌보심을 어떤 사람에게 알리신다. 그것은 이어지는 기적을 받아들일 수 있도록 믿음을 일깨운다). 그리하여 그 젊은이는 그리스도를 영접했다.

제이슨은 마침내 배심원단을 선정하는 건물에 갔다. 그는 그 방의 맞은편에 휠체어에 앉은 한 사람이 있는 것을 보았다. 그것은 팔걸이의 스위치로 작동되는 전기 휠체어였다. 제이슨은 그와 잠깐 대화를 나누고서 그가 신자라는 것을 알게 되었다. 제이슨은 하나님의 약속들로 그를 격려했다. 그들은 함께 손을 잡고 기도했다. 그러자 그 사람의 몸에 힘이 들어가면서 고통이 떠나갔다. 제이슨이 그에게 일어서라고 말했다.

그 남자가 물었다. "그러다 넘어지면요?"

제이슨이 대답했다. "넘어지지 않는다면요?"

방안의 다른 사람들이 보는 가운데 그 남자는 일어서서 팔을 휘저었다. 그는 몇 년 만에 일어선 것이었다. 제이슨은 사람들에게 선포했다. "하나님께서 여기 계셔서 치료하십니다!"

그 날이 마치기 전에 두 명이 더 예수님의 치료의 만지심을 받았다. 그것이 아버지의 일이며, 모든 신자는 이 특별한 임무 가운데 한 부분을 차지하고 있다.

「하늘이 땅을 침노할 때」 9장에서

아버지의 일을 생각하는 사람들이 늘어나고 있다.

Day 65
목적의 재발견 (1)

하나님이 미리 아신 자들을 또한 그 아들의 형상을 본받게 하기 위하여 미리 정하셨으니 이는 그로 많은 형제 중에서 맏아들이 되게 하려 하심이니라

:: 로마서 8장 29절

욥기 33장 14-15절에서 "이것을 헌신적으로 추구해야 한다"라고 말씀한다. 다음은 당신의 추구하는 것을 실제적으로 만들어줄 것들이다.

1. **기도** 당신의 삶의 모든 영역에 기적이 일어나도록 구체적으로 끊임없이 기도하라. 하나님의 약속을 하나님 앞에 아뢰라. 우리가 하나님을 일깨워드려야 한다거나 하나님께서 그의 말씀을 잊으신 것도 아니지만, 하나님께서는 우리가 기도할 때 하나님의 언약 위에 서는 것을 보기를 즐거워하신다. 이 추구에 있어서 금식 기도가 필수적인 한 부분이 되어야 한다. 그것이 돌파구를 여는 중요한 방법이라고 계시하셨기 때문이다(막 9:29 참조).

2. **공부** 공부할 필요성이 가장 명백한 것은 성경이다. 여러 달 동안 복음서를 읽고 또 읽으라. 당신이 따를 모델을 찾아보라. 특히 하나님 나라에 대한 내용을 다 살펴보고 하나님께 하나님 나라의 비밀을 당신에게 열어달라고 간구하라(마 13:11 참조). 그 것들을 이해하는 것은 순종하려는 성도들만의 권리이다. 또 공부할 중요한 것은 '개혁'에 대한 모든 내용을 찾아보는 것이다. 이스라엘 여러 지도자들이나 부흥을 이끈 자들 밑에서 변화가 일어난 시기들을 찾아보라(성경에 개혁이라는 단어는 나오지 않을 것이다. 그런 삶을 산 사람들에 대한 구절을 찾고 이스라엘의 역사에서 일어난 영적 갱신이나 개혁에 대한 부분을 찾으라). 그것을 시작하기에 좋은 대상은 다윗, 히스기야, 에스라, 느헤미야이다. 그들의 삶은 우리에게 예언적 메시지가 된다. 참된 성경공부는 모두 영적 갈급함으로 말미암는다. 만일 당신이 질문을 갖고 있지 않다면, 해답도 얻지 못할 것이다.

3. **읽기** 하나님의 군대의 영적 장군들이 쓴 책을 찾으라. 지식의 큰 보고로서 1950년대에 일어난 대 치유 부흥의 리더들을 잊지 말라. 로버츠 리어든이 쓴 『하나님의 장군들』(God's Generals)이 시작으로서 좋다.

『하늘이 땅을 침노할 때』 9장에서

구체적이고 끊임없이 기도하라.

Day 66
목적의 재발견 (2)

그러므로 내가 나의 안수함으로 네 속에 있는 하나님의 은사를 다시 불일듯 하게 하기 위하여 너로 생각하게 하노니
:: 디모데후서 1장 6절

우리는 하나님의 백성에 대한 하나님의 원래의 목적을 우리가 어떻게 재발견할 수 있는지 계속해서 살펴보고 있다. 다음은 하나님을 전폭적으로 따르기 위한 실제적 방법들의 나머지 목록이다.

4. **안수** 삶 속에 기적의 기름부음이 있는 하나님의 사람들을 찾고 가까이 하라. 그런 기름부음은 안수를 통해 다른 사람들에게 전달될 수 있다(딤후 1:6 참조). 기름부음의 증가를 원하는 사람들을 위해 기도하는 사역 시간들이 있다.

5. **연결** 다윗 왕은 어릴 때 골리앗을 죽인 것으로 유명하다. 최소한 다른 네 명의 거인들도 성경에서 죽음을 당했는데, 그들은 다윗을 따르던 사람들에게 죽음을 당했다. 거인을 죽이기 원한다면, 거인을 죽인 사람 곁에 있으라. 그러면 당신도 그 영향을 받게 된다.

은혜가 우리에게 능력을 준다는 것은 부분적으로 맞다. 또한 사도, 선지자, 전도자, 목사, 교사 등 그리스도의 은사들에 우리가 어떻게 반응하느냐에 따라 우리가 능력을 받을 수 있다. 우리는 그 은사들을 가진 자들로부터 **실제로 역사할 수 있는 은혜**를 받는다. 만일 당신이 전도자 곁에 있으면, 당신은 전도의 차원에서 생각할 것이다. 마찬가지로 삶 속에서 표적과 기사를 늘 경험하는 자들과 교제할 때도 그렇다.

6. **순종** 삶 속에 기적을 위한 기름부음을 증가시키기 위해 아무리 많이 준비하더라도, 과감한 순종 없이는 결실 할 수 없다. 치유를 원한다면 병들고 고통당하는 자를 찾아서 기도해줘야 한다. 그리고 치유가 일어나면 하나님을 찬양하라. 치유가 일어나지 않더라도, 여전히 하나님을 찬양하며 **기도해줄 사람들을 찾기를 계속하라.** 더 많은 사람들을 위해 기도할수록 더 많은 사람들이 낫는다는 것을 배우게 될 것이다! 배운대로 행동하지 않으면, 우리의 지식은 이론에 불과하다. 진정한 배움은 행함을 통해 이루어진다.

「하늘이 땅을 침노할 때」 9장에서

> 거인을 죽이기 원한다면, 거인을 죽인 사람 곁에 있으라.
> 그러면 당신도 그 영향을 받게 된다.

Day 67
능력은 불필요하고 불균형적인 것인가?

예수께서 열두 제자를 불러 모으사 모든 귀신을 제어하며 병을 고치는 능력과 권위를 주시고

:: 누가복음 9장 1절

많은 신자들이 지역사회에서 존경받는 시민이 되는 것을 삶의 최우선적 목표로 삼고 있다. 훌륭한 성품을 가지면 우리는 사회의 공헌자가 될 수 있지만, 그리스도인다운 생활이라고 인식되는 것의 대부분은 하나님을 알지도 못하는 사람들도 성취할 수 있는 것이다. 모든 신자는 존경받아야 하지만 **그 이상이어야** 한다. 우리가 흔히 놓치는 것이 "그 이상"의 부분이다.

우리 사역의 핵심에는 성품이 있어야 하지만, 우리 주변에 혁명을 일으키는 것은 능력이다. 예수님께서 보이신 참 혁명가의 모델로 교회가 돌아가기 전까지, 우리는 세상에 그저 좋은 사람들로 인식될 것이고, 그동안 세상은 질병과 고통에 시달리며 지옥으로 향할 것이다.

어떤 그리스도인들은 **능력**보다 **성품**을 선택하는 것이 더 고상하다고 간주하고 있다. 그러나 우리는 그 두 가지를 분리시키지 말아야 한다. 둘 중의 하나만 선택한다면, 그것은 정당하지 않고 부당한 선택이다. 그 둘이 함께 있을 때 우리는 참 된 순종을 할 수 있다.

한 번은 내가 한 그룹의 학생들에게 복음 사역에 있어서 표적과 기사의 중요성에 대해 가르치고 있을 때, 한 젊은이가 말했다. "제 안에 그리스도의 성품이 더 이뤄지면 표적과 기사를 추구하겠습니다." 그 말이 좋게 들릴지 몰라도, 예수 그리스도의 복음에 순복하는 마음이 아니라, 종교적인 사고방식에서 나온 것이다.

나는 그 학생의 말에 마태복음을 펴서 주님의 명령을 읽었다. "너희는 가서 모든 민족을 제자로 삼아…내가 너희에게 분부한 모든 것을 가르쳐 지키게 하라(마 28:19-20)." 그 다음에 나는 그에게 물었다. "당신이 예수님의 명령에 순종할 준비가 되었는지 판단할 권리를 누가 주었습니까?"

『하늘이 땅을 침노할 때』 10장에서

> 우리 사역의 핵심에는 성품이 있어야 하지만,
> 우리 주변에 혁명을 일으키는 것은 능력이다.

Day 68
하나님께 잘 보이려 하기

병든 자를 고치며 죽은 자를 살리며 나병환자를 깨끗하게 하며 귀신을 쫓아내되 너희가 거저 받았으니 거저 주라
∷ 마태복음 10장 8절

"제 인격이 나아지면 하나님께 순종할게요"라고 하면 하나님께 잘 보일 것이라고 생각하는 사람이 있는가? 인격은 순종을 통해 형성된다는 것을 기억하라.

예수님께서 제자들에게 가라고 명하시며 가서 그들이 배운 모든 것을 가르치라고 하셨다. 그들이 배운 것 중에는 어떻게 기적 속에서 살고 기적을 행할 것인가에 대한 구체적인 훈련도 있었다(마 10:1, 5-8, 17, 눅 9:1-6 참조). 이제 그들은 그 요건을 예수 그리스도의 제자가 되려 하는 모든 사람들의 생활양식으로 가르쳐야할 책임이 있었다. 그렇게 함으로써 **예수님**의 기준이 구세주의 이름을 부르는 모든 자들의 기준이 될 수 있었다.

많은 사람들은 자신이 하나님의 기적을 행하기에 부족하다고 생각하여 그 영역을 절대로 추구하지 않는다. 아이러니가 아닌가? 그리스도인들이 영적 은사를 부지런히 추구하지 않음으로써 하나님께 불순종한다. 그들은 병자에게 손을 얹지 않고 귀신 들린 자를 해방시키려 하지 않는다. 왜냐하면 자신의 인격이 더 함양되어야 한다고 생각하기 때문이다. 그러나 예수님께서 제자들에게 말씀하신 위임령 어디서도 특별히 인격을 거론하지 않으셨다.

북미에 기적이 너무 적은 이유는 우리 앞의 많은 사람들이 하나님께 사용되려면 더 나은 그리스도인이 되어야 한다고 생각했던 것이기 때문이지 않을까? 그렇다! 그 하나의 거짓말이 우리를 영구적으로 미성숙하게 했다. 왜냐하면 그것은 우리를 변화시킬 능력과의 만남을 우리에게서 차단시켰기 때문이다. 그 결과 우리의 회심자들은 계속해서 훈련을 받아도 생명, 비전, 독창성이 없다. 그러나 다음 세대 회심자들은 다르게 다루어져야 한다. 우리는 그들에게 세상을 변화시키는 자라는 정체성을 심어주고, 인격, 열정, 능력의 모델을 제공해주고, 그들이 섬길 기회를 열어주어야 한다.

『하늘이 땅을 침노할 때』 10장에서

인격은 순종을 통해 형성된다.

Day 69
기름부음, 인격 성장의 열쇠

너희는 거룩하신 자에게서 기름부음을 받고 모든 것을 아느니라

:: 요한일서 2장 20절

기름부음을 받은 자가 섬기는 것 없이는 절대로 그리스도를 닮은 인격을 가질 수는 없다. 기름부음 있는 사역은 인격 변화에 필요한 능력을 더하여 준다.

초자연적인 역사를 위해 능력을 부여 받은 예들이 신구약 성경 전체에 가득하다. 예를 들어, 여호와의 신이 사울 왕에게 임해 그를 다른 사람으로 바꿀 것이라고 하나님께서 말씀하셨다(삼상 10:6 참조). 기름부음이 그릇인 사람 안에 흐를 때 그 그릇을 변화시킨다. 그 약속에 대한 두 가지 핵심 구절이 있다.

1. "하나님이 새 마음을 주셨고."
2. "하나님의 영이 사울에게 크게 임하므로 그가 그들 중에서 예언을 하니(삼상 10:9-10)."

사울은 이스라엘이 원하는 모든 것을 갖춘 사람(새 마음을 가진 왕)이 될 기회가 있었고, 그가 해야 할 모든 것(하나님의 음성을 듣고 하나님의 말씀을 선포하는 것, 혹은 예언)을 배울 기회가 있었다. 내게는 커다란 인격적 결함으로 영적 장애가 있었지만 여전히 매우 강력한 예언의 기름부음이 있는 절친한 친구가 있다. 그러나 내가 그의 은밀한 죄를 지적하자, 그는 몹시 슬퍼하며 울었다.

그가 교회 안에서 가진 영향력이 있으므로 나는 그가 징계와 훈련의 시간을 갖게 했다(징계와 훈련은 승리를 주지만, 징벌은 수치로 억압한다). 그 중 하나는 한동안 예언의 말을 하지 못하게 한 것이었다. 몇 달 후에 나는 사울 왕에 대한 그 구절과 나의 친구가 무슨 관계가 있는지 점점 더 고민하게 되었다. 그리고 그가 기름부음 가운데서 사역하는 것을 허락하지 않음으로써 그를 승리하게 할 바로 그 기름부음과의 접촉을 제한하고 있다는 것을 깨달았다. 내가 그를 다시 예언 사역에 뛰어들게 하자, 그에게 새로운 정결함과 능력이 부어졌다. 그가 사역 속의 기름부음에 접하자 그것이 그를 '다른 사람'으로 바꾸어놓았다.

『하늘이 땅을 침노할 때』 10장에서

> 기름부음 있는 사역은 인격 변화에
> 필요한 능력을 더하여 준다.

Day 70
위조품은 존재한다

내가 너희에게 이르노니 속히 그 원한을 풀어 주시리라 그러나 인자가 올 때에 세상에서 믿음을 보겠느냐 하시니라
:: 누가복음 18:8절

100달러짜리 위조지폐가 있다고 해서 진폐의 가치가 사라지지 않는다. 마찬가지로, 은사를 위조하거나 오용하거나 버린다고 해서 우리가 예수님처럼 살기 위해 성령의 능력이 필요하다는 사실을 부인할 수 없다.

10원짜리를 위조하는 사람은 없다. 그런 수고를 할 가치가 없기 때문이다. 마찬가지로, 마귀도 그리스도인의 삶에서 최대의 잠재적 효과가 있는 것들을 모방하거나 왜곡하려고 한다. 하나님 안의 위대한 것들을 추구하다가 실패한 사람들을 볼 때, 나는 **그들이 그만둔 것을 재개하려는** 의욕이 일어난다. 그것은 그 영역에 보물이 있다는 것을 내게 알려준 것이기에 기꺼이 그것을 찾는 데 전념하려고 한다. 은사를 오용한 사람이 있다고 해서 은사를 등한시하는 것은 정당화되지 않는다.

비판자들의 눈은 시도하다가 실패한 사람들에게로 재빨리 향한다. 그러나 예수님의 구원을 시인하는 수백만 명의 무수한 사람들이 **은사를 구하라는** 명령을 따르지 않고 있다. 예수님의 눈은 땅 위에 믿음이 있는지 보고 계신다. 왜냐하면 허풍쟁이 한 명 당 천 명의 선량한 시민들이 하나님 나라를 위해 아무 것도 성취하지 않거나 거의 성취하지 않고 있기 때문이다.

많은 사람들은 하나님의 능력이 우리가 죄를 이기도록 도우려고만 존재한다고 믿고 있다. 그러한 이해는 세상 사람들에게 다른 세계를 **증거하라고** 우리에게 말씀하시는 하나님의 의도를 방해한다. 그리스도인의 삶에 이미 완전한 승리가 주어졌는데 마치 진 사람처럼 승리를 위해 초점을 맞춰야만 하는 것이 이상하지 않은가? 죄와 죄의 본질은 뿌리가 뽑혔다. 그런데도 많은 사람들은 승리하며 살도록 더 많은 능력을 달라고 하나님께 요청하고 있다. 만일 예수님의 죽음으로 충분하지 않다면, 무엇이 더 있을 수 있겠는가? 그 전투는 이미 치러졌고 우리가 이겼다! 이미 보혈로 해결된 문제를 자꾸만 들춰내는 것이 오히려 그 문제들을 살아나게 하고 있는 것이 아닌가?

『하늘이 땅을 침노할 때』 10장에서

**은사를 오용한 사람이 있다고 해서
은사를 등한시하는 것은 정당화되지 않는다.**

Day 71
능력의 목적

이와 같이 너희도 너희 자신을 죄에 대하여는 죽은 자요 그리스도 예수 안에서 하나님께 대하여는 살아 있는 자로 여길지어다

:: 로마서 6장 11절

위 구절의 '여길지어다'라는 단어는 '우리의 생각을 바꾸어야할 필요'가 있음을 가리키고 있다. 만일 내가 어떤 것에 대해 이미 죽었다면 그것을 이기려고 할 필요도 없다. 단지 불가능한 것을 가능하게 하고 기적을 행할 담대함과 능력이 필요할 뿐이다(행 4:28-29 참조).

우리의 문제는 이것이다. 우리는 가능한 선에서만 하나님을 위해 무언가 하는 데 익숙하다는 것이다. 그것은 하나님께서 우리에게 개입하지 않으셔도 성공할 수 있는 영역이다. 그러나 그리스도인의 삶에 하나님의 개입이 없으면 불가능한 영역이 있다. 그러한 영역으로 인해 우리가 위기에 처하게 되면 우리는 그때에야 진정한 소명과 접하게 된다.

능력만을 구하라고 하는 것으로 오해하지 말라. 인격은 하나님께 가장 중요한 문제이다. 하나님의 접근법은 우리의 접근법과 많이 다르다. 하나님의 의와 성품은 우리 자신의 노력으로 우리 안에 이루어지지 않는다. 그것은 우리가 분투를 멈추고 우리 자신을 하나님의 뜻에 완전히 맡길 때 이루어진다.

제자들이 증인이 되려면 능력이 절실히 필요했기 때문에 그들은 그것을 가질 때까지 예루살렘을 떠나지 말아야 했다. **능력**, 혹은 "**두나미스**"라는 단어는 기적의 영역을 가리킨다. 그것은 "**두나미**"라는 단어에서 나오며, 그것은 "능력"을 의미한다. 우리가 **하나님의 능력**으로 옷 입게 된다는 것을 생각해 보라! 남은 열한 명의 제자들은 역사를 통틀어 표적과 기사에 가장 훈련된 자들이었다. 그 이상을 보거나 행한 사람은 아무도 없었다. 그들은 "위로부터 능력"을 옷 입을 때까지 기다려야 했다. 그리고 그들에게 능력이 임했을 때, 그 능력은 하나님과 만남을 통해야만 임한다는 것을 알았다(행 4:28-29 참조).

당신은 은사를 묻어버리고 나서 주님이 오시면 잘못할까봐 두려웠다고 말하겠는가? 성경에서 인격과 능력은 밀접히 연관되어 있어서 하나를 손상시키면 다른 하나도 약할 수밖에 없다.

「하늘이 땅을 침노할 때」 10장에서

> 하나님의 의와 성품은 우리 자신의 노력으로
> 우리 안에 이루어지지 않는다.

Day 72
성령과 우리의 관계

만일 우리가 성령으로 살면 또한 성령으로 행할지니
:: 갈라디아서 5장 25절

약 25년 전에 나는 누군가 이렇게 말하는 것을 들었다. 성령을 '근심시키거나', '소멸시키지' 않는 것이 무엇인지 이해하려면 먼저 성령 충만의 비결을 알아야 한다는 것이었다. 그 말이 단순화된 것인지 몰라도, '인격 Vs 능력'이라는 대립적 관점에 관한 중요한 진리를 다루고 있는 것이다.

에베소서 4장 30절의 "성령을 근심하게 하지 말라"는 명령은 우리의 죄가 하나님께 어떤 영향을 미치는지 설명해준다. 그것은 하나님을 근심하시게 한다. 이 명령은 인격에 관련된다. 죄는 두 가지로 정의된다. "잘못된 것을 하는 것과 옳은 것을 하지 않는 것"이다.

"사람이 선을 행할 줄 알고도 행하지 아니하면 죄니라"(약 4:17 참조). 이 두 가지 중 어느 것으로든 그리스도의 성품을 떠나는 것은 성령을 근심시킨다.

이 주제가 데살로니가 전서 5장 19절의 "성령을 소멸하지 말며"로 계속 이어진다. 이 명령은 우리가 하나님의 인도를 따라야한다는 것에 초점을 맞추고 있다. "소멸하다"라는 것은 어떤 것의 "흐름을 멈추다"라는 의미이다. 성령께서는 구원, 치료, 해방을 주실 준비가 되어 계시므로, 우리도 성령의 **흐름을 타야** 한다. 그렇게 하지 못하면 우리를 초자연적인 세계 속으로 이끄시려는 성령의 시도를 우리가 방해한다.

성령께서 우리 삶 속에 자유로이 행하신다면, 우리는 항상 불가능한 일들에 참여하게 될 것이다. 초자연적인 것은 성령의 자연스러운 영역이다. 성령께서 우리에게 중요해질수록, 이 쟁점들이 우리의 마음속에서도 지극히 중요해질 것이다.

「하늘이 땅을 침노할 때」 10장에서

> 성령께서 우리 삶 속에 자유로이 행하신다면,
> 우리는 항상 불가능한 일들에 참여하게 될 것이다.

Day 73
하나님과의 만남을 추구하라

사랑을 추구하며 신령한 것들을 사모하되 특별히 예언을 하려고 하라

∷ 고린도전서 14장 1절

우리가 하나님을 더 추구할 때 하나님께서 우리를 안전히 지켜주실 수 있다는 것을 믿어야 한다. 현실적으로 말해서, 많은 그리스도인들이 하나님보다 마귀를 더 크게 여기고 있다. 타락한 피조물이 어떻게 무한한 영광의 주님과 비교될 수 있겠는가? 이것은 신뢰의 문제이다. 만일 내가 속임수로부터 내 자신을 방어하기에만 급급하다면, 마귀의 힘을 늘 압도적으로 인식할 것이다. 그러나 만일 나의 마음이 완전히 주님께로 돌아선다면, 주님은 "능히 보호하사 거침이 없게 하시는(유 1:24-25)"분이 되실 것이다. 그러면 이 유일하신 하나님으로 인해 내 마음에 깊은 감동이 새겨질 것이고, 내 삶은 이 깊은 감동을 나타내는 것이 된다.

그렇다면 우리가 어떻게 하나님의 능력 안에서 행할 수 있는가?

첫째로, 우리가 하나님을 추구해야 한다. 능력의 삶은 우리가 그리스도 안에 거함으로 인해 능력의 원천에 계속 접해 있는 삶이다. 능력의 나타남에 대한 갈망을 하나님에 대한 열정과 분리시키지 말아야 한다. 하나님에 대한 우리의 갈급함이 부분적으로는 우리가 영적 은사를 간절히 추구하는 것으로 나타나야 한다는 것을 알라(고전 14:1).

그러므로 삶을 변화시키는 하나님과의 만남을 열정적으로 갈망해야 한다. 밤낮으로 그것들을 구하며 부르짖어야 하고, 구체적으로 구해야 한다. 내게 필요한 것을 얻기 위해서라면 먼 곳까지 가려고 해야 한다. 하나님께서 어디서 역사하시든지 거기 가야 한다! 만일 하나님께서 어떤 사람을 나보다 더 사용하고 계시다면, 겸손히 그들에게 가서 손을 얹고 기도해달라고 부탁해야 한다.

어떤 사람은 질문할 것이다. "왜 여기서는 나를 만나주지 않으시죠?" 물론 하나님께서 하실 수 있다. 그러나 하나님의 방법은 우리의 독립성을 증가시키기기 보다는 우리에게 다른 사람이 필요하다는 것을 강조하시는 것이다. 그래서 지혜로운 사람들은 하나님께서 역사하시는 곳이라면 어디든지 기꺼이 가려고 한다.

『하늘이 땅을 침노할 때』 10장에서

**능력의 나타남에 대한 갈망을 하나님에 대한
열정과 분리시키지 말아야 한다.**

Day 74
영광스럽지만 유쾌하지는 않았던 나의 경험

그가 이르되 네 이름을 다시는 야곱이라 부를 것이 아니요 이스라엘이라 부를 것이니 이는 네가 하나님과 및 사람들과 겨루어 이겼음이니라

:: 창세기 32장 28절

하나님을 더 깊이 구하는 나의 기도에 어느 날 한밤중에 하나님께서 응답하셨지만 그것은 내가 예상한 방식은 아니었다. 나는 푹 잠들어 있다가 일순간에 잠이 확 깨어 정신이 또렷해졌다. 설명할 수 없는 힘이 내 몸에 요동쳐 들어오기 시작했고, 나는 마치 감전되는 것 같았다. 내 팔다리에서 고요한 폭발이 일어나 내 손발로 뭔가가 방출되는 것 같았다. 내가 그것을 중단시키려 할수록 그것은 심해졌다.

나는 이 씨름에서 내가 이길 수 없다는 것을 곧 깨달았다. 그것은 내 평생에 가장 압도당하는 경험이었다. 그것은 생생한 능력이었고 하나님이셨다. 하나님께서 내가 몇 달 동안 해온 "하나님, 저는 어떤 값을 치르더라도 하나님을 더 가져야겠습니다"라는 기도에 응답하여 임하셨다. 그 신성한 순간은 영광스러웠지만 기분 좋지는 않았다. 내가 그런 상황 속에 있다는 것을 아는 사람은 나 혼자 뿐이었지만, 처음에 나는 부끄러웠다.

나는 야곱이 하나님의 천사를 만난 것을 떠올렸다. 그는 그 후 평생 다리를 절게 되었다. 그리고 예수님의 어머니, 마리아도 있었다. 나는 그들처럼 하나님을 더 깊이 구했다가 값을 치렀다(창 32:24-32).

처음에 깨달은 것은 하나님께서 교환을 원하셨다는 것이다. 하나님께서는 나의 체면을 가져가신 대신에 더 깊이 임하셨다. 하나님께서 그렇게 하신 분명한 목적이 있었다. 하나님께서 중요한 한 가지에 손대시는 것은 다른 모든 것들은 그림자와 같게 하시려는 것이다.

나는 눈물을 흘리며 울다가 드디어 돌아갈 수 없는 지점에 이르렀다. 나는 기꺼이 순복하며 외쳤다. "하나님, 더요, 더요! 무슨 값을 치르더라도 저는 당신을 더 원합니다! 제가 사람들의 존경을 잃어버리고 그 대신에 당신을 갖는다면, 저는 기꺼이 그 교환을 하겠습니다. 하나님을 더 원합니다!"

『하늘이 땅을 침노할 때』 10장에서

> 하나님께서 그렇게 하신 분명한 목적이 있었다.
> 하나님께서 중요한 한 가지에 손대시는 것은
> 다른 모든 것들은 그림자와 같게 하시려는 것이다.

Day 75
분발하여 추구하라

공의와 인자를 따라 구하는 자는 생명과 공의와 영광을 얻느니라

:: 잠언 21장 21절

성경적인 열정은 겸손, 초자연적 갈망, 그리고 믿음의 신비한 혼합이다. 내가 하나님을 추구하는 것은 하나님께서 먼저 나를 찾으셨기 때문이다. 그러므로 내 안에 권태란 있어선 안 된다. 그리고 만일 내 주변의 일반적인 그리스도인의 삶이 성경적 기준에 미달한다면, 나는 분발하여 추구해야 한다. 만일 내 주변의 사람들이 치료되지 않는다면, 나는 합리화하는 핑계를 대면서 주변 사람들이 그 문제에 안주하게 만들지 않을 것이다. 그 대신 나는 치료가 이루어지거나 그 사람이 주님께로 갈 때까지 밀어 붙일 것이다. (후자의 경우라면 부활의 기도가 적절할 것이다!) 나는 성경의 기준을 나의 경험의 수준으로 낮추지 않을 것이다.

예수님께서는 그에게 오는 모든 자를 고치셨다(마 8:16). 그 외의 다른 기준을 받아들이는 것은 **성경을 우리의 경험 수준으로 끌어내리는 것이고**, 하나님의 불변성을 부인하는 것이다.

능력의 사역을 하려면 내가 하나님께 받은 것이 무엇이든 그것을 사람들에게 나눠주어야 한다. 당신은 당신이 사람들에게 나누어 주는 능력만을 계속해서 가지고 있을 수 있다. 만일 사람들이 치유되는 것을 보기 원한다면, 아픈 사람들을 찾아서 기도해주겠다고 제안하라. 내가 치유자는 아니지만, 도움이 필요한 자들을 섬기겠다는 나 자신의 의지를 통제할 수 있다. 만일 내가 도움이 필요한 사람들에게 사역하면, 하나님의 풍성한 사랑을 사람들에게 보여줄 기회를 갖는 것이다. 우리가 실패를 두려워한다면 표적과 기사의 사역은 일어나지 않을 것이다. 랜디 클라크가 말했듯이, "나는 성공하지 못할 위험을 감수해야 한다."

『하늘이 땅을 침노할 때』 10장에서

> 능력의 사역을 하려면
> 내가 하나님께 받은 것이 무엇이든
> 그것을 사람들에게 나눠주어야 한다.

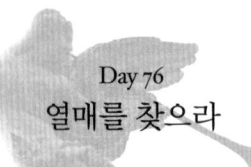

Day 76
열매를 찾으라

이러므로 그들의 열매로 그들을 알리라

:: 마태복음 7장 20절

예수님께서는 우리가 하나님 나라를 어린이처럼 받아들여야 한다고 말씀하셨다. 어린이의 마음에 능력의 비결이 있다. 어린이의 배움의 욕구는 만족할 줄 모른다. 그런 어린이처럼 되어서, 치료 사역에 성공한 사람들의 사역에 대해 읽으라. 그렇게 되지 않을 것이고, 될 수 없다고 말하는 사람들의 책이나 테이프를 멀리하라. 만일 저자가 능력 안에 행하는 사람이 아니라면, 그들이 다른 분야에서 아무리 숙련되었더라도 귀 기울이지 말라. 성경적 재정 관리 전문가는 표적과 기사에 숙련되지 않았을 수 있다. 그 사람이 하나님 안에서 가진 위치와 그 사람의 전문영역을 존중하되, 가르치는 대로 실행하지 않는 사람들의 글을 읽느라 소중한 시간을 낭비하지 말라. 우리는 가르치기만 하는 그리스도인들의 이론으로 살만 쪘다. 우리는 **실행하는** 사람들로부터 배워야 한다!

어떤 사람이 내 사무실에 책 한 권을 가져왔는데, 그것은 1994년 1월에 토론토에서 시작된 부흥을 비판하는 것이었다. 나는 그것을 읽기를 거부하고 치워버렸다. "당신은 마음이 열려 있지 않군요"라고 말할지 모른다. 맞다. 그러나 나는 하나님께서 내게 주신 것을 보호할 책임이 있다. 그것은 타인의 책임으로 돌릴 수 없다. 내 영혼 속에는 오순절 날의 그 원래의 불꽃의 한 부분이 타오르고 있다. 그 불이 내면 깊은 곳에서 타오르고 있어서 나는 결코 전과 같지 않을 것이다. 예수님에 대한 나의 열정은 계속해서 자라고 있다. 그리고 예수님께서 약속하신 표적과 기사들이 삶의 일상적인 한 부분으로 일어나고 있다.

나는 비판을 살펴볼 시간은 없다. 그러나 "친구의 아픈 책망"(잠 27:6)은 환영한다.

소중한 관계 안에서의 충고는 우리를 속임수에 빠지지 않게 해준다.

『하늘이 땅을 침노할 때』 10장에서

나는 하나님께서 내게 주신 것을
보호할 책임이 있다.

Day 77
기도, 능력의 통로

그의 신기한 능력으로 생명과 경건에 속한 모든 것을 우리에게 주셨으니 이는 자기의 영광과 덕으로써 우리를 부르신 이를 앎으로 말미암음이라

:: 베드로후서 1장 3절

하나님의 메시지를 뒷받침할 능력이 필요하다고 하나님께 구할 때마다, 하나님께서는 항상 더 큰 능력으로 임해주셨다.

나는 랜디 클라크로부터 매우 유용한 것을 배웠다. 그는 특정 종류의 질병들이 치료되지 않는 것을 보면, 구체적 질병들을 그의 기도에 언급하며 하나님께 부르짖는다. 그에게는 난독증 등의 뇌 관련 기적들이 별로 일어나지 않고 있었다. 그러나 그가 그런 종류의 기적들을 위해 부르짖고 난 후, 그것이 열리는 것을 경험하기 시작했다. 나는 그의 예를 따르고 난 후 하나님께서 역사하시지 않는 것을 보지 못했다. 구체적인 기도가 좋은 점은 응답을 측정할 수 있다는 것이다. 우리가 하는 어떤 기도는 너무 포괄적이고 추상적이다. 그래서 하나님께서 응답하시더라도 우리가 모를 수 있다.

그 원리를 배우고난 후, 나는 뇌 질환을 위해 기도하기 시작했고 신디에게 기적이 일어났다. 그녀는 뇌의 3분의 1의 기능이 멈추었다는 진단을 받았다. 그 결과 그녀는 23가지 종류의 학습 장애가 있었다. 그녀는 암기, 숫자, 지도에 관련된 것을 할 수 없었다. 우리의 금요일 밤 예배 중에 그녀는 하나님의 축복을 위한 기도를 받으려고 줄을 서 있었다. 그녀는 기도를 받자 하나님의 영광의 무게로 인해 쓰러졌다. 그녀가 하나님의 능력에 압도되어 거기 누워있는 동안, 그녀는 예수님께서 고쳐주기를 바라냐고 물으시는 환상을 보았다. 그녀는 물론 "예"라고 대답했고 예수님의 명령에 그녀는 바닥에서 벌떡 일어나 그녀의 성경을 가져오려고 달려갔다. 그녀의 생애에 처음으로 모든 글자가 제대로 있어야 할 자리에 있는 것으로 보였다. 2주 후에 그녀가 그 기적을 간증했을 때, 그 짧은 기간 동안 외운 많은 성경 구절을 암송해보였다.

『하늘이 땅을 침노할 때』 10장에서

> 하나님의 메시지를 뒷받침할 능력이 필요하다고
> 하나님께 구할 때마다,
> 하나님께서는 항상 더 큰 능력으로 임해주셨다.

Day 78
능력이 없으면 큰 값을 치러야 한다

내 말과 내 전도함이 설득력 있는 지혜의 말로 하지 아니하고 다만 성령의 나타나심과 능력으로 하여 너희 믿음이 사람의 지혜에 있지 아니하고 다만 하나님의 능력에 있게 하려 하였노라

:: 고린도전서 2장 4-5절

부흥은 그리스도의 능력이 나타나기에 가장 적절한 분위기이다. 그것은 인간의 삶의 모든 면에 영향을 미쳐서, 변혁의 불꽃이 되어 사회 속으로 침투해 들어간다. 그런 영광이 나타나려면 비싼 값을 치러야 한다. 그것을 경하게 여길 수 없다. 그러나 능력이 없는 교회는 훨씬 더 큰 값을 치러야 한다. 인간이 고통을 당하고 길 잃은 영혼들이 구원받지 못하기 때문이다. 부흥이 일어나면 지옥이 약탈당하고 천국 인구가 증가한다. 부흥이 없으면 지옥이 만원이다.

기적의 우선적인 목표는 하나님의 본질을 계시하는 것이다. 기적의 결여는 도둑 같은 것이어서, 모든 남녀노소가 경험할 수 있는 소중한 계시를 훔쳐간다. 인류에 대한 우리의 빚은 불가능한 것에 대한 해답을 주고, 하나님과의 인격적인 만남을 주는 것이다. 그리고 그 만남에는 큰 능력도 포함된다.

우리는 하나님을 위한 증인이 되어야 한다. **증거한다**는 것은 '나타내다'라는 것이다. 그것은 "하나님께서 다시 임하시게 한다"는 것을 의미한다. 하나님께서 다시 임하시는데 능력이 없다면 중요한 것이 누락된 것이다. 하나님의 초자연적인 능력을 나타내 보이지 않으면서 하나님을 올바로 증거하기는 불가능하다. 초자연적인 세계가 하나님께는 자연스러운 세계이기 때문이다. 예수님은 하나님 아버지의 본질을 그대로 나타내셨다(히 1:3). 우리가 하나님을 어떻게 다시 나타낼지 배움에 있어서 예수님이 우리의 훌륭한 모델이 되신다.

하나님의 기적의 세계에는 늘 목적이 있다. 하나님께서 사람들에게 능력으로 임하시는 것은 과시하거나 사람들이 보고 즐기게 하시려는 것이 아니다. 능력의 나타남은 구속적 성질을 갖는다. 구약의 대격변적 사건들도 사람들을 회개하도록 이끌기 위한 것이었다.

치유는 한 측면만 갖지 않는다. 기적으로 사람의 육체적 건강도 변화되지만, 그 사람의 마음 깊은 곳에 변혁의 불꽃을 당긴다. 그 두 가지 모두가 하나님의 본질을 계시하므로, 능력 없는 기독교 때문에 그것이 타협되어선 안 된다.

『하늘이 땅을 침노할 때』 10장에서

하나님의 기적의 세계에는 늘 목적이 있다.

Day 79
표적과 기사는 죄를 드러내고 사람들을 결단하게 한다

시몬 베드로가 이를 보고 예수의 무릎 아래에 엎드려 이르되 주여 나를 떠나소서 나는 죄인이로소이다 하니
∷ 누가복음 5장 8절

베드로는 밤새 고기를 잡았지만 성과가 없었다. 그 때 예수님께서 베드로에게 배의 다른 쪽으로 그물을 던지라고 하셨다. 분명히 베드로는 이미 그렇게 많이 해보았을 것이다. 그러나 주님의 명령에 순종했을 때, 잡은 물고기가 너무 많아서 배가 가라앉을 것만 같았다. 그래서 베드로는 다른 배들에게 도움을 요청했다. 그런데 이 기적에 대한 베드로의 반응은 "나는 죄인이로소이다"였다.

누가 베드로에게 죄인이라고 말했는가? 그 날 배에서 설교나 꾸짖음이나 다른 어떤 것이 있었다는 기록이 없고, 단지 물고기만 잘 잡았을 뿐이었다. 그런데 어떻게 베드로가 그렇게 죄를 깨닫게 되었는가? 기적 속에서였다. 능력은 죄를 노출시킨다. 능력은 사람들이 결단하도록 선을 그어준다.

능력의 나타남이 항상 사람들의 회개할 것이라고 보장하는 것은 아니다. 모세의 경우를 보면, 기적은 바로가 이스라엘을 멸하도록 결심하게 만들었다. 기적은 우리의 바로들이 우리를 멸하려는 결심만 굳히게 한다. 만일 능력의 역사들이 없었다면, 바리새인들은 십자가에서 흘리신 예수님의 보혈에서 태어난 교회를 망각했을지 모른다. 그런데 능력의 나타남이 그들 안에 교회를 대적하려는 열심을 불러일으켰다. 우리는 이것을 똑똑히 새겨두어야 한다. 종종 능력은 사람들로 하여금 한편이 될 것인지, 반대할 것인지 결정하게 한다. 능력은 중간지대를 제거한다.

궁휼 사역은 복음 사역에 필수적이다. 우리는 하나님의 사랑을 보여줄 수 있고 또 보여줘야만 하는데 궁휼 사역이 그 중의 한 방법이다. 그러나 능력의 나타남이 없으면 이 사역은 완전해질 수 없다. 우리가 인정해야할 슬픈 사실은 사람들이 교회의 친절을 인정하면서도 여전히 회개하지 않는 경우들이 많다는 것이다. 그러나 능력은 더 강권하는 힘이 있다. 왜냐하면 능력은 본질적으로 사람을 겸손하게 하는 힘이 있기 때문이다.

『하늘이 땅을 침노할 때』 11장에서

> 종종 능력은 사람들로 하여금 한편이 될 것인지,
> 반대할 것인지 결정하게 한다.

Day 80
표적과 기사는 용기를 일으켜준다

에브라임 자손은 무기를 **갖추며** 활을 **가졌으나** 전쟁의 날에 물러갔도다 그들이 하나님의 언약을 지키지 아니하고 그의 율법 준행을 거절하며 여호와께서 행하신 것과 그들에게 보이신 그의 기이한 일을 잊었도다

∷ 시편 78편 9-11절

유대 문화의 매우 심오한 한 부분은 "여호와의 규례를 지키라(출 15:26)"는 명령에 의해 형성되었다. 이스라엘의 가정은 하나님의 계명에 있는 계시에 의해 이끌림을 받았다. 그들은 밤에 잠자리에 들 때, 아침에 일어났을 때, 함께 걸을 때 등등 하나님의 율법과 하나님께서 무엇을 행하셨는지에 대해 말해야 했다. 하루의 모든 순간이 하나님의 놀라운 일들을 말하기에 최적의 때였다.

그들은 하나님께서 그들의 삶에 임하신 것을 잊지 않도록 기억하게 도와줄 기념물을 세워야했다. 예를 들어, 그들은 이스라엘이 요단강을 건넌 장소를 표시하는 돌을 쌓았다(수 3:1-17 참조). 그것은 그들의 어린이들이 "아빠, 왜 이 돌무더기가 있죠?"라고 물어보면, 하나님께서 그들 중에 어떻게 역사하셨는지 대답할 수 있게 하기 위해서였다.

하나님에 대한 간증은 하나님의 역사를 향한 더 많은 갈망을 불러일으킨다. 하나님의 초자연적인 역사와 언약을 생각할수록 사람들은 더욱 더 기대하게 되고, 기대가 커질수록 기적과 간증이 늘어난다. 하나님에 대한 간증을 나누는 것은 다른 사람들을 일깨워서 그들도 자신의 삶에 하나님께서 역사하시는 것을 보고자하는 기대를 갖게 한다.

그 반대도 마찬가지이다. 간증이 줄어드는 곳에는 기적에 대한 기대도 줄어든다. 기적에 대한 기대가 줄어들면, 기적도 덜 일어난다. 하강 곡선 역시 효과가 있다. 우리의 입에서 간증을 없앰으로써 하나님께서 행하신 것을 잊으면 우리는 전투의 날에 두려워하게 된다. 에브라임 자손의 이야기는 비극적이다. 왜냐하면 그들이 이길 수 있는 무장을 철저히 갖추고 있었음에도 용기가 없었기 때문이다. 그들은 하나님께서 그들에게 어떤 분이셨는지 기억함으로써 용기를 얻어야 했지만, 그러지 못했다.

「하늘이 땅을 침노할 때」 11장에서

하나님에 대한 간증은 하나님의 역사를 향한 더 많은 갈망을 불러일으킨다.

Day 81

초자연적 역사는 세상 속에서 죄악의 도성들의 성문을 연다.

예수께서 권능을 가장 많이 행하신 고을들이 회개하지 아니하므로 그 때에 책망하시되 화 있을진저 고라신아 화 있을진저 벳새다야 너희에게 행한 모든 권능을 두로와 시돈에서 행하였더라면 그들이 벌써 베옷을 입고 재에 앉아 회개하였으리라
내가 너희에게 이르노니 심판 날에 두로와 시돈이 너희보다 견디기 쉬우리라 :: 마태복음 11장 20-21절

성경의 이 구절은 종교적인 도시와 죄악으로 유명한 도시를 구분하고 있다. 종교적인 도시는 그들에게 하나님이 필요하다는 인식에 둔했지만, 죄악의 도시는 뭔가 결여되어 있다는 것을 의식하고 있었다. 종교가 죄보다 더 심각했다.

예수님께서 여기서 말씀하시는 도시들은 다른 모든 도시들을 합한 것보다 더 많은 표적과 기사를 보았다. 예수님께서 행하신 기적이 너무 많아서 사도 요한은 만일 낱낱이 기록된다면 이 세상이라도 이 기록된 책을 두기에 부족할 것이라고 말했다(요 21:25 참조). 그것은 예수님께서 강퍅한 도시들을 책망하신 이유를 짐작하게 해준다.

예수님께서 나사렛에서는 그들의 불신 때문에 하실 수 있는 것이 제한되셨다(막 6:1-6 참조). 그러나 고라신과 벳새다에서는 예수님의 기적에 제한이 없었던 것으로 보인다. 그것은 그 도시들이 어느 정도의 믿음을 가졌다는 것을 보여준다. 예수님께서 엄하게 꾸짖으신 것은 그들이 예수님의 기적의 역사에 감사하지 않아서가 아닌 것으로 보인다. 그들은 감사했을 것이다. 그러나 그들의 문제는 그들이 기존에 하고 있던 일에 그것을 추가시켰을 뿐이며, 예수님을 그들의 삶의 주인으로 모시지 않은 것이었다. 종교가 그렇게 만든 것이다. 예수님께서 말씀하신 대로, 그들은 회개하고 사고방식을 바꾸는 데(삶에 대한 그들의 관점을 바꾸는 데) 실패했다.

많은 사람들이 하나님의 역사를 즐기면서도, 진정으로 회개하지는 않는다(그들의 삶의 관점을 바꾸고, 하나님의 역사를 삶의 초점과 열망으로 삼지 않는다). 기적의 역사를 통해 그들이 계시를 받았기 때문에 책임이 커졌으므로 변화되어야 하지만, 그렇게 되지 않았다.

그러나 애초부터 능력이 없었다면 그 가능성마저 없을 뿐 아니라, 하나님의 심판이 임한다.

『하늘이 땅을 침노할 때』 11장에서

> 많은 사람들이 하나님의 역사를 즐기면서도,
> 진정으로 회개하지는 않는다.

Day 82
기적은 하나님의 영광을 드러낸다

예수께서 이 첫 표적을 갈릴리 가나에서 행하여 그의 영광을 나타내시매 제자들이 그를 믿으니라

:: 요한복음 2장 11절

    예수님께서 참석하신 혼인잔치에 포도주가 떨어졌다. 예수님께서는 아직 그 때 까지는 기적을 행하지 않으셨다. 그러나 마리아는 자신의 아들이 누구이시며 무엇을 하실 수 있는지 알았기 때문에 예수님께 "저들에게 포도주가 없다"고 말했다. 예수님께서는 "여자여 나와 무슨 상관이 있나이까 내 때가 아직 이르지 아니하였나이다"라고 대답하셨다. 그때 마리아가 놀라운 일을 했다. 그녀는 종들에게 "무슨 말씀을 하시든지 그대로 하라"(요 2:4-5)고 말했다. 그녀의 믿음은 하나님께서 풍성히 역사하실 여지를 만들었다! 그러자 예수님께서 물을 포도주로 바꾸는 기적을 행하셨다.

    예수님께서 아버지께서 행하시는 것을 본 것만 행하시고, 아버지께서 말씀하시는 것을 들은 것만 말씀하셨다는 것이 중요하다. 마리아가 포도주에 대해 예수님께 처음 말씀드렸을 때는 아버지께서 그 혼인잔치를 위해 어떤 기적을 행하려 하지 않으신다는 것을 예수님께서 보신 것이다.

    그리고 나서 예수님께서 아버지께서 무엇을 하고 계신지 다시 보셨고 이제는 아버지께서 물을 포도주로 바꾸고 계신다는 것을 보셨다. 그래서 예수님께서 아버지의 인도를 따라서 기적을 행하셨다. 마리아의 믿음이 아버지의 마음을 감동시켜서 아버지께서는 예수님이 기적을 행하시는 분이시라는 것을 드러낼 시간을 바꾸신 것이 분명하다. 믿음은 하늘을 움직여서 결국 하늘이 땅을 움직이게 한다.

    하나님의 능력이 그렇게 나타나자 하나님의 영광을 그 장소에 임하게 했다. 표적과 기사가 그런 것을 한다. 표적과 기사는 하나님의 영광을 우리의 도시들에 임하게 한다. 기적은 어둠을 제거하고 빛, 즉 영광으로 그 자리를 대신 채운다. 기적이 없다면, 하나님의 영광도 나타나지 않는다. 하나님의 영광은 예수님의 임재가 뚜렷이 나타나는 것이다.

『하늘이 땅을 침노할 때』 11장에서

**믿음은 하늘을 움직여서
결국 하늘이 땅을 움직이게 한다.**

Day 83
표적은 사람들이 하나님께 영광 돌리게 한다

무리가 보고 두려워하며 이런 권능을 사람에게 주신 하나님께 영광을 돌리니라

:: 마태복음 9장 8절

영광이 임하면 어둠의 세력을 하나님의 다스리시는 임재로 바꾼다. 집이 **청소되고 수리되며** 하늘의 것으로 채워진다(눅 11:25 참조). 어둠의 세력이 제거되면 올바른 것들로 대체되어야 한다. 그렇지 않으면 원수가 합법적으로 돌아올 수 있어서 그 사람의 나중 상태를 처음 상태보다 악화시킨다. 기적은 그 두 가지를 다 한다. 즉 지옥이 다스리는 영향을 제거하는 한편 하나님의 임재가 다스릴 수 있도록 한다.

하나님의 영광이 어떻게 땅을 덮을까? 나는 능력 안에 행하며 세계 열방에 예수님을 증거하는 사람들을 통해 최소한 부분적으로라도 그것이 이뤄질 것이라고 믿는다. 이것을 받아들여서 예수님이 누구신지에 대한 살아있는 간증을 가지고 세상 제도에 침노하는 세대가 있을 것이다.

나는 내가 인도하는 거의 모든 모임에서, 그것이 전통적인 교회 예배이든, 컨퍼런스이든, 혹은 이사회 회의이든 간에 기적을 행하시는 하나님의 능력에 대해 말한다. 본 교회를 떠나서 그렇게 하는 것은 듣는 사람들의 믿음을 일깨우고 그들의 마음이 하나님을 향하도록 하려는 것이다. 나는 그렇게 하고 나서 그들에게 질문한다. "제가 나눈 간증을 듣고 하나님께 찬양과 영광을 돌린 분이 계십니까?" 그러면 대부분이 손을 든다. 그러고 나서 나는 한 가지 중요한 것을 그들에게 상기시킨다. "능력과 간증이 없다면, 하나님께서 그런 영광을 받지 못하셨을 것입니다. 능력이 나타나지 않을 때 하나님께서 마땅히 받으셔야할 영광을 우리가 강탈하는 것입니다!"

『하늘이 땅을 침노할 때』 11장에서

기적은…지옥이 다스리는 영향을 제거하는 한편
하나님의 임재가 다스릴 수 있도록 한다.

Day 84
기적은 세대를 통합시키는 힘이다

이스라엘 자손들의 지파 수대로 각기 돌 한 개씩 가져다가 어깨에 메라 이것이 너희 중에 표징이 되리라 후일에 너희의 자손들이 물어 이르되 이 돌들은 무슨 뜻이냐 하거든 그들에게 이르기를 요단 물이 여호와의 언약궤 앞에서 끊어졌나니 곧 언약궤가 요단을 건널 때에 요단 물이 끊어졌으므로 이 돌들이 이스라엘 자손에게 영원히 기념이 되리라

:: 여호수아 4장 5-7절

"대대로 주께서 행하시는 일을 크게 찬양하며
주의 능한 일을 선포하리로다(시 145:4)."
"우리가 이를 그들의 자손에게 숨기지 아니하고
여호와의 영예와 그의 능력과 그가 행하신 기이한 사적을 후대에 전하리로다
여호와께서 증거를 야곱에게 세우시며
법도를 이스라엘에게 정하시고
우리 조상들에게 명령하사
그들의 자손에게 알리라 하셨으니
이는 그들로 후대 곧 태어날 자손에게 이를 알게 하고
그들은 일어나 그들의 자손에게 일러서
그들로 그들의 소망을 하나님께 두며…(시 78:4-7)."

이스라엘은 하나님의 역사를 기억하기 위해 기념물을 세워야 했다. 그 이유는 매일의 생활 속에서 하나님이 누구시며 하나님의 언약이 어떤 것인지 다음 세대에게 상기시키기 위해서였다. 그 간증은 백성을 위한 하나님의 역사에 대한 기록이자 다른 사람들도 그러한 하나님을 알도록 초청하는 것이었다. 한 세대가 다른 세대에게 하나님을 간증할 것이다. 기존 세대가 다음 세대에게 간증한다는 의미는 아니다. 이 구절을 흔히 그렇게 생각하지만, 어린 세대가 하나님을 경험하여 기존 세대가 유익을 얻게 될 수도 있다. 전능하신 하나님과의 만남이 세대를 통합시키는 요인이 된다!

「하늘이 땅을 침노할 때」 11장에서

매일의 생활 속에서 하나님이 누구시며
하나님의 언약이 어떤 것인지
다음 세대에게 상기시키는 것이 된다.

Day 85
표적 자체가 하나님께 영광이 되고 예수님이 누구신지 확증해 준다

여호와의 이름을 찬양할지어다 그의 이름이 홀로 높으시며 그의 영광이 땅과 하늘 위에 뛰어나심이로다
:: 시편 148편 13절

"여호와의 지으심을 받고 그가 다스리시는 모든 곳에 있는 너희여 여호와를 송축 하라 내 영혼아 여호와를 송축하라(시 103:22)."
"여호와여 주께서 지으신 모든 것들이 주께 감사하며 주의 성도들이 주를 송축하리이다"(시 145:10)."

기적은 사람들의 마음을 감동시켜서 하나님께 영광 돌리게 할 뿐 아니라, 기적 자체가 하나님께 영광이 된다. 어떻게 그렇게 되는지는 나도 잘 모르겠지만, 하나님의 역사는 그 자체로서 생명이 있고 사람의 도움 없이도 하나님께 영광을 돌리는 능력을 갖는다. 기적이 없으면 하나님의 역사로 임할 생명으로부터 하나님께서 받으셔야할 영광을 강탈하게 된다.

"만일 내가 내 아버지의 일을 행하지 아니하거든 나를 믿지 말려니와 내가 행하거든 나를 믿지 아니할지라도 그 일은 믿으라 그러면 너희가 아버지께서 내 안에 계시고 내가 아버지 안에 있음을 깨달아 알리라"(요 10:37-38).

유대인들이 예수님을 메시야로 믿기 힘들어할 때 예수님께서는 기적을 보고 기적을 믿으라고 그저 말씀하셨다. 왜 그런가? 표적은 항상 당신을 어딘가로 이끌어주기 때문이다. 예수님께서는 예수님의 표적들이 그들을 어디로 이끌 것인지 두려워하지 않으셨다. 그들이 본 것을 믿는 그 단순한 과정이 결국 그들이 예수님을 믿게 할 수 있었다. 니고데모의 경우가 바로 그랬다(요 10:37-38). 모든 기적이 예수님이 누구신지 그 정체성을 증언했다. 기적이 없이는 예수님에 대한 온전한 계시가 결코 이뤄질 수 없다.

『하늘이 땅을 침노할 때』 11장에서

표적은 항상 당신을 어딘가로 이끌어준다.

Day 86
기적은 사람들이 하나님께 듣고 순종하게 도와준다

그리스도께서 이방인들을 순종하게 하기 위하여 나를 통하여 역사하신 것 외에는 내가 감히 말하지 아니하노라 그 일은 말과 행위로 표적과 기사의 능력으로 성령의 능력으로 이루어졌으며

:: 로마서 15장 18-19절

"무리가 빌립의 말도 듣고 행하는 표적도 보고 한 마음으로 그가 하는 말을 따르더라"(행 8:6).

빌립은 사마리아 도시에 보냄을 받은 하나님의 메신저였다. 기적이 일어나자 사마리아인들은 빌립이 하는 말을 하나님으로부터 나온 말씀으로 들을 수 있었다. 능력의 역사는 사람들이 하나님의 것에 마음을 맞추도록 도와준다. 그리고 물질적 세상이 궁극적 실체라는 논리에서 벗어나게 도와준다. 하나님께 대한 가장 기초적인 응답은 관점의 전환이다. 그것이 회개라는 단어가 의미하는 것의 핵심이다. 기적은 은혜로서 회개를 불러 일으킨다.

기적이 간절함을 불러 일으킨다. 온통 자연적인 것에만 쏠려 있던 우리의 관심이 하나님께로 향한다. 그 결과 우리는 항상 우리 앞에 있지만 못 보던 것을 보게 되고 하나님께서 우리 삶 속에서 늘 말씀하셨지만 듣지 못했던 것을 듣게 된다. 기적은 우선순위를 바꾸게 한다. 기적은 우리가 더 분명히 듣도록 중요한 도움이 된다. 기적이 없으면 우리는 우리 자신의 생각에 따라 움직이는 성향이 있다. 그러면서 그것을 영성이라고 부른다.

로마서 15장 18-19절에서 바울은 어떻게 이방인들이 표적과 기사로 나타난 성령의 능력을 통해 순종에 이르게 되었는지 설명한다. 바울은 그것을 복음을 **온전히** 전파한 것이라

고 여겼다. 하나님의 능력이 나타나지 않으면 그것은 완전한 메시지가 아니었다. 기적은 선포된 말씀에 하나님께서 친히 "아멘"이라고 확증하시는 것이었다.

하나님을 아는 것만큼 마음을 흥분시키는 것은 없다. 하나님의 능력에는 한계가 없다. 하나님은 우리를 위하시며 우리를 대적하지 않으신다. 그리고 하나님께서는 우리의 작음을 덮고도 남을 만큼 충분히 크신 분이시다. 거꾸로 말해서, 능력의 증거가 거의, 혹은 전혀 나타나지 않는 곳에서 자란 세대는, 큰 위용을 이루도록 창조되었다는 것을 잊은 채 현실에 환멸을 느끼게 된다.

『하늘이 땅을 침노할 때』 11장에서

하나님을 아는 것만큼
마음을 흥분시키는 것은 없다.

Day 87

기적은 하나님의 아들과 교회의 정체성을 확증시킨다

그가 밤에 예수께 와서 이르되 랍비여 우리가 당신은 하나님께로부터 오신 선생인 줄 아나이다 하나님이 함께 하시지 아니하시면 당신이 행하시는 이 표적을 아무도 할 수 없음이니이다

:: 요한복음 3장 2절

"내가 너희와 함께하리라"는 약속은 성경 전체에 걸쳐 많이 주어졌다. 불가능한 상황 속으로 들어가는 사람, 즉 기적이 필요한 상황에 들어가는 사람에게는 항상 그 약속이 주어졌다. (출 3:12의 모세, 수 1:9의 여호수아, 삿 6:12의 기드온을 보면 이 주제에 대한 심화연구를 할 수 있다.) 주님의 임재가 위로를 주고, 하나님과의 달콤한 교제가 나를 주님과의 친밀한 관계 속으로 이끌지만, 한편 그의 임재는 또한 표적과 기사를 위한 큰 담대함의 자리 속으로 나를 이끌도록 고안된 하늘로부터의 공급이다.

예수님께서는 이 땅을 살았던 사람들 중에서 초자연적인 것에 가장 잘 훈련된 제자들에게 "예루살렘을 떠나지 말고 내게서 들은 바 아버지께서 약속하신 것을 기다리라"고 명하셨다(행 1:4). 그들은 예수님과 함께 있었고, 사역을 통해 예수님의 능력을 경험했음에도 불구하고, 그들은 **두나미스**, 즉 기적을 수행할 능력을 기다려야 했다.

그들은 예수님의 기름부음의 덮개 밑에서 사역해 왔으나 이제는 하나님과 만남을 통해서 자신의 기름부음을 가져야할 때가 온 것이다. 불 침례는 그들이 지속적으로 하나님과 만나게 함으로써 핍박이 올 때도 하나님의 뜻을 그들의 삶의 중심에 둘 수 있도록 도와주었다.

성령의 침례는 하늘의 **두나미스** 속에 잠기는 것이다. 방언을 말하는 능력은 그 침례를 통해 주어지는 놀라운 선물이다. 그러나 하나님의 충만한 것은 단지 초자연적인 언어를 말하는 것 이상이다. 방언은 하나님으로부터 오는 영광스러운 선물이다. 그러나 하나님의 목적은 우리를 더 많은 것 속으로 이끌고, 신성한 일에 참여하게 하여 우리가 그리스도의 동역자가 되게 한다. 능력이 임해야 우리가 진정한 증인이 된다. 성경의 사람들 위에 성령이 임했을 때, 온 자연이 그들에게 부복했다. 능력이 나타나게 되면 불가능은 하나님의 임재의 충만함 앞에 무릎 꿇게 된다.

「하늘이 땅을 침노할 때」 11장에서

> 능력이 임해야 우리가
> 진정한 증인이 된다.

Day 88
표적 읽기

손을 내밀어 병을 낫게 하시옵고 표적과 기사가 거룩한 종 예수의 이름으로 이루어지게 하옵소서

∷ 사도행전 4장 30절

많은 사람들은 속임수를 당할까봐 표적과 기사를 두려워한다. 그래서 미연에 방지하려고 그들은 능력의 나타남을 종교적 전통이나 기독교 활동으로 대체한다. 그들은 종종 지식으로 만족하기도 한다. 그러나 그것이야말로 속는 것이 아닌가?

표적은 목적이 있다. 표적 자체가 목적이 아니라 더 큰 실체를 가리키는 것이다. 우리가 건물에서 나갈 때, 출구 표식을 통해 나가지 않는다. 그 표식은 실재하지만, 그 표식 자체보다 큰 실체를 가리키고 있다.

고속도로의 표지판은 우리가 올바른 길로 가고 있다는 것을 확인시켜준다. 표지판이 없으면 우리는 생각하는 곳에 있는지 알 길이 없다. 내가 익숙한 길을 갈 때는 표지판이 필요하지 않다. 그러나 내가 한 번도 가보지 않은 길을 갈 때는 표지판이 필요하다. 현재의 하나님의 역사에 있어서도 그렇다. 오늘날 우리는 성경을 최대로 이해하고 있다. 이제는 마땅히 일어나야할 표적이 일어날 때이다. 표적은 성경을 설명해주고 하나님의 아들 예수님을 늘 가리킨다. 또한 진정한 복음을 받아들인 사람들에게 그들이 올바른 방향으로 가고 있다는 것을 확인시켜준다.

우리 중 아무도 구원받기 전에는 구원이 무엇인지 이해하지 못했다. 그런데 구원의 경험이 우리에게 이해를 주었다. 표적도 그렇다. 표적은 우리에게 그분을 가리켜준다. 지금 그 **경험**이 우리에게 그동안 닫혀져 있던 성경의 어떤 부분들이 열리도록 도와줄 것이다(견고한 관계와 상호 점검이 우리를 안전하게 보호하고 속지 않도록 도와줄 것이다).

제정신을 가진 사람이라면 성경에 오늘날 우리를 위해 담겨 있는 내용을 다 이해한다고 주장하지 않을 것이다. 그러나 더 많은 것이 다가오고 있다는 말은 많은 사람들이 두려워하는 말이다. 그 두려움을 극복하라. 그래야 당신이 그것을 놓치지 않을 것이다!

「하늘이 땅을 침노할 때」 11장에서

**오늘날 우리는 성경을 최대로 이해하고 있다.
이제는 마땅히 일어나야할 표적이 일어날 때이다.**

Day 89
우리가 세상에 지고 있는 빚 : 하나님을 만나게 해주는 것

볼지어다 내가 세상 끝날까지 너희와 항상 함께 있으리라
:: 마태복음 28장 20절

"내가 너와 함께하리라"는 하나님의 언약의 약속은 불가능한 것에 맞서는 용기가 필요한 사람과 항상 관련되어왔다. 하나님의 임재가 큰 위로와 평화를 준다는 것은 의문의 여지가 없다. 그러나 또한 택함 받은 자들이 어려운 상황에 직면했을 때 하나님의 임재로 확신을 주시겠다고 항상 약속하셨다.

하나님은 인류의 가장 위대한 보물이시다. 그리고 앞으로도 항상 그러실 것이다. 그 계시가 사도 바울의 혁명적 위업을 가능하게 했다. 그것이 다윗 왕에게 힘을 주어서 그는 예배를 변혁하기 위해 목숨을 걸 수 있었다. 모세는 바로와 바로의 귀신 들린 마술사들 앞에 보냄을 받은 사람으로서 그 확신이 필요했다.

하나님께서 어떠한 사람들에게 임무를 맡기셨는지 생각해보면 대명령이 더 흥미롭다. 하나님을 욕심 많고, 교만하고, 화를 잘 내고, 자기중심적인 사람들에게 그것을 맡기셨다. 예수님께서 그들을 부르셔서 세상을 변화시키라고 하셨다. 그들을 떠나시기 전에 어떤 확신의 한 마디를 주셨는가? "내가 세상 끝날까지 너희와 항상 함께 있으리라"(마 28:19-20 참조).

우리는 주의 이름을 불러 구원받고자 하는 모든 사람에게 동일한 약속이 주어진다는 것을 안다. 그런데 왜 어떤 사람들은 다른 사람들보다 하나님의 임재를 더 깊이 느끼는가? 그것은 하나님의 임재를 얼마나 소중히 여기느냐에 달려 있다. 하루 종일 성령과의 친교를 누리는 사람들은 그들의 말, 태도, 행동에 대해 성령께서 어떻게 느끼시는지를 민감하게 생각한다. 성령을 근심하시게 한다는 것을 생각하면 그들은 매우 슬퍼한다. 그들은 모든 일에 있어서 하나님을 높이려는 열정을 품으며, 그 열정이 그 신자를 초자연적인 삶 속으로 이끈다. 그 삶은 그들을 통해 역사하시는 성령의 활동이 계속해서 일어나는 삶이다.

「하늘이 땅을 침노할 때」 12장에서

> 하루 종일 성령과의 친교를 누리는 사람들은
> 그들의 말, 태도, 행동에 대해 성령께서
> 어떻게 느끼시는지를 민감하게 생각한다.

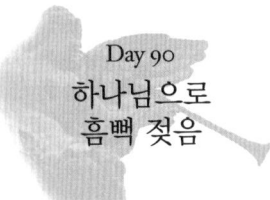

Day 90
하나님으로 흠뻑 젖음

곧 이것을 우리에게 이루게 하시고 보증으로 성령을 우리에게 주신 이는 하나님이시니라

:: 고린도후서 5장 5절

기름부음 속에서 하나님의 임재가 실현되어야 한다. **기름부음**은 "발라지다"를 의미한다는 것을 기억하라. 그것은 하나님께서 능력이 충만한 임재로 우리를 덮으시는 것이다. 우리가 그 기름부음 안에서 행할 때 초자연적인 일들이 일어난다!

그런데 기름부음은 주로 교회 자신만을 위해 교회가 독점해왔다. 많은 사람들은 왜 하나님께서 우리를 덮으시는지 오해해서 그것이 우리를 즐겁게하기 위한 것이라고 생각한다. 하나님 나라에서 우리는 우리가 베푸는 것만을 계속 가질 수 있다. 하나님의 그 놀라운 임재를 세상으로 가져가지 않는다면 우리의 상급이 줄어들 것이다. 이렇게 정리하면 분명할 것이다. **하나님께서 내 안에 계신 것은 나를 위한 것이지만, 하나님께서 내 위에 계신 것은 남을 위한 것이다**!

모든 사역이 성령의 능력으로 덧입혀져야할 뿐 아니라, 사람들을 모으는 역할을 해야 한다. 우리가 받은 것을 세상에게 주지 않으면, 분열을 조장할 것이다. 세상에 대한 그런 올바른 관점을 가질 때 우리는 하나님의 목적 한가운데 있을 수 있다.

기름부음은 우리를 무장시켜서 세상이 하나님을 만나게 한다. 그 만남은 우리가 세상에 꼭 갚아야만할 빚이다. 그런 이유로, 모든 전도자는 더 큰 기름부음을 위해 부르짖어야 하고, 모든 신자도 같은 것을 위해 부르짖어야 한다. 우리가 하나님으로 흠뻑 젖어있을 때, 그것은 우리가 접하는 모든 사람들에게도 적셔진다. 그리고 그 기름부음이 어둠의 멍에를 끊는다(사 10:27).

일반적으로, 기름부음이 필요한 두 경우는 말씀을 전파할 때와 병자를 위해 기도할 때이다. 그 두 경우는 사람들을 하나님과 만나게 하는 매우 흔한 방법이다. 또한 기름부음이 계속되는 사람은 더욱 더 많은 사역 기회를 열게 된다.

『하늘이 땅을 침노할 때』 12장에서

> 기름부음은 우리를 무장시켜서
> 세상이 하나님을 만나게 한다.

Day 91
이 도구를 과소평가하지 말라

이는 성도를 온전하게 하여 봉사의 일을 하게 하며 그리스도의 몸을 세우려 하심이라

:: 에베소서 4장 12절

우리가 기름부음 안에서 사역할 때, 하나님의 임재를 전달하며, 다른 사람들에게 우리가 체험한 하나님을 체험케 할 수 있다. 예수님께서는 제자들에게 **주는 것**의 의미를 가르치셨다. 그것은 병자의 치유, 귀신을 내쫓는 것 등등 명백한 것들을 포함했다. 그러나 그것은 종종 잊히는 한 측면도 포함했다. "어느 집에 들어가면…너희 평안이 그 위에 머물게 하라." 우리는 평안 속에서 하나님의 임재를 전달할 수 있으며, 그렇게 해서 잃어버린 자들이 하나님을 만나게 한다. 우리는 하나님의 임재를 인식하고, 사람들에 대한 하나님의 열정에 참여하고, 그들이 **구원**을 받도록 초청하는 법을 배운다(**구원**은 "구원, 치유, 해방"을 의미한다).

그가 우리를 하나님의 임재의 청지기로 만드셨다. 그것은 우리 자신의 종교적인 목적을 위해 하나님의 임재를 조종하거나 이용할 수 있다는 것이 아니다. 성령께서 우리 위에 운행하셔서 우리가 그리스도의 동역자가 된다. 그래서 그런 지위로 우리는 우리가 직면한 상황 속에 예수님께서 침노하시도록 초청한다.

예수님께서 "만일 내가 내 아버지의 일을 행하지 아니하거든 나를 믿지 말려니와"(요 10:37)라고 말씀하셨다. 아버지의 일은 기적이다. 하나님의 아들조차 그의 지상 사역의 진실성을 입증하는 것은 기적이라고 말씀하셨다. 그런 문맥 속에서 "나를 믿는 자는 내가 하는 일을 그도 할 것이요 또한 그보다 큰 일도 하리니 이는 내가 아버지께로 감이라"(요 14:12)고 말씀하셨다. 기적은 이 세상을 위한 하나님의 계획의 큰 부분이다. 그리고 그것은 교회를 통해 이뤄져야 한다.

나는 교회가 일어서서 "우리가 예수님께서 하신 일을 하고 있지 않으면 우리를 믿지 마시오!"라고 말할 날이 오기를 고대한다. 성경은 우리가 영적 은사를 간절히 추구해야 하며, 그 은사가 우리를 **확고히 세워준다**고 말씀한다. 이것은 어느 은사를 말하는가? 바로 모든 은사이다(고전 14:1, 롬 1:11).

「하늘이 땅을 침노할 때」 12장에서

**우리가 기름부음 안에서 사역할 때,
하나님의 임재를 전달하며, 다른 사람들에게 우리가 체험한
하나님을 체험케 할 수 있다.**

Day 92
천국을 우리 안에 받아들이기

야곱이 잠이 깨어 이르되 여호와께서 과연 여기 계시거늘 내가 알지 못하였도다

:: 창세기 28장 16절

나는 성령 충만한 삶을 세상에 보여줘야 할 의무가 있다. 왜냐하면 그들이 하나님을 만나도록 해줘야할 의무가 있기 때문이다. 내 안과 위에 성령이 충만하지 않으면, 성령께서 통과해 흐르도록 하나님께 드려진 그릇이 되지 못한다.

모세오경과 예언서를 통해 드러난 하나님의 목표는 성령 충만이었다. 구원이 당장의 목표였지만, 궁극적 목표는 신자의 성령 충만이었다. 우리가 천국에 가는 것은 천국이 우리 안에 임하는 것만큼 큰 과제는 아니다. 그것은 우리 안의 **성령 충만**을 통해 이뤄진다.

구약의 한 족장이었던 야곱은 들판에서 자고 있을 때 사람이 받은 놀라운 계시 중의 하나인 꿈을 꾸었다. 그는 하늘이 열려 있고 땅으로 내려올 수 있는 사다리가 걸려 있는 것을 보았다. 사다리로 천사들이 올라가기도 하고 내려오기도 했다. 그는 두려워서 "여호와께서 과연 여기 계시거늘 내가 알지 못하였도다(창 28:16 참조)"라고 말했다. 그 말은 지난 몇 년 간 이 부흥 속에서 우리가 목격하고 있는 것을 잘 묘사해준다. 하나님께서 임재하시지만, 많은 사람들은 하나님의 임재를 인식하지 못하고 있다.

현재의 쏟아 부어지는 은혜 속에서 나는 하나님께서 수천 명의 사람들을 만지시는 것을 목격했다. 그래서 회심, 치유, 결혼의 회복, 중독이 끊어짐, 귀신들린 자가 자유하게 되는 역사가 일어난다. **사람들의 삶이 어떻게 변화되었는가**의 목록은 매우 긴데다가 날마다 증가하고 있다. 한편, 같은 집회에서 어떤 사람들은 예배가 어서 끝나서 나가기만을 기다린다. 어떤 사람은 하나님의 임재를 깨닫고 영원히 변화되지만, 어떤 사람은 자신에게 무슨 일이 일어났을 수 있는지 전혀 깨닫지 못한다.

「하늘이 땅을 침노할 때」 12장에서

> 나는 성령 충만한 삶을 세상에 보여줘야 할 의무가 있다.
> 왜냐하면 그들이 하나님을 만나도록 해줘야할
> 의무가 있기 때문이다.

Day 93
예수님께서 우리에게 바통을 넘기셨다

너희는 세상의 빛이라 산 위에 있는 동네가 숨겨지지 못할 것이요

:: 마태복음 5장 14절

우리가 하나님께서 뜻하신 대로 온전히 되려면, 예수님의 삶이 인간이 아버지와 올바른 관계에 있을 때를 보여주는 모델이셨다는 것을 기억해야 한다. 예수님께서 피를 흘리심을 통해, 예수님의 이름을 믿는 모든 사람이 예수님께서 하신 것을 하고 예수님처럼 되는 것이 가능해졌다. 그것은 모든 진정한 신자가 예수님이 사셨던 삶의 영역에 접근할 수 있다는 것을 의미했다.

예수님은 세상의 빛으로 오셨다. 그 다음에 우리에게 바통을 넘겨주시며 우리가 세상의 빛이라고 선언하셨다. 예수님은 기적을 행하는 분으로 오셨다. 그리고 우리가 예수님보다 "더 큰 일"도 할 것이라고 말씀하셨다(요 14:12). 그리고 무엇보다도 놀라운 말씀을 하셨다. "지금은 성령께서 너희와 함께 계시지만, 장차 너희 안에 거하실 것이다."(요한복음 14장 17절의 사역) **하나님과 올바른 관계에 있는** 사람들에게 무엇이 가능한지 예수님께서 설명하시고서 이제는 그의 백성이 이 지상에서 하나님의 성전이 될 것이라고 말씀하신다. 바울도 그 계시를 이런 말로 확증했다. "너희가 하나님의 성전인 것과 하나님의 성령이 너희 안에 계시는 것을 알지 못하느냐"(고전 3:16). "너희도 성령 안에서 하나님이 거하실 처소가 되기 위하여"(엡 2:22).

하나님의 집에 대한 최초의 계시는 무엇이었는가? 하나님의 임재, 천국으로 가는 문, 천사들이 오르내리는 사다리가 거기 있었다. 왜 그것을 이해하는 것이 중요할까? 그 계시는 주님의 계획을 수행하기 위해 우리가 사용할 수 있는 자원을 보여준다.

우리가 하늘의 청지기라는 원리는 개인의 소명 이상의 의미가 있다. 그것은 한 교회 전체가 그 도시 전체를 위해 갖는 특권이다.

「하늘이 땅을 침노할 때」12장에서

예수님은 세상의 빛으로 오셨다.
그 다음에 우리에게 바통을 넘겨주시며
우리가 세상의 빛이라고 선언하셨다.

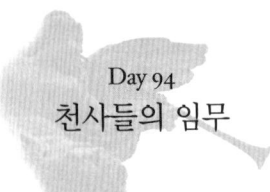

Day 94
천사들의 임무

또 천사들에 관하여는 그는 그의 천사들을 바람으로, 그의 사역자들을 불꽃으로 삼으시느니라 하셨으되
:: 히브리서 1장 7절

천사는 인상적인 존재들이다. 그들은 영광스럽고 큰 능력을 갖고 있다. 그래서 구약에서 천사가 나타나면 사람들이 종종 엎드려 예배할 정도였다. 천사를 예배하는 것도 어리석지만, 천사를 간과하는 것 역시 어리석다. 천사는 우리에게 **초자연적인 요소가 필요할 때** 섬기라는 임무를 맡았다. "모든 천사들은 섬기는 영으로서 구원 받을 상속자들을 위하여 섬기라고 보내심이 아니냐"(히 1:14).

우리가 천사들의 도움이 많이 필요하지 않은 삶을 살아서 천사들이 지루할지도 모른다는 생각이 든다. 천사들의 임무는 우리가 초자연적인 일을 할 때 도와주는 것이다. 우리가 위험을 감수하고 나서지 않으면, 초자연적인 일이 일어날 여지가 별로 없다. 불가능한 상황에 대한 해결책을 추구하려면 모험을 감수해야 한다. 교회가 불가능한 것에 대한 욕구를 되찾을 때, 천사들이 사람들 중에서 활동을 늘릴 것이다.

부흥의 불이 거세질수록, 우리 주변의 초자연적인 역사도 가열된다. 천사들이 우리의 초자연적인 시도를 도우라는 임무를 맡았다면, 그것은 초자연적인 역사가 필요함을 내포한다. 불가능한 상황에 대한 해결책을 찾고자 한다면 위험을 감수해야 한다. 인간의 비참한 상황에 대한 해답은 복음의 능력이다. 존 윔버는 "믿음은 모험이다"라고 말했다. 만일 우리가 정말로 하나님을 더 원한다면, 우리의 생활양식을 바꾸어서 하나님의 뚜렷한 임재가 우리 위에 증가하게 해야 한다. 그것은 우리가 하나님을 조종하는 것이 아니라, 하나님을 말씀대로 믿으려는 담대한 시도이다. 우리가 하나님의 명령에 파격적으로 순종할 때, 하나님께서 기적으로 "아멘"이라고 화답하신다(막 16:20). 나는 당신이 하나님을 열정적으로 찾기를 도전한다! 그런 추구 속에서 초자연적인 생활양식을 고수하라. 그것은 하늘의 천군을 바쁘게 하며, 왕이신 하나님과 그의 왕국이 이 땅에 임하게 한다!

「하늘이 땅을 침노할 때」 12장에서

**부흥의 불이 거세질수록,
우리 주변의 초자연적인 역사도 가열된다.**

Day 95
천사들을 부리지 말라

내가 사자를 네 앞서 보내어 길에서 너를 보호하여 너를 내가 예비한 곳에 이르게 하리니

∷ 출애굽기 23장 20절

우리의 임무 수행을 돕도록 하나님께서 천사들을 주셨지만, 나는 우리가 천사들에게 명령해야 한다는 입장을 취하지 않는다. 어떤 사람들은 그런 재량권을 가졌다고 생각한다. 그러나 나는 그것이 위험한 생각이라고 본다. 나는 우리의 기도에 응답하여 하나님께서 친히 천사들에게 임무를 맡기신다고 믿는다.

다니엘은 하나님의 응답을 구하며 21일 간 기도했고, 마침내 한 천사가 응답을 가지고 나타나 다니엘에게 말했다. "다니엘아 두려워하지 말라 네가 깨달으려 하여 네 하나님 앞에 스스로 겸비하게 하기로 결심하던 첫날부터 네 말이 응답 받았으므로 내가 네 말로 말미암아 왔느니라 그런데 바사 왕국의 군주가 이십일 일 동안 나를 막았으므로 내가 거기 바사 왕국의 왕들과 함께 머물러 있더니 가장 높은 군주 중 하나인 미가엘이 와서 나를 도와 주므로"(단 10:12-13). 다니엘이 기도했을 때, 하나님께서 응답을 가진 천사를 보내셨다. 천사가 개입하러 달려 오다가 막혔으나, 다니엘이 계속 기도하자 천사장 미가엘이 파견되어 메시지를 전달하려던 첫 번째 천사를 갈 수 있게 해줬다.

이외에도 천사들이 성도들의 기도에 대한 응답으로 왔던 많은 경우들이 있다. 그것은 모두 하나님 아버지께서 섬기라고 보내신 것이었다. 우리는 기도할 뿐이며 여기에 응답하여 천사를 명하는 권세는 하나님께 있다.

나는 천국으로 가는 문을 가지고 있으며, 거기에 사다리가 있어서 그 순간 필요한 대로 천사들이 활동할 수 있게 한다. 간단히 말해서, **내가 열린 천국이다**! 이것은 선택된 소수에게만 해당되는 것이 아니다. 오히려, 이 계시는 하나님의 집에 대한 것이며 이 집의 원리는 모든 신자들에게 해당된다. 그러나 이 **잠재적** 축복을 깨닫거나 수행하는 사람은 드물다.

「하늘이 땅을 침노할 때」12장에서

간단히 말해서, 바로 내가 열린 천국이다!

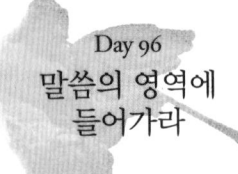

Day 96
말씀의 영역에 들어가라

여호와의 천사가 주를 경외하는 자를 둘러 진 치고 그들을 건지시는도다

:: 시편 34편 7절

열린 천국과 함께 하는 나는 하나님의 손 안에 있는 도구가 되어 천국의 자원을 인류의 재난 속으로 풀어놓는다. 이때 천사들이 하나님의 뜻을 수행하는 임무를 맡는다. "능력이 있어 여호와의 말씀을 행하며 그의 말씀의 소리를 듣는 여호와의 천사들이여 여호와를 송축하라(시 103:20)." 우리가 하나님의 침노를 받기를 갈망하는 것보다 하나님께서 이 세상에 침노하시기를 더 갈망하신다. 천사들은 그 일에서 필수적인 역할을 한다.

천사들은 하나님의 명령에 응답하며 하나님의 말씀을 실행한다. 아버지께서 그 백성의 심령에 말씀하신다. 그러면 천사들은 하나님의 백성이 하나님의 말씀을 선포하기를 기다린다. 나는 천사들이 사람들이 하는 말 중에서 하나님의 보좌 앞과 같은 향기를 맡아 분별하여 취한다고 믿는다. 천사들은 어떤 말이 아버지의 마음에서 유래되었는지 분별하며, 하나님의 뜻에 합한 말을 들었을 때 천사들은 그 말이 자신들의 임무인 것을 인식한다.

최근에 나는 독일의 한 집회에서 그런 일이 일어나는 것을 보았다. 나는 집회 전에 그 집회들을 후원하는 리더들의 일부와 함께 기도하고 있었다. 우리가 기도하는 중에 나는 내 오른편에 앉은 한 여성의 척추에 관절염이 있는 것을 보았다. 그것은 마음에 잠깐 장면이 비춰진 것이었다. 그것은 **세미한 음성**을 듣는 경우와 마찬가지로 놓치기 쉬운 것이었다. 그 장면 속에서, 내가 그녀를 일어서게 하고 그녀에 대해 "주 예수님께서 당신을 고치십니다!"라고 선포하는 것을 보았다. 집회가 시작되고 나서 나는 참석자 중에 척추 관절염이 있는 사람이 있는지 물었다. 내 오른쪽에 있던 여자가 손을 들었다. 나는 그녀에게 일어서라고 하고서 "주 예수님께서 당신을 고치십니다!"라고 선포했다. 그리고 나서 나는 그녀에게 어디가 아프냐고 물었다. 그러자 그녀가 울며 말했다. "불가능한 일이지만, 고통이 사라졌어요!" 나의 말이 아버지의 마음에서 나온 것이기에 천사들이 그 말을 실행했다. 그 순간에, 나는 **하나님의 말씀의 음성**을 낸 것이었다.

「하늘이 땅을 침노할 때」 12장에서

> 천사들은 하나님의 백성이
> 하나님의 말씀을 말하기를 기다린다.

Day 97
하나님께서 선을 넘으실 때

예수께서 대답하시되 내가 너희에게 말하였으되 믿지 아니하는도다 내가 내 아버지의 이름으로 행하는 일들이 나를 증거하는 것이거늘

:: 요한복음 10장 25절

하나님의 세계는 우리의 세계 속으로 자주 침노하며 구원, 치유, 해방을 일으킨다. 그 침노는 다양하게 나타난다. 그것은 매우 신기하며, 너무 많아서 분류하기 어려울 정도이다. 어떤 것들은 언뜻 이해하기 어렵지만, 우리가 아는 것은 하나님의 역사는 항상 구속을 위해 있다는 것이다.

실내에 웃음소리가 가득하면서 사람들의 상한 마음이 치료된 경우가 있다. 때로는 금가루가 사람들의 얼굴, 손, 옷에 묻는다. 하나님의 사람들의 손에 기름이 생기는 경우도 있는데, 특히 어린이들 중에 그런 일이 잘 일어난다. 창문이나 문이나 환기구가 열려 있지 않은데 실내에 바람이 부는 경우가 있다. 예배하는 사람들의 머리 위로 하나님의 임재의 구름이 나타나는 것을 보기도 하고 천국의 향기가 실내에 가득해지는 경험도 했다.

하나님의 이러한 역사를 온전히 받아들이지 않는 사람들은 이런 현상을 불쾌해하는 것 같다. 이 부흥에 관련된 사건들을 기록하는 신문인 「남은 자」지의 편집자인 제럴 밀러는 우리의 집회 중에 깃털이 떨어지는 특별한 현상을 보도하고서 많은 공격을 받았다. 우리 앞 세대들이 그랬듯이, 그의 기사를 비판하는 사람들은 하나님의 역사를 **수용 가능한 현상 목록**으로 제한하는 위험에 가까워지고 있다. 하나님의 역사는 특별한 찬양을 부르거나 감동적인 설교 후에 회개의 시간을 가질 때 눈물을 흘리는 정도에서 머물지 않는다. 우리의 목록에는 쓰러지는 것, 몸이 떨리는 것, 웃음 등등이 포함될 수 있다. 문제는 그것도 제한적일 수 있다는 것이다. 하나님께서 그 목록보다 더 다양한 것도 앞으로 행하실 것이다. 우리는 하나님의 임재를 인식함으로써 하나님의 역사를 인식하는 법을 배워야 한다. 우리의 목록은 현재 우리가 이해하고 경험하는 것을 나타낼 뿐이다. 나는 이상한 현상들을 권장하려 하거나, **기이한 일**을 추구하려는 것이 아니다. 다만 나는 하나님께서 하고 계신 일 때문에 부끄러워하는 것을 피하려는 것이다. 그런 목록이 우리를 오류로부터 막아줄 수도 있지만 우리가 승리를 경험하는 것도 막을 수 있다.

『하늘이 땅을 침노할 때』 12장에서

> 다만 나는 하나님께서 하고 계신 일 때문에
> 부끄러워하는 것을 피하려는 것이다.

Day 98
능력의 하나님 알기

내가 주의 권능과 영광을 보기 위하여 이와 같이 성소에서 주를 바라보았나이다

:: 시편 63편 2절

표적은 더 큰 실체를 가리키는 실체이다. 하나님께서 우리에게 표적을 주시는데, 우리가 누구이기에 표적이 중요하지 않다고 말하는가? 많은 사람들은 **표적 숭배**를 두려워해서 그렇게 반응할 수 있다. 비록 그들의 이유가 좋은 의도에서 나왔더라도, 하나님으로부터 받은 임무를 수행하면서 하나님의 **세심한 지침**을 무시한다는 것은 어리석다. 자연적인 면에서, 우리는 표지판를 이용해서 어떤 도시나, 어떤 식당이나, 일을 볼 곳을 찾는다. 마찬가지로, 표적과 기사는 하나님 나라의 자연스러운 한 부분이다. 표적과 기사는 우리를 현재 있는 곳으로부터 우리가 있어야할 곳으로 옮겨주는 정상적인 방법이다. 그것이 표적과 기사의 목적이다. 만일 동방박사들이 별을 따라가지 않았다면, 다른 사람들이 경험한 것에 대해 읽는 것으로 만족해야 했을 것이다. 나는 그러고 싶지 않다. **표적을 숭배하는 것과 표적을 추구하는 것**은 다르다. 전자는 금지된 것인 반면, 후자는 필수적이다. 우리가 하나님 안에서 더 깊이 표적을 추구할 때, 하나님의 표적이 사람들을 위해 더 크게 우리에게 나타날 것이다.

하나님과의 친밀한 관계가 없다면 능력이 별로 즐겁지 않다. 하나님의 능력과 영광에 대한 열정을 가진 사람은 그렇지 않은 사람을 위축되게 만든다. 그렇기 때문에 위의 말은 열정이 없는 사람에게는 종교적으로 들릴 수도 있다. 그러나 하나님의 능력에 대한 나의 갈급함을 능가하는 것이 있으니 그것은 바로 하나님 그분께 대한 나의 갈망이다. 내가 하나님을 추구하기에 진정한 복음에 대한 이런 열정을 갖게 되었다.

내 안에 일어난 일이 나로 하여금 표적과 기사가 없는 복음은 받아들이지 않게 했다. 내가 이 땅 위에 기적이 일어나는 것에 사로잡혔기 때문인가? 아니다! 기적에 대한 계시가 나를 사로잡았다. 나는 믿음의 실행 외에는 삶의 만족을 주는 것이 없음을 발견했다.

『하늘이 땅을 침노할 때』 12장에서

> 하나님과의 친밀한 관계가 없다면
> 능력이 별로 즐겁지 않다.

Day 99
이 세상에서 우리의 정체성

어두운 데에 빛이 비치라 말씀하셨던 그 하나님께서 예수 그리스도의 얼굴에 있는 하나님의 영광을 아는 빛을 우리 마음에 비추셨느니라

:: 고린도후서 4장 6절

예수님께서는 고난당하는 종이셨고 십자가를 향해 가셨다. 그러나 예수님께서는 승리하여 부활하셨고, 승천하셨고, 영화로워지셨다. 요한은 예수 그리스도에 대한 계시를 받고 이렇게 묘사했다. "그의 머리와 털의 희기가 흰 양털 같고 눈 같으며 그의 눈은 불꽃 같고 그의 발은 풀무불에 단련한 빛난 주석 같고 그의 음성은 많은 물 소리와 같으며"(계 1:14-15).

"주께서 그러하심과 같이 우리도…그러하니라"는 선언은 우리의 상상을 초월하는 것이다. 특히 요한계시록 1장에서 묘사된 영화된 예수님의 모습에 비춰볼 때 더욱 그렇다. 성령께서 보내심을 받은 목적은 우리가 "그리스도의 장성한 분량이 충만한 데까지 이르는"(엡 4:13) 것이었다.

성령께서 완벽한 때에 궁극적인 임무를 가지고 오셨다. 예수님의 지상 사역 중에는 "예수께서 아직 영광을 받지 않으셨으므로 성령이 아직 그들에게 계시지 아니하시더라"(요 7:39)라고 말씀했다. 성령께서 우리를 위로하시고, 은사를 주시고, 예수님께서 말씀하신 것을 기억나게 하시고, 우리를 능력으로 덧입히신다. 성령께서 그 모든 것을 하시는 것은 **우리를 예수님처럼 만들기 위해서이다.** 그것이 성령의 우선적 사명이다. 왜 아버지께서는 예수님께서 영화롭게 되실 때까지 성령을 보내지 않으셨는가? 왜냐하면 예수님께서 영화로운 상태에 계시지 않으면, **우리가 본받을 하늘의 모델**이 없기 때문이다! 조각가가 모델을 보고 진흙을 빚듯이, 성령께서 영화롭게 되신 아들을 보시고 우리를 그의 형상으로 빚으신다. 그래서 **주께서 그러하심과 같이 우리도 이 세상에서 그러하다.**

「하늘이 땅을 침노할 때」 13장에서

성령께서 이 모든 것을 하시는 것은
우리를 예수님처럼 만들기 위해서이다.

Day 100
그리스도인의 삶

그를 만물 위에 교회의 머리로 삼으셨느니라 교회는 그의 몸이니 만물 안에서 만물을 충만하게 하시는 이의 충만함이니라

:: 에베소서 1장 22-23절

그리스도인의 삶은 십자가에 있는 것이 아니라, 십자가 **때문에** 있다. 그의 부활의 능력이 신자에게 에너지를 준다. 흠 없는 어린 양의 보혈이 우리의 삶 속에서 죄와 죄의 권세를 씻어냈다. **십자가가 없으면 우리는 아무 것도 없다**! 그러나 십자가는 최종목표가 아니다. 그것은 시작이며, 그리스도인의 삶에 들어가는 입구이다. 예수님께조차 십자가는 앞에 있는 기쁨을 얻기 위해 견뎌야할 것이었다!(히 12:2 참조).

내가 빚을 탕감 받았다고 해보자. 그러면 내가 **적자를 벗어났다고** 말할 수 있을 것이다. 그러나 내 빚이 탕감된 후에도 나는 여전히 **흑자가 아니다**. 내 빚을 탕감해준 사람이 내 소유로 돈을 주지 않으면 나는 가진 것이 아무 것도 없다. 그런데 그리스도께서 그것을 해주셨다. 그의 피는 나의 죄의 빚을 청산했다. 그리고 그의 부활이 나를 **흑자로** 만들었다(요 10:10 참조).

왜 이것이 중요한가? 왜냐하면 **우리의 정체성과 목적의식을 근본부터 변화시키기 때문이다**. 예수님께서 가난하게 되심으로 인해 내가 부유하게 되었다. 그가 채찍질 당하는 고통을 겪으셔서 나를 질고에서 해방시키셨다. 그가 죄가 되셔서 내가 하나님의 의가 되게 하셨다(고후 5:21 참조). 그런데 왜 내가 **그가 고난을 당하셨던 것처럼** 되려고 애써야 하는가? 그가 그런 고난을 당하신 것은 내가 **부활하신 그분처럼** 되게 하려는 것인데 말이다. 어느 시점에 이르면, 부활의 실체가 우리 삶 속에 실현되어야 할 것이다. 우리는 믿는 사람 모두에게 주어진 부활의 능력을 찾아야 한다(엡 1: 21, 3:20 참조).

『하늘이 땅을 침노할 때』 13장에서

> 그리스도인의 삶은
> 십자가에 있는 것이 아니라,
> 십자가 때문에 있다.

Day 101
십자가의 모조품

이에 예수께서 제자들에게 이르시되 누구든지 나를 따라오려거든 자기를 부인하고 자기 십자가를 지고 나를 따를 것이니라

:: 마태복음 16장 24절

이 소명을 오해해서 많은 사람들이 자기를 부인하는 예수님의 삶을 따르면서도 그의 능력의 삶에는 미달하고 만다. 그들에게는 기쁨이 없고 고된 삶을 받아들이는 것과 죄성을 못 박는 것이 십자가의 증거이고 그 길을 걷는 것에 포함된다고 여겨진다. 그러나 우리는 **그의 길을 온전히 따라가야 한다**. 그래서 부활에 의해 능력을 덧입은 삶에까지 이르러야 한다!

대부분의 종교는 **십자가의 길**의 모조품을 가지고 있다. 자기 부인, 자신을 낮춤 등등을 세상의 온갖 종교들이 쉽게 모방한다. 사람들은 종교적 절제를 하는 사람들을 칭송한다. 그러나 하나님의 변화의 능력 때문에 기쁨이 충만한 삶을 보여주면, 그들은 갈채를 보내는 데서 그치지 않고 당신과 같이 되고 싶어 할 것이다. 종교적인 삶은 지옥을 이기고 승리한 부활의 삶을 모방할 수 없다.

진정한 십자가가 아닌 열등한 십자가를 받아들이는 사람은 항상 자기 내면을 바라보며 고난을 스스로 만들어내지만, 십자가는 자신이 스스로 초래하는 것이 아니다. 예수님께서는 당신이 자신을 직접 십자가에 못박지 않으셨다. 이 모조품의 덫에 갇힌 그리스도인들은 항상 자신의 약점에 대해서만 얘기하고 있다.

나는 예전에는 나의 결점에 집착했고 연약함을 겸손으로 여겼다. 그러나 그렇지 않다! 만일 나 자신이 주체가 되어 나의 연약함에 대해서만 끊임없이 말하고 있다면, 나는 가장 교묘한 형태의 교만에 빠진 것이다. 하나님의 존귀하심을 선언하는 대신에 "나는 무가치해요"라는 말이 지겹게 반복되었다. 내가 나 자신의 불의에 **몰두하는 동안**, 마귀가 나를 효과적인 사역으로부터 막고 있었다. 내적 성찰이 영적 자만심을 키우면서 복음의 능력을 나타내는 것은 줄이고 있다면 그것은 참된 거룩함이 왜곡된 것이다.

참된 깨어짐은 하나님을 온전히 의존하게 하며, 철저히 순종하게 해서 복음의 능력이 우리 주변의 세상에 임하게 한다.

「하늘이 땅을 침노할 때」13장에서

우리는 **그의 길을 온전히** 따라가야 한다.
그래서 부활에 의해 능력을 덧입은 삶에까지 이르러야 한다!

Day 102
불순한 동기

> 내 아들 솔로몬아 너는 네 아버지의 하나님을 알고 온전한 마음과 기쁜 뜻으로 섬길지어다 여호와께서는 모든 마음을 감찰하사 모든 의도를 아시나니 네가 만일 그를 찾으면 만날 것이요 만일 네가 그를 버리면 그가 너를 영원히 버리시리라
> :: 역대상 28장 9절

나는 오랜 세월 동안 나 자신을 평가하며 힘들어했다. 가장 큰 문제는 내 안에서 어떤 선한 것도 발견할 수 없다는 것이었다. 그래서 항상 낙심으로 이어졌고, 그것은 또 의심으로 이어졌으며, 결국 불신에 이르게 되었다. 왠지 나는 그렇게 하는 것, 즉 나 자신의 동기에 집중하는 것이 내가 거룩해질 수 있는 방법이라는 생각을 갖고 있었다.

오늘날 나는 나의 동기를 더 이상 조사하지 않는다. 그것은 나의 일이 아니다. 나는 나의 존재와 행위의 모든 면에서 하나님께 순종하고자 열심히 일한다. 만일 내가 어떤 사안에 대해 **정신을 놓고 있다면**, 그것을 내게 지적해주는 것은 하나님이 하실 일이다. 하나님만 하실 수 있는 것을 내가 하려고 오랜 세월 동안 애쓴 후에야 비로소, 나는 내가 성령님이 아니라는 것을 깨우치게 되었다. 내가 나 자신에게 죄를 깨우쳐주고 나를 죄에서 해방시킬 수 없다. 그렇다고 해서 나의 불순한 동기를 전혀 다루지 않는다는 말인가? 아니다. 하나님께서는 내가 늘 회개하고 변화되어야 할 필요가 있음을 일깨워주고자 하신다. 그러나 하나님만이 스포트라이트를 비춰 조명해주실 수 있으시며, 변화의 은혜를 베풀어주실 수 있으시다.

하나님께 다룸 받는 신자와 스스로 내면을 성찰하는 사람은 큰 차이가 있다. 하나님께서 심령을 살피실 때는 우리 안에서 변화시키기 원하시는 것들을 찾아내신다. 하나님께서는 우리에게 그것을 깨우쳐주신다. 왜냐하면 우리를 거기서 해방시키려 하시기 때문이다. 그런 계시를 받고 나는 이렇게 기도하게 되었다.

아버지, 제가 내면을 들여다봐서는 성과가 없다는 것을 아버지께서 아십니다. 그래서 저는 그것을 멈추고 제가 봐야할 것들을 아버지께서 지적해주시는 것에 의지하겠습니다. 당신의 말씀 안에 거하겠다고 약속드립니다. 당신의 은혜로 이제 저는 새 피조물입니다. 그 사실이 눈에 보이게 드러남으로써 예수님의 이름이 최고의 존귀를 받으시기를 원합니다.

「하늘이 땅을 침노할 때」 13장에서

> 하나님만이 스포트라이트를 비춰주실 수 있으시며
> 변화의 은혜를 베풀어주실 수 있으시다.

Day 103
모조품에 맞서기

죄가 너희를 주장하지 못하리니 이는 너희가 법 아래에 있지
아니하고 은혜 아래에 있음이라

:: 로마서 6장 14절

십자가의 길에 대한 그런 모조품이 받아들여지는 주원인은 모조품에 대해서는 믿음이 필요하지 않기 때문이라고 나는 생각한다. 나의 약점, 나의 죄를 짓는 성향, 예수님을 닮을 능력이 없는 것을 보기는 쉽다. 그 진실을 고백하는 데는 아무런 믿음도 요구되지 않는다. 반대로, 바울이 로마서 6장 13절에서 명령했듯이, 나 자신을 죄에 대해 죽은 것으로 믿으려면 나는 하나님을 믿어야만 한다.

그러므로 당신이 가장 약한 상태에 있을 때 "나는 강하다!"고 선언하라. 당신이 어떻게 느끼는지에 상관없이 하나님께 동의하여 부활의 능력을 발견하라. 믿음이 없이는 하나님을 기쁘시게 할 수 없다. 믿음을 발휘해야할 첫 번째 자리는 바로 하나님 앞에서 우리의 신분을 인정하는 것이다.

우리의 정체성에 변화를 이루시려고 예수님께서 최종적 값을 치르셨다. 이제는 그것을 믿고 그 유익을 받아들일 때가 아닌가? 만일 우리가 그렇게 하지 않는다면, 우리는 이 마지막 때에 세상 앞에서 자신있게 서 있을 수 없을 것이다. 우리에게 필요한 담대함은 자신감이 아니라, 우리 안에서 아들께서 행하시는 일에 대해 아버지께서 가지시는 확신이다. 더 이상 천국이냐, 지옥이냐의 문제가 아니라, 천국이 임한 나의 생각 속에 지옥의 생각을 얼마나 많이 허용해 받아들이느냐의 문제이다.

하나님의 자녀들이 자신들을 **은혜로 구원받은 죄인**보다는 **하나님의 상속자**로 볼 때 하나님이 더 영광 받으시지 않겠는가? 우리 자신이 소중하게 느껴지지 않을 때라도 하나님께서 우리를 소중하게 보신다고 말씀하시는 것을 믿는 것이 더 큰 겸손이 아니겠는가? 우리는 하나님의 높은 부르심에 따라 일어나며, 우리 자신에 대해 사실이 아닌 것을 더 이상 말하지 말아야 한다. 성숙은 우리를 지존자의 자녀로 세우시는 하나님의 구속사역이 온전함을 믿는 믿음으로부터 이뤄진다.

「하늘이 땅을 침노할 때」 13장에서

> 우리의 정체성 변화를 이루시려고
> 예수님께서 최종적 값을 치르셨다.

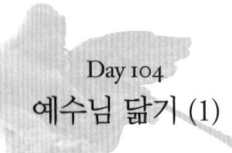

Day 104
예수님 닮기 (1)

우리가 육신으로 행하나 육신에 따라 싸우지 아니하노니
:: 고린도후서 10장 3절

이 세상에서의 우리의 모습은 주님의 모습과 같다. 예수님께서 영화되신 상태에서 계시하신 것에는 최소한 네 가지의 뚜렷한 특징이 있다. 그것은 앞으로 일어날 교회의 변화에 직접적인 영향을 미친다. 그것들을 이 마지막 때에 대한 하나님의 계획의 일부로 받아들여야한다. 첫 번째는 이렇다.

1. **영광** 이것은 예수님의 임재다. 역사적으로 일어났던 부흥에는 예수님의 임재가 주님의 백성 위에 머물렀던 이야기들이 가득하다. 예수님께서 모든 신자들 안에 거하시지만, 예수님의 임재의 영광은 소수에게만 임한다. 때로 그 임재는 눈에 보이고 종종 느껴지기도 한다. 예수님께서 영광스러운 교회를 위해 돌아오고 계신다. 이것은 선택사안이 아니다.

오순절 날에 사도들의 머리 위에 불길이 보였다. 현대에 들어서도 하나님의 백성이 하나님의 이름으로 함께 모여 있는 교회 건물 꼭대기에 불길이 일었다. 아주사 거리 부흥 시에 불을 꺼달라는 요청을 받고 소방관들이 달려왔지만, 알고 보니 건물 안의 사람들이 예수님께 예배하고 있었다. 그것은 자연적 불이 아니었기 때문에 물로 끌 수 없었다. 지옥의 모든 능력을 동원해도 그 불을 끌 수 없다. 그 불을 끌 수 있는 유일한 사람들은 그 불을 받은 사람들이다. 선의의 신자들이 종종 불을 통제하여 다스리려고 하면서 그렇게 하는 것이 하나님을 섬기는 것이라고 생각한다. 또한 반면에 어떤 사람들은 그런 불이 거기 있지 않은데도 감정적 불을 과장시키려고 한다. 둘 모두가 육적 사람이 표출된 것이고, 육적인 사람이 지배하는 곳에서는 하나님의 영광이 떠날 수밖에 없다.

하나님께서 우리를 하나님께서 영원히 거하실 처소로 짓고 계신다. 하나님 아버지께서 사람의 손으로 지은 구약의 성전들도 영광으로 채우셨다면, 하나님께서 친히 지으시는 곳을 얼마나 더 영광으로 채우시겠는가!

「하늘이 땅을 침노할 때」 13장에서

선의의 신자들이 종종 통제하여 불을 다스리려고 하면서
그렇게 하는 것이 하나님을 섬기는 것이라고 생각한다.

Day 105
예수님 닮기 (2)

이 뜻을 따라 예수 그리스도의 몸을 단번에 드리심으로 말미암아 우리가 거룩함을 얻었노라

:: 히브리서 10장 10절

예수님께서 영화되신 상태에서 계시하신 것에는 최소한 네 가지의 뚜렷한 특징이 있다. 그것은 앞으로 일어날 교회의 변화에 직접적인 영향을 미친다. 세 가지를 이어서 살펴보겠다.

2. **능력** **우리가 주님과 같다는 것은** 계속해서 능력을 나타내는 것을 포함한다. 성령 침례는 우리를 하늘의 것으로 옷 입힌다. 옷이 몸 외부에 있듯이, 능력도 믿는 교회에게서 시각적으로 가장 뚜렷이 보이는 부분이다. 교회에 능력의 공백이 생기면 사교와 거짓 예언의 은사들이 넘쳐나는 것을 허용하게 된다. 그러나 인간의 추론을 상징하는 갈멜 산에서 하늘의 능력으로 옷입은 엘리야 세대가 그런 모조품을 대적하게 되면 경쟁이 되지 않는다.

3. **승리** 예수님께서 지옥, 무덤, 죄, 마귀의 세력을 다 정복하셨다. 그리스도의 승리에 근거해 사는 사람들은 과거의 영향 밑에 있는 사람들과는 다른 태도로 살아간다. 우리가 합법적으로 접근할 수 있는 과거의 부분은 유일하게 **주님에 대한 간증**이다. 나머지는 죽어,

장사되었고, 잊혀졌으며, 보혈로 덮였다. 그리스도의 승리에 근거해 사는 것은 모든 신자의 특권이다. 예수님께서 승리하심을 깨닫는 것이야말로, 승리하는 교회가 되는 기반이다.

4. **거룩** 예수님께서는 완전하게 거룩하시다. 즉 모든 악과 분리되시며 온전히 선하시다. 교회 안의 거룩함은 하나님의 아름다움을 드러낸다. 거룩함에 대한 우리의 이해는 종종 우리의 행동, 우리가 무엇을 할 수 있고 할 수 없는지에 중점을 둔다. 거룩함은 곧 세상이 보게 될 가장 큰 계시가 될 것이다. 능력이 하나님의 마음을 보여주는 반면에, 거룩함은 하나님의 본질의 아름다움을 계시한다. 그것은 거룩함의 아름다움이 드러나는 위대한 순간일 것이다.

「하늘이 땅을 침노할 때」 13장에서

> 교회 안의 거룩함은
> 하나님의 아름다움을 드러낸다.

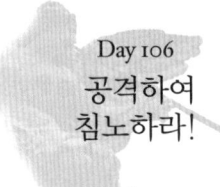

Day 106
공격하여 침노하라!

이러므로 우리에게 구름 같이 둘러싼 허다한 증인들이 있으니 모든 무거운 것과 얽매이기 쉬운 죄를 벗어 버리고 인내로써 우리 앞에 당한 경주를 하며

:: 히브리서 12장 1절

너무나 오랫동안 교회는 영혼들을 두고 벌이는 전쟁에서 방어에 주력해왔다. 우리는 어떤 사교(邪敎) 집단이나 정당이 무슨 계획을 세우고 있는지 듣고 난 후에야, 적들의 계획에 대항할 전략을 세우기에 바빴다. 대책위원회가 형성되고, 이사회가 의논하고, 목회자가 마귀가 하고 있거나 하려는 일에 대항하는 설교를 한다. 그러나 나는 마귀가 무엇을 계획하는지에 신경 쓰지 않는다. 대명령을 따르려면 내가 공세를 취해야 하기 때문이다.

미식축구 팀이 경기장에서 허들을 짜고 있다고 생각해보라. 감독이 플레이를 명령하면, 쿼터백이 공격 팀원들과 신호를 주고받는다. 사이드라인에는 상대 공격수들이 있다. 상대 팀의 쿼터백이 그의 공격진과 함께 경계선 밖에 줄서 있지만, 그들은 공을 가지고 있지 않고, 경기장 내에 있지도 않다. 그런데 공격을 하고 있는 팀이 상대 팀 공격수들의 위협하는 행동에 정신이 팔린다고 상상해보라. 상대 팀의 기괴한 행동에 정신이 팔린 쿼터백이 경기장에서 달려 나가 감독에게 상대 팀이 놀라게 하므로 방어해야 한다고 말한다면 어떨까?

그런데 바로 지금 많은 교회의 상태가 그렇다. 사탄은 자신의 계획을 노출시켜서 우리를 방어에 몰두하게 한다. 마귀가 으르렁거리면, 우리는 마치 물린 것처럼 행동한다. 그런 어리석음을 멈추자. 그리고 **마귀 때문에 세상이 어떻게 잘못되었는지** 끝없이 논함으로써 마귀를 찬양하기를 멈추자. 공은 우리에게 있다. 지난 시대의 수많은 믿음의 선배들이 지금 종료를 앞두고 벌어지고 있는 우리의 **연장전** 공격을 열광하며 지켜보고 있다. 이 세대가 더 많은 잠재력을 가진 것은 우리가 훌륭해서가 전혀 아니다. 그것은 우리를 역사의 이 시점에 두신 주님의 계획 때문이다. 우리는 마귀에게 최대의 악몽이 될 것이다.

『하늘이 땅을 침노할 때』 14장에서

지난 시대의 수많은 믿음의 선배들이
지금 종료를 앞두고 벌어지고 있는
우리의 연장전 공격을 열광하며 지켜보고 있다.

Day 107
영적 전쟁을 승리하는 성경의 비결 (1)

야하시엘이 이르되 온 유다와 예루살렘 주민과 여호사밧 왕이여 들을지어다 여호와께서 이같이 너희에게 말씀하시기를 너희는 이 큰 무리로 말미암아 두려워하거나 놀라지 말라 이 전쟁은 너희에게 속한 것이 아니요 하나님께 속한 것이니라
:: 역대하 20장 15절

영적 전쟁은 피할 수 없다. 이 주제를 의도적으로 무시한다고 해서 영적 전쟁이 없어지지 않는다. 그러므로 우리는 영적 권위를 가지고 전투에 임하는 법을 배워야 한다! 다음 원리들은 흔히 간과되는 통찰들이다.

1. "바로가 백성을 보낸 후에 블레셋 사람의 땅의 길은 가까울지라도 하나님이 그들을 그 길로 인도하지 아니하셨으니 이는 하나님이 말씀하시기를 이 백성이 전쟁을 하게 되면 마음을 돌이켜 애굽으로 돌아갈까 하셨음이라"(출 13:17). 하나님께서는 우리가 현재의 상태에서 무엇을 감당할 수 있는가에 유념하신다. 하나님께서는 우리가 싸워 이길 준비가 되어 있는 전투 속으로만 우리를 이끄신다. 이 전쟁에서 가장 안전한 자리는 순종의 자리이다. 하나님의 뜻 한 가운데에 있으면, 우리는 이길 수 있도록 무장을 갖춘 상황들에만 직면한다. 그 중심 밖에 있으면 많은 그리스도인들이 넘어진다. 스스로 자초한 과도한 압력을 받기 때문이다.

2. "주께서 내 원수의 목전에서 내게 상을 차려 주시고"(시 23:5). 마귀가 어떤 기괴한 짓을 해도 하나님은 결코 위협받지 않으신다. 오히려 하나님께서는 바로 마귀의 목전에서 우리와 교제하고 싶어 하신다. 하나님과의 친밀함이 우리의 강점이다. 그 강점에서 어떤 것도 당신의 주의를 돌리지 못하게 하라. 왜냐하면 **영적 전쟁에 너무 치중하면** 하나님으로 말미암는 기쁨과 하나님과의 친밀함에서 벗어나기 때문이다.

3. "무슨 일에든지 대적하는 자들 때문에 두려워하지 아니하는 이 일을 듣고자 함이라 이것이 그들에게는 멸망의 증거요 너희에게는 구원의 증거니 이는 하나님께로부터 난 것이라"(빌 1:28). 우리가 두려워하기를 거절하면, 원수가 겁먹는다. 확신하는 마음은 마귀의 궁극적 멸망과 우리의 현재의 승리의 확실한 표징이다! 결코 두려워하지 말라. 하나님의 약속을 상기하며, 믿음의 사람들과 시간을 보내고, 주의 간증으로 서로 격려하라. 두려움이 사라질 때 까지 하나님을 찬양하라.

『하늘이 땅을 침노할 때』 14장에서

> 하나님께서는 우리가 싸워 이길 준비가 되어 있는
> 전투 속으로만 우리를 이끄신다.

Day 108
영적 전쟁을 승리하는 성경의 비결 (2)

기록한 판결대로 그들에게 시행할지로다 이런 영광은 그의 모든 성도에게 있도다 할렐루야

:: 시편 149편 9절

다음 원리들은 영적 전쟁의 영역에서 자주 간과되는 원리들이다.

4. "그런즉 너희는 하나님께 복종할지어다 마귀를 대적하라 그리하면 너희를 피하리라 (약 4:7)." 복종이 승리의 열쇠가 된다. 영적 전쟁에서 우리의 큰 싸움은 마귀에 대항하는 것이 아니다. 그것은 육신에 대항하는 것이다. 하나님께 굴복하는 것은 하늘의 자원을 우리가 사용할 수 있게 해서 지속적인 승리를 누리게 한다.

5. "음부의 권세가 이기지 못하리라(마 16:18)." 교회가 공격하고 있다. 그래서 악한 영의 통치와 힘의 자리인 음부의 권세가 교회를 이기지 못한다.

6. "여호와께서 자기의 백성을 크게 번성하게 하사 그의 대적들보다 강하게 하셨으며 또 그 대적들의 마음이 변하게 하여 그의 백성을 미워하게 하시며 그의 종들에게 교활하게 행하게 하셨도다"(시 105:24-25). 하나님께서 우리를 강하게 하신다. 그러고 나서 마귀가 우리를 더욱 미워하게 하신다. 왜 그런가? 하나님의 형상으로 만들어진 자들에게 마귀가 패배당하는 것을 보기 원하시기 때문이다.

7. "셀라의 주민들은 노래하며…여호와께서 용사 같이 나가시며 전사 같이 분발하여 외쳐 크게 부르시며 그 대적을 크게 치시리로다"(사 42:11, 13). 찬양은 하나님을 존귀하게 한다. 그러나 찬양은 또한 우리를 강건하게 하고 지옥의 세력을 멸한다! 내가 하나님을 찬양할 수 있고 하나님을 용사라 부르는 것은 놀라운 일이다. 하나님께서 나 대신 지옥의 세력을 멸하시고, 그 승리에 대한 점수는 내게 주신다. 우리는 전쟁 중에 태어났다. 휴전이나 휴가는 없다. 가장 안전한 자리는 하나님의 뜻 한가운데이다. 그곳은 깊은 친밀함의 자리이다. 우리가 그 안에 거할 때 하나님께서 우리로 하여금 준비와 무장을 갖추게 하셔서 이기는 전투만 치르도록 인도하신다.

「하늘이 땅을 침노할 때」 14장에서

> 우리는 전쟁 중에 태어났다.
> 휴전이나 휴가는 없다.

Day 109
부흥을 놓치는 이유

예수께서 이르시되 너희는 표적과 기사를 보지 못하면 도무지 믿지 아니하리라

:: 요한복음 4장 48절

부흥은 하나님 나라의 메시지의 중심이 된다. 왜냐하면 부흥이 일어날 때 우리는 하나님의 다스림이 어떤 모습이고 사회에 어떤 영향을 미치는지 더 분명히 보기 때문이다. 최고의 상태의 부흥은 "하나님 나라가 임한 것(마 6:10)"이다.

메시야께서 오시기 전에, 종교 지도자들은 메시야께서 오시도록 기도하고 그것에 대해 가르쳤다. 그래서 사회 전반에까지 일어날 놀라운 일에 대해 모든 이가 기대하였다. 그리고 나서 예수님께서 베들레헴의 구유에서 탄생하셨다.

동방의 점성가들이 그가 누구이신지 알고 멀리서부터 와서 그에게 예배하고 선물을 바쳤다. 마귀도 알고서 헤롯을 격동시켜서 그 지역의 모든 사내아기를 죽여 예수님의 인류 구속 계획을 저지하려 했다. 그것이 실패하자, 마귀는 예수님을 광야에서 유혹하여 죄를 짓게 하려 했다. 더욱 놀라운 것은 하나님께서 임하신 것을 귀신 들린 자가 알아챘다는 것이다. "가다라 지방에 가시매 귀신 들린 자 둘이 무덤 사이에서 나와 예수를 만나니 그들은 몹시 사나워 아무도 그 길로 지나갈 수 없을 지경이더라(마 8:28-34 참조)." 그가 예수님을 보고서 엎드려 경배하였고 곧 평생 겪던 고통에서 해방되었다. 그러나 메시야가 오시길 기도했던 종교 지도자들은 막상 그가 오시자 알아보지 못했다.

바울과 실라가 소아시아 전역에 두루 복음을 전파할 때 종교 지도자들은 그들이 마귀로 말미암아 그렇게 한다고 말했다. 그러나 귀신 들려 점치던 소녀는 그들이 하나님으로 말미암았다고 말했다. 어떻게 영적으로 눈멀었다고 생각되는 자들이 알아본 반면에, 통찰력을 가졌다고 알려진 사람들은 하나님께서 하고 계신 일을 알아보지 못했는가?

하나님께서 임하시기를 기도했지만 막상 그것이 이뤄졌을 때 못 알아본 사람들이 역사에 가득하다. 그 중의 어떤 사람들은 하나님과의 관계가 견고했음에도, 그렇게 되었다.

『하늘이 땅을 침노할 때』 15장에서

**하나님께서 임하시기를 기도했지만
막상 그것이 이뤄졌을 때
못 알아본 사람들이 역사에 가득하다.**

Day 110
보지 못하는 것에 여러 종류가 있다

그러나 그들의 마음이 완고하여 오늘까지도 구약을 읽을 때에 그 수건이 벗겨지지 아니하고 있으니 그 수건은 그리스도 안에서 없어질 것이라

:: 고린도후서 3:14절

많은 신자들이 보지 못하고 있는데, 그것은 오히려 세상 사람들에게는 없는 것이다. 세상 사람들은 무엇이 필요한지 안다. 그러나 일단 거듭나고 나면 점차 그들의 필요를 깨닫지 못해 간다. 하나님을 간절히 찾는 사람은 어떤 것이 하나님으로부터 온 것인지 아닌지 어떻게든 알아볼 수 있게 된다. 예수님께서 그런 현상에 대해 "내가 심판하러 이 세상에 왔으니 보지 못하는 자들은 보게 하고 보는 자들은 맹인이 되게 하려 함이라"(요 9:39)라고 말씀하셨다.

역사의 증언과 성경의 기록이 우리에게 그런 오류에 대해 경고하고 있다. "그런즉 선 줄로 생각하는 자는 넘어질까 조심하라"(고전 10:12).

바울은 **마음이 둔하여** 보지 못 한다고 말한다(고전 10:12). 둔한 칼은 많이 사용된 칼이다. 여기에 함축된 의미는 둔한 마음은 과거에 하나님을 알았지만, 하나님께서 현재 하고 계신 일에 뒤쳐져 있다는 것이다. 우리가 예수님이 필요함을 인식하고 뜨겁게 예수님을 찾을 때 우리는 **날카로운 칼날**을 유지할 수 있다. 그러한 **처음 사랑**이 지상의 하나님의 역사의 중심에 있도록 우리를 안전하게 지켜준다.

에베소의 교회가 하나님의 편지를 받았다. 거기서 예수님께서 그들이 처음 사랑을 버렸다는 사실을 지적하셨다. 처음 사랑은 그 본질상 열정적이어서 삶 속의 다른 모든 사안들을 압도한다. 만일 그들이 그 문제를 해결하지 않는다면, 하나님께서 "촛대"를 옮기겠다고 하셨다. 그 촛대가 무엇인지에 대해 신학자들 간에 의견이 분분하지만, 한 가지 확실한 것이 있다. 촛대는 우리가 볼 수 있게 한다. 촛대가 없으면 에베소 교회는 인지 능력을 상실할 것이다. 위에 언급된 눈멀고 둔한 상태로는 하나님께서 우리를 위해 이 땅 위에 있는 동안 의도하신 것을 온전히 이룰 수 없다. 우리의 열정이 사라지면, 우리를 깨우쳐주는 촛대가 결국 옮겨질 것이다.

「하늘이 땅을 침노할 때」 15장에서

> 우리가 예수님이 필요함을 인식하고
> 뜨겁게 예수님을 찾을 때
> 우리는 **날카로운 칼날**을 유지할 수 있다.

Day III
현재에
발맞춰가기

심령이 가난한 자는 복이 있나니 천국이 그들의 것임이요
∷ 마태복음 5장 3절

현재 하나님의 역사를 거절하는 사람들은 가장 최근의 하나님의 역사를 경험했던 사람들인 경우가 일반적이다. 물론 하나님에 대한 갈급함이 평생 커져만 가는 사람들도 있다. 그러나 많은 사람들은 **이미 이르렀다고** 생각하는 태도를 갖는다. 그들이 완전하지는 않더라도 하나님께서 의도하신 지점에 이르렀다고 생각하는 것이다. 그들은 하나님의 역사를 경험하기 위해 이미 값을 치렀다고 생각한다.

그들은 의문을 갖는다. "왜 하나님께서 우리에게 먼저 보여주시지 않고 새로운 것을 하시겠는가?" 그러나 하나님은 새 일을 행하시는 하나님이시다. 하나님에 대한 갈급함을 가지려면 하나님의 **새 일**로 일어나는 변화를 받아들여야 한다. 하나님에 대한 열정을 가지면 다른 사람들이 거부하더라도 하나님의 손을 인식할 수 있도록 새로워지고 구비된다. 그리고 우리를 넘어지지 않게 하시는 하나님의 능력에 대한 믿음이 속을까봐 두려워하는 마음을 삼켜버린다(유 24).

하나님께서 역사하실 때 세상이 먼저 주목하도록 하셨다. 이것은 하나님의 지혜로운 섭리이시다. 그래서 나는 먼저 귀신들린 자, 마약 중독자, 출소자, 창녀에게서 이야기를 들으려고 한다. 하나님께서 부흥의 능력으로 역사하시면, 그 사람들은 비판자들과 달리 하나님이 절실히 필요한 자의 심령으로서 그것을 바라본다. 그래서 우리는 그런 사람들의 간증을 많이 듣게 된다. 그들이 변화되어 "오직 하나님께서만 제 삶을 이렇게 변화시킬 수 있어요. 이건 하나님의 역사예요!"라고 말한다.

도움이 절실히 필요한 사람은 하나님께서 새로운 일을 행하고 계신다는 것을 알아챈다. 꼭 마약 중독자나 창녀라야 **그렇게 간절한** 것은 아니다. 모든 그리스도인은 하나님에 대해 간절한 마음을 늘 지켜야 한다. 심령이 가난한 상태를 유지하고 **예수님에 대한 처음 사랑**을 지키는 것이 하나님의 역사의 중심에 닻을 내리게 하는 열쇠이다.

『하늘이 땅을 침노할 때』 15장에서

> 하나님께서 역사하실 때 세상이 먼저 주목하도록 하셨다.
> 이것은 하나님의 지혜로운 섭리이시다.

Day 112
비방 견디기

의를 아는 자들아, 마음에 내 율법이 있는 백성들아, 너희는 내게 듣고 그들의 비방을 두려워하지 말라 그들의 비방에 놀라지 말라

:: 이사야 51장 7절

마리아는 사람이 들을 수 있는 가장 충격적인 말을 들었다. 자신이 그리스도를 낳는다는 것이었다. 그녀는 하나님께 선택되어 "은혜를 받은 자여"라는 말을 들었다.

그 은혜는 천사의 방문으로 시작되었다. 그 경험은 상당히 무서웠다! 그리고 나서 그녀는 이해할 수 없고 설명할 수 없는 소식을 들었다. 또 처음의 충격에 이어서 남편이 될 요셉에게 그 사실을 말해야 했다. 그의 반응은 "가만히 끊고자(마 1:19)" 한 것이었다. 다시 말해서, 그는 그것이 하나님의 역사라고 믿지 않았고, 결혼계획을 실행하고 싶지 않았다. 하나님께서 그렇게 역사하셨다는 성경 구절이 어디 있는가? 그런 일은 전에 없었다. 처녀가 아이를 낳은 성경의 전례는 없었다.

요셉과의 그런 갈등 외에도, 마리아는 사생아를 낳았다는 상흔을 평생 지고 살아야 했다. 하늘로부터의 은혜가 우리에게 항상 기분 좋게 역사하지는 않는다.

부흥을 경험하는 사람들은 마리아처럼 이성을 초월하는 영적 만남을 갖는다. 하나님께서 무엇을 왜 하고 계시는지 우리가 이해하는 경우는 드물다. 때로는 절친한 친구가 우리를 **멀리하며** 우리에게 일어나는 일을 마귀의 역사라고 말하기도 한다. 그리고 그리스도의 몸 안의 다른 사람들조차 우리를 **이상하게** 본다. 우리 형제자매로부터의 비방을 감수하는 것이 성령의 역사를 위해 우리가 치러야하는 값의 일부이다.

"그러므로 예수도…성문 밖에서 고난을 받으셨느니라 그런즉 우리도 그의 치욕을 짊어지고 영문 밖으로 그에게 나아가자(히 13:12-13)." 부흥은 보통 우리를 영문 밖, 즉 종교적 공동체 밖으로 데려간다. 예수님은 때때로 거기, **영문 밖에** 계신다!

『하늘이 땅을 침노할 때』 15장에서

> 우리 형제자매로부터의 비방을 감수하는 것이
> 성령의 역사를 위해 우리가 치러야하는 값의 일부이다.

Day 113
천국이 지금 임하는 것, 혹은 천국이 여기 임하는 것

나라가 임하시오며 뜻이 하늘에서 이루어진 것 같이 땅에서도 이루어지이다

∷ 마태복음 6장 10절

부흥이 끝나게 하는 데 다른 어느 것보다 더 책임이 큰 것은 필시 성령을 소멸하는 것일 것이다. 하나님의 역사를 받아들인 사람들도 더 나아가지 않고 자신이 편안하게 느끼는 영역 안에만 머물려 하는 경우가 종종 있다. 그리고 나서 그들은 정착할 곳을 찾기 원한다. 그곳은 자신이 이해하고 통제할 수 있는 곳이다.

부흥이 종료되는 두 번째 큰 이유는 교회가 대명령이 더 크게 달성되는 것을 보기를 추구하는 대신에 주님의 다시 오심을 바라보기 시작하는 것이다. 천국을 **그런 식**으로 갈망하는 것은 성경에서 권장되지 않는다. 그것은 복된 소망을 현실도피로 탈바꿈시킨다. 바로 지금 예수님이 오시기를 바라는 것은 수억의 사람들에게 영원한 지옥을 선고하는 것이다. 우리가 천국을 갈망하지 말아야 한다는 말이 아니다. 바울은 그 갈망이 그리스도인에게 위로가 된다고 말했다. 그러나 만물의 마지막을 바라는 것은 그리스도 밖에 있는 모든 인류에게 심판을 선고하는 것이다. 모든 죄를 위해 값을 치르신 예수님께서 최후의 대추수 없이 돌아오고 싶어 하시겠는가? 나는 그렇게 생각하지 않는다.

천국이 지금 임하기를 바라는 것과 **천국이 여기** 임하기를 바라는 것은 다르다! 부흥으로 우리의 꿈이 **다 이뤄졌다고** 해서, 주님의 꿈도 다 이뤄진 것인가? 부흥은 우리가 상상하는 것을 초월하여 일어나야 한다. 거기에 미달하면 부족한 것이다.

많은 부흥사들이 놀라운 돌파구를 이룰 때 주님의 재림이 임박했다고 보았다. 그러나 그들은 교회가 은사를 받은 대로 행하도록 구비시키는 데 실패했다. 그 결과, 그들은 수많은 무리를 변화시키긴 했지만, 나라들과 세대들을 변화시키지는 못했다.

우리는 평생을 살 것처럼 계획하는 한편, 마지막 때를 살 듯이 사역하고 기도해야 한다.

『하늘이 땅을 침노할 때』 15장에서

우리는 평생을 살 것처럼 계획하는 한편,
마지막 때를 살 듯이 사역하고 기도해야 한다.

Day 114
아주 가까운 만남

하나님이 말씀하시기를 말세에 내가 내 영을 모든 육체에 부어 주리니

:: 사도행전 2장 17절

여정의 전환점마다 예수님께 놀라는 데 익숙했던 제자들은 또 한 번 특별한 상황 속에 있었다. 그들은 아버지의 약속하신 것을, 그것이 무엇인지 모르는 채 기다리고 있었다.

열흘이 지나갔고 오순절이 이르렀으며 그들은 지난 나흘 동안 그랬던 것처럼 계속 기도하고 있었다. 그리고 "홀연히… (행 2:2)". 120명이 있는 실내가 바람소리, 불, 익숙한 언어와 모르는 언어로 표현되는 환희의 찬양으로 가득했다(행 2:4-11).

영적 은사 사용에 대한 바울의 교훈을 어떻게 해석하든, 모두가 한 가지 동의할 수 있는 것은 그 모임이 성령의 온전한 인도 하에 있었다는 것이다. 유아 단계에 있던 교회는 하나님을 통제하려 하지 않았다. 그들은 이 역사를 성경이나 경험으로 걸러내지 않았다. 성령이 이끄신 그 예배의 요소들을 살펴보라.

1. 그들은 기도했고 연합되었다.
2. 그들은 모두 방언을 말했고 불신자들이 방언을 들었다.
3. 사람들이 구원받았다.

사도행전 2장의 사람들의 입장을 생각해보라. 그들은 방금 하나님의 임재를 만났지만, 무슨 일이 일어나고 있는지에 대한 설명을 아직 성경의 한 장이나 한 절에서도 본 적이 없다. 베드로는 성령의 영감으로 요엘서 2장을 선택해서 그 경험을 설명하였다. 요엘서 2장에서는 예언, 꿈, 환상을 포함하는 성령의 부어짐이 있을 것이라고 선언했다. 그 부어짐이 사도행전 2장에서 일어났지만, 요엘서에서 언급한 현상들은 없었다. 그 대신에, 바람소리, 불, 방언이 있었다. 성경은 요엘서의 그 구절을 사용하여 그 새로운 경험을 확증했다.

말씀이 하나님의 전부를 담고 있는 것은 아니지만, 하나님을 계시한다. 요엘서 2장은 사람 중에서 행하시는 하나님의 역사의 본질을 계시하였고, 사도행전 2장은 하나님께서 그 예언으로 의도하신 것이 무엇인지 보여주는 예였다.

「하늘이 땅을 침노할 때」 15장에서

> 말씀이 하나님의 전부를 담고 있는 것은 아니지만,
> 하나님을 계시한다.

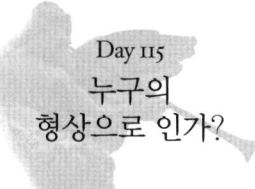

Day 115
누구의 형상으로 인가?

이르시되 진실로 너희에게 이르노니 너희가 돌이켜 어린 아이들과 같이 되지 아니하면 결단코 천국에 들어가지 못하리라

:: 마태복음 18장 3절

교회는 건강하지 못한 완벽함에 중독되어 있다. 즉 어질러지는 것을 조금도 용납하지 않는다. 그런데 그 기준은 성령의 은사의 사용을 제한하거나 거부함으로써만 성취될 수 있다. 배가가 일어나려면 어질러짐이 필요하다.

배가를 하나님께서 중시하시는가? 예수님께서 때가 되지 않아 열매 맺지 않은 무화과나무를 저주하셨다!(막 11:13-14 참조). 예수님의 다른 비유에서는 돈을 묻어두고 주인을 위해 배가시키지 않은 사람이 어두운 곳에 내쫓겼다(마 25:24-30 참조).

묘지와 유아원은 매우 다르다. 전자에는 완벽한 질서가 있지만, 후자에는 생명이 있다. 아이가 없는 사람이 유아원에 가서 어린이들의 모든 즐거운 활동을 보노라면 무질서하다고 말할 수 있다. 분명 그 사람의 거실에 비하면 그럴 것이다. 그러나 부모가 거기서 다른 어린이들과 놀고 있는 자신의 아이를 본다면, 그곳이 완벽하다고 생각할 것이다. 그것은 모두 관점의 문제이다. 질서는 생명을 촉진하는 것이 목적이다. 그 이상이 되면, 우리가 소중히 여기는 것들을 거스르는 것이 된다.

우리가 하나님을 다 파악한 것처럼 산다면 진짜 하나님이 누구신지 놓치고 있는 것이다. 우리는 하나님을 우리처럼 생각하는 습관이 있다. 만일 우리가 하나님을 이해한다고 생각한다면, 하나님을 우리의 형상대로 바꾸는 것이다. 우리의 상상력을 초월해 역사하시는 분과의 관계에는 신비의 여지를 남겨야 한다(엡 3:20 참조).

하나님을 알려고 하는 것은 모험을 시작하는 것이어서 우리는 질문이 점점 늘어날 것이다. 하나님으로 말미암아 우리에게 심겨진 부흥의 갈망으로 인해 하나님께서 임하실 때, 우리는 하나님을 인식할 수 있어야 한다. 그런 간절함이 없으면, 우리는 현재 상태에 만족해버리고 역사를 변화시키는 일에 있어서 스스로 최대의 적이 되고 만다.

우리가 실수하면서 손을 **더럽힐 것**까지 각오하지 않는 한 역사는 변화될 수 없다.

「하늘이 땅을 침노할 때」 15장에서

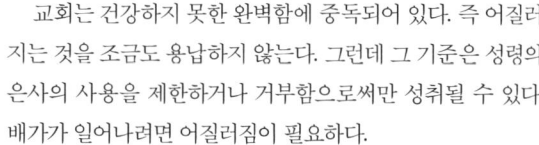

묘지와 유아원은 매우 다르다.

Day 116
사회 곳곳으로 침투하기

내가 하나님의 나라를 무엇으로 비교할까 마치 여자가 가루 서 말 속에 갖다 넣어 전부 부풀게 한 누룩과 같으니라
:: 누가복음 13장 20-21절

나는 유럽의 어느 국가에서 열린 작은 목회자 컨퍼런스에서 이 구절로 강의했었다. 나의 주제는 "하나님 나라의 침투하는 능력"이었다. 나는 우리 지역에서 그리스도의 뜻을 위해 사회제도 안에 침투하고자 우리 교회가 취한 실제적 전략에 대해 말했다.

우리 교회에는 회심 전에 범죄를 저질렀던 한 청년이 있었다. 판사와 검사 모두가 그 젊은이의 삶이 하나님에 의해 변화되었다는 것을 인정했다. 그러나 그들은 정의를 실현하기 원했기 때문에 그에게 6개월의 단기 복역을 선고했다. 우리는 그에게 안수하여 우리가 갈 수 없는 선교지인 교도소의 선교사로 파송했다. 그 침투의 결과로 약 110명의 재소자 중 60명이 넘는 사람이 1년 안에 그리스도를 고백했다.

나의 메시지 후, 몇 명의 리더들이 내게 제시한 개념을 가지고 토론했다. 그들은 나에게 오류가 있다고 지적했다. "누룩은 항상 죄를 말해요. 이 비유는 마지막 때에 교회가 죄로 가득하고 타협한다는 것을 보여주는 거예요." 그들은 그것이 약속이 아니라, 경고라고 보았다.

그 형제들이 그렇게 이해한 데는 두 가지 실수가 있다.
1. 그들은 교회를 하나님 나라와 혼동했다. 물론 교회가 **하나님의 통치** 안에서 살아야 하지만, 교회가 바로 하나님 나라는 아니다. 죄가 교회를 오염시키지만, 하나님 나라는 하나님께서 통치하시는 영역이다. 죄가 그 영역에 침투해 영향을 미칠 수 없다.
2. 마지막 때의 교회는 약하고 힘들어할 것이라는 그들의 편견이 부흥에 대한 하나님의 약속을 보기 어렵게 만든다. 소망을 품지 않고는 믿음을 갖는 것이 불가능하다. 성경 이해에 대한 그런 접근법이 교회를 절름발이로 만들었다.

『하늘이 땅을 침노할 때』 16장에서

교회가 하나님의 통치 안에서 살아야 하지만,
교회가 바로 하나님 나라는 아니다.

Day 117
이제 우리 차례이다

아비들아 내가 너희에게 쓰는 것은 너희가 태초부터 계신 이를 알았음이요 청년들아 내가 너희에게 쓰는 것은 너희가 악한 자를 이기었음이라 아이들아 내가 너희에게 쓴 것은 너희가 아버지를 알았음이요

:: 요한일서 2장 13-14절

    하나님께서 하나님의 교회를 통해 무엇을 하시려는지에 대한 계시 없이는 우리가 이기는 믿음으로 행할 수 없다. 우리 믿음의 주목표가 마귀로부터 우리 자신을 안전하게 지키는 것이라면, 우리의 믿음은 하나님께서 기대하시는 것에 미달한다. 예수님께서는 우리가 단지 생존하는 것 이상을 생각하셨다. 우리는 이기도록 되어 있다.

    영혼이 구원받는 것은 지옥을 약탈한다. 모든 기적은 마귀의 일을 멸한다. 하나님과의 만남은 우리의 절박한 상황 속으로 **전능자께서 침노하시는 것**이며, 그것은 우리의 기쁨이 된다.

    오순절의 그 원래의 불, 성령께서 내 영혼 안에 타오르고 계신다. 나는 하나님의 약속을 가졌다. 나는 예수님께서 지상 사역 중에 하신 일보다 더 큰 일을 하도록 되어 있는 사람들 중의 하나이다. 그런데 왜 마지막 때에 교회가 결정적인 영향을 미치는 것을 보기가 어려운가? 하나님께서 친히 신부가 흠도 없고 주름도 없어야 한다고 정하셨다. 하나님께서 "보라 어둠이 땅을 덮을 것이며 캄캄함이 만민을 가리려니와 오직 여호와께서 네 위에 임하실 것이며 그의 영광이 네 위에 나타나리니(사 60:2)"라고 선언하셨다. 하나님께서 우리를 하나님의 교회, 이기는 자라고 부르신다(계 12:11).

    누룩의 비유는 하나님 나라가 임하는 곳에 미치는 미묘하고도 엄청난 영향을 설명해준다. 이 시대에는, 하나님께서 우리를 가장 어두운 상황에 두기로 계획하셨다. 그래서 하나님의 다스림을 나타내시려는 것이다.

    보석상은 종종 다이아몬드를 검은 색 벨벳 위에 두어서 다이아몬드의 찬란함이 배경으로 인해 더욱 돋보이게 한다. 교회도 그렇다. 세상의 어두운 상태는 하나님께서 영광스러운 교회를 드러내시는 배경이 된다! "죄가 더한 곳에 은혜가 더욱 넘쳤나니(롬 5:20)."

『하늘이 땅을 침노할 때』 16장에서

> 하나님께서 하나님의 교회를 통해
> 무엇을 하시려는지에 대한 계시 없이는
> 우리가 이기는 믿음으로 행할 수 없다.

Day 118
누룩과 같았던 다니엘

왕이 그들에게 모든 일을 묻는 중에 그 지혜와 총명이 온 나라 박수와 술객보다 십 배나 나은 줄을 아니라
:: 다니엘 1장 20절

다니엘은 느부갓네살의 궁정에서 견습생으로 시작했지만, 후에는 그 이방 왕들의 고문 역으로 승진했다. 그는 다른 모든 사람들보다 지혜가 출중해져서 왕의 고문이 되었다. 다니엘의 업무와 능력의 탁월함 때문에 왕은 그가 다른 사람들보다 열 배나 낫다고 여겨졌다(단 1:20 참조).

더 정확히 이해하려면, 다니엘이 지금 소속해 있는 왕국은 지상에서 통치했던 왕국들 중에서도 악한 영의 영향을 가장 많이 받던 왕국 중 하나라는 것을 기억해야 한다. 다니엘은 그 제도 안에 깊이 들어가 있었다. 다니엘은 마법사, 점성가, 점술사의 하나로 여겨졌다. 하나님께서는 다니엘을 하나님의 사람으로 여기셨지만, 왕에게는 최소한 한동안이라도 그저 하나의 영매에 불과하게 여겨졌다. 흠 없는 선지자인 다니엘이 그런 부류에 속하는 것으로 여겨지다니 얼마나 이상한가. 그가 자신을 더럽히지 않으려 했던 것은 전설적이며, 후세대의 선지자들이 따라야할 높은 기준을 제시해준다.

바벨론은 현란한 사회였다. 그래서 히브리인들에게는 하나님께 대한 헌신과 세상에 대한 불건전한 사랑 사이에서 늘 긴장하게 하고 정신을 혼란하게 하는 소재들이 넘쳐났다. 강력한 우상 숭배와 악한 영의 횡행이 결부되어 평범한 신앙인의 믿음을 손상시킬 치명타가 될 수 있었다. 그러나 다니엘은 하나님께 절대적으로 헌신했고 자신의 목적에 대해 결코 타협하지 않았다. 그는 탁월한 **누룩**이었다. 운명을 탓할 이유가 충분한 사람을 찾는다면, 바로 다니엘이었다. 그는 가족에게서 억지로 떨어졌고, 내시가 되었고, 주술사들 중에서 봉직해야 했다. 하나님으로부터 위대한 자로 인정받는 것은, 종종 세상에서는 불의와 위해를 감내하게 된다. 그러나 다니엘은 그 장애물을 뛰어넘었다. 그것은 다니엘이 위대해서가 아니었다. 다니엘이 위대하신 분께 헌신했기 때문에 승리했다! 『하늘이 땅을 침노할 때』 16장에서

> 하나님으로부터 위대한 자로 인정받는 것은,
> 종종 세상에서는 불의와 위해를 감내하게 된다.

Day 119
거룩함의 능력

너희 중에는 그렇지 않아야 하나니 너희 중에 누구든지 크고
자 하는 자는 너희를 섬기는 자가 되고

∷ 마태복음 20장 26절

다니엘은 거룩함의 능력을 일찍이 발견했다. 다니엘은 왕의 진미를 먹지 않으려 했다. 하나님께 구별됨은 어떤 관계나 집단 속에 있는가가 아니라, 개인의 삶에 나타난다. 다니엘은 주변 환경을 통제할 수 없었지만 성령의 능력을 덧입은 삶은 어두운 세상 속에서 누룩의 효과를 나타낸다.

왕의 모든 박사들은 최대의 도전을 맞이하게 되었다. 왕이 꾼 꿈을 해석할 뿐 아니라, 그 꿈이 무엇이었는지도 말하라고 했기 때문이었다! 박사들이 그렇게 하지 못하자, 왕은 모든 박사들을 죽이라고 명령했다. 그 과정에서, 다니엘과 친구들까지 죽이려 했다. 이 때에 다니엘은 왕을 만날 수 있기를 청했다. 다니엘은 하나님께서 말씀을 주실 수 있다고 믿었다. 다니엘은 왕에게 꿈과 해석을 말하기 전에 하나님의 나라의 한 덕목인 겸손에 대해 가르쳤다. "내게 이 은밀한 것을 나타내심은 내 지혜가 모든 사람보다 낫기 때문이 아니라 오직 그 해석을 왕에게 알려서 왕이 마음으로 생각하던 것을 왕에게 알려 주려 하심이니이다(단 2:30)."

"다시 말해서, 내가 위대하거나 재능이 있어서가 아닙니다. 하나님께서는 우리가 살기를 바라시기 때문에 왕에게 이 메시지를 주고 싶어 하십니다." 그렇게 말하고 나서 다니엘은 종으로서 그 꿈을 해석했다.

오늘날 하나님 나라의 신학은 통치에 초점을 맞추고 있어서, 신자들이 기업이나 정부의 머리가 되어야 한다는 데 초점을 맞추고 있다. 그것도 어느 정도는 옳은 것이다. 그러나 우리의 강점은 항상 섬김이었고 앞으로도 그럴 것이다. 만일 우리가 섬기다가 다스리는 위치로 높아지면, **우리를 거기까지 이르게 한 섬김이 우리를 계속해서 유용한 사람으로 만들어준다**는 것을 기억해야 한다. 하나님 나라에서 가장 큰 자는 모두의 종이다. 모든 직위를 더 큰 능력으로 섬기는 기회로 삼으라.

『하늘이 땅을 침노할 때』 16장에서

성령의 능력을 덧입은 삶은
어두운 세상 속에서 누룩의 효과를 나타낸다.

Day 120
높아지면 도전이 따른다

나로 말미암아 너희를 욕하고 박해하고 거짓으로 너희를 거슬러 모든 악한 말을 할 때에는 너희에게 복이 있나니 기뻐하고 즐거워하라 하늘에서 너희의 상이 큼이라 너희 전에 있던 선지자들도 이같이 박해하였느니라

:: 마태복음 5장 11-12절

왕으로 인한 위기가 발생하기 전에 다니엘이 해몽의 은사를 사용했다는 언급은 없다. 나의 한 전도자 친구도 그가 젊을 때 비슷한 일을 겪었다. 그는 한 교회에서 말씀을 전하도록 초청을 받았다. 그가 비행기에서 내리자 그를 마중 나온 목사님은 놀란 표정으로 "당신은 모리스 세률로가 아니잖아요!"라고 말했다. 그 목사님은 표적과 기사가 그의 교회에 회복되기를 바라는 간절한 마음이 있어서 모리스 세률로를 초청하려고 했다가 착오가 생겼던 것이었다. 깜짝 놀란 그 목사님은 내 친구에게 표적과 기사의 사역을 해보았냐고 물었다.

그는 대답했다. "아니에요."

그 목사님은 시계를 보며 "네 시간 남았으니까 그 동안 한 번 해보세요"라고 말했다. 절박해진 젊은 전도자는 하나님께 부르짖었고, 하나님께서 그의 부르짖음을 받아주셨다. 그 날 밤은 지금까지 그의 평생의 특징이 되어온 표적과 기사가 시작되는 밤이었다. 하나님께서 이 상황들을 조정하셔서 다니엘과 그 젊은 전도자 모두가 영적 은사를 간절히 추구하게 하셨다.

사회 제도 깊숙이 들어가려면, 영적 은사를 우리의 세상 속에 구현하고자 하는 자발적인 마음을 가져야 한다. 실상, 그런 은사들은 교회 집회의 한계 안에서보다 세상 속에서 더 많이 역사한다. 우리가 교회 안에서만 은사를 사용하면, 예리함을 잃는다. 하나님의 통치로 세상 제도에 침노하면 우리는 예리함을 잃지 않고 세상은 구원받는다.

높아진다고 해서 도전이 따르지 않는 것이 아니다. 당신이 영향력 있는 지위에 있게 되었다고 생각할 바로 그때, 당신의 삶을 완전히 흔들 수 있는 어떤 일이 일어날 것이다. 느부갓네살은 30미터 높이의 금신상에게 절하라고 모든 사람에게 명령했다. 그러나 히브리 자손은 하지 않으려 했다. 굴종과 순종은 다르다. 때로 우리는 리더들의 명령을 거슬러야 한다. 그러나 그럴 때라도 순종적인 마음을 가져야 한다.

「하늘이 땅을 침노할 때」 16장에서

사회 제도 깊숙이 들어가려면
영적 은사를 우리의 세상 속에 구현하고자 하는
자발적인 마음을 가져야 한다.

Day 121
세상 제도 속으로의 침노

땅의 모든 사람들을 없는 것 같이 여기시며 하늘의 군대에게든지 땅의 사람에게든지 그는 자기 뜻대로 행하시나니 그의 손을 금하든지 혹시 이르기를 네가 무엇을 하느냐고 할 자가 아무도 없도다

:: 다니엘 4장 35절

다니엘의 삶에서 얻을 교훈이 또 있다. 다니엘서 4장에서 다니엘이 누룩이 되는 것을 볼 수 있다. 다니엘은 또 다른 꿈에 대한 해석을 받았다. 그것은 느부갓네살에 대한 하나님의 심판이었다. 그는 악한 영의 영향을 받는 왕국의 리더이며, 우상숭배를 요구했던 사람이라는 것을 기억하라! 인격이 부족한 사람이라면 하나님께서 그를 심판하신다는 사실에 좋아했을 것이다. 그러나 다니엘은 그렇지 않았다. 그의 왕에 대한 다니엘의 대답은 "내 주여 그 꿈은 왕을 미워하는 자에게 응하며 그 해석은 왕의 대적에게 응하기를 원하나이다(단 4:19)"라는 것이었다.

얼마나 충성스러운가! 다니엘의 헌신은 왕의 인격에 근거하지 않았다. 다니엘에게 그 직분을 맡기신 하나님의 성품에 근거했다. 하나님께서 그렇게 심판하신다면, 어떤 사람들은 "내가 그럴 줄 알았어"라는 반응을 보였을 것이다. 세상은 우리가 "나는 너희보다 거룩해"라는 태도를 갖는 것을 이미 보았고, 세상은 그것에 별 감명을 받지 않는다. 그러나 다니엘과 같은 반응에는 세상이 주목한다. 그것은 하나님 나라의 순결과 능력을 보여주는 태도였고, 혁명적이었다.

다니엘서 4장은 역사상 최대의 회심이라고 할 수 있는 느부갓네살의 회심을 보여준다. 그는 생존했던 가장 어두운 통치자였다. 그런 그가 한 말로 마지막으로 기록된 것은 "지금 나 느부갓네살은 하늘의 왕을 찬양하며 칭송하며 경배하노니 그의 일이 다 진실하고 그의 행하심이 의로우시므로 교만하게 행하는 자를 그가 능히 낮추심이라(단 4:37)"였다. 그는 하나님 나라의 누룩 같은 능력 때문에 구원을 받아 지옥으로 떨어지지 않을 수 있었다.

전 세계를 휩쓰는 거대한 부흥의 잠재력이 실현되려면, 부흥이 교회 건물 밖으로 나가 세상 속으로 들어가야 한다(막 6:56 참조). 섬김을 통해 조용히, 강력하게, 결정적으로 침노하여, 불가능을 가진 사람을 만나면, 천국의 실체에 접할 수 있다는 것을 그 사람에게 알려라! 너희 빈 평안이 거기 임하게 하라(마 10:13 참조). 『하늘이 땅을 침노할 때』 16장에서

전 세계를 휩쓰는 거대한 부흥의 잠재력이 실현되려면 부흥이 교회 건물 밖으로 나가 세상 속으로 들어가야 한다.

Day 122
누룩과 같았던 요셉

간수장은 그의 손에 맡긴 것을 무엇이든지 살펴보지 아니하였으니 이는 여호와께서 요셉과 함께 하심이라 여호와께서 그를 범사에 형통하게 하셨더라

:: 창세기 39장 23절

하나님께서 요셉의 삶의 목적에 대해 꿈을 통해 말씀하셨다. 요셉이 어디 가든 하나님께서 형통하게 하셨다. 왜냐하면 요셉은 약속을 받은 사람이었기 때문이다. 요셉은 종들 중에서도 중요한 위치에서 보디발의 집에서 은총을 받았다. 보디발의 아내가 유혹했을 때, 요셉은 거부했다. 그러자 그녀가 거짓말로 요셉을 감옥에 넣었지만, 거기서 그는 또 형통하기 시작했다. 상황은 악화일로로 치달았지만, 하나님께서는 하나님의 사람 안에 누룩의 특성을 확립해가고 계셨다.

얼마 후, 바로는 두 가지 심난한 꿈을 꿨다. 요셉은 꿈들을 해석하고서 지혜의 은사를 활용하여 다음에 어떻게 해야 할지 왕에게 조언했다. 왕은 이집트 제국 전체에서 2인자의 지위를 요셉에게 주는 영예를 베풀었다.

요셉은 우리에게 용서의 예를 보여준다. 요셉의 형제들은 (자기들도 모르는 새에) 기근으로 인해 요셉에게 왔다. 마침내 요셉이 자신이 누구이며, 자신의 꿈이 분명히 이뤄졌음을 드러내면서 "당신들이 나를 이곳에 팔았다고 해서 근심하지 마소서 한탄하지 마소서 하나님이 생명을 구원하시려고 나를 당신들보다 먼저 보내셨나이다(창 45:5)"라고 말했다.

사회 제도 속에 침투하려면 순결과 능력 모두가 필요하다. **바벨론 제도** 속에서 누룩으로서 효과를 발휘하려면, 이 주제들에 대한 우리의 이해를 재고해야 한다. 하나님의 백성은 다른 사람들이 성공하는 것을 보려는 마음을 가져야 한다. 어떤 사람이 구원받기 전이라도 충성과 용서를 표현하는 것은 그 사람의 마음을 감동시키는 열쇠가 될 수 있다.

개인의 인격은 모든 삶과 사역의 근간이며, 우리의 신뢰도가 그 한 가지에 기반을 둔다. 우리가 측량할 수 없이 큰 은사를 받을 수 있겠지만 신뢰받지 못한다면, 세상은 우리의 메시지에 등을 돌릴 것이다. 온전함은 거룩함이며, 거룩함은 하나님의 본질이다. 성령께 순복하는 것이 인격의 문제의 핵심에 있다.

「하늘이 땅을 침노할 때」 16장에서

> 사회 제도 속에 침투하려면
> 순결과 능력 모두가 필요하다.

Day 123
삶의 현장 속으로 뛰어들라!

> 아무 데나 예수께서 들어가시는 지방이나 도시나 마을에서 병자를 시장에 두고 예수께 그의 옷 가에라도 손을 대게 하시기를 간구하니 손을 대는 자는 다 성함을 얻으니라
> :: 마가복음 6장 56절

삶의 현장 속에서 역사하지 않는 복음은 소용이 없다. 예수님께서는 사회의 각계각층에 들어가셨다. 예수님께서는 사람들이 모여 있는 곳에 가셨다. 사람들이 예수님의 초점이 었고, 예수님은 사람들의 초점이 되셨다.

성령의 은사를 사용해서 동료들과 고객의 필요를 파악하는 직장인도 있다. 한 젊은 풋볼 선수는 고등학교 풋볼 팀의 동료인 스타 러닝백 선수가 심각한 다리 부상으로 경기에서 실려 나온 후에 그 동료에게 안수했다. 그 러닝백 선수는 치료된 후, 경기장으로 돌아가며 하나님께서 그를 치료하신 것을 시인했다!

여러 팀의 사람들이 따뜻한 식사를 우리 지역에 있는 호텔로 가져와서 궁핍한 자들을 도우려 했다. 호텔 소유주는 어느 기간 동안 한 방을 우리에게 내줘서 우리가 많은 병자들을 위해 기도해줄 수 있게 했다.

어떤 사람들은 바에 쳐들어가서 사역이 필요한 사람들을 찾는다. 그런 환경 속에서도 성령의 은사가 강력하게 흘러넘친다.

극빈 지역 가정의 마당의 풀을 깎아주고 정리해주기도 하고, 다른 사람들은 그 동안 집안을 청소해준다. 어떤 사람들은 가가호호 방문하며 기도해줄 병자가 있는지 찾는다. 기적은 일상이다.

예수님께서는 사회 하층민을 돌보실 뿐 아니라, 상류층도 사랑하신다. 자녀가 있는 사람들은 어린이 야구 팀 코치가 되기도 한다. 어떤 사람들은 학교 방과 후 프로그램을 인도한다. 다른 사람들은 지역 병원에서 자원봉사를 하거나 경찰서나 고등학교의 담임 목사가 되기 위한 훈련을 받는다. 또 사람들은 아픈 이웃에게 문병을 가서 하나님께서 불가능한 일을 행하시는 것을 목격하게 되기도 한다.

당신의 삶의 현장은 어디인가? 기름부음 속에 그곳으로 가서 불가능한 일들이 예수님의 이름 앞에 무릎 꿇는 것을 보라.

『하늘이 땅을 침노할 때』 16장에서

**삶의 현장 속에서 역사하지 않는 복음은 소용이 없다.
예수님께서는 사회의 각계각층에 들어가셨다.**

Day 124
성령님과 함께 하는 배심원 임무

너희에게 아직 빛이 있을 동안에 빛을 믿으라 그리하면 빛의 아들이 되리라

:: 요한복음 12장 36절

벅은 은사는 삶의 현장에서 사용해야 한다는 것을 온전히 받아들였다. 그는 배심원단에 선정되었고 주님께서 그에게 "정의가 실현될 것이다"라고 말씀하셨다. 재판 과정이 마침내 종료 시점에 가까워져서 배심원단이 서로 논의하게 되었을 때, 벅은 간증할 기회를 가졌다.

평결을 내릴 때가 되었을 때, 의견이 양분되었다. 그들의 논의의 핵심은 **범죄자**를 어떻게 정의할 것인가였다. 재판을 받고 있는 사람은 유죄로 인정되는 데 필요한 일곱 개의 요건 중 여섯 가지를 충족시키고 있었다. 일곱 번째 항목에 대해서는 의문의 여지가 있었다. 그래서 벅이 다음날 장미 한 송이를 꽃병에 꽂아 와서 물었다. "장미꽃은 어떤 부분들로 이뤄져 있죠?" 그들은 꽃잎, 줄기, 잎, 가시 등등을 말했다. 그러자 벅이 그들에게 물었다. "이 장미꽃에 그 부분들이 다 있습니까?" 그들은 "예, 그러나 가시는 없어요"라고 대답했다. 그러자 벅이 물었다. "가시가 없어도 여전히 장미인가요?"

그들은 말했다. "예"

벅이 말했다. "그러므로 이 사람도 범죄자입니다!"

두 명만 빼고 나머지 배심원단은 그가 유죄라는 데 동의했다. 벅은 그 두 명의 배심원의 삶 속에 있는 은밀한 죄를 드러냈다. 그러자 두 배심원 모두가 의견을 바꿨다.

제일 먼저 벅은 논의할 때 지혜의 은사를 발휘했다. 그러자 핵심이 분명해져서 배심원단 중의 불신자들에게도 도움이 되었다. 그리고 나서 벅은 지식의 말씀의 은사를 사용해서 그가 알 수 없는 사실을 알림으로써 하나님의 뜻을 거절하고 있는 두 사람의 죄를 드러냈다. 그렇게 해서 결국 그 상황 속에 하나님의 뜻이 이뤄졌고, 정의가 실현되었다!

영적 은사를 통해 초자연적인 것에 참여함으로써 하나님 나라 확장을 실현시킬 수 있다. 하나님의 나라는 능력의 나라다! 우리는 성령이 더 충만하게 나타나는 것을 추구해야 한다. 기도하며 모험을 감행하라. 그러한 침노의 궁극적인 모범은 예수님이시다. 예수님 안에서, 초자연적인 역사가 자연적 영역을 침노했다.

「하늘이 땅을 침노할 때」 16장에서

기도하며 모험을 감행하라.

Day 125
현재의 부흥

주 여호와께서는 자기의 비밀을 그 종 선지자들에게 보이지 아니하시고는 결코 행하심이 없으시리라

:: 아모스 3장 7절

교회에 대한 하나님의 약속과 목적을 이해하는 것이 중요하다. 그래야 우리가 현재에 대해 만족하지 못할 것이며, 하나님의 약속과 목적에 대해 간절해질 것이기 때문이다.

부흥은 심약한 자를 위한 것이 아니다. 안일한 자에게는 부흥이 두려움을 불러일으킨다. 왜냐하면 부흥을 위해서는 위험을 감수해야 하기 때문이다. 두려워하는 자들은 종종 하나님의 역사에 대항하는 일을 하고, 때로는 그러면서 죽음까지 자초하기도 하지만, 그러는 내내 하나님을 위해 일하고 있다고 생각한다. 그들은 부흥으로 인해 생겨나는 변화가 선조들의 믿음과 상반된다고 말한다. 그 결과, 하나님께서 주신 창조의 능력은 현재의 것을 지키기에 급급해 하는 고된 노역으로 시들어버린다. 두려워하는 자들은 하나님 나라의 건축자 대신에 박물관 큐레이터가 된다.

반면에 어떤 사람들은 모든 것을 다 걸고 모험을 감행한다. 그들은 선조의 믿음의 소중한 기반 위에 건축하려고 한다. 변화는 위협이 아니라, 모험이다. 계시가 증가하고, 아이디어가 배가되고, 확장이 이루어지기 시작한다.

하나님께서 지상에 역사하시는 것은 인간에게 계시를 주심으로 시작된다. 선지자가 듣고 선포한다. 그러면 들을 귀 있는 자들이 응답하며 변화를 이루기 위해 무장된다.

우리가 누구이며 우리가 무엇이 되어야 하는지 이해하려면, 예수님을 **있는 그대로** 보아야 한다. 우리는 거리를 걸으시며 병자를 치유하시고 죽은 자를 살리신 예수님과 오늘날 만물을 다스리시는 예수님을 구별해야 한다. 예수님의 지상의 삶도 영광스러웠지만, 그것은 십자가 전이었다. 기독교는 십자가 부활 이후의 것이다.

계시는 예수님에 대한 갈망을 불러일으킨다. 예수님께서는 "최소 사양" 모델로 오지 않으신다. 성령의 절약형은 없다. 오직 온전히 모든 것을 갖추신 채로만 임하신다. 그는 능력과 영광으로 충만하시다. 그리고 그는 우리 안에 나타나 보이기 원하신다.

「하늘이 땅을 침노할 때」 17장에서

변화는 위협이 아니라, 모험이다.

Day 126

더 큰 개념의 변화는 위협이 아니라, 모험이다.

곧 계시로 내게 비밀을 알게 하신 것은 내가 먼저 간단히 기록함과 같으니 그것을 읽으면 내가 그리스도의 비밀을 깨달은 것을 너희가 알 수 있으리라

:: 에베소서 3장 4-5절

하나님의 입에서 나온 말씀 한 마디가 은하계를 창조할 수 있다. 교회에게 주는 하나님의 약속들은 우리의 이해를 초월한다. 교회에 대한 우리의 고정관념이 우리의 눈을 가려서 우리에 대한 하나님의 말씀의 진리를 깨닫지 못하게 한다. 그 문제의 뿌리는 우리의 불신이다.

우리는 우리가 누구인지에 대한 이해가 부족하다. 왜냐하면 하나님이 누구신지에 대한 계시가 미약하기 때문이다. 우리는 예수님의 지상의 삶에 대해 많이 안다. 그러나 그것은 교회가 어떻게 되어야 하는가의 모범이 아니다. 오늘날 그가 영화롭게 되셔서 아버지 우편에 앉아계신 모습이야 말로 우리의 모델이다!

하나님께서 이 때에 교회를 위해 계획하신 것은 우리가 상상하고 기도하는 능력보다 크다. 어떤 사람들은 이런 말을 들으면 교회가 균형을 잃을까봐 두려워한다. 그리고 실망할까봐 두려워서 불신을 정당화한다. 그러나 영원의 세계에 속한 것을 추구한다고 해서 무슨 최악의 일이 일어나겠는가? 하나님은 그렇지 않다고 하실 것이다. 천국을 위해 예비된 것을 우리가 지금 이 땅에서 완전히 이해할 수 있다고 생각하는 것은 큰 착오이다.

많은 사람들이 지나침을 두려워해서 평범함을 균형이라고 여긴다. 또 그런 두려움 때문에 안일함을 덕목으로 여긴다. 지나침에 대한 두려움 때문에, 변화에 저항하는 사람들을 고상하게 여긴다. 그러나 지나침 때문에 부흥이 끝났던 적은 결코 없다.

이 세대는 모험을 감행하는 세대이다. 물론 위험을 감수하는 모든 행위가 진정한 믿음은 아닐 것이다. 어떤 것들은 어리석음과 주제넘음의 행위로 드러날 것이다. 그러나 그런 것도 있어야 한다. 그렇지 않으면 우리가 어떻게 배우겠는가? 당신의 삶 속에 "그리 성공적이지 않지만" 모험을 감행하는 사람들을 받아들일 여지를 두라. 그들은 위대한 하나님을 섬길 때 우리가 어떤 위대함에 다가갈 수 있는지 알려줄 것이다.

「하늘이 땅을 침노할 때」 17장에서

> 천국을 위해 예비된 것을
> 우리가 지금 이 땅에서 완전히 이해할 수 있다고
> 생각하는 것은 큰 착오이다.

Day 127
도래하는 영광스러운 교회 - 하나님의 지혜

이는 이제 교회로 말미암아 하늘에 있는 통치자들과 권세들에게 하나님의 각종 지혜를 알게 하려 하심이니 곧 영원부터 우리 주 그리스도 예수 안에서 예정하신 뜻대로 하신 것이라
:: 에베소서 3장 10, 11절

성경에서 교회에 대해 언급된 많은 것들이 아직 성취되어야 한다. 예수님께서는 재림하시기 전에 우리가 성숙해지기를 바라신다. 그러한 성숙의 한 가지 징표는 지혜이다.

지금 우리가 지혜를 나타내야 한다. 하나님의 형상으로 만들어진 우리를 통해 하나님의 지혜에 관한 영적 세계를 가르치려 하시는 것이 분명하다.

인간이 되신 지혜이신 예수님 외에(고전 1:30 참조), 가장 지혜로운 사람은 솔로몬이었다. 솔로몬의 지혜의 깊이는 **탁월성**, **창조성**, **온전성**의 세 가지로 자질로 나타난다.

하나님의 지혜가 하나님의 백성 안에 다시 나타날 것이다. 교회가 현재는 멸시당하거나, 혹은 무시되고 있지만, 다시 존경과 칭찬을 받을 것이다(33:9 참조).

솔로몬의 지혜가 갖는 세 가지 요소를 살펴보자.

탁월성은 우리가 누군가의 정체성 때문에 우리가 하는 일을 높은 기준에 맞춰서 하는 것이다. 탁월성은 우리가 하나님의 관점으로 볼 때 나온다.

이 덕목을 추구할 때, 우리는 모든 것을 하나님께 영광이 되도록 온 힘을 다한다. 탁월한 마음에는 우리가 하는 일에 큰 영향을 미치곤 하는 빈곤의 영이 틈탈 여지가 없다.

창조성은 예술의 완전한 회복에만 나타나는 것은 아니다. 창조성은 하나님의 백성이 새롭고 더 나은 방식을 발견하는 것이다.

이 기름부음은 또한 새로운 발명품, 의학과 과학의 혁신, 경영과 교육에 대한 참신한 착상을 일으킨다. 거기에 포함될 것은 끝이 없다. 한계는 저 하늘 끝이다. 일어나서 창조하라!

온전성은 우리 안에 하나님의 성품이 표현되는 것이다. 그 성품이란 하나님의 거룩함이다. 거룩함은 하나님의 본질의 정수이다.

『하늘이 땅을 침노할 때』 17장에서

> 하나님의 형상으로 만들어진 우리를 통해
> 하나님의 지혜에 관한 영적 세계를
> 가르치려 하시는 것이 분명하다.

Day 128
도래하는 영광스러운 교회 - 흠 없는 신부

자기 앞에 영광스러운 교회로 세우사 티나 주름 잡힌 것이나 이런 것들이 없이 거룩하고 흠이 없게 하려 하심이라
:: 에베소서 5장 27절

인간에 대한 하나님의 원래의 계획이 "모든 사람이 죄를 범하였으매 하나님의 영광에 이르지 못하더니"(롬 3:23)라는 구절에 나타난다. 우리는 하나님의 영광 안에 살도록 되어 있다. 그것이 하나님께서 인간을 창조하실 때 가지셨던 목표였다. 그러나 우리의 죄 때문에 하나님의 목적의 화살이 그 과녁에 미달하게 되었다.

하나님의 영광은 예수님의 임재이다. 상상해보라. 하나님의 임재를 항상 의식하는 사람들, 그리고 그들 위에 계신 하나님의 임재를!

우리는 예수님께서 영광 중에 나타나 보이시는 교회가 될 것이다! 그리스도인의 삶을 성령의 임재와 기름부음이 주관할 것이다. 교회는 찬란히 빛을 발할 것이다. "이 성전의 나중 영광이 이전 영광보다 크리라"(학 2:9).

결혼식을 위해 준비된 아름다운 아가씨를 상상해보라. 그녀는 음식을 적당히 먹고 필요한 모든 운동을 함으로써 자신을 가꾸어왔다. 그녀의 정신은 명민하고 그녀는 정서적으로 안정되고 자유롭다. 그녀를 보면, 잘못이나 죄와는 무관해 보인다. 죄책감과 수치심이 그녀의 얼굴을 어둡게 하지 않는다. 그녀는 은혜를 이해할 뿐아니라 은혜를 발산한다. 요한계시록 19장 7절에 따르면, 그녀는 준비되었다. 당신도 그렇게 될 것이다. 결혼식을 준비하기 위한 도구가 마련되어 있다. 교회가 그것을 사용해야 한다.

이것은 그리스도의 신부에 대한 성경의 묘사이다. 하나님이 얼마나 위대하신지 우리가 깨닫는다면, 그 위업을 이루시는 하나님의 능력에 대해 의문을 품지 않을 것이다. 바울은 고린도 교회에게 편지를 써서 그들의 순종이 완전해질 때까지 그들에게 돌아가지 않겠다고 말했다. 그것이 바로 교회에 대한 하나님의 마음이다. 그러므로 **완전한 분이신** 예수님께서 우리의 순종이 완전해진 것을 보실 때 **흠 없는 신부**를 위해 돌아오실 것이다.

『하늘이 땅을 침노할 때』 17장에서

> 그리스도인의 삶을 성령의 임재와
> 기름부음이 주관할 것이다.

Day 129
도래하는 영광스러운 교회- 믿음의 연합

우리가 다 하나님의 아들을 믿는 것과 아는 일에 하나가 되어 온전한 사람을 이루어 그리스도의 장성한 분량이 충만한 데까지 이르리니

:: 에베소서 4장 13절

믿음의 연합은 사랑을 통해 역사하는 믿음이라고 갈라디아서 5장 6절에서 언급하고 있는 것을 볼 때 사랑과 믿음은 그리스도인의 삶의 두 필수요소이다.

믿음은 말씀에서 나오며, 특히 **"새롭게 하신 말씀"**에서 나온다. 믿음은 하나님을 기쁘시게 한다. 믿음은 하나님을 아바 아버지로 신뢰하게 한다. 하나님만이 그런 믿음의 원천이시다. 믿음은 하나님께서 그의 백성에게 말씀하시는 결과로 생긴다. 믿음의 연합이란 우리가 함께 하나님의 음성을 듣고 위대한 일을 이루는 것이다. 그러한 생활방식은 **믿음에 대하여 우리의 생각이 일치되는 것**이다.

현재의 부흥과 다가오는 부흥의 위용은 지난 역사 동안 교회가 이룬 모든 성취를 능가할 것이다. 교회는 예수님에 대한 새로운 계시를 받을 것이고, 특히 요한계시록을 통해서 그렇게 될 것이다. 그 계시는 교회를 전에 아무도 경험해보지 못한 변화 속으로 인도할 것이다. **우리가 그를 보며 그를 닮아갈 것이다**! 장차 예수님에 대한 계시가 증가함에 따라 새로운 차원의 예배를 드리게 될 것이고, 공동 예배에서 하나님 보좌 앞을 경험하게 될 것이다.

올림픽 선수는 단지 재능만으로 출전하지 않는다. 훈련을 통해 재능이 잠재력의 최대치까지 구현되는 강력한 조합이 이뤄진다. 교회가 성숙한 사람이 되는 것도 그렇다. 교회는 단수이다. 즉 우리 모두가 하나로 기능한다. 모든 지체들이 완전한 협조와 조화 속에서 사역하며 서로의 기능과 은사를 보완한다. 그것은 머리로부터 오는 지시에 의해 이뤄진다. 그것은 미래의 세계에서 성취될 약속이 아니다. 나는 그것이 인간이 완전해진다는 의미라고 믿지는 않지만, 서로 시기하지 않고 각 성도들의 기능이 성숙에 이를 때 하나님의 임재가 더욱 분명히 나타날 것이다. 우리는 그것이 가능하다는 것을 받아들여야 한다. 왜냐하면 하나님께서 그렇게 말씀하셨기 때문이다.

「하늘이 땅을 침노할 때」 17장에서

*사랑과 믿음은 그리스도인의
삶의 두 필수요소이다.*

Day 130
도래하는 영광스러운 교회 - 하나님의 충만으로 채워짐

지식에 넘치는 그리스도의 사랑을 알고…하나님의 모든 충만하신 것으로 너희에게 충만하게 하시기를 구하노라
:: 에베소서 3장 18, 19절

교회는 하나님의 사랑을 경험적으로 알게 될 것이다. 그것은 우리의 이해 능력을 초월해서 이뤄질 것이다.

하나님의 사랑을 경험하는 것과 그에 따르는 성령 충만은 우리를 그리스도의 충만한 분량에 이르게 한다. 그래서 교회 안에서 예수님을 정확하게 볼 수 있을 것이다. 그것은 아버지께서 예수님 안에 정확하게 보이신 것과 같다.

하나님이 말씀하시기를 말세에 내가 내 영을 **모든 육체**에 부어 주리니 너희의 **자녀들**은 예언할 것이요 너희의 **젊은이들**은 환상을 보고 너희의 늙은이들은 꿈을 꾸리라 그 때에 내가 내 영을 내 **남종**과 **여종들**에게 부어 주리니 **그들이** 예언할 것이요(행 2:17-18).

요엘서 2장에서 인용된 이 구절은 아직까지는 완전히 성취된 적이 없다. 물론 사도행전 2장에서 최초의 성취가 이뤄졌지만, 요엘서의 내용은 그 세대가 성취한 것보다 훨씬 더 컸다. 우선, 그 부흥으로 **모든 육체**가 영향을 받지 않았다. 그러나 이제는 그것이 이뤄질 것이다.

고린도전서 12-14장은 성령의 은사 사용에 대한 훌륭한 가르침을 담고 있다. 그러나 단지 그것만이 아니다. 그 본문은 성령의 세계 안에서 사는 신자들이 한 몸을 이룬 공동체를 계시하고 있으며, 그것은 마지막 때의 사역에 필수적이다. 그런 성령의 나타남이 그들이 사는 거리에까지 이뤄질 것이다. 그럴 때 그들은 잠재력을 최대치로 실현하게 될 것이다.

모든 사람이 예언자가 되게 해달라던 모세의 기도를 이제 이 세대가 성취할 것이다. 침례 요한이 엘리야의 기름부음으로 주님의 초림을 예비했던 것과 같이 우리는 엘리야의 기름부음으로 주님의 재림을 예비할 것이다.

『하늘이 땅을 침노할 때』 17장에서

> 하나님의 사랑을 경험하는 것과 그에 따르는 성령 충만은
> 우리를 그리스도의 충만한 분량에 이르게 한다.

Day 131
도래하는 영광스러운 교회 - 더 큰 일

나를 믿는 자는 내가 하는 일을 그도 할 것이요 또한 그보다 큰 일도 하리니 이는 내가 아버지께로 감이라
:: 요한복음 14장 12절

우리가 예수님이 하신 것보다 더 큰 일을 하리라는 예수님의 예언을 두고 교회는 그 단순한 말씀의 추상적 의미를 찾으려 했다. 그러나 더 크다는 것은 그저 "**더 크다**"를 의미할 뿐이다. 그리고 예수님께서 가리키신 **일**은 "표적과 기사"이다. 성령을 한량없이 받은 한 사람이 무엇을 할 수 있는지 예수님 자신께서 우리에게 보여주셨다. 그런 사람이 수백만 명이라면 얼마나 큰 일을 할 수 있겠는가? 그것이 예수님의 말씀의 요지였고, 또한 예언이었다.

이 구절은 일의 **양**이 아니라 **질**을 가리킨다. 물론 수백만 명의 사람들이라면 예수님께서 하신 일을 수적으로 능히 능가할 것이다. 왜냐하면 우리가 수가 많기 때문이다. 그러나 그것은 예수님의 말씀의 의도를 약화시키는 것이다. 더 크다는 단어는 헬라어로 **미존**이다. 그 단어는 신약 성경에 45회 등장 하는데 항상 양이 아닌 "질"을 나타내는 데 사용된다.

하나님께서는 우리의 요청에 응해주실 의도 없이 어떤 것을 요청하라고 우리에게 명하시는 아버지가 아니시다. 하나님께서 우리에게 이 기도를 하라고 지시하시는 것은 그것을 성취시켜주시려는 마음이 있으시기 때문이다. 가장 확실한 응답의 기도는 가장 안전한 기도는 하나님께서 우리에게 기도하라고 하신 것을 기도하는 것이다. 하나님의 응답은 **우리가 구하거나 생각하는 것을 초월할 것이며 "우리 안에서 역사하시는 능력대로"**일 것이다 (엡 3:20).

하나님 나라의 현재의 실체가 신자의 매일의 삶에 나타나고 실현될 것이다. 그리스도인이 믿음으로 기도하는 곳마다 그 나라가 이 나라 속으로 침노해올 것이다. 예수님의 주권이 나타나 보일 것이고 예수님의 통치의 풍성함을 경험할 것이다. 하나님 나라가 완전히 나타나는 것은 종말의 때로 유보되겠지만, 그 전에 하나님께서 무엇을 하실지 우리는 아직 가늠도 못 한다. 이제 그 가능성을 탐구할 때이다.

『하늘이 땅을 침노할 때』 17장에서

> 예수님의 주권이 나타나 보일 것이고
> 예수님의 통치의 풍성함을 경험할 것이다.

Day 132
폭발적인 교회

지금 내가 여러분을 주와 및 그 은혜의 말씀에 부탁하노니 그 말씀이 여러분을 능히 든든히 세우사 거룩하게 하심을 입은 모든 자 가운데 기업이 있게 하시리라

:: 사도행전 20장 32절

교회들이 초자연적인 것에 지나치게 폭발적이어서 우리가 좀 진정시킬 방도를 찾아야할 정도가 된다면 정말로 멋지지 않겠는가? 바울이 고린도 교회에 했던 것이 그것이다. 성령의 은사를 너무나 많이 가져서 좀 정리할 필요가 있는 사람들에게 성령의 은사에 대한 가르침이 주어졌다. "모든 것을 품위 있게 하고 질서 있게 하라"(고전 14:40). 있지도 않은 것을 정리할 수는 없다. 모든 것이 이뤄진 후에야 그것에 조직을 부여해서 더 효과적으로 만들 수 있다. 질서가 능력을 대신할 수 없다. 그러나 능력이 많으면, 질서를 잘 잡는 것이 필요할 것이다. **오직 그런 경우에만**, 교회 안에서 능력의 역할에 대해 질서가 새로운 측면을 더해줄 것이다.

하나님의 역사가 있은 후에 또 다른 하나님의 역사가 이루어져 왔다. 그것은 잃어버리고 잊은 것을 회복시키기 위해서였다. 우리는 그것을 능가하기는커녕 아직 그들이 도달했던 기준에도 이르지 못했다. 그러나 초대 교회도 하나님의 백성에 대한 하나님의 온전한 의도를 성취하지는 못했다. 그 특권은 경주의 마지막 주자를 위해 남겨져 있다. 그것이 우리의 소명이다.

우리의 영적 뿌리가 물론 훌륭하지만, 그것으로 충분하지는 않다. **어제**를 위해서는 좋았던 것이 **오늘**을 위해서는 부족하다. 하나님께서 말씀하시며 행하시는 것에 우리가 발맞추려면 **모든 것**이 변화되어야 한다는 말은 아니다. 다만 우리는 현재 존재하는 것이 **적절하다고** 성급하게 추정한다는 것이다. 그런 추정은 성경에 담겨 있는 계시를 못 보도록 우리 눈을 가린다. 사실, 우리가 생각해 왔던 **정상적인 그리스도인의 삶**은 하나님께서 이제 행하려 하시는 일의 무게를 감당하지 못한다. 우리의 가죽부대가 바뀌어야 한다. 지금 우리가 아는 교회 생활 중에 향후 10년 간 변화되지 않고 남아 있는 것은 별로 없을 것이다.

「하늘이 땅을 침노할 때」 17장에서

어제를 위해서는 좋았던 것이
오늘을 위해서는 부족하다.

Day 133
최대치에 도달하기

주 외에는 자기를 앙망하는 자를 위하여 이런 일을 행한 신을 옛부터 들은 자도 없고 귀로 들은 자도 없고 눈으로 본 자도 없었나이다

:: 이사야 64장 6절

여기 지상에 있는 동안에는 하나님께서 우리를 위해 예비하신 것을 결코 알 수 없다. 하나님의 뜻은 광대하시다. 그러므로 우리의 상상과 경험으로 우리 자신을 제한하는 대신에 앞으로 보게 될 것들에 대한 갈망을 새롭게 하며 나아가기를 힘쓰자. 우리가 그 엄청난 분을 전심으로 추구할 때, 우리의 가장 큰 문제는 우리가 듣고 그 들은 것에 대해 저항하려는 생각이다. 그러나 믿음은 그보다 우월하다. 이제는 이 땅에서 믿음을 찾을 수 있을지 하나님께서 염려하시지 않게 하자. 하나님 나라는 현재의 시간 속에 있다! 그것을 위해 기도하고, 먼저 찾고, 어린아이처럼 그것을 받아들이라. 그것은 우리의 손닿는 곳에 있다.

최근의 한 집회에서 우리는 기적의 놀라운 돌파구를 맞이했다. 청각 상실, 실명, 관절염, 그 외의 많은 질병이 하나님의 구원의 은혜로 치료되었다. 약 200명이 모인 집회에서 40-50건의 치료가 이루어졌다.

내반족이 있는 세 살의 소년 크리스에게 놀라운 기적이 일어났다. 아기가 걸으려고 하는 모습을 보니 카펫에 발등이 쓸려서 발등에 상처가 나 있었다. 그 때 하나님께서 아기를 만지기 시작하셨다. 그들이 아이를 바닥에 내려놓자 아이는 난생 처음으로 발바닥을 바닥에 똑바로 딛고 설 수 있었다! 아이는 놀라움에 차서 자신의 발을 내려다보며 발등의 상처를 만졌다.

우리는 집에 돌아가서 그 날 저녁의 집회 비디오를 봤다. 우리는 그 기적에 너무나 흥분한 나머지 한참 지나서야 크리스가 우리에게 뭔가 말하려 했다는 것을 알아챘다. 카메라를 들고 있던 나의 아내가 크리스에게 물었다. "너에게 무슨 일이 일어났니?"

아이는 카메라를 보며 말했다. "예수님 커! 예수님 커!"

우리는 아이가 직접 오셔서 치료해 주시는 예수님을 만났다는 것을 알 수 있었다.

『하늘이 땅을 침노할 때』 17장에서

우리의 상상과 경험으로 우리 자신을 제한하는 대신에 앞으로 보게 될 것들에 대한 갈망을 새롭게 하며 나아가기에 힘쓰자.

Day 134
당신의 생각을 바꾸라

> 그러므로 너희 마음의 허리를 동이고 근신하여 예수 그리스도께서 나타나실 때에 너희에게 가져다 주실 은혜를 온전히 바랄지어다
>
> :: 베드로전서 1장 13절

그리스도인이 불가능에 대해 갈망을 갖지 않는 것은 부자연스러운 일이다.

어느 주일 저녁, 우리는 하나님의 놀라운 임재를 경험했다. 기도와 찬양, 가르침, 그리고 하나님께 기적을 간구하는 시간이 모두 끝난 후에 나의 사역자 한 명이 성전에서 나와 복도를 걸어갈 때 한 사람이 펄쩍 펄쩍 뛰며 "오, 이런, 오 이런!"이라고 외치고 있는 것을 보았다. 그의 바지가 너무 커보여서 그는 바지가 흘러내리지 않게 붙잡고 있었다. 그 사역자는 의아했지만, 하나님께서 뭔가 행하셨다는 것을 직감했다. 우리는 그에게 물어보고 나서 그 사람이 그 날 저녁에 기도를 받고 나서 치료되었다는 것을 알게 되었다. 그가 들어올 때 가지고 있었던 종양이 즉시 사라졌다. 그는 병원에서 두 주밖에 못 산다는 진단을 받고서 다른 주에서 달려왔다. 그는 천국에 가든지 기적을 경험하든지 간에 최후의 보루가 우리라고 생각했었다. 그는 성전으로 들어와서 기쁨이 넘쳐 계속 펄쩍 펄쩍 뛰면서 치유를 만끽했고 새 옷이 필요해 졌다.

어떻게 그런 일이 일어났는가? 하나님의 나라가 그의 질병 속으로 충돌해 들어오셨고 그것을 압도하셨다. 그래서 또 하나의 위대한 밤이 되었고 원수를 또 한 번 크게 이겼다.

같은 주에 한 여자가 또 다른 주에서 운전해서 우리 교회로 왔다. 왜냐하면 그녀는 호흡이 곤란한 증세를 겪고 있었기 때문이었다. 병원에서는 폐암이 있는 것으로 보인다고 말했다. 그래서 그녀의 가족이 그녀를 교회로 데려왔다. 기도를 받은 후에 그녀는 통증이 사라진 것을 느꼈고 제한 없이 호흡할 수 있었다.

다시 한 번, 하나님 나라의 실체가 땅의 질병을 정복했다.

「초자연적 능력」 1장에서

> 천국에 가든지 기적을 경험하든지 간에
> 최후의 보루가 우리였다.

Day 135
새로운 기준

주는 기이한 일을 행하신 하나님이시라 민족들 중에 주의 능력을 알리시고

:: 시편 77편 14절

그것이 정상인가? 물론이다! 그러나 그것이 오늘날의 교회에 흔히 일어나는가? 아직 아니다. 그러나 하나님께서 소위 불가능에 대한 그리스도인들의 사고방식을 변화시키신다. 하나님께서는 우리가 하나님 나라와 손잡고 일하도록 가르치신다. 그래서 하늘의 실체가 땅의 문제들 속으로 충돌해 들어와서 그것들을 압도하기를 바라신다. 그 결과는 놀라운 기적, 원수에 대한 대승, 치유, 해방, 계시 등등이다. 그것은 과대선전이 아니다. 그것은 근거 없는 희망이나 이론이 아니다. 그것은 사실이다. 내가 앞서 나눈 두 이야기는 실제 상황들 속에서 하나님 나라의 실체가 질병을 완전히 정복한 것이며, 그런 이야기는 얼마든지 더 있다. 많은 교회들이 매주, 심지어 매일 기적이 일어나는 것을 보고 있다. 당신이 상상할 수 있듯이, 그것은 그리스도인의 삶에 대한 혁명적인 접근법이며, 진정성으로 돌아가는 것이다.

내가 날마다 기적의 삶을 살아왔다고 말할 수 있으면 좋겠지만, 실상은 그렇지 않다. 나는 수십 년 간 목회를 했지만, 그 기간 중 대부분의 시간에 기적을 보지 못했다. 나는 기적과 해방이 일어난다고 믿었지만, 나나 내가 목회하던 사람들이 그것을 위해 기도했어도 별 성과가 없었다. 우리는 올바른 교리를 가졌지만, 올바로 실행하지 못했다. 그러나 몇 년 전에 하나님께서 우리를 새로운 과정 속으로 이끄셨다. 그래서 정상적인 그리스도인의 삶에 대한 새로운 시각을 갖게 하셨다. 하나님 나라의 주요한 사역을 오랫동안 놓치고 있었던 우리는 이 땅에 대한 하나님의 원래의 계획으로 돌아가기에 힘썼다. 그리고 그것은 정말로 놀라운 배움의 시간이 되었다!

『초자연적 능력』 1장에서

> 하나님께서 소위 불가능에 대한
> 그리스도인들의 사고방식을 변화시키신다.

Day 136
하나님의 뜻이 이루어지다

사람마다 두려워하는데 사도들로 말미암아 기사와 표적이 많이 나타나니

:: 사도행전 2장 43절

정상적인 그리스도인의 삶은 기적, 하나님의 영적인 개입, 계시를 의미한다는 것을 나는 보게 되었다. 그것은 평화, 기쁨, 사랑, 복된 삶과 목적의식을 의미한다. 그러나 너무나도 많은 그리스도인들이 이러한 특징들을 모른 채 살아가고 있다. 모든 신자의 영적 DNA에는 불가능을 정복하고자 하는 갈망이 있고 그것은 무시하거나 흘려버릴 수 없는 것이다. 예수님을 죽은 자 가운데서 살리신 바로 그 성령께서 우리 안에 거하셔서 우리가 보고, 듣고, 만지고, 맛보고, 냄새 맡는 것만으로 만족하는 것을 불가능하게 하신다. 삶에는 우리의 감각으로 감지할 수 있는 것 이상이 있음을 우리의 심령이 안다. 그래서 우리는 초자연적인 세계와의 연결이 없으면 영적 조바심을 갖는다. 최종적으로, 소위 불가능이 예수님의 이름에 무릎 꿇는 것을 보는 것만큼 그리스도인의 마음을 만족시키는 것은 없다. 무엇이든 그것에 미달하는 것은 비정상적이다.

능력 있는 신자가 되려면, 우리가 알아온 그리스도인의 삶을 넘어서야 한다. 우리는 "정상적인" 기독교를 재정의 하여 정상에 대한 개념을 하나님의 개념과 일치시켜야 한다. 그것은 우리가 경험하거나 경험하지 않은 것에 근거해서 우리가 받아들이고 익숙해져온 것이 아니다. 정상적인 그리스도인의 삶은 이런 인식으로 시작된다. 우리를 여기 두신 것은 하늘에서처럼 땅에도 하나님의 뜻이 이뤄지도록 우리가 하나님의 뜻을 행하게 하시려는 것이다. 그리고 그것에 참여하는 것이 얼마나 큰 기쁨인가. 우리들 중 많은 사람들이 하나님의 뜻이 알려지지 않았거나 알 수 없는 것인 것처럼 여겨왔다. 신실한 신자들이 며칠, 몇 주 동안 녹초가 되도록 항상 기도하면서 어떤 사안에 대한 하나님의 뜻을 발견하려 애쓰고 있다고 말한다. 나도 그렇게 했었다! 그러나 하나님의 뜻은 우리가 생각한 것보다 훨씬 더 단순하고 평이하다.

「초자연적 능력」 1장에서

> **능력 있는 신자가 되려면,**
> **우리가 알아온 그리스도인의**
> **삶을 넘어서야 한다.**

Day 137
주기도문은 하나님의 뜻을 드러낸다

너희 안에서 행하시는 이는 하나님이시니 자기의 기쁘신 뜻을 위하여 너희에게 소원을 두고 행하게 하시나니
:: 빌립보서 2장 13절

주기도문에서 예수님께서 분명하고 간결하게 말씀하셨다. "하늘에 계신 우리 아버지여 이름이 거룩히 여김을 받으시오며 나라가 임하시오며 뜻이 하늘에서 이루어진 것 같이 땅에서도 이루어지이다"(마 6:9-10).

하나님의 뜻은 단순히 이것이다. "하늘에서 이루어진 것 같이 땅에서도." 신선하지 않은가? "나라가 임하시오며 뜻이 이루어지이다"라고 우리가 기도하는 것은 왕의 통치와 뜻이 지금 여기에 실현되기를 기도하는 것이다. 그것은 정상적인 기독교가 삶을 변화시키고, 패러다임을 뒤바꾸는 방법이다. 하늘에서 자유롭게 이뤄지는 것들, 기쁨, 평화, 지혜, 건강, 온전함, 그리고 그 외에도 우리가 성경에서 읽는 모든 좋은 약속들이 여기 이 땅 위에서도 당신의 가정, 교회, 사업, 학교에서 이루어져야 한다. 하늘에서 자유롭게 활동할 수 없는 것들, 즉 질병, 병듦, 영적 속박, 죄는 여기서도 자유롭게 활동하지 말아야 한다. 우리는 마귀의 일을 멸하러 왔다(요일 3:8). 그것은 놀라운 삶의 방법이다!

우리가 이것을 하나님의 우선적인 뜻으로 이해할 때, 우리를 괴롭히는 다른 영역들이 저절로 정리될 것이다(마 6:33).

우리가 그것을 우리의 사명으로 삼을 때, 사람들의 삶이 자유로워지고, 몸이 회복되고, 우리의 생각 안에 어둠이 걷히고, 원수의 지배가 상상할 수 있는 모든 방법으로 물러간다. 그리고 사업이 활성화되고, 관계가 다시 꽃피우고, 사람들이 소명과 삶의 목적에 다시 연결되며, 교회가 성장하고, 하나님 나라의 영향력이 도시에 넘쳐나는 것을 느끼게 된다. 내가 전에 보지 못한 방법들로 하나님 나라의 일을 위한 에너지가 흘러넘친다. 너무나 엄청난 일들이 자주 일어나서 소설 속의 한 장면으로 들어간 것 같을 것이다. 그것은 우리가 인위적으로 만들어내는 생활이 아니다. 우리는 그런 생활을 하도록 창조되었다.

「초자연적 능력」 1장에서

> 우리는 마귀의 일을
> 멸하러 왔다.

Day 138
실제적 침노

기록된 바 주의 소식을 받지 못한 자들이 볼 것이요 듣지 못한 자들이 깨달으리라 함과 같으니라

:: 로마서 15장 21절

브랜든이라는 이름의 젊은이는 벧엘 초자연적 사역 학교 졸업생이었는데, 그가 친구들을 만나러 가게 되었다. 그들은 함께 식당에 갔고 여종업원이 주문을 받으러 왔다. 브랜든은 그 여종업원과 여종업원의 어머니의 관계에 대한 것들이 갑자기 알아졌고, 그것을 그녀와 나누었다. 그녀는 너무나 놀라워했고 감정이 복받쳐서 잠시 쉬어야할 정도였다.

여종업원이 자리를 떠난 후, 브랜든은 한 동양인 커플이 저쪽 편에 앉아서 자신을 주시하는 것을 보았다. 그 커플 중 여자는 손목에 의료 장비를 착용하고 있었다. 손목 관절 증후군이 있었던 것이다. 그녀의 한 손은 주먹을 쥔 채로 꼼짝도 못하고 있었다. 브랜든은 기도해줘도 되냐고 물었다. 그녀는 자신들이 불교신자이지만, 기도를 받고 싶다고 말했다. 그가 기도했고 그녀는 즉석에서 치료되었다. 온 가족이 즉시 기쁨이 넘쳐서 바로 그 식탁에 앉은 채로 예수님을 찬양하기 시작했다. 그들은 손이 낫기를 오랫동안 조상들에게 기도해왔지만 아무 소용이 없었다고 말했다. 브랜든은 예수님이 누구신지 설명했고, 그들은 경이와 감사로 복음을 받아들였다. 그는 자기 테이블로 돌아왔고 그 저녁 내내 치료받은 여자는 놀라워하며 손을 쥐었다 폈다 했다.

그때 쯤 여종업원이 다시 와서 브랜든에게 밖에서 얘기할 수 있냐고 물었다. 그녀는 하나님에 대해 더 알고 싶어 했다. 브랜든은 성령께서 그녀의 삶에 대해 주신 통찰을 더 나누었고 예수님의 사랑을 그녀에게 말해줬다. 그녀는 그 자리에서 주님께 마음을 바쳤고 바로 거기서 성령 충만을 받았다.

마치 성경에서 나온 것 같은 이 이야기는 당신과 나 같은 보통 그리스도인에게 요즘 들어 나타난, 하나님의 사랑에 대한 또 하나의 표현이었다.

「초자연적 능력」1장에서

> 그들은 경이와 감사로
> 복음을 받아들였다.

Day 139
하나님의 뜻 증명하기

평강의 하나님이 모든 선한 일에 너희를 온전하게 하사 자기 뜻을 행하게 하시고 그 앞에 즐거운 것을 예수 그리스도로 말미암아 우리 가운데서 이루시기를 원하노라 영광이 그에게 세세무궁토록 있을지어다 아멘

:: 히브리서 13장 20-21절

기적과 초자연적 삶의 주요 기능 중 하나는 이 땅 위에 무슨 일이 일어나기를 하나님께서 원하시는지에 대한 즉각적이고 반박할 수 없는 증거를 제공하는 것이다. 그것은 하나님의 실재가 어떤 모습인지 보여줌으로써 하나님을 나타내 보인다.

이 땅 위에서 당신이 할 일 중 하나는 하나님의 뜻을 증명해 보이는 것이라는 생각을 해보았는가? 즉 하나님이 어떤 분이신지 다른 사람들에게 보여주고, 당신을 통해 하나님께서 마귀의 일을 멸하게 하시는 것이다. 대부분의 사람들은 하나님께서 어떻게 행하시는지, 우리 각자에 대하여 하나님의 마음속에 무엇이 있는지 모르고 있다. 신자로서 당신의 소명과 나의 소명은 너무 엄청나서 우리가 온전히 이해하기 어려울 수 있지만, 성경의 명령은 분명히 알 수 있다. 우리의 일은 하늘에 존재하는 그 실체가 바로 지금, 바로 여기 나타날 수 있음을 보여주는 것이다. 우리는 하나님에 대한 올바른 것을 믿기만 하는 사람들이 아니라, **하나님의 뜻을 실행시키켜서** 다른 사람들이 "오, 그렇다면 하나님은 이런 분이군요"라고 깨닫게 하는 것이다. 치료와 해방, 그리고 회복은 즉각적인 문제 해결 이상을 이룬다. 즉 하나님이 누구신지를 사람들에게 구체적으로 보여준다.

우리 교회의 한 젊은이가 배심원 임무에 호출되었다. 그가 그 임무를 하는 동안, 한 조직폭력단원이 구원받았고, 세 사람이 치료되었다. 그것도 그 중의 한 명은 조롱하는 무리 앞에서 치료되었다. 그 젊은이가 주님 안에서 너무 담대했기 때문에 다른 많은 배심원들은 그를 공개적으로 조롱했다. 그러나 그가 아픈 사람에게 가서 기도함으로써 그 사람이 치료되자 무리는 잠잠해졌다. 휠체어를 탄 또 다른 사람은 법원의 사람들 앞에 서서 손을 움직여 보이며 예수 그리스도의 치료의 능력과 사랑을 나타냈다.

『초자연적 능력』1장에서

> 이 땅 위에서 당신이 할 일 중 하나는
> 하나님의 뜻을 증명해 보이는 것이라는
> 생각을 해보았는가?

Day 140
하나님의 뜻을 사람들에게 전달하기

주의 업적과 주의 나라의 위엄 있는 영광을 인생들에게 알게 하리이다

:: 시편 145편 12절

우리의 사역 학교의 많은 교직원과 학생이 인근 대학교에 여러 번 갔었다. 그곳은 뉴에이지 영성의 큰 중심지 중 하나이다. 그 캠퍼스에서 가장 인기 있는 대중적인 종교는 점술이다. 우리 교회의 부목사 한 분이 기독교와 초자연적 현상에 대해 말해 달라는 강의 요청을 받았다. 그런데 악한 영들에게 시달리던 한 아가씨에게서 악한 영들의 역사가 드러나기 시작했다. 나의 부목사는 악한 영들에게 떠나라고 명령했고, 그 아가씨는 많은 학생들이 놀라서 둥그레진 눈으로 지켜보는 가운데 해방되었다! 그녀가 너무나 기쁨이 충만하여져서 그들은 다음 수업을 시작할 수 있게 그녀를 교실 밖으로 데리고 나가야 했다. 이어서 부목사는 사람들을 불러 가리키며 그들의 마음의 비밀에 관련된 강력한 예언의 말을 전했다. 어떤 사람들은 마치 몸에서 힘이 쭉 빠진 것처럼 즉시 바닥에 털썩 주저앉았다. 다른 사람들은 놀라서 입을 떡 벌리고 거기 앉아 있었다. 그것이 계속되자 지옥의 세력에게 삶을 바쳤던 점쟁이들이 이스라엘에, 교회에 강력한 하나님이 계시다는 것을 알게 되었다!

우리 교회의 한 오전 예배 중에 식도암에 걸린 한 여성이 하나님의 불이 자기 위에 임하는 것을 느꼈다. 그녀는 남편에게 "하나님께서 나를 치료하셨어요"라고 말했다.

그들이 의사에게 가서 말하자 의사는 "이런 종류는 없어지지 않아요"라고 말했다. 그러나 의사가 검사해보고 나더니 완전히 놀라서 말했다. "암이 사라진 정도가 아니라, 식도가 완전히 새로워 졌어요!"

어느날 예배 중에 우리는 성경을 읽고 있었다. 그런데 회중의 한 남자가 갑자기 글자를 분명히 볼 수 없었고 시야가 흐릿해졌다. 그는 왜 그런지 모르다가 집에 가서 안경을 벗고 모든 것을 잘 볼 수 있을 때에야 어떤 일이 일어난 것인지 깨달았다. 아무도 그를 위해 기도해주지 않았는데도 하나님께서 그의 시력을 치료하셨다.

「초자연적 능력」 1장에서

> 지옥의 세력에게 삶을 바쳤던 점쟁이들이
> 이스라엘에, 그리고 교회에 강력한
> 하나님이 계시다는 것을 알게 되었다!

Day 141
우리의 최우선 사명으로 돌아가기

너희는 세상의 소금이니

:: 마태복음 5장 13절

하나님께서 아담과 하와에게 말씀을 하신 것은 하나님의 동산의 경계, 즉 하나님의 통치와 뜻을 땅 끝까지 확장시키라는 것이었다. 하나님의 생각은 온 땅이 하나님의 영광스러운 지배로 충만하며, 인간이 하늘에서처럼 땅 위에서 흠 없이 "하나님의 뜻을 증거하는 것"이었다. 그것은 아름답고 놀라운 비전이며, 당신과 나, 교회, 그리고 모든 인류에 대한 하나님의 목표로 여전히 남아 있다. 이 세계와 당신과 나를 향한 하나님의 뜻은 결코 흔들리지 않는다.

물론 우리는 우리가 원래의 계획에서 이탈되었고, 아담이 하나님께서 주신 땅에 대한 통치권을 빼앗김으로 말미암아 인류는 원수의 노예 상태로 떨어졌다는 것을 이미 알고있다. 바울은 말한다.

"너희 자신을 종으로 내주어 누구에게 순종하든지 그 순종함을 받는 자의 종이 되는 줄을 너희가 알지 못하느냐"(롬 6:16).

그러나 하나님께서 구속의 계획을 준비해두고 계셨다. 그것은 예수님께서 잃어버린 모든 것을 되찾으러 오시는 것이었다. 하나님께서 악한 자에게 말씀하셨다.

"내가 너로 여자와 원수가 되게 하고 네 후손도 여자의 후손과 원수가 되게 하리니 여자의 후손은 네 머리를 상하게 할 것이요 너는 그의 발꿈치를 상하게 할 것이니라"(창 3:15).

그 예언이 예수 그리스도의 죽음과 부활로 인해 성취되었을 때, 하나님께서 인간이 원수에게 넘겨 준 권세를 되찾으셨고 이 땅 위의 우리의 목적을 되찾으셨다. 하나님께서 우리가 원래의 목표를 향해 달려갈 수 있게 하셨고, 우리는 힘을 다해 그 경주를 달려야 한다. 교회인 우리는 아담이 부르심 받았던 대로, 하나님의 통치를 이 지상 영역에 확대시키도록 부르심을 받았다.

『초자연적 능력』 1장에서

> 하나님께서 우리가 원래의 목표를 향해
> 달려갈 수 있게 하셨고,
> 우리는 힘을 다해 그 경주를 달려야 한다.

Day 142
우리의 대 위임령

그러므로 너희는 가서 모든 민족을 제자로 삼아 아버지와 아들과 성령의 이름으로 침례를 베풀고

:: 마태복음 28장 19절

예수님의 말씀의 요지는 이런 것이었다. "가서 병자를 고치고, 좋은 소식을 전파하고, 내가 누구이며 어떠한지 나타내 보여라. 나의 나라를 확장시켜라!"

그러나 오늘날 이 구체적 지시를 따르는 사람은 소수에 불과하다. 우리는 부차적 논쟁, 자잘한 지적 논쟁, 이론, 감정적 체험에 몰두한다. 우리는 우리 자신의 재능과 영적 은사에 매료되어 우리의 은사와 재능을 우리가 보기에 적합한 대로 사용함으로써 우리의 길을 결정할 수 있다고 생각한다. 비록 좋은 의도이지만, 우리는 대명령을 우리 식으로 감당하려 하면서 우리가 하나님께 순복하고 있다고 믿는다. 그러나 사실은 하나님께서 우리에게 주신 최우선 사명에 완전히 접속되지 않는 한, 이 땅 위에 하나님의 뜻을 하늘에서처럼 입증하는 것이 불가능하다. 이렇게 표현할 수 있다. **최우선 사명에 순종하지 않으면 대명령을 감당할 수 없다.**

그렇다면 그 최우선 사명이란 무엇인가?

"하나님의 아들이 나타나신 것은 마귀의 일을 멸하려 하심이라"(요일 3:8).

그것이 예수님의 임무였고, 또한 아담과 하와의 임무였다. 그리고 그것이 제자들의 임무였다. 신자들이여, **그것이 당신의 임무이기도 하다.** 하나님께서 당신을 구원하신 목적은 단순히 당신을 구조해서 천국에 갈 때까지 나름대로 바쁘게 살게 하시려는 것이 아니었다. 하나님의 목적은 훨씬 더 컸고, 훨씬 더 놀라웠다. 하나님께서는 당신에게 하나님의 뜻을 "하늘에서처럼 땅 위에" 나타내 보이라는 명령을 주셨다. 그래서 이 지구를 하나님의 능력과 임재로 가득한 찬란한 곳으로 변화시키라고 하셨다. 그것이 대명령의 근간이며, 당신의 삶과 나의 삶이 바로 그렇게 정의되어야 한다.

「초자연적 능력」 1장에서

하나님께서는 당신에게 하나님의 뜻을
"하늘에서처럼 땅 위에"
나타내 보이라는 명령을 주셨다.

Day 143
생활 속에 충돌을 일으키라

내가 주릴 때에 너희가 먹을 것을 주었고 목마를 때에 마시게 하였고 나그네 되었을 때에 영접하였고
:: 마태복음 25장 35절

우리가 하나님의 뜻을 행할 때, 하나님 나라의 실체가 마귀의 역사와 충돌하게 된다. 우리는 땅의 실체와 하늘의 실체 간에 충돌을 일으키면서, 다리와 연결점이 되어 기도와 철저한 순종을 통해 하나님의 통치권을 주장하는 것을 가능하게 한다. 최근에, 한 여자가 팔이 부러져서 우리 교회에 왔다. 그녀의 팔목이 너무 아팠기 때문에 우리는 기도하면서 그녀의 피부조차 건드릴 수 없었다. 우리는 손을 들고 기도했고, 몇 분 만에 하나님께서 그녀를 완전히 치료하셨다. 그녀는 더 이상 고통을 느끼지 않았고 팔목을 자유자재로 돌릴 수 있었다. 그 팔은 몇 초 전과 완전히 달랐다. 하나님 나라의 실체가 마귀의 역사를 압도했다. **바로 그것이** 내가 말하는 정상적인 그리스도인의 삶이다.

우리는 연례 명절 축제를 여는데, 그때 교인 가정들이 우리의 실내체육관의 테이블을 하나씩 크리스마스 장식으로 꾸민다. 그래서 가장 좋은 도자기, 크리스털, 은 식기가 차려진다. 그런 다음에 우리는 궁핍한 사람들을 버스로 데려온다. 작년에 우리는 갈비를 대접했다. 우리는 500명의 사람에게 34마리의 돼지를 구워 두 번씩 대접했다. 그런데 처음에 19마리를 구워서 한 번 돌리고 나니 남은 15마리로는 200명의 봉사자들과 두 번째 500명을 대접하기에 부족할 것 같았다. 그래서 봉사자들은 먹지 않기로 결정했다. 그러나 그들이 주방으로 돌아가 보니 22마리가 남아 있었다. 일곱 마리가 신비롭게 나타난 것이다. 그래서 봉사자들도 두 번째 그룹 500명과 함께 먹을 수 있었다. 그것으로 신비로웠던 22마리가 소진되어야 계산이 맞았지만, 모든 사람이 먹고 난 후에도 12마리가 남아 있었다! 성경 속 이야기처럼 빵이 늘어나는 것도 좋지만, 나는 갈비가 늘어나는 것을 보고 정말 즐거웠다!

「초자연적 능력」 1장에서

> 하나님 나라의 실체가
> 마귀의 역사를 압도했다.

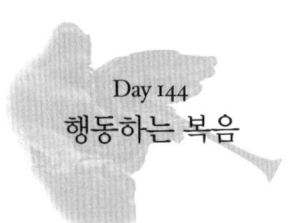

Day 144
행동하는 복음

사도들의 손을 통하여 민간에 표적과 기사가 많이 일어나매
:: 사도행전 5장 12절

복음의 능력에 대해 말하면서도 그 실현은 전혀 보지 못하는 삶에 당신은 지치지 않았는가? 하나님 나라가 역사한다는 증거도 없이 대 위임령을 수행하려 하는 것에 지치지 않았는가? 우리는 상품이 얼마나 좋은지 사람들에게 말하지만, 그것을 잘 입증하지는 않는다.

우리는 하나님의 나라가 어떻게 역사하는지 잘못 정의해 왔고, 예수님께서 가르치신 것의 많은 부분을 놓쳐 왔다. 어떤 사람들은 하나님 나라가 먼 장래나 과거의 것이라면서, 지금 여기는 아니라고 가르친다. 또 어떤 사람들은 성경에 있는 하나님의 모든 약속들을 천년왕국이나 영원의 세계에 국한시킨다. 왜냐하면 통념상 우리가 지상천국을 이루기는 어렵기 때문이다. 그러나 예수님께서는 하나님 나라가 현재에 존재하는 실체라는 것을 가르치고 나타내 보이셨다. 하나님 나라는 보이지 않는 세계 속에 현존하며 보이는 세계 보다 우월하다. 예수님께서 온전한 하나님이시며 온전한 사람이신 것과 마찬가지로, 하나님의 나라는 온전히 여기 있고 온전히 거기도 있다. 예수님께서는 그의 사역을 통해 어떻게 하나님 나라의 능력이 마귀의 일을 압박하는지 우리에게 친히 보여주셨다. **우리의 사역도 그런 일을 해야 한다**. 우리는 스스로 임무를 부여해서 우리 자신의 능력으로 대명령을 수행할 수 없다. 우리는 하나님 나라의 실체의 초자연적인 개입 없이 일할 여지가 없다. 우리의 임무는 우리가 하나님을 위해 무엇을 할 수 있는가가 아니라, 하나님께서 우리를 통해 무엇을 하실 수 있는가에 달려있다. 그것이 복음의 핵심이다. 즉 그것은 예수님께서 하신 바로 그 일을 하여 마귀의 일을 멸하는 것이다.

그것이 정상적인 기독교다. 즉 기적이 일상적으로 일어나며, 구원과 해방이 일상적으로 일어난다. 그리고 계시, 예언적 통찰, 지식의 말씀이 일상적으로 일어난다. 그러나 그 원래의 사명으로 돌아가려면, 우리가 생각하는 방식을 급격히 변화시켜야 한다. 우리는 **회개하고 우리의 마음을 새롭게 해야** 한다.

「초자연적 능력」 1장에서

> 계시, 예언적 통찰, 지식의 말씀이
> 일상적으로 일어난다.

Day 145
마음(생각)을 새롭게 함

땅이여 들으라 내가 이 백성에게 재앙을 내리리니 이것이 그들의 생각의 결과라 그들이 내 말을 듣지 아니하며 내 율법을 거절하였음이니라

:: 예레미야 6장 19절

하나님 나라의 일을 지속적으로 하는 유일한 방법은 하나님의 관점으로 실체를 보는 것이다. 바로 그것이 성경이 말씀하는 마음(mind, 생각)을 새롭게 한다는 것의 의미이다. 전쟁은 마음속에서 벌어진다. 마음은 하나님 나라의 실체를 사람들이 직면하는 문제 속으로 가져오는 필수 도구이다. 하나님께서 마음을 초자연적인 역사의 문지기로 만들어놓으셨다.

하나님 나라에 사용되려면, 우리의 마음이 먼저 변화되어야 한다. 그 단어가 무엇을 의미하는지에 대한 단서를 예수님께서 모세, 엘리야와 말씀하신 변화 산에서 발견할 수 있다. 천국의 실체가 예수님을 통해 빛났고, 예수님은 놀라운 광채를 발하셨다. 예수님의 몸은 다른 세계의 실체를 드러냈다. 이 본문에서 사용된 '**변하다**'라는 단어가 로마서 12장 2절의 단어와 같다. 그렇다면 새로워진 마음은 예수님께서 천국의 광채로 빛나셨듯이, 다른 세계의 실체를 반영하는 마음이다. 그것은 단지 우리의 생각이 달라졌다는 것이 아니라, 우리의 사고방식이 변화되었다는 것이다. 왜냐하면 우리가 하늘에서 땅을 바라보는 관점으로, 다른 실체로부터 생각하기 때문이다! 그것이 변화된 관점이다. 새로워진 마음은 하나님의 동역자들이 하나님의 뜻을 입증해보일 수 있게 만들어준다. 우리가 천국의 실체를 실행시켜 보여줄 때 하나님의 뜻을 입증한다. 그러나 반면에 새로워지지 않은 마음은 전혀 다른 것을 나타내 보여준다.

교회사의 어느 시대에 마음의 지적 측면만을 너무 강조하다보니 믿음의 생생한 삶이 사라져버렸다. 믿음을 희생시킨 대가로 신학을 높였다. 학문적 평가가 직접적이고 초자연적인 경험을 대체했다. 우리가 어떻게 믿어야 하는지를 마음이 지시하지 않게 해야 한다는 데는 타당한 이유가 있다. 그러나 그리스도인들은 어떤 오류에 대한 반발로 종종 다른 오류를 만들어낸다. 가령 오순절주의자들도 마음의 중요성을 가치절하 하며, 마음은 아무 가치도 없다고 은연중에 암시했다.

「초자연적 능력」 1장에서

> 마음은 하나님 나라의 실체를 사람들이 직면하는
> 문제 속으로 가져오는 필수 도구이다.

Day 146

우리의 사명 완수에 우리의 마음이 필요하다

이에 그들의 마음을 열어 성경을 깨닫게 하시고
∷ 누가복음 24장 45절

많은 그리스도인들이 마음을 불신하면서, 마음이 돌이킬 수 없이 타락했고 인본주의적이라고 생각한다. 그러나 사실 마음은 성령의 강력한 도구이다. 하나님은 마음을 지상에서 하나님 나라가 역사하는 데 있어서 문지기로 만들어놓으셨다. 마음이 제멋대로 무질서해지면, 지상에 하나님의 뜻을 이루시려는 하나님의 자유가 제한된다. 마음을 등한시하면 안 되고, 마음의 원래 목적대로 사용해야 한다. 만일 마음이 그리스도와의 동행에 있어서 필수적으로 중요하지 않았다면, 바울은 우리에게 "마음을 새롭게 함으로 변화를 받아"라고 권하지 않았을 것이다. 사실, 오직 새로워진 마음만이 하나님 나라의 실체를 지상에 계속해서 임하게 할 수 있다.

그러나 우리들 중 많은 사람들이 새로워지지 않은 마음으로 산다. 그들은 하나님께 별 소용이 없다. 그리스도의 마음과 일치하지 않고 있는 사람들은 잘 쓰임 받지 못한다. 왜냐하면 그들의 생각이 그리스도의 마음과 상충되기 때문이다. 그들은 자기 스스로 정한 사명을 수행하며 최우선 사명에 순종하고 있지 않다. 그 결과, 그들은 완전히 하나님께서 의도하신 임무 밖에서 일하고 있다.

우리가 최우선 사명에 마음을 합하면, 우리의 마음이 하나님의 손에 들린 강력한 도구가 된다. 이것은 왜 당신의 마음을 두고 그렇게 격렬한 전쟁이 벌어지는지 설명해준다. 당신의 삶 속의 모든 생각과 행동은 하나님께 충성하라고 하거나 사탄에게 충성하라고 한다. 어느 쪽이든 당신의 합의에 의해 실행된다. 당신의 마음을 새롭게 한다는 것은 무엇이 지옥에서 오며, 무엇이 천국에서 오는지 인식해서, 천국과 마음을 일치시키는 것이다. 그것이야말로 당신이 하나님께서 주신 임무를 완수할 유일한 방법이다. 하나님께서 당신의 마음을 온 우주에서 가장 강력한 초자연적 도구의 하나로서 디자인하셨지만, 마음이 성화되고 성령께 순복되어야만 당신의 매일의 삶 속에서 하나님의 디자인, 창조적 아이디어와 계획을 실행할 수 있게 된다.

「초자연적 능력」 1장에서

**당신의 삶 속의 모든 생각과 행동은
하나님께 충성하라고 하거나 사탄에게 충성하라고 한다.**

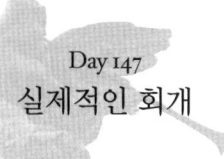

Day 147
실제적인 회개

그러므로 회개에 합당한 열매를 맺고

∷ 마태복음 3장 8절

마음을 새롭게 하는 것은 회개로 시작된다. 그것은 지상에서 우리의 근본적인 임무로 돌아가는 관문이다. 예수님께서 말씀하셨다. "회개하라 천국이 가까이 왔느니라"(마 4:17). 많은 그리스도인들은 **회개**를 앞으로 나가 단상 위에서 울며 하나님과의 관계를 바로잡는 것이라고 생각한다. 그것은 회개의 한 가지 적절한 표현일 수 있지만, 회개라는 단어 자체의 의미는 아니다.

'회개하다'라는 영어 단어, Repent의 Re는 "돌아가다"를 의미한다. Pent는 펜트하우스처럼 어떤 건물의 꼭대기 층을 의미한다. 그러므로 회개는 하나님의 관점으로 돌아가는 것을 의미한다. 회개가 없으면 우리는 육신적 사고방식 속에 계속 갇혀 있다. 성경에서 육적인 속성에 대해 말씀할 때, 명백하고 노골적인 죄를 반드시 가리키는 것은 아니다. 대부분의 그리스도인들은 죄에 대한 욕구가 없다. 그들은 술 취하거나, 성적으로 방종하고 싶어 하지 않는다. 그러나 복음의 나타난 능력이 없이 살기 때문에 많은 그리스도인들이 목적의식을 상실했고 죄로 되돌아갔다. 마음을 새롭게 하는 것은 천국에 갈 것인가의 문제라기보다는, 바로 지금 삶 속에서 천국을 얼마나 구하고 누릴 것인가의 문제이다.

예수님께서 말씀하셨다. "사람이 거듭나지 아니하면 하나님의 나라를 볼 수 없느니라(요 3:3)." 예수님의 말씀은 실제적인 것이었다. 즉 우리의 마음을 새롭게 하면, 예수님께서 지상 사역 중에 그러셨듯이, 우리도 하나님의 나라가 나타나고 증거되는 것을 보게 된다. 우리의 영혼은 그런 것을 보기를 갈망한다. 우리는 하나님 나라가 이 세계에 침노해 들어오는 것을 보려는 억제할 수 없는 갈망이 내면에 있다. 단지 보기만 할 뿐 아니라, 거기 참여하고, 하나님의 능력의 접촉점과 관문이 되려는 갈망이 있다. 『초자연적 능력』 1장에서

**회개가 없으면 우리는 육신적 사고방식
속에 계속 갇혀 있다.**

Day 148
우울한 월요일

혹 네가 하나님의 인자하심이 너를 인도하여 회개하게 하심을 알지 못하여 그의 인자하심과 용납하심과 길이 참으심이 풍성함을 멸시하느냐

:: 로마서 2장 4절

최근의 어느 주일 오전에 내가 교회에 가서 집회 전에 사람들과 인사를 하다가 어떤 사람의 초청을 받아 온 노숙자 신사를 만나게 되었다. 그는 팔에 기브스를 하고서 대단히 조심하고 있었다. 그래서 내가 물었다. "팔이 어떻게 된 거예요?"

그가 대답했다. "6미터 높이의 다리에서 떨어져서 팔목이 부러졌어요."

"우리가 기도해도 될까요?" 내가 물었다.

"네." 그가 대답했다.

우리가 기도하고 나서 내가 그에게 말했다. "이제 팔을 움직여보세요."

그가 팔을 움직여보더니 입이 딱 벌어졌다. 그는 완전히 놀라서 그를 데려온 여자를 쳐다보았다. 왜냐하면 그 짧은 시간 동안에 그가 완전히 나았기 때문이었다. 그의 손목은 멀쩡해졌다. 그 날 예배 시간에 사람들에게 그리스도께 삶을 드리라는 초청을 했을 때, 그는 제일 먼저 앞으로 나갔다. 우리는 "하나님의 인자하심이 우리를 인도하여 회개하게 하시는 것(롬 2:4)"을 다시 한 번 보았다.

그것은 하나님 나라가 지상에 역사한다는 것을 입증하는 단순한 일상 속의 예이다. 그것은 강한 정신력 때문이거나 어떤 이상하고 기괴한 일이 아니었다. 그것은 실체에 대한 하나님의 관점으로 돌아가서 우리가 정말로 그것을 믿는 삶을 사는 것이다. 하나님의 목적은 하나님과 동역하는 사람들을 일으켜서 마귀의 일을 멸하게 하고, 하나님의 뜻이 하늘에서처럼 땅에서도 이뤄진다는 것을 나타내 보이고 증거하게 하는 것이다. 그것이 대명령의 핵심이고 그 대 위임령 안에서 하나님과 동역하는 것이 당신의 특권이자 나의 특권이다.

「초자연적 능력」 1장에서

하나님의 목적은 하나님과 동역하는
사람들을 일으키는 것이다.

Day 149
바울의 회개

회개하고 하나님께로 돌아와서 회개에 합당한 일을 하라 전하므로

:: 사도행전 26장 20절

대부분의 그리스도인들은 죄 사함을 받을 만큼은 회개하지만, 하나님 나라를 볼 정도로 회개하지 않는다. 그들은 중도에 멈춘다. 그러나 우리가 기적을 경험하고 초자연적인 역사의 파트너가 되면 삶이 정말로 재미있다! 그것은 너무나 많은 사람들이 두려움 때문에 소홀히 하고 있는 영광과 특권과 책임이다.

능력 없는 복음은 좋은 소식이 아니다. 바울은 복음을 올바로 전하는 데 얼마나 주의를 기울였는지 사역을 하는 방식을 바꿀 정도였다. 바울은 아덴의 철학자들의 토론장, 아레오바고에서 복음을 전했다. 그들은 사상을 교환하고 그 당시의 지적 사상들을 토론하길 좋아했지만, 그들의 이야기는 대부분 의미가 없었고 진리의 능력이 없었다. 바울이 그들 중에 가서 탁월한 메시지를 전했다. 그것은 오늘날까지도 전 세계의 성경 학교들이 그 간결함을 높이 사고 있는 메시지였다(행 17 참조). 그리고 나서 바울은 사람들이 나아와 예수님을 만날 기회를 주었으나, 소수만이 구원을 받았다.

얼마나 실망스러운가! 사도 바울은 하나님의 능력의 메시지로 도시들을 요동시켰고, 치안 교란 죄로 감옥에 수감되기까지 했는데 말이다. 후에 에베소에서는 바울의 가르침과 하나님의 능력의 나타남으로 인해 도시가 완전히 뒤바뀌었다. 모든 주술 신봉자들이 주술서들을 가져와서 자발적으로 불태웠다. 많은 사람들이 회개했다. 바울은 하나님의 세계인 삼층천에 올라갔고 말로 형용할 수 없는 것을 보았다. 그러나 바울이 지성인들 앞에서 복음을 주로 지적으로 전했을 때는 소수만이 회심하였다. 사도행전 18장 1절에서는 "그 후에 바울이 아덴을 떠나 고린도에 이르러"라고 말씀한다.

『초자연적 능력』 1장에서

> 대부분의 그리스도인들은
> 죄 사함을 받을 만큼은 회개하지만,
> 하나님 나라를 볼 정도로 회개하지 않는다.

Day 150
하나님의 인자하심과 우리의 회개

가면서 전파하여 말하되 천국이 가까이 왔다 하고 병든 자를 고치며 죽은 자를 살리며 나병환자를 깨끗하게 하며 귀신을 쫓아내되

:: 마태복음 10장 7-8절

만일 바울이 다른 여느 설교자와 같았다면, 아마도 **우울한** 월요일을 보냈을 것이다. 주일 예배를 천 번은 더 평가해보고, 무엇을 더 잘할 수 있었을지 궁리하면서 말이다. 바울은 고린도로 가면서 자신의 메시지를 평가해보았을 것이다. 탁월했지만 회심자는 적었던 메시지를 말이다. 바울은 고린도에서도 복음을 전하게 될 것임을 알았다. 그때 바울이 무슨 생각을 했는지 이렇게 묘사했다.

형제들아 내가 너희에게 나아가 하나님의 증거를 전할 때에 말과 지혜의 아름다운 것으로 아니하였나니 내가 너희 중에서 예수 그리스도와 그가 십자가에 못 박히신 것 외에는 아무 것도 알지 아니하기로 작정하였음이라 내가 너희 가운데 거할 때에 약하고 두려워하고 심히 떨었노라 내 말과 내 전도함이 설득력 있는 지혜의 말로 하지 아니하고 다만 성령의 나타나심과 능력으로 하여 너희 믿음이 사람의 지혜에 있지 아니하고 다만 하나님의 능력에 있게 하려 하였노라
(고린도전서 2:1-5)

바울은 "너희 믿음이 주 예수 그리스도의 이름에 있게 하려 하였노라"고 쓰지 않았다. 바울은 "너희 믿음이…하나님의 능력에 있게 하려 하였노라"고 말했다. 오늘날에는 예수의 이름으로 전파하는 것과 능력으로 전파하는 것을 구분한다. 그러나 바울의 시대에는 그것을 별로 다르게 여기지 않았다. 능력은 복음의 일부였고, 오늘날 우리의 삶에도 그래야 한다.

능력으로 가르치신 예수님의 삶 속에서 복음이 온전하게 전파되었다. 예수님께서 하나님 나라에 대해 가르치실 때마다, 사람들을 치료하곤 하셨다. 둘 중의 하나만 하시지 않았으며, 둘 다 하셨다. 그럼으로써 하나님의 뜻을 증거하는 것은 하나님 나라가 가까이 왔음을 선포하는 것만이 아니라 그 성과를 나타내는 것임을 우리에게 보여주셨다.

「초자연적 능력」 1장에서

**능력은 복음의 일부였고,
오늘날 우리의 삶에도 그래야 한다.**

Day 151
완전한 해결책

예수께서 그들에게 이르시되 내가 진실로 진실로 너희에게 이르노니 아들이 아버지께서 하시는 일을 보지 않고는 아무 것도 스스로 할 수 없나니 아버지께서 행하시는 그것을 아들도 그와 같이 행하느니라

:: 요한복음 5장 19절

많은 신자들이 기적과 능력은 특별히 기름부음 받은 하나님의 사람들만을 위한 것이라고 생각한다. 많은 사람들은 예수님께서 기적을 행하신 것이 사람으로서가 아니라, 하나님으로서 하신 것이라는 생각에 매달려 있다. 그러나 사실은 예수님께서는 병자를 고치실 능력이 없었다. 그는 마귀를 내쫓으실 수 없었고, 죽은 자를 살릴 능력이 없었다. 예수님께서는 그의 신성을 유보해두셨다. 그래서 예수님께서는 하나님과 올바른 관계 속에 있는 사람으로서 기적을 행하셨다. 왜냐하면 우리가 따를 모델이 되어주려 하셨기 때문이다. 만일 예수님께서 하나님으로서 기적을 행하신 것이라면, 우리는 모두 감탄하겠지만, 예수님을 본받으려는 마음은 갖지 않을 것이다. 그러나 하나님께서 우리에게 예수님이 하신 것을 하라고 하시고, 또 그 이상을 하라고 하신 것을 볼 때, 우리는 깨달을 수 있다. 예수님께서 스스로를 제한하셔서 우리도 그렇게 할 수 있다는 것을 우리에게 보여주셨다. 예수님께서는 자신을 비우셨기 때문에 아버지께서 시키시는 일을 아버지의 도움 없이는 하실 수 없었다. 그것이 우리의 소명의 본질이다. 우리의 소명은 우리의 역량 이상을 요구한다. 우리가 할 수 있는 것만 하기를 고수한다면, 우리는 소명에 참여하지 못한다.

예수님께서는 주변 세상과 항상 대립과 갈등 속에 사셨다. 왜냐하면 하나님 나라의 논리는 육적 논리와 대립되기 때문이다. 새로워진 마음은 마귀의 일을 멸하여 땅의 실체가 하늘의 실체와 같아지게 한다. 그것은 말만이 아니라 행위로 하나님의 뜻을 입증한다. 병자를 치료하고, 죄의 노예 된 자들을 자유케하고, 슬픔이 있던 곳에 기쁨을 주고, 연약함이 있던 곳에 힘을 주고, 창의성이 없던 곳에 폭발적인 창조성과 세상을 변화시키는 아디이어와 독창성을 준다. 하나님 나라가 "하늘에서처럼 땅에서도" 표현되게 한다.

그것이 정상적인 그리스도인의 삶이다.

「초자연적 능력」 1장에서

우리의 소명은
우리의 역량 이상을 요구한다.

Day 152
하나님께서 거하시는 곳 되기

회개하라 천국이 가까이 왔느니라

:: 마태복음 3장 2절

우리는 "열린 천국" 하에서 살도록 태어났다. **그 축복이 없으면 우리는 하늘의 자원을 땅에 공급하는 데 실패할** 것이다.

나와 아내는 우리의 사역 학교의 몇 명과 교역자들과 함께 캘리포니아 주, 포투나의 한 예배에 참석했다. 그 지역의 많은 목회자들도 그곳에 참석하고 있었다. 그들은 하나님 나라의 메시지를 받아들였고 회중에게도 참여하라고 권했다. 그 날 저녁에는 치유가 매우 쉽게 일어났다(치료를 '우리가 하지 않고 하나님께서 하신다'는 측면에서는 치료가 항상 쉽다. 그러나 때로는 다른 때보다 더 잘 일어나는 것 같은 때가 있다. 그 날이 바로 그런 날이었다). 약 200명의 참석자 중에서 40-50명이 하나님께서 몸을 치료하셨다고 시인했다.

한 여성은 시신경이 손상되었고, 의사들은 그 눈으로 다시는 못 볼 것이라고 말했지만, 그녀는 치료되어 볼 수 있게 되었다. 귀가 들리지 않던 사람도 그 날 저녁에 즉시 치료되었다. 또 관절염 때문에 휠체어 신세를 져야 했던 여자도 치료되었다. 그녀는 춤추고 외치며 해방의 기쁨을 만끽했다. 또 우리 학생들이 내반족 어린이를 위해 기도할 때 놀라운 기적이 일어났다. 그 아이도 치료되었다. 리더들이 연합과 사랑 안에 함께 서있었기 때문에 **기적의 세계**에 들어가기가 매우 쉬웠다.

우리가 더욱 더 큰 역사를 위해 금식하고 기도했기 때문에 이제 우리는 하나님 나라의 특권과 책임에 대해 전례 없는 깨달음을 받고 있다. 이 깨달음은 단지 나 혼자 묵상하기 위한 것이 아니다. 더욱 더 많은 사람들이 그것에 따라 행동하고 있다. 하나님의 뜻이 하늘에서 이루어진 것 같이 땅에서도 이루어지고 있다. "나라가 임하시오며 뜻이 하늘에서 이루어진 것 같이 땅에서도 이루어지이다(마 6:10)."

『초자연적 능력』 2장에서

하나님의 뜻이 하늘에서 이루어진 것 같이
땅에서도 이루어지고 있다.

Day 153
시기적절한 혁명

이는 내가 사람에게서 받은 것도 아니요 배운 것도 아니요 오직 예수 그리스도의 계시로 말미암은 것이라
:: 갈라디아서 1장 12절

나는 교회에서 일어나고 있는 혁명을 보며 매우 흥분된다.

성경에서 하나님의 집을 처음 언급한 것으로 돌아가 보자. 창세기 28장에서 이렇게 말씀한다.

야곱이 브엘세바에서 떠나 하란으로 향하여 가더니…또 본즉 여호와께서 그 위에 서서 이르시되 나는 여호와니 너의 조부 아브라함의 하나님이요 이삭의 하나님이라 네가 누워 있는 땅을 내가 너와 네 자손에게 주리니…야곱이 잠이 깨어 이르되 여호와께서 과연 여기 계시거늘 내가 알지 못하였도다 이에 두려워하여 이르되 두렵도다 이 곳이여 이것은 다름 아닌 하나님의 집이요 이는 하늘의 문이로다 하고…그 곳 이름을 벧엘이라 하였더라…(창 28:10, 13, 16-17, 19)

이곳이 성경에서 하나님의 집을 처음 언급한 곳이므로, 이 본문은 성경의 나머지에 있는 이 주제의 본질을 정의해주고 있다. 우리는 이 집의 몇 가지 측면에 관심을 기울여야 한다. 먼저, 야곱이 말했다. "여호와께서 과연 여기 계시거늘 내가 알지 못하였도다." 이것은 '하나님의 집(이것의 정의를 곧 내리기 시작할 것이다)' 앞에 있으면서도 하나님의 집이 거기 있음을 모를 수 있다는 것을 알려준다. 다시 말해서, 계시가 없으면(야곱의 경우에는 꿈), 우리 삶 속과 우리 주변의 하나님의 임재와 역사를 모를 수 있다.

『초자연적 능력』 2장에서

계시가 없으면 우리 삶 속과 우리 주변의
하나님의 임재와 역사를 모를 수 있다.

Day 154
개인적 혁명

> 그가 자기 영혼의 수고한 것을 보고 만족하게 여길 것이라
> :: 이사야 53장 11절

나는 교회 예배와 집회 중에 여러 번 이런 일을 목격했다. 하나님께서 한 사람의 삶을 극적으로 철저히 바꾸신다. 그러나 바로 옆에 앉은 사람은 하나님께서 거기 임재하신다는 것을 감조차 못 잡을 것이다. 그들이 생각하고 있는 것은 집에 가서 뭘 먹을까 하는 것이다. 바로 옆에서는 다른 사람들이 완전히 영적 재건축을 하고 있는데도 말이다. 왜 그런지 모르지만, 그런 일이 항상 일어난다.

우리 교회의 전직 장로 중 한 사람인 칼 피어스가 있다. 그는 스포케인 힐링 룸의 설립자이며 『길을 예비하며』(Preparing the Way)의 저자이다. 내가 교회 목사로 부임했을 때, 그는 '지루함을 느끼고 있는' 당회원 중 한 명이었다고 고백했다. 나는 부임한 후 곧 특별 리더십 회의를 소집했다. 하나님께서 그 교회 안에 시작하려 하시는 일 때문이었다. 하나님의 그 새로운 역사를 우리의 리더들에게 소개하여 그들이 '맡아 이끌도록' 할 필요가 있었다. 칼은 교회에서 일어나고 있는 일을 좋아하지 않았고 의무감에서 회의에 참석하고 있었다. 그러나 내가 목격한 중에 가장 주권적인 역사로 하나님께서 그에게 임하셨다. 성령께서 그에게 강력하게 임하셨고 새 일을 위해 그를 사로잡으셨다. 만일 성령께 움켜잡는 발톱이 있다면, 그가 그것을 경험했다고 할 수 있다! 하나님께서 새로운 일을 위해 순식간에 그를 징집하셨다. 그는 이미 거듭났고 천국을 향해 가고 있었지만, 하나님께서는 그의 삶에 대한 숭고한 목적을 갖고 계셨다. 그를 붙잡고 있던 모든 것을 하나님께서 털어버리셨다. 그러나 그가 그런 영적 변화를 경험하고 있는 동안, 같은 실내의 많은 사람들은 아무 것도 경험하지도, 깨닫지도 못했다. 그들은 꿈꾸기 전의 야곱과 같았다. 하나님께서 거기 계셨지만 그들은 알지 못했다.

「초자연적 능력」 2장에서

> 하나님께서 거기 계셨지만
> 그들은 알지 못했다.

Day 155
열린 천국

내가 기둥으로 세운 이 돌이 하나님의 집이 될 것이요
:: 창세기 28장 22절

하나님의 집에 대한 중요한 점은 하나님의 집이 열린 하늘 아래서 기능했다는 것이었다. 즉 악한 영의 세계가 깨어지고 하나님의 통치와 땅에서 일어나는 일 사이에 구별이 있었다. 그것이 야곱의 꿈에 천사들이 오르내리는 사다리로 표현되었다(창 28 참조). 천사들이 임무를 완수했을 때는 올라가고 초자연적인 임무를 수행하러 갈 때는 내려간다(나는 확신한다. 하나님께서 원하시는 위험을 감수하는 삶을 그리스도인들이 살기를 많은 천사들이 수십 년 간 기다려왔을 것이다. 천사들의 일은 인간들을 괴롭히는 상황들 속에 하나님의 통치의 지배를 임하게 하는 것이다. 히브리서 1장 14절에서 "모든 천사들은 섬기는 영으로서 구원 받을 상속자들을 위하여 섬기라고 보내심이 아니냐"라고 말씀한다. 여호와께서 시키신 일을 완수하려면 천사들이 필요하다. 시편 104편 3절에서 하나님께서 "바람 날개로 다니시며"라고 말씀한다. 바람은 천사의 존재로 묘사된다. 하나님께서 천사를 **타시고** 어떤 상황 속에 들어가신다. 그런데 모험을 감수하지 않는 삶에는 천사의 도움이 별로 필요하지 않다).

야곱은 꿈에서 깬 후 그 장소가 "다름 아닌 하나님의 집"이라고 선언했다. 그 말은 물리적 처소를 말한 것은 아니었다. 왜냐하면 거기에 건물이 없었기 때문이다. 조직이나 족속이나 종교 집단을 말한 것도 아니었다. 그 주변에 다른 사람은 없었기 때문이다. 그 꿈이 무엇을 의미하는지에 대해 그도 여느 사람과 마찬가지로 혼동되었을 것이다. 그리고 우리가 아는 한 그는 그 난해한 예언적 꿈에 대한 대답을 듣지 못했다. 그 해답은 수백 년 후 그 예언의 첫 응답이신 예수님으로 이루어졌다.

『초자연적 능력』 2장에서

**모험을 감수하지 않는 삶에는
천사의 도움이 별로 필요하지 않다.**

Day 156
육신이 되신 천국

말씀이 육신이 되어 우리 가운데 거하시매 우리가 그의 영광을 보니 아버지의 독생자의 영광이요 은혜와 진리가 충만하더라

:: 요한복음 1장 14절

이 구절의 "거하다"는 "장막을 치다"라는 의미이다. 예수님께서 우리 중에 **장막을 치고 거하셨다**. 그는 육신이 되신 하나님의 집이었고, 하나님께서 거하신 곳이었다. 그는 창세기 28장의 예언적 장면의 첫 성취이셨다. 하나님의 집은 건물, 위치, 교단이 아니라, 사람이었다. 우리는 이 비유가 후에 요한복음에서 확대되는 것을 본다.

나다나엘이 대답하되 랍비여 당신은 하나님의 아들이시요 당신은 이스라엘의 임금이로소이다 예수께서 대답하여 이르시되 내가 너를 무화과나무 아래에서 보았다 하므로 믿느냐 이보다 더 큰 일을 보리라 또 이르시되 진실로 진실로 너희에게 이르노니 하늘이 열리고 하나님의 사자들이 인자 위에 오르락 내리락 하는 것을 보리라 하시니라

(요한복음 1:49-51)

하나님의 집의 성취는 예수님으로 시작되었다. 그는 지상에 있는 하나님의 집이셨다. 그러나 이 개념은 예수님으로 국한되지 않았다. 그는 하나님의 집의 최초의 성취이셨지만, 궁극적 성취는 아니셨다. 그것은 큰 차이가 있다. 예를 들어, 당신의 회심은 당신에 대한 하나님의 궁극적 의도는 아니다. 그것은 당신의 궁극적 성취를 위한 하나님의 최초의 의도이셨다. 즉 궁극적으로는 당신이 하나님의 충만하신 것으로 충만해지고, 하늘에서 일어나는 것과 같은 정상적인 그리스도인의 삶을 살아야 한다. 하나님의 집에 대한 최초의 성취는 지상에서 하나님의 장막이신 예수님이셨다.

『초자연적 능력』 2장에서

> 당신의 회심은 당신에 대한
> 하나님의 궁극적 의도는 아니다.

Day 157
우리는 하나님의 처소다

너희는 너희가 하나님의 성전인 것과 하나님의 성령이 너희 안에 계시는 것을 알지 못하느냐

:: 고린도전서 3장 16절

나는 어둡기로 소문난 많은 도시들에 가보았다. 그러나 사교집단 리더들의 활동도 그리스도 안에 거하는 신자에게 하늘이 열리는 것을 막지 못했다. 심지어 귀신 들린 자가 고통을 당하는 중에도 예수님의 발 앞에 엎드려 예배할 때 "하나님을 만나는 것"을 막을 수 없었다! 어느 도시에서도 하늘이 열리지 않는 경우는 없었다.

예수님께서 요한복음 14장 16절에서 제자들에게 성령에 대해 말씀하셨다. "내가 아버지께 구하겠으니 그가 또 다른 보혜사를 너희에게 주사 영원토록 너희와 함께 있게 하리니."

그리고 에베소서 2장 19-22절에서 말씀한다.

그러므로 이제부터 너희는 외인도 아니요 나그네도 아니요 오직 성도들과 동일한 시민이요 하나님의 권속이라 너희는 사도들과 선지자들의 터 위에 세우심을 입은 자라 그리스도 예수께서 친히 모퉁잇돌이 되셨느니라 그의 안에서 건물마다 서로 연결하여 주 안에서 성전이 되어 가고 너희도 성령 안에서 하나님이 거하실 처소가 되기 위하여 그리스도 예수 안에서 함께 지어져 가느니라

우리들, 교회, 곧 구속된 자들은 성령의 장막이며, 하나님의 영원한 처소이다! 우리는 산 돌들이며, 베드로전서 2장 4-5절에 따르면 함께 하나님의 영원한 처소로 지어져간다. 하나님의 집은 우리다! 야곱의 꿈은 단지 메시야에 대한 것일 뿐만이 아니라, 당신과 나, 그리고 역사상의 모든 거듭난 신자에 대한 것이다. 그것이 우리의 정체성의 핵심이다.

『초자연적 능력』 2장에서

> 우리들, 교회, 곧 구속된 자들은 성령의 장막이며,
> 하나님의 영원한 처소이다!

Day 158
우리 안의 하나님의 집

너희도 산 돌 같이 신령한 집으로 세워지고 예수 그리스도로 말미암아 하나님이 기쁘게 받으실 신령한 제사를 드릴 거룩한 제사장이 될지니라

:: 베드로전서 2장 5절

하나님의 집은 당신의 삶과 당신이 하는 모든 것에 대한 하나님의 의도를 보여주는 그림이다. 하나님께서는 당신께서 거하실 집을 원하시고, 천사들이 임무 수행을 위해 오르내리며 하나님 안에 거하는 사람들 위에 하늘이 열려 있는 집을 찾으신다. 하나님 안에 거한다는 것은 애정이 하나님께로 연결되어 있다는 것이다. 하나님께서는 갈보리의 삶의 실체로 이 세상을 침노하시기를 원하신다. 그러기 위해 하나님께서는 정상적인 그리스도인으로 살아갈 사람들을 기다리신다. 그들은 모험을 감수하고, 사용되지 않고 있는 천국의 보이지 않는 자원까지도 늘 공급받는 자들이다. 그것이 우리가 하나님의 집으로 살아가는 방법이다.

우리가 하나님의 집이라는 정체성을 이해하고 확신하면, 우리는 위대한 일을 할 수 있다. 피조물의 어떤 영역에 있는 어둠의 세력도 아버지와의 교제를 막을 수 없다. 새신자부터 성숙한 신자까지 모든 그리스도인 위에 열린 하늘이 있다. 우리가 하나님의 집이라는 의미는 예수님께서 아버지 우편에서 가지신 것과 같은 권세를 우리가 갖는다는 것이다. 우리는 하나님의 "집", 즉 이 땅에서 하나님의 나타남이 될 자격과 능력을 부여받았다. 지금 이 순간 당신은 그리스도인으로서 하늘에 들어갈 절대적 자유를 가지고 있다.

그러나 우리의 어떤 사다리는 너무 오랫동안 사용되지 않았다. 우리가 초자연적 영역에 발을 들여놓지 않았기 때문에 아무 천사도 오가지 않았다. 그것이 우리의 문제이다. 하나님의 집이 되려면 우리는 하늘의 정상적인 모습인 생명, 기쁨, 치유, 평화가 넘쳐야 한다. 우리가 가는 곳마다 하나님의 영광으로 충만한 하나님의 집이 되게 하려는 마음을 품어야 한다.

「초자연적 능력」 2장에서

새신자부터 성숙한 신자까지
모든 그리스도인 위에 열린 하늘이 있다.

Day 159
하늘의 문

문들아 너희 머리를 들지어다 영원한 문들아 들릴지어다 영광의 왕이 들어가시리로다

:: 시편 24편 7절

사다리와 집 외에, 문도 창세기 28장에 언급된다. 야곱이 말했다. "이것은 다름 아닌 하나님의 집이요 이는 하늘의 문이로다(창 28:17)." 이 본문과 성경의 다른 곳에서 '문'은 이동과 접근의 장소를 의미한다. 우리는 문을 통해 마당에서 골목으로 나가거나 마당에서 차도로 나간다. 마찬가지로, 교회가 하늘의 문이라는 것은 하나님의 통치의 실체가 모든 사람에게 접근 가능하게 되는 곳을 말한다. 즉 하나님의 세계가 우리의 세계에 침노하는 곳이다!

교회는 하늘의 문이다(하나님의 집에 대한 다른 표현). 이제 예수님께서 지옥의 문(음부의 권세-개역개정)이라는 개념을 알려주셨다. 내가 젊을 때는 이것을 잘못 해석해서 '하늘의 문들이 원수의 공격을 이길 것이다'라는 의미로 생각했다. 그 당시 나의 신학에는 그것이 더 잘 맞았다. 나는 교회가 한 무리의 사람들이며 한 구내에 정주하고 어깨를 나란히 하고 문을 응시하다가 마귀의 강력한 무리가 문을 부술 때 요새를 지키려 하는 이미지를 떠올렸다. 나는 교회가 두렵고 연약한 상태에 있으면서 하나님께서 어서 오셔서 우리를 악하고 큰 마귀에게서 구해주실 때까지 우리가 가진 것을 지키려 애쓰고 있다고 생각했다. 그러나 예수님께서는 반대의 장면을 그려주셨다. "음부의 권세가 이기지 못하리라." 땅 곳곳에 지배영역이나 '문'을 세운 정사와 권세가 우리를 이기지 못할 것이다! 우리가 전진하며 이기고 있다. 그리고 예수님께서는 결국 어떤 지옥의 문도 서지 못할 것이라고 약속하셨다.

「초자연적 능력」 2장에서

교회는 하늘의 문이다.
(하나님의 집에 대한 다른 표현)

Day 160
지옥의 문
(음부의 권세)

모든 생각을 사로잡아 그리스도에게 복종하게 하니
:: 고린도후서 10장 5절

이 때로부터 예수 그리스도께서 자기가 예루살렘에 올라가 장로들과 대제사장들과 서기관들에게 많은 고난을 받고 죽임을 당하고 제삼일에 살아나야 할 것을 제자들에게 비로소 나타내시니 베드로가 예수를 붙들고 항변하여 이르되 주여 그리 마옵소서 이 일이 결코 주께 미치지 아니하리이다 예수께서 돌이키시며 베드로에게 이르시되 사탄아 내 뒤로 물러가라 너는 나를 넘어지게 하는 자로다 네가 하나님의 일을 생각하지 아니하고 도리어 사람의 일을 생각하는도다 하시고
(마태복음 16:21-23)

예수님께서는 "마귀 숭배자, 베드로야!"라고 하지 않으셨다. "너는 온갖 사술과 속임수가 가득하다"라고 하지도 않으셨다. 다만 "너의 생각이 사람의 일로 가득하다"라고 하셨다. 여기서 기억해야할 가장 중요한 것은 마귀가 인간의 동의로 힘을 얻는다는 것이다! 그런 정신적 태도가 사탄이 파멸을 가져올 수 있는 문이 되었다. "나는 인간일 뿐이에요"라고 말하는 것은 "나는 사탄적일 뿐이에요"라고 말하는 것이다. 그리스도 없는 인성은 본질적으로 그 중심이 사탄적이다. 당신이 성령을 받았으면, "나는 인간일 뿐이에요"라고 주장할 권리가 없다. 당신은 그것을 훨씬 능가한다! 사실상 바울은 **사람을 따라 행한다**고 고린도 교회를 책망했다(고전 3:3). 고린도후서 10장 5절에서 지옥의 문의 위치를 확인해준다.

지옥의 문은 어느 때든 우리가 원수에게 동의할 때의 우리의 생각이다. 사람 중심적인 관점이나 하나님을 모르는 자연적 지혜에 내가 동의할 때마다 나는 사탄에게 힘을 실어주는 것이다. 그럴 때 나는 악한 영의 세력에게 힘을 실어주며 내 삶에 그의 죽이고, 훔치고, 멸망시키는 힘을 풀어주는 문이 된다. 무섭지만, 성경은 그것이 사실이라고 일깨워준다.

「초자연적 능력」 2장에서

> 지옥의 문은 어느 때든
> 우리가 원수에게 동의할 때
> 우리의 생각이다.

Day 161
문이 되는 사람들

내가 땅의 일을 말하여도 너희가 믿지 아니하거든 하물며 하늘의 일을 말하면 어떻게 믿겠느냐

:: 요한복음 3장 12절

우리의 목표는 항상 하늘에 동의해서 우리의 생각이 하늘의 문이 되게 함으로써 천사들이 자유롭게 오르내리며 하나님의 임무를 수행하게 하는 것이다. 천사가 말 그대로 우리 생각 속으로 날아 들어온다는 것이 아니다. 우리의 동의를 통해 천사들이 해방된다는 것이다. 성경에서 말씀하다. "네가 땅에서 무엇이든지 매면 하늘에서도 매일 것이요 네가 땅에서 무엇이든지 풀면 하늘에서도 풀리리라(마 16:19)."

그것이 예수님의 사역의 초점이었고, 우리에게 권세를 주는 중요한 말씀이다. 우리가 묶은 것은 이미 묶였다. 우리의 임무는 하늘에서 무엇이 묶였는지 보고서 그것을 여기 아래서도 묶는 것이다. 하늘의 영역에서 자유롭게 작용하는 것은 무엇이든 여기서도 자유롭게 풀려나야 한다. 우리는 하늘의 실체가 이 세상에 자유롭게 흐르는 문이 되는 사람들이어야 한다.

하늘에서 무엇이 묶였고 무엇이 풀렸는지 우리가 어떻게 아는가? 하늘의 실체가 어떤 모습인지 누가 우리에게 말해주는가? 그것을 알고 하나님의 집과 하늘의 문으로서 행하는 유일한 방법은 하늘에서 무슨 일이 일어나는지 계시를 받는 것이다. 그렇지 않으면 우리는 어둠 속에서 일하게 된다. 하나님께서 하나님의 백성에게 늘 알려주기 원하신 것이 있다. 그것은 하늘에 있지만 땅에는 상응하는 것이 없는 것이다. 그러나 하늘에 있는 것의 존재는 말씀으로 뒷받침된다.

예수님께서는 영적 세계에 일어나고 있지만 땅에는 대응하는 물체가 없는 것들을 우리에게 계시해주고 싶어 하신다. 그러려면 먼저 우리가 매일의 삶의 한 부분으로서 계시를 갈망하며 받는 법을 배워야 한다. 그 계시는 우리가 땅의 임무를 더 큰 정확성과 지혜로 수행하게 도와줄 것이다.

「초자연적 능력」 2장에서

우리의 목표는 항상 하늘에 동의해서
우리의 생각이 하늘의 문이 되게 함으로써
천사들이 자유롭게 오르내리며
하나님의 임무를 수행하게 하는 것이다.

Day 162
계시와 이해

지혜와 계시의 영을 너희에게 주사 하나님을 알게 하시고
:: 에베소서 1장 17하반 절

계시의 본질은 삶, 가능성, 믿음의 새로운 세계를 연다는 것이다. 하나님으로부터 정기적으로 계시를 받지 않으면서 정상적인 그리스도인의 삶을 산다는 것은 불가능하다. 성경은 "내 백성이 기적이 없어서 망한다"라고 말씀하지 않는다. 혹은 돈이 없어서, 혹은 나쁜 관계 때문에, 무능한 찬양 리더 때문에, 어린이부 사역자가 부족해서 등 우리가 생각할 수 있는 다른 리스트를 들지 않는다. 다만 "내 백성이 지식이 없으므로 망하는도다(호 4:6)"라고 말씀한다. 잠언 29장 18절에서도 비슷하게 "묵시가 없으면 백성이 방자히 행하거니와"라고 말씀한다. 더 정확하고 완전한 번역은 이렇다. "예언적 계시가 없으면 백성이 삼가지 않고 행하고 빙빙 돌며 걸으면서 특정한 목적이 없다."

성경의 **비전**이라는 단어는 '목표'를 의미하지 않는다. **비전**은 당신 위에 임하는 계시의 영을 가리킨다. 그것은 보이지 않는 것을 당신이 보게 해준다. 우리 삶에 계시는 필수적이어서 그것이 없으면 우리는 멸망한다. 이것은 우리가 먹어도 되고, 안 먹어도 되는 비타민이 아니다. 우리는 계시로 산다. 하나님의 관점에서 삶을 보도록 당신의 역량을 확장시켜주는 예언적 계시가 없으면, 당신은 멸망한다. 현재 당신의 상황을 하나님의 눈으로 보지 않으면, 당신은 영적으로 죽을 것이다. 그것이 진정으로 핵심적이기 때문에 바울은 에베소에 쓴 편지에 이 문제를 다룬다. 에베소 교인들은 모든 면에 행동이 올바른 것 같았고, 신약에 기록된 최대의 부흥을 경험했다. 바울은 그런 그들에게 하나님께서 지혜와 계시의 영을 주시기를 기도한다고 말했다(엡 1:17 참조).

부흥을 깊이 경험한 에베소 교회도 계시의 중요성을 상기할 필요가 있었다면, 우리는 더더욱 그것을 들을 필요가 있다. 계시는 정상적인 그리스도인의 삶에 결정적이다.

「초자연적 능력」 3장에서

> 우리 삶에 계시는 필수적이어서
> 그것이 없으면 우리는 멸망한다.

Day 163
초점 맞추기

사람의 일을 사람의 속에 있는 영 외에 누가 알리요 이와 같이 하나님의 일도 하나님의 영 외에는 아무도 알지 못하느니라

:: 고린도전서 2장 11절

많은 그리스도인들이 하나님의 계시에 초점을 맞추지 않는다. 바울이 그것을 이런 말로 잘 표현했다.

사람의 일을 사람의 속에 있는 영 외에 누가 알리요 이와 같이 하나님의 일도 하나님의 영 외에는 아무도 알지 못하느니라 (고린도전서 2:12,14).

바로 지금 당신이 앉아 있는 방에 영화가 상영되고 있다. 만일 당신에게 수신 장치나 위성 안테나가 있다면 그것을 볼 수 있다. 당신이 그 전파를 볼 수 없다고 해서 그것이 존재하지 않는 것은 아니다. 올바른 수신 장치가 있으면 수많은 텔레비전 프로그램, 경기, 토크쇼를 볼 수 있고 휴대 전화기나 단파 라디오의 많은 대화들을 들을 수 있다. 그러나 알맞은 수신 장치가 없으면, 아무것도 볼 수 없다.

마찬가지로 성경은 육적인 사람은 성령의 일을 **받지** 못한다고 말씀한다. 만일 하나님께서 FM 라디오로 말씀하시는데 우리가 AM에 있을 때, 우리가 다이얼을 왼쪽으로 완전히 돌린 후에 서서히 주파수를 맞춘다고 하자. 다이얼을 돌리며 성경 구절을 암송할 수 있다. 하나님의 약속을 주장할 수 있다. 우리가 원하는 무엇을 하더라도, 하나님은 FM에 계신데 우리는 AM에 있다면, 우리는 하나님의 메시지를 받지 못할 것이다. 왜냐하면 육적인 사람은 하나님의 메시지를 받지 못하기 때문이다.

「초자연적 능력」 3장에서

육적인 사람은
성령의 일을 **받지** 못한다.

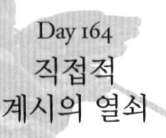

Day 164
직접적 계시의 열쇠

여호와의 말씀이니라 너희를 향한 나의 생각을 내가 아나니 평안이요 재앙이 아니니라 너희에게 미래와 희망을 주는 것이니라

:: 예레미야 29장 11절

열쇠는 영적 분별이다. 즉 우리의 영적 사람을 하나님으로부터 오는 직접적인 계시를 향해 여는 것이다. 성경은 말씀한다.

기록된 바 하나님이 자기를 사랑하는 자들을 위하여 예비하신 모든 것은 눈으로 보지 못하고 귀로 듣지 못하고 사람의 마음으로 생각하지도 못하였다 함과 같으니라 오직 하나님이 성령으로 이것을 우리에게 보이셨으니 성령은 모든 것 곧 하나님의 깊은 것까지도 통달하시느니라 (고린도전서 2:9-10)

성령께서는 인간의 귀로 듣지 못하고 인간의 눈으로 보지 못한 것을 살피신다. 그는 온 우주 최대의 검색 엔진이시다. 게다가 얼마나 빠르고 정확한지! 그는 상상할 수 있는 최대의 정보 저장고를 검색하신다. 그것은 바로 아버지의 마음이다. 시편 139편 18절에서 우리 각 사람에 대한 하나님의 생각이 지구상의 모든 해변의 모래 수를 능가한다고 말씀한다. "내가 세려고 할지라도 그 수가 모래보다 많도소이다 내가 깰 때에도 여전히 주와 함께 있나이다."

예레미야 29장 11절에 따르면, 그 모든 생각은 당신의 복된 삶, 유익, 축복을 위한 것이다. 하나님께서는 오랫동안 계시면서, 당신에 대해 생각할 긴 시간을 가지셨다. 하나님께서는 당신이 태어나기 오래 전부터 당신을 아셨다. 당신에 대해 여기저기서 어쩌다 몇 번 생각하신 것이 아니다. 하나님께서는 수십 억 년 동안 당신에 대해 생각해오셨고, 성령께서 그 저장고를 다 검색해서 딱 맞는 순간에 당신에게 놀라운 선물을 가져다주신다. 다만 당신이 귀 기울이고 있다면 말이다.

「초자연적 능력」 3장에서

하나님께서는 수십 억 년 동안
당신에 대해 생각해오셨다.

Day 165
계시받기

거만한 자는 지혜를 구하여도 얻지 못하거니와 명철한 자는 지식 얻기가 쉬우니라

:: 잠언 14장 6절

대부분의 거듭난 사람들은 혼란과 난국 속에 있다가 누군가가 한 말에 초자연적인 평화가 갑자기 영혼에 임했던 경험이 있을 것이다. 5분 전까지 필요하다고 생각했던 모든 해답을 갖지 못했더라도 왠지 괜찮은 기분이 든다. 이 때 그들의 말은 하나님으로부터 온 계시의 영이었다. 예수님께서 육신이 되셨듯이, 성령께서 말씀이 되시고, 그것을 말하면 그 말씀이 생명을 준다(요 6:63). 우리는 그 말씀에 마음을 기울이고, 결국 그 말씀이 깨달아지기 시작한다.

어떤 사람들은 엄청난 양의 계시를 받고, 어떤 사람들은 그렇지 못하다. 그것은 우리가 계시를 받기 위한 지지 구조를 어떻게 세우느냐에 달린 것일 수 있다. 그 구조의 가장 기본적인 기반을 이루는 기둥과 같은 진리가 복음 속에 있다. 총명한 사람은 하나님께서 거기에 더해주시는 것을 받아들이고 의문을 제기하지 않는다. 그런 사람은 두 마음을 품지 않는다. 그렇게 해서 총명한 사람은 더 총명해진다. 하나님께서 말씀하신 것을 소중히 여기면, 더 큰 계시를 위한 기반을 건축하게 된다.

계시를 더 받기 위한 또 다른 방법은 우리가 이미 알고 있는 것에 순종하는 것이다. 한 사람이 예수님께 와서 영생을 얻으려면 어떻게 해야 하는지 여쭤보았다(눅 10:25-28). 예수님께서 "성경에서 무엇이라고 말씀하느냐?"라고 물으셨다. 그 사람은 예수님의 또 다른 답변을 구했지만, 예수님께서는 그에게 새로운 정보를 더 주지 않으셨다. 그가 순종하며 행하기 전까지는 더 받을 수 없었다.

순종은 하나님께 "제가 다음 단계를 밟기 원합니다"라고 말씀드리는 신호이다. 그러한 부드러운 심령은 개인이나 사람들의 공동체에 계시의 영을 임하게 한다. 그들은 전에 듣거나 보지 못한 것들을 보고 듣기 시작한다. 성경은 "사람이 침상에서 졸며 깊이 잠들 때에나 꿈에나 밤에 환상을 볼 때에 그가 사람의 귀를 여시고(욥 33:15-16)"라고 말씀한다.

「초자연적 능력」 3장에서

예수님께서 육신이 되셨듯이, 성령께서 말씀이 되시고,
그것을 말하면 그 말씀이 생명을 준다.

Day 166
계시가 경계선을 정해준다

나의 복음과 예수 그리스도를 전파함은 영세 전부터 감추어졌다가 이제는 나타내신 바 되었으며…이 복음으로 너희를 능히 견고하게 하실

:: 로마서 16장 25-26절

하나님께서 말씀하시면 당신은 그것이 하나님의 말씀임을 알게 된다. 왜냐하면 거기에는 새로움이 있기 때문이다. 그것은 항상 당신이 생각해낼 수 있는 것보다 나을 것이다. 그리고 만일 하나님께서 당신에게 새 아이디어를 주시면, 그것은 필시 당신 자신의 힘으로 성취하는 것이 불가능할 것이다. 하나님께서 주신 생각은 너무나 엄청나서 당신은 그것이 이뤄지도록 하나님께 더 가까이 나아가길 원하게 될 것이다.

계시는 '은사가 있는' 사람들만을 위한 것이 아니라, 모든 신자를 위한 것이다. 어떤 사람이 큰 계시를 받을수록, 더 큰 믿음을 행할 수 있게 된다. 만일 내가 모든 사람을 치료하는 것이 하나님께서 원하시는 것이 아니라 믿는다면, 아픈 사람이 내게 올 때마다 나의 계시가 나를 제한할 것이다. 나는 마음속에서 정해야 한다. 사람들을 치료하시는 것이 정말로 하나님의 뜻인가? 하나님께서 모든 사람이 치료되어 온전해지기 원하신다는 계시를 내가 막는 한, 내가 그 영역에 믿음을 행하는 것을 스스로 막는 것이 된다. 계시는 우리의 믿음이 역사할 수 있는 영역을 넓힌다. 반면에 속임수는 믿음의 영역을 좁힌다.

만일 당신이 세상에서 베니 힌만이 병자를 위해 기도해서 늘 성공할 수 있다고 믿는다면, 당신의 믿음이 그 오해의 한계 안에서만 역사할 것이다. 그러나 만일 마태복음 10장 1-42절에서처럼 예수님의 말씀이 당신에게 생생하게 다가온다면 어떻게 될까? 거기서 예수님께서 사람들을 파송하시며 병자를 고치고, 죽은 자를 일으키고, 나병 환자를 깨끗하게 하고, 귀신을 쫓아내라고 하셨다. 예수님께서 친히 사시고 가르치신 생활이 **당신의** 생활이어야 한다는 것을 당신이 깨닫는다면 어떻게 될까? 계시는 당신의 믿음이 역사할 수 있는 범위를 넓힌다.

「초자연적 능력」 3장에서

> 계시는 '은사가 있는' 사람들만을 위한 것이 아니라, 모든 신자를 위한 것이다.

Day 167
계시를 함부로 주시지 않는다

제자들이 예수께 나아와 이르되 어찌하여 그들에게 비유로 말씀하시나이까 대답하여 이르시되 천국의 비밀을 아는 것이 너희에게는 허락되었으나 그들에게는 아니되었나니
:: 마태복음 13장 10-11절

계시는 당신이 신학서적이나 스터디 주석에서 파낼 수 있는 것이 아니다. 심지어 당신 혼자 성경에서 풀어낼 수 있는 것도 아니다. 계시는 성경에서 '신비'라고 부르는 영역에 숨겨져 있다. 계시는 동물처럼 사냥해 붙잡을 수도 없고, 꾸준히 탐색한다고 발견할 수 없다. 신비는 계시되어야 한다. 우리가 잠긴 신비를 여는 것이 아니라, 우리에게 열어주셔야 한다. 그리고 신비에 대해 갈급한 자에게만 그것이 열리고 계시된다. 예수님께서 진리를 비유 속에 숨겨두셔서 어떤 사람들에게는 신비로 남고, 어떤 사람들에게는 그렇지 않도록 하셨다고 했다. 마찬가지로, 그가 금을 돌 속에 두시고 "그것을 원하면, 가서 찾아내어 파라"고 말씀하셨다. 성경은 말씀한다. "일을 숨기는 것은 하나님의 영화요 일을 살피는 것은 왕의 영화니라(잠 25:2)."

하나님께서는 계시의 진주, 즉 고난과 역경, 갈등과 분요를 통해 얻은 그것을 아무에게나 거저 던져주시지 않는다. 우리가 계시를 받기 원한다면, 성령의 도움이 필요하다. 바울은 고린도인들에게 말하면서 그것을 확증해 주었다. 그는 사람의 지혜를 사용해서 말하지 않고, 하나님의 신비로부터 오는 지혜를 사용했다고 말했다. 그리고 바울은 그것이 성령으로부터 오는 '감춰진 지혜'라고 그들에게 말했다(고전 2:6-8 참조). 『초자연적 능력』 3장에서

> 계시는 성경에서 "신비"라고 부르는
> 영역에 숨겨져 있다.

Day 168
성령과 계시

내 말과 내 전도함이 설득력 있는 지혜의 말로 하지 아니하고 다만 성령의 나타나심과 능력으로 하여
:: 고린도전서 2장 4절

우리는 성령의 도움이 없이는 계시 속으로 들어갈 수 없다. 고린도전서 2장 6-8절에서 이렇게 확증해준다.

그러나 우리가 온전한 자들 중에서는 지혜를 말하노니 이는 이 세상의 지혜가 아니요 또 이 세상에서 없어질 통치자들의 지혜도 아니요 오직 은밀한 가운데 있는 하나님의 지혜를 말하는 것으로서 곧 감추어졌던 것인데 하나님이 우리의 영광을 위하여 만세 전에 미리 정하신 것이라 이 지혜는 이 세대의 통치자들이 한 사람도 알지 못하였나니 만일 알았더라면 영광의 주를 십자가에 못 박지 아니하였으리라

애석하게도, 서구인들은 대부분 신비를 중시하지 않는다. 서구인들은 하나님께서 우리 주소를 알고 계시기 때문에 우리에게 어떤 깨달음이나 경험을 주기 원하시면 우리에게 그냥 보내주실 것이라고 생각한다. 그래서 신비를 위해 노력하거나 갈망하려고 하지 않는다. 이 문화는 자기 연민의 영이 크게 장악하고 있는데, 자기 연민은 하나님께서 임하시도록 할 수 없다. 믿음만이 하나님께서 임하실 수 있는 통로이다. 믿음은 하늘의 섭리를 움직이며 하늘의 현금이다.

신비가 당신의 삶에서 늘 한 부분이어야 한다. 당신은 항상 해답보다 질문이 더 많아야 한다. 만일 당신이 하나님과 만남을 처음 시작했을 때보다 질문이 많아지지 않았다면, 당신은 낮은 수준의 만남을 가진 것이다. 하나님과의 관계가 신비와 경이의 영역을 휘저어놓지 않는다면, 그것은 낮은 수준의 관계이다. 만일 우리가 교회 예배를 몇 번 드리고서 머리를 긁적이며 무슨 일이 일어난 것인지 이해 못해 의문을 갖게 된다면, 우리 모두에게 매우 유익할 것이다. 그는 경이의 하나님, 놀라움의 하나님이시다! 그러나 우리가 부드러운 마음을 가지면 하나님의 신비를 푸는 계시의 세계에 들어가게 된다. 「초자연적 능력」 3장에서

우리는 성령의 도움이 없이는
계시 속으로 들어갈 수 없다.

Day 169
계시 추구하기

너는 내게 부르짖으라 내가 네게 응답하겠고 네가 알지 못하는 크고 은밀한 일을 네게 보이리라
:: 예레미야 33장 3절

우리가 호출만 하면 계시를 받을 수 있는 것은 아니다. 우리는 계속해서 계시를 갈망하고 추구해야 한다(렘 33:3 참조).

구약의 '강하다, 능하다(mighty)'라는 단어는 신약의 '신비(mystery)'와 비슷한 단어이다. 그것은 손이 닿지 않으며, 도달하기 어려우며, 성벽으로 둘러싸여 보호받는 것을 묘사한다. 하나님께서는 강하고 신비한 것을 우리**에게** 숨기신 것이 아니라, 우리를 **위해** 숨겨두셨다. 하나님께서 우리에게 하나님 나라의 이 신비로운 영역을 이미 배분해주셨지만, 그것은 아무에게나 임하지 않는다. 그것에 열려 있고 그것에 갈급한 자들에게 임한다. 예레미야는 '부르짖으라'라는 단어를 사용했다. 그것은 "매우 큰 목소리로 주님께 부르짖으라"를 의미한다. 절박하게 온전히 마음을 열고 영으로부터 깊은 부르짖음을 토해내는 사람을 그려보라. 사람의 그 깊은 부분이 하나님의 깊은 부분께 부르짖는다(시 42:7). 마음을 여는 정도가 우리가 받는 계시의 정도를 결정한다. 내가 아는 사람 중에, 철저한 추구 없이 하나님으로부터 의미심장한 계시나 방문을 받는 사람은 드물다. 계시를 받는 대부분의 사람들은 성령 충만을 위해 밤낮 부르짖는다. 가벼운 기도로는 가벼운 계시만을 받는다. 깊은 부르짖음은 하나님께서 '당신의 부르짖음을 들으시고', '당신에게 응답하시고', '당신이 알지 못하는 크고 은밀한 일을 당신에게 보여주시게' 한다.

이것은 구약의 에베소서 3장 20절의 약속이라고 할 수 있다.

"우리 가운데서 역사하시는 능력대로 우리가 구하거나 생각하는 모든 것에 더 넘치도록 능히 하실 이에게"

고린도전서 2장 9절에서도 말씀한다.

"하나님이 자기를 사랑하는 자들을 위하여 예비하신 모든 것은 눈으로 보지 못하고 귀로 듣지 못하고 사람의 마음으로 생각하지도 못하였다."

「초자연적 능력」 3장에서

가벼운 기도로는 가벼운 계시만을 받는다.

Day 170
기도는 계시를 일으킨다

하나님과 우리 주 예수를 앎으로 은혜와 평강이 너희에게 더욱 많을지어다

:: 베드로후서 1장 2절

    기도, 그것은 사람의 마음의 간절한 부르짖음이며 당신의 마음과 생각에 계시가 시작되게 한다.
    계시의 영은 하나님이 누구신가에 대한 우리의 지식을 열어주며, 그로 말미암아 하늘로부터 능력이 임한다. 그 능력은 우리가 생명과 경건에 관한 모든 것에 나아갈 수 있는 능력을 준다. 하나님과의 만남은 당신 주변의 세상을 변모시킬 뿐 아니라, 당신을 **통해** 세상을 변화하게 할 것이다.
    구약에서 가장 존경받는 사람은 선지자들이었다. 왜냐하면 계시의 영이 그들 위에 임했기 때문이었다. 왕들은 자신들이 은밀히 하는 것을 선지자들이 알 수 있다는 것을 알았기 때문에 그들을 두려워했다. 성경은 "주 여호와께서는 자기의 비밀을 그 종 선지자들에게 보이지 아니하시고는 결코 행하심이 없으시리라(암 3:7)"고까지 말씀한다. 계시의 영은 특별한 은사를 가진 사람들에게 국한되지 않는다. 구하고 찾는 누구에게든 후하게 주신다. 거기에는 당신도 포함된다.
    호세아 6장에서는 우리가 여호와를 알기 위해 매진해야 한다고 말씀한다. 즉 우리가 하나님과의 만남을 추구해야 하고, 삶을 어떻게 살아야 하는지 새로운 인식을 갖게 해줄 계시를 찾아야 한다는 것이다.

    "우리가 여호와를 알자 힘써 여호와를 알자(호 6:3)."

    호세아는 이렇게 외친 것이었다. "우리가 힘쓰자. 아니, 하나님을 추구하여 만나자. 그러면 사실에 대한 우리의 이해가 달라질 것이다." 모든 신자가 하나님의 것들에 대해 그런 결연한 추구를 해야 한다. 우리는 우리의 생각을 새롭게 해주고, 하늘에서처럼 땅에도 하나님의 뜻이 이뤄지도록 우리를 도와줄 계시가 필요하다.

「초자연적 능력」 3장에서

> 계시의 영은 하나님이 누구신가에 대한
> 우리의 지식을 열어주며, 그로 말미암아
> 하늘로부터 능력이 임한다.

Day 171
힘써 나아가자

우리가 여호와를 알자 힘써 여호와를 알자

:: 호세아 6장 3절

나는 신비의 세계가 있으며, 그 세계의 열쇠가 있고, 내가 그것을 접할 수 있는데도, 아직 발견하지 못했다는 것을 알면서는 느긋하게 살 수 없다. 나는 느긋하게 앉아서 "하나님의 뜻이라면, 내게 계시를 던져주실 거야"라고 말할 수 없다. 나는 항상 더 원한다. 나의 영은 내가 아직 모르는 것들에 대해 갈급해있다. 때로 내가 어떤 사람들과 같이 있을 때 그들의 은사와 성격이 나와 매우 다르지만 상호 보완적이어서 대화하면서 너무 빨리 계시가 임해서 녹음기를 가지고 있으면 좋겠다는 생각을 하게 될 때가 있다. 그럴 때 나는 내가 생각해온 열다섯 가지 정도를 연결시켜주는 지식을 갖게 된다. 그것은 정말로 좋은 시간이다.

그러나 그리스도인으로서 내가 아는 사실이 있다. 우리는 이해하는 것과 여전히 신비로 남아 있는 것 사이에서 항상 긴장이 발생하는 삶을 살 것이다. 몇 년 전에 한 유명한 책의 저자가 그가 쓴 일련의 책들에 대해 말했다. "뭐가 문제인지 모르겠지만, 그 책들은 너무 완벽해요. 모든 문제에 답변해주기 때문에 신비의 영역을 제거하죠. 그래서 나는 뭔가 잘못되었다고 생각해요."

우리는 이해하는 것 속에서만 살 여유가 없다. 그렇게 된다면 우리가 더 이상 성장하거나 발전하지 않기 때문이다. 우리는 그리스도인으로서 평생 걸어온 똑같은 길을 걷게 될 것이다. 그러므로 대답할 수 없는 질문을 하게 만드는 불가능에 접하는 것이 중요하다. 그것은 그리스도인의 삶의 한 부분이다. 그래서 그리스도인의 삶을 "믿음"이라고 부른다. 정상적인 그리스도인의 삶은 우리가 현재 이해하는 것과 신비의 영역에서 오는 계시의 전개 사이에 있다.

「초자연적 능력」 3장에서

**대답할 수 없는 질문을 하게 만드는
불가능에 접하는 것이 중요하다.**

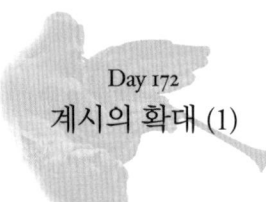

Day 172
계시의 확대 (1)

여호와의 말씀이니라 보라 날이 이를지라 그 때에 파종하는 자가 곡식 추수하는 자의 뒤를 이으며 포도를 밟는 자가 씨 뿌리는 자의 뒤를 이으며 산들은 단 포도주를 흘리며 작은 산들은 녹으리라

:: 아모스 9장 13절

신비와 계시의 세계는 우리가 흔히 '신비'라고 생각하는 범위를 훨씬 초월한다. 하늘에는 교육과 경제, 미술과 음악의 영역에 대한 계시의 광대한 자원이 있고, 그 자원들이 아직도 더 이용되어야 우리가 충만함에 가까워질 수 있다. 아직 한 번도 연주되지 않고 아무도 생각하지 못한 멜로디들이 있다. 교회에 깊이 역사하고 세상을 회심시킬 가사가 있다. 우리가 할 일은 우리가 재능이나 은사를 받은 영역에서 주의 계시에 접속하여 왕과 그의 왕국을 정확하고 강력하게 나타내는 것이다.

나는 역사의 이 마지막 시간에 계시의 페이스가 급격히 빨라질 것이라고 확신한다. 아모스 9장 13절에서 '파종하는 자가 곡식 추수하는 자의 뒤를 이으며'라고 말씀한다. 그것은 계절이 더 이상 뚜렷이 구별되지 않는다는 것이다. 계절이 겹쳐서 씨 뿌리는 것과 추수가 동시에 일어날 것이다. 우리는 더 빨리 이해되고 열매가 훨씬 더 극적으로 맺히는 초자연적 시기에 살 것이다. 이미 우리는 테크놀로지, 과학, 의학의 발전에 가속도가 붙은 것을 보고 있다. 인간의 지식이 증대되고 있다. 그런데 하나님께서 영적인 것에 대하여 교회에게도 그 이상을 하지 않으실 것이라고 생각하지 말라. 하나님께서는 영적인 것을 이해할 수 있는 총명한 남녀를 찾고 계신다. 하나님께서는 그런 이해의 골조에 합판을 더할 준비가 되어 계신다. 그러나 먼저 우리가 골조를 갖춰야 한다. 하나님께서는 외벽과 인테리어를 준비하고 계시며 우리 각자에게 지금까지 몰랐던 엄청난 양의 계시를 주실 준비를 하고 계신다.

「초자연적 능력」 3장에서

역사의 이 마지막 시간에 계시의 페이스가 급격히 빨라질 것이다.

Day 173
계시의 확대 (2)

그들이 다시는 각기 이웃과 형제를 가리켜 이르기를 너는 여호와를 알라 하지 아니하리니 이는 작은 자로부터 큰 자까지 다 나를 알기 때문이라

:: 예레미야 31장 34절

나는 이 마지막 때에 계시의 페이스가 급속히 빨라질 것이라고 믿는다. 그 계시의 가속도가 우리 시대에 이미 시작되고 있다. 하나님께서 현재 사람들을 친밀함 속으로 불러들이고 계신다. 그래서 그들이 하나님께서 어떻게 생각하시고 행하시는지 알게 하신다. 그 과정에서 사람들이 하나님의 사랑의 초청을 깨닫고 소명에 일깨워지고 있다. 이것은 어느 특정 개인이나 교회의 위대함이나 성취의 문제가 아니라, 하나님의 목적이 이 땅 위에 드러나는 문제다. 지속적인 계시, 그리고 하나님의 능력과의 조우는 우리가 전에 결코 이해하지 못했던 것들을 우리가 이해 할 수 있게 한다.

현재는 모든 교단, 교회, 그룹이 하나님 나라의 일들에 대해 계시를 받고 있는 것으로 보인다. 누구도 전체 그림을 다 알지는 못한다. 하나님께서는 한 개인이나 그룹에게만 계시를 다 주려고 하지 않으신다. 왜냐하면 하나님께서는 우리가 상호 의존하는 지체가 되기를 바라시기 때문이다. 그러나 이 마지막 날에 하나님께서 교회 위에 계시의 영을 임하게 하셔서 우리가 서로 큰 차이를 가진 영역들에 대해 회개하게 하실 것이다. 우리가 하나님 있는 그대로 보고, 하나님께서 선포하시는 말씀을 듣고, 성령께 가르침을 받음으로 그렇게 될 것이다. 우리는 계시가 흔하게 일어나는 시간에 들어가고 있다(엡 4:13 참조). 그때는 성경의 말씀대로 '다 하나님을 아는(렘 31:34)' 때일 것이다. 나는 그때에 그룹이나 교회에 상관없이, 하나님의 사람들이 동시에 하나님의 음성을 듣고 비슷한 계시를 볼 것이라고 믿는다.

삶을 변화시키는 계시를 하나님으로부터 늘 받는 사람들이 되자. 그리고 결코 계시가 계시에서 멈추게 하지 말자. 그것이 영향을 미치려면 직접적이고 전면적인 경험으로 이어져야 한다.

『초자연적 능력』 3장에서

> 삶을 변화시키는 계시를 하나님으로부터
> 늘 받는 사람들이 되자.

Day 174
이해는 곧 경험이다

사람의 마음에 있는 모략은 깊은 물 같으니라 그럴지라도 명철한 사람은 그것을 길어 내느니라

:: 잠언 20장 5절

아프리카에서 장기간 사역한 후, 우리 교회의 한 사역 팀이 남아프리카 공화국의 요하네스버그에 갔다. 그들은 휠체어에 탄 피터라는 이름의 노숙자를 우연히 만났다. 피터는 4층 높이에서 떨어진 후 11년 째 몸이 마비된 상태로 지내왔다. 피터는 허리 아래로 감각이 거의 없었고 팔도 가까스로 움직였다. 그 전날 동네 불량배들이 그를 들판으로 데려다놓고 죽게 놔두었다. 피터는 삶을 포기했지만, 하나님께서 "여기 있으면 죽을 것이다"라고 말씀하시는 것을 들었다. 그래서 그는 팔로 기어서 마을로 돌아왔다.

팀이 피터를 위해 기도하자 피터의 다리가 미친 듯이 떨리기 시작했다. "이게 무슨 일이죠?" 그가 외쳤다. 그는 울며 하나님께 화나 있었던 것을 회개했다. 팀이 그를 일으켜 세웠고 피터는 걷기 시작했다. 피터의 휠체어를 여러 해 동안 밀어줬던 남자도 구원받았고 그들은 함께 "나의 주, 크고 놀라운 하나님"을 불렀다.

사람들이 호기심에 멈춰 섰고 곧 그들도 구원을 받았고 성령으로 충만해졌다. 그러고 나서 한 차가 다가왔고 운전자는 군중 속을 뚫고 다가오려고 애썼다. 팀원들이 그 차에 다가가보니 승객 중 한 명은 피터에게 강도짓을 하고 그를 죽도록 들판에 혼자 남겨두었던 사람이었다. 그 남자는 뒷좌석에서 나오더니 그 현장에서 도망쳤다. 다른 두 명은 피터가 치료된 것을 보고서 그리스도께 삶을 바쳤다. 그 모든 일을 통해 10여 명이 그리스도인이 되었고, 어떤 사람들은 성령 충만을 받았으며, 다리를 절던 사람은 나음을 입었다. 우리는 우리가 믿는 것을 경험할 수 있기를 구해야 한다.

「초자연적 능력」 4장에서

> 그 모든 일을 통해 10여 명이 그리스도인이 되었고,
> 어떤 사람들은 성령 충만을 받았으며,
> 다리를 절던 사람은 나음을 입었다.

Day 175
계시를 실행하기

예수께서 대답하여 이르시되 내 어머니와 내 동생들은 곧 하나님의 말씀을 듣고 행하는 이 사람들이라 하시니라
:: 누가복음 8장 21절

계시를 받는 것으로 충분하지 않다. 우리는 계시를 실행하는 경험이 필요하다. 마음을 새롭게 하는 것은 단지 어떤 페이지의 말씀을 읽고 특정 구절에 대한 계시의 순간을 갖는 것이 아니다. 많은 교회들은 마음을 새롭게 하는 것을 그 정도로 여기지만, 기껏해야 그것은 절반일 뿐이다. 계시를 통해 **하나님을 새로 경험하게 될 때** 새로워지는 일이 일어난다. 앞서 본 남아프리카 공화국의 사람들이 그런 것을 경험했다. 당신은 성경을 읽거나 누군가가 성경을 설교하는 것을 듣다가 깨달음의 순간을 가질 수 있다. 그러나 경험의 다음 단계를 밟지 않으면, 그 과정이 멈춰지고 갱신이 이뤄지지 않는다.

예수님께서 요한복음 5장 39절에서 이렇게 말씀하셨다.

너희가 성경에서 영생을 얻는 줄 생각하고 성경을 연구하거니와 이 성경이 곧 내게 대하여 증언하는 것이니라

이 구절은 분명히 말씀한다. 계시는 우리를 하나님과 만나도록 하기 위한 것이다. 그렇지 않으면, 우리를 더 종교적으로 만들 뿐이다. 계시를 주시는 것은 우리의 머릿속에 지식을 증가시키기 위한 것이 결코 아니다. 그것은 기껏해야 부산물일 뿐이다. 우리는 성경에 대해 너무 '똑똑해져서' 정보의 홍수에 빠질 수 있다! 어떤 신학자들은 하루에 12시간 동안 성경을 읽지만, 하나님 나라에 대해 감도 못 잡는다. 그들은 자신의 지식에 대해 무수한 증거를 읊을 수 있지만, 그들의 삶 속에 계시적이거나 변혁적인 것이 없다. 많은 그리스도인들이 이렇게 살아가고 있다. 그들은 때로 성경 읽기를 일과로 받아들이지만 그 읽기가 경험으로 이어지게 하지 않는다.

마음을 새롭게 하려면, 단지 다르게 **생각**하는 것이 아니라, 다르게 **살아야** 하고, 성령의 능력을 덧입는 새로운 경험을 해야 한다.

『초자연적 능력』 4장에서

계시를 통해 **하나님을 새로 경험하게 될 때**
새로워지는 일이 일어난다.

Day 176
계시를 실행하는 발

좋은 소식을 전하며 평화를 공포하며 복된 좋은 소식을 가져오며 구원을 공포하며 시온을 향하여 이르기를 네 하나님이 통치하신다 하는 자의 산을 넘는 발이 어찌 그리 아름다운가
:: 이사야 52장 7절

우리 교회의 세 젊은이가 어느 날 저녁에 아이스크림 가게에 갔을 때 하나님의 임재와 능력이 불길처럼 갑자기 그들 위에 임하는 것을 느꼈다. 하나님께서 역사하려 하신다는 것을 직감한 그들은 불가능의 역사에 참여할 기회가 어디 있는지 주위를 둘러보았고 한 젊은이가 목발을 짚고 있는 것을 보았다. 그들은 다가가서 말을 붙였다. 그는 4-5미터 높이에서 60센티미터 깊이의 물로 떨어져서 꼬리뼈가 부러졌다고 말했다. 그때는 그가 밝히지 않았지만, 후에 알고 보니, 그는 한 고등학교의 스타 러닝백 미식축구 선수였다. 그들이 그를 위해 기도했고 갑자기 그는 목발을 떨어뜨리고 펄쩍펄쩍 뛰기 시작했다. 그러고 나서 그는 경기 중의 운동선수처럼 이리저리 오가며 달렸다. 주차장의 사람들이 놀라워하며 쳐다보았다. 그는 계속해서 외쳤다. "하나님을 찬양해요! 하나님을 찬양해요! 나는 하나님께서 내게 이런 일을 해 주시기를 항상 바랐어요!" 그는 완전히 치료되었다.

그 젊은이들은 하나님의 치료의 능력에 대한 계시를 실행했다. 그들은 아이스크림 가게에서 평범하게 저녁을 보내는 대신에, 하나님께서 기적을 행하실 기회를 찾았다. 바로 그런 것이 계시를 실행하는 것이다!

하나님께서 우리에게 계시하실 때, 우리는 그것을 실행해야 한다. 만일 우리가 그렇게 하지 않으면, 그 계시가 우리에게 주려 하는 능력과 기회를 잃을 것이다. 예수님께서 경고하셨다. "아무나 천국 말씀을 듣고 깨닫지 못할 때는 악한 자가 와서 그 마음에 뿌려진 것을 빼앗나니(마 13:19)."

「초자연적 능력」 4장에서

하나님께서 우리에게 계시하실 때,
우리는 그것을 실행해야 한다.

Day 177
다른 세계의 살아있는 씨

좋은 땅에 뿌려졌다는 것은 말씀을 듣고 깨닫는 자니 결실하여 어떤 것은 백 배, 어떤 것은 육십 배, 어떤 것은 삼십 배가 되느니라 하시더라

:: 마태복음 13장 23절

하나님 나라에 대한 계시는 다른 세계의 살아있는 씨로서 새로운 가능성을 갖는다. 그러나 어떤 사람이 말씀을 들어도 이해하지 못하면, 원수가 그 씨에 마음대로 다가가서 빼앗을 수 있다. 우리 문화에서는 이해를 인지적 추론으로 결론에 도달하고 완전히 해석하는 것으로 여긴다. 그러나 성경의 문화인 오리엔탈 문화에서 이해는 **경험**이다. 그것은 오감각을 포함한 활동에 참여하는 것을 의미한다. 이 구절의 '깨닫다'라는 헬라어 단어는 "오감각을 통해 이뤄지는 배움"이라는 의미이다. 그것은 **인간의 실제적 경험으로서 행하는** 것을 의미한다. 성경적 관점의 이해는 단지 지적인 동의 이상이다. 그것은 계시로 알게 된 것을 실생활 속에 실행하는 것을 의미한다. 그래서 유대인 지도자들이 예수님께 위와 같이 말했다.

또한 이해한다는 것은 설명할 수 있고, 정의할 수 있고, 묘사할 수 있기 전에 어떤 것에 복종하는 것을 의미한다. 성경적인 이해는 지적인 것을 훨씬 초월한다. 히브리서 11장 3절에서 말씀한다. "믿음으로 모든 세계가 하나님의 말씀으로 지어진 줄을 우리가 아나니 보이는 것은 나타난 것으로 말미암아 된 것이 아니니라." 이해해서 믿는 것이 아니라, 믿기 때문에 이해한다. 다시 말해서, 당신의 지성을 완전히 충족시키지 않더라도 받아들이고 이해해야 한다. 성경적 배움은 영에서 먼저 일어나며, 우리가 성령께 순종할 때, 우리의 영이 그 배운 것을 우리의 마음에 전달해서 우리가 지적으로 이해할 수 있게 한다. 그러나 꼭 이해해야 순종할 수 있는 것은 아니다. **정상적인 그리스도인**은 "이해하지 못하더라도 성령의 계시와 깨우침에 순종하는 자"이다. 이해는 경험을 통해 이뤄진다.

「초자연적 능력」 4장에서

> 우리가 이해해서 믿음을 갖는 것이 아니라,
> 우리가 믿기 때문에 이해하는 것이다.

Day 178
이해 = 순종+실행

믿음으로 모든 세계가 하나님의 말씀으로 지어진 줄을 우리가 아나니 보이는 것은 나타난 것으로 말미암아 된 것이 아니니라

:: 히브리서 11장 3절

이해하려면, 계시에 순종하고 계시를 실행해야 한다. 예를 들어, 내가 우리 교회에서 가난한 사람들을 돌봐야 한다고 말한다고 하자. 그 말에 교인들이 감동을 받지만, 2-3주 내에 실제적인 뭔가를 하지 않는다고 하자. 가령 가난한 가정을 찾아서 도와주거나, 무료급식소에서 자원봉사하거나 등등 말이다. 그러면 그 말이 그들의 마음에서 빼앗김을 당한다. 그 말씀이 그들의 마음에서 그들의 삶을 변화시킬 수 있는 가능성이 있었지만 실현되지 않고 만다. 계시는 우리를 반만 이끌며, 경험이야말로 우리를 끝까지 데려가준다. 여기서 하나의 비극이 일어난다. 당신이 경험 단계로 들어가지 않으면, 그 계시가 당신의 생각 속에 잠겨 있어서 당신은 그것이 당신의 삶 속에 이뤄지고 있다고 생각한다. 그래서 다음에 또 가난한 사람들을 도우라는 메시지를 들으면, "아멘. 여기 있는 다른 사람들이 그 말을 들어야해"라고 말할지 모른다. 당신 자신은 가난한 사람들을 돕기 위해 아무 것도 하지 않았는데 말이다. 행함 없이 듣는 것은 당신을 능력 없는 경건의 모양 속에 가둔다.

많은 청중, 많은 무리, 큰 교단들과 운동들이 신유, 예언, 그 외의 다른 많은 것들을 옹호하기 위해 죽음이라도 불사할 듯한 태세이지만, 그들은 그런 일이 실제로 일어나는 것을 결코 보지 못한다. 그들은 생각한다. "나는 그 개념을 이해해. 나는 그런 일이 일어난다는 데 동의해. 그것이 하나님의 뜻이라면, 하나님께서 나에게 그 은혜를 주실 거야." 그들은 계시를 받았지만, 그것을 경험하고 있다는 증거가 전혀 없다. 그들은 어떤 사람에게 그것을 실제로 어떻게 하는 것인지 보여주지 못한다. 뭔가 더 일어나야 한다는 확신을 그들의 지적 개념이 막고 있다. 그들은 마취 상태에 빠져 개인적 변화에 대해 감각이 죽어 있다. 그들은 경험을 빼앗기고 다만 원리만 읊을 수 있을 뿐이다. 그것은 종교일 뿐이며, 능력 없는 형식일 뿐이다.

「초자연적 능력」 4장에서

> 계시는 우리를 반만 이끌며,
> 경험이야말로 우리를 끝까지 데려가준다.

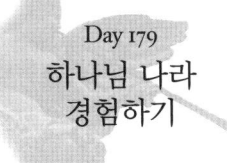

Day 179
하나님 나라 경험하기

그러므로 우리가 그리스도를 대신하여 사신이 되어 하나님이 우리를 통하여 너희를 권면하시는 것 같이 그리스도를 대신하여 간청하노니

:: 고린도후서 5장 20절

예수님께서 요한복음 3장 13절에서 말씀하셨다. "하늘에서 내려온 자 곧 인자 외에는 하늘에 올라간 자가 없느니라." 이상한 구절이지 않은가? 우리는 하늘을 우리와 공존하는 장소가 아니라 저 외계의 어디에 있는 장소로 생각한다. 우리는 이 구절을 이해하고 포용하기가 어려워서 우리 삶에 실제적 적용점은 없는 좋은 격려의 구절로 생각한다. 하늘에 있는 인자는 무슨 의미인가? 우리가 여기 땅 위에서 할 일이 무엇이라고 말씀하는가? 예수님처럼 우리도 하늘의 세계에 거하는 자세로 살면서 우리 주변 세상의 고통과 질병과 어려움을 향해 다가가는 삶을 살아야 한다는 의미가 아닌가? 우리는 다른 세계의 대사 역할을 하며, 믿음의 세계에 살아야 하지 않겠는가? 그것이 성령의 세계이며, '하나님 나라'라 불린다.

그러나 우리들 대부분은 진리가 경험이 되도록 간구할 수 있다는 것을 깨닫지 못한다. 우리가 무엇을 배웠는지 설명할 수 있기 전에 계시가 먼저 우리 심령을 변화시켜야 한다. 성경은 우리가 하늘 아버지 우편에 예수 그리스도 안에서 앉아 있다고 말씀한다. 그것을 기록하신 이유는 우리가 그것을 경험하라는 것이다. 좋은 신학이나 명료한 교리적 진술을 위한 것이 아니다. 이런 말씀은 기록된 대로 경험하게 해주는 도약대와 같다. 예수님의 피로 죄가 씻어진 사람에게 무엇이 가능한지 예수님께서 여기서 우리에게 보여주고 계신다.

『초자연적 능력』 4장에서

> 우리가 무엇을 배웠는지 설명할 수 있기 전에
> 계시가 먼저 우리 심령을 변화시켜야 한다.

Day 180
하나님 나라 진척시키기

내 아버지께서 나라를 내게 맡기신 것 같이 나도 너희에게 맡겨

:: 누가복음 22장 29절

믿음으로 구원받는 경험이 항상 참 교회의 일부였지만, 대부분 이 계시는 뒷전에 밀려나 있었다. 그러나 몇 백 년 전에 그것이 전면에 대두되었고 교회는 오직 믿음으로 구원받는 것을 다시 선포하기 시작했다. 많은 사람들이 구원의 확신을 모른 채 죽었다. 그러나 교회가 그 계시를 전심으로 받아들이고, 가르치고, 실행하고, 그것에 대해 사람들의 믿음을 세웠기 때문에 오늘날 우리는 그것을 세상에서 가장 간단한 것으로 여기게 되었다. 죄인이 예수님을 영접하는 기도를 하고 나면, 우리는 그 사람이 즉시 회심했다는 것을 전혀 의심하지 않는다. 많은 사람들이 깨닫지 못하지만 그것이 그렇게 "쉬워진" 것은 전 세대들이 이 계시를 심고 물주며 실행해왔던 수고가 있었기 때문이다. 2백 년 간 미국의 교회는 구원의 능력을 잊어버리지 않았다. 미국 교회는 그것을 가르치고, 설교하고, 거리로 나가 전하고, 책으로 썼다. 그래서 오늘날 우리는 여러 세대에 걸쳐 확대되어온 믿음의 유산의 파도를 타고 있다.

예배에 있어서도 비슷한 일이 일어났다. 지난 100년이 넘는 기간 동안, 예배가 상당히 바뀌었다. 예전에는 차분한 분위기에서 예배가 드려졌었고 하나님께 개인적인 표현은 하지 않았다. 그러다 어떤 교회들과 운동들이 기쁨과 큰 목소리로 손을 들고 예배하기 시작했다. 그 당시 대부분의 주류 교회들은 그런 표현을 거부하고 조롱했다. 그래서 그 '극단적인 예배자들'은 대가를 치러야 했다. 그러나 요즘은 어느 교회에 가든 사람들이 손을 들고 목소리를 높여 예수님의 이름을 높이는 것을 볼 수 있다. 이 계시에 대한 우리의 이해가 경험과 실행을 거쳤다. 그러자 교회의 '마음'이 새로워졌다.

「초자연적 능력」 4장에서

**오늘날 우리는 여러 세대에 걸쳐
확대되어온 믿음의 유산의 파도를 타고 있다.**

Day 181
치유 실행하기

그러므로 너희 죄를 서로 고백하며 병이 낫기를 위하여 서로 기도하라 의인의 간구는 역사하는 힘이 큼이니라
:: 야고보서 5장 16절

그리스도인들은 하나님의 치유를 사람들에게 임하게 하며, '하나님의 뜻을 증거하고', 땅의 현실을 하늘에서 진리인 것과 일치시켜야할 책임이 있다. 치유는 정상적인 그리스도인의 삶의 일부이다. 하나님께서 그것을 하나님의 책에 쓰셨고, 예수님의 삶 속에서 예시하셨다. 하나님께서는 예수님께서 하신 것을 모방하라고 우리에게 말씀하셨다. 그렇다면 왜 우리는 어떤 사람의 구원을 위해 함께 기도할 때는 그렇게 온전히 결과를 확신하면서도, 치유를 위해 기도할 때는 그들이 치유될 것이라고 믿기를 힘들어하는가? 왜냐하면 거듭남의 경험인 구원은 수백 년 간 교회에서 받아들여지고 지속적으로 가르쳐진 것인 반면에 치유의 계시는 폭넓게 받아들여지지 않았고, 저항을 받아왔기 때문이다. 오늘날 많은 교회에서는 사람들이 치유되도록 기도하면 마귀의 영향을 받아 활동하는 것으로 여겨지는 반면에, 질병은 사람들을 더 훌륭한 그리스도인으로 만들어주는 하나님의 선물로 간주된다! 그런 거짓말을 믿다니 교회가 얼마나 심하게 퇴보한 것인지 생각해보라! 우리는 하나님께서 악을 행하신다고 탓하는 속임수를 오랫동안 허용해왔다. 그래서 오늘날 치유가 그렇게 논란거리가 되고, 실행되지 않으며 이해받지 못하고 있는 것이다.

만일 수백 년 전에 그리스도인들이 신체, 정서, 정신을 치유하는 복음의 능력을 받아들였다면 무슨 일이 일어났을까? 만일 교회가 그 척박한 땅을 한 세대에서 다음 세대로 계속해서 경작해왔다면 어떻게 됐을까? 소수의 "치유의 영웅들"이 역사를 기록하는 대신에, 그리스도의 몸 전체가 치유를 대명령의 필수적 부분으로 보았을 것이다. 정상적인 그리스도인들이 기형을 보고 "문제없어요"라고 말했을 것이며, 암을 보고 "문제없어요"라고 말했을 것이다. 사지를 잃은 사람을 보고도 "문제없어요"라고 말했을 것이다. 우리는 한 점의 의심 없이 강력하게 기도했을 것이다.

「초자연적 능력」 4장에서

> 그리스도인들은 하나님의 치유를
> 사람들에게 임하게 할 책임이 있다.

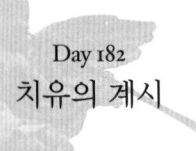

Day 182
치유의 계시

예수께서 길을 가실 때에 날 때부터 맹인 된 사람을 보신지라 제자들이 물어 이르되 랍비여 이 사람이 맹인으로 난 것이 누구의 죄로 인함이니이까 자기니이까 그의 부모니이까

:: 요한복음 9장 1-2절

예수님께서 눈먼 바디매오에게 "이렇게 눈이 먼 것은 나의 아버지께서 너를 더 좋은 사람으로 만들기 위해 주신 선물이다"라고 말씀하시는 것을 상상할 수 있는가? 그런데 대부분의 그리스도인들이 그런 접근법을 취한다. 그들은 치유를 경험하지 못했기 때문에 치유를 이해하지 못한다. 그들은 계시를 실행하지 않는다. 나는 사람들이 눈먼 사람을 위해 기도하면서 하나님께 그들의 마음의 눈을 열어달라고 간구하는 것에 지쳤다. 문제는 그들의 육신의 눈이다! 교회는 눈먼 사람들, 혹은 진짜 질병이 있는 사람을 어떻게 해야 할지 모른다.

당신이 계시를 실행할 때, 100퍼센트 다 제대로 되지는 않을 것이다. 제대로 되는 것은 50퍼센트도 안 될 것이다. 그러나 그러면서 배울 것이고, 그렇지 않았다면 갖지 못했을 성숙의 수준으로 성장할 것이다. 우리 교회에서는 배우는 유일한 방법이 실험이다. 우리는 많이 실패하고 가끔 제대로 한다. 그러나 우리가 전혀 시도하지 않은 것보다는 빛의 속도로 발전하고 있다. 나는 몸이 아프거나 죽어가는 사람을 우연히 만나면 흥분이 되는 사람들을 안다. 그들은 목발, 지팡이, 휠체어, 기브스를 보면 즐거워한다. 내가 아는 한 젊은이는 가게에 들어갔다가 다리 골절을 당한 어떤 사람을 보고 생각했다. "하나님께서 나를 사랑하셔서 다리가 골절된 사람을 내 앞에 있게 하셨어." 그러고 나서 그가 그들에게 사역하자 사람들이 치료되었! 그의 관점은 완전히 뒤바뀌어 있다. 그는 불가능을 피하지 않는다. 그는 그것에 이끌린다. 그는 초자연적 개입이 필요한 사람을 하나님께서 그의 앞에 있게 하신 것은 그에 대한 하나님의 은총이라고 확신한다.

『초자연적 능력』 4장에서

**당신이 계시를 실행할 때,
100퍼센트 다 제대로 되지는 않을 것이다.**

Day 183
당신의 계시를 실현시키라

복음에는 하나님의 의가 나타나서 믿음으로 믿음에 이르게 하나니 기록된 바 오직 의인은 믿음으로 말미암아 살리라 함과 같으니라

:: 로마서 1장 17절

우리 지역의 한 목사님 부부는 치유에 대한 열정이 있다. 그들이 쇼핑몰 주차장에 있을 때 철재 목발을 짚고 몸이 뒤틀려있는 한 남자를 보았다. 그는 고통이 심해 보였다. 사모는 그에게 기도를 해줘도 되냐고 물었고, 그러고 나서 그들은 그를 한쪽으로 데려갔다. 그 남자는 너무 힘들어서 죽게 해달라고 18년 동안 기도해왔다. 그러나 그의 허락 하에 그들이 기도했을 때 뒤틀려 있던 그의 몸이 펴졌다. 그는 주차장을 뛰어 돌아다닌 후 돌아와서 철재 목발을 주차장에 던져버렸다. 그는 완전히 해방되었고 나음을 입었다.

우리가 계시를 드러내어 사람들의 삶 속에 역사하게 할 때 그런 일이 일어난다!

내가 본 가장 기이한 치유의 경험을 말하고자 한다. 한 남자가 다리를 너무 심하게 다쳐서 의사들이 발목 힘줄을 절단해 발을 바깥쪽으로 돌려 균형을 맞추고 발목을 핀으로 고정시켰다. 그는 발목을 움직이거나 구부릴 수 없었지만, 제한되게 걸을 수 있었다. 내가 지식의 말씀을 받아서 하나님께서 어떤 사람의 왼쪽 발목을 고치신다고 했을 때, 그 남자가 응답해 기도를 받았다. 하나님께서 정확히 어떻게 하셨는지 몰라도, 그 남자는 발목을 자유자재로 쓸 수 있게 되었다. 그렇게 되려면 매우 복잡한 치유과정이 필요했지만 말이다.

예수님께서 재림하실 때에 과격하게 사역하는 사람들이 있을까에 대해서 염려하신 것이 아니었다. 예수님께서는 믿음을 발견하기 원하신다.

당신이 계시를 실행하면, 불가능해보이던 것이 논리적으로 보일 것이다. 당신의 믿음의 지경이 확장될 것이다. 그 계시가 당신을 경험 속으로 이끌 것이며, 하나님 나라의 일을 하도록 당신에게 능력을 줄 것이다.

「초자연적 능력」 4장에서

> 당신이 계시를 실행하면,
> 불가능해보이던 것이 논리적으로 보일 것이다.

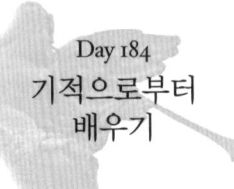

Day 184
기적으로부터 배우기

하나님이 바울의 손으로 놀라운 능력을 행하게 하시니 심지어 사람들이 바울의 몸에서 손수건이나 앞치마를 가져다가 병든 사람에게 얹으면 그 병이 떠나고 악귀도 나가더라

:: 사도행전 19장 11-12절

어느 주일 저녁에 우리 교회의 한 젊은이가 예배당 뒤쪽에서 넘어져서 팔이 부러졌다. 물론 우리 교회에서는 골절의 치료, 심지어 수십 년 전에 골절되었다가 접합이 부정확하게 된 경우에도 치료가 흔히 일어나고 있었다. 나는 그가 바닥에 누워있는 것을 발견했다. 그의 팔은 부러진 것이 분명해 보였다. 나는 그의 곁에 앉았고 그의 팔에 손을 얹고 골절 부위를 보는데 갑자기 두려움이 엄습했다. 나는 지금까지 보아온 모든 기적에 대해 잊고 "의사를 부릅시다"라고 말했다. 그런 경우에 의사를 부르는 것이 잘못이라는 말은 아니다. 대부분, 그렇게 하는 것이 적절한 행동일 것이다. 그러나 내게는 그 순간이 나 자신을 드러내주는 시간이 되었다. 나는 초자연 모드에서 자연 모드로 바뀌어 있었다. 그 동안 경험한 기적이 나를 온전히 변화시키지 못하고 있었다. 나는 회개했고 그 젊은이의 어머니에게 한 주쯤 후에 사과했다. 왜냐하면 내가 죄책감이나 수치심을 가져서가 아니라, 나의 생각이 새로워지려면 아직도 갈 길이 멀다는 것을 깨달았기 때문이었다.

우리는 기적으로부터 배우는 학생이 되어야 한다. 그것은 우리가 경험하는 기적이 우리의 생각에 영향을 미쳐야한다는 것이다. 기적은 눈이 부시고 극적이지만, 기적은 우리를 눈부시게 하려고 존재하는 것이 아니다. 하나님께서 우리에게 기적을 주시는 것은 우리가 다른 관점으로 보도록 훈련시키시려는 것이다. 하나의 기적은 학교와 같다. 우리는 시험마다 낙제할 수 있다. 그런 일이 교회에서 늘 일어나는 것을 볼 것이다. 하나님께서 어떤 기적을 행하실 때, 어떤 사람들은 집으로 돌아가서 예전과 똑같은 패턴의 삶을 지속한다. 그들에게는 하나님께서 행하시는 것을 볼 재미있는 구경거리가 하나 더 생겼을 뿐이다.

그러나 우리는 보이지 않는 세계가 보이는 세계에 미치는 영향을 관찰하며 '볼' 줄 알아야 한다. 기적은 기독교의 다른 어떤 활동보다 그런 기회를 더 많이 제공한다.

「초자연적 능력」 5장에서

우리는 기적으로부터 배우는
학생이 되어야 한다.

Day 185
깜짝 놀랄 기적들

아직도 알지 못하며 깨닫지 못하느냐 너희 마음이 둔하냐 너희가 눈이 있어도 보지 못하며 귀가 있어도 듣지 못하느냐
:: 마가복음 8장 17-18절

예수님의 제자들은 음식이 크게 늘어난 깜짝 놀랄 만할 기적에 참여했다(막 6 참조). 음식은 예수님의 손이 아니라, **그들의** 손에서 늘어났고, 그것이 우리가 기억해야할 핵심 포인트이다. 그러나 그 후의 테스트에서 그들은 실패했다. 그 날 나중에 예수님께서 그들에게 배를 타고 건너편으로 건너가라고 하시고서 예수님께서는 산으로 기도하러 가셨다. 거기서 예수님께서는 제자들이 기진맥진하여 노를 저으며 죽기 일보 직전인 것을 영으로 보셨다. 그래서 바다 위로 걸어서 그들을 살펴볼 수 있을 만큼 가까이 다가오셨다. 그들은 예수님을 보고 두려워 비명을 질렀고, 예수님께서 배에 오르시는 것으로 사건이 일단락되었다. 바람과 파도가 잠잠해졌다. 제자들은 놀라움에 휩싸였다. "이는 그들이 그 떡 떼시던 일을 깨닫지 못하고 도리어 그 마음이 둔하여졌음이러라(막 6:52)."

제자들은 예수님께서 시키신 것을 다 했지만, 다음 문제에 봉착하게 되자, 그들이 앞의 기적에서 교훈을 배우지 못했다는 것이 백일하에 드러났다.

그들은 앞의 기적에서 그들이 한 역할을 인식했어야 했다. 그러나 그들이 앞의 기적에서 그들이 한 역할을 인식하지 못했기 때문에 다음에 문제에 맞닥뜨리고 예수님이 배에 계시지 않자 해결책이 없었다. 예수님께서는 "내가 너희를 위해 해주겠다"라고 해 주시는 대신에 "**너희가** 먹을 것을 주어라"라고 말씀하셨다. 그리고 그들의 순종의 손길을 통해 음식이 불어났다. 그러나 그들은 그 기적의 핵심을 놓치고 있었다.

예수님의 목표는 그들을 폭풍 속으로 보낸 후에 나타나셔서 영웅이 되시려는 것이 아니었다. 예수님께서는 지나가려 하셨지만, 그들이 교훈을 깨닫지 못하고 있었다. 그들은 지난번의 기적으로부터 영양분을 흡수하지 못했다. 그들의 마음이 그렇게 둔했기 때문에 문제를 해결하지 못했고, 예수님께서 다시 한 번 그들을 구해주셔야 했다.

『초자연적 능력』 5장에서

> 그들의 순종의 손길을 통해 음식이 불어났다.
> 그러나 그들은 그 기적의 핵심을 놓치고 있었다.

Day 186
마음의 누룩

또 비유로 말씀하시되 천국은 마치 여자가 가루 서 말 속에 갖다 넣어 전부 부풀게 한 누룩과 같으니라
:: 마태복음 13장 33절

예수님께서 마가복음 8장 13-21절에서 누룩에 대해 말씀하셨다.

그들을 떠나 다시 배에 올라 건너편으로 가시니라 제자들이 떡 가져오기를 잊었으매 배에 떡 한 개밖에 그들에게 없더라 예수께서 경고하여 이르시되 삼가 바리새인들의 누룩과 헤롯의 누룩을 주의하라 하시니 제자들이 서로 수군거리기를 이는 우리에게 떡이 없음이로다 하거늘 예수께서 아시고 이르시되 너희가 어찌 떡이 없음으로 수군거리느냐 아직도 알지 못하며 깨닫지 못하느냐 너희 마음이 둔하냐 너희가 눈이 있어도 보지 못하며 귀가 있어도 듣지 못하느냐 또 기억하지 못하느냐 내가 떡 다섯 개를 오천 명에게 떼어 줄 때에 조각 몇 바구니를 거두었더냐 이르되 열둘이니이다 또 일곱 개를 사천 명에게 떼어 줄 때에 조각 몇 광주리를 거두었더냐 이르되 일곱이니이다 이르시되 아직도 깨닫지 못하느냐 하시니라

예수님은 우리가 마음에 받는 영향이 계시와 갱신의 자양분을 빼앗아갈 수 있다고 그들에게 경고하셨다. 성경에는 세 가지 종류의 누룩이 언급되고 있다. 헤롯의 누룩, 바리새인의 누룩, 하나님 나라의 누룩이다. 이 누룩들은 오늘날에도 살아 활동하고 있으며 당신의 생각과 삶의 모든 것에 크게 영향을 미친다.

누룩은 우리 마음에 미치는 영향을 나타낸다. 자연계에서 누룩은 밀가루를 부풀게 한다. 역경의 불이 당신의 삶 속의 누룩을 표면으로 드러나게 한다. 만일 당신의 마음에 하나님 나라의 누룩이 스며들어 있으면, 하나님 나라의 실체인 믿음이 표면에 나타날 것이다.

「초자연적 능력」 5장에서

> 역경의 불이 당신의 삶 속의
> 누룩을 표면으로 드러나게 한다.

Day 187
헤롯의 누룩

그 중에 이 세상의 신이 믿지 아니하는 자들의 마음을 혼미하게 하여 그리스도의 영광의 복음의 광채가 비치지 못하게 함이니 그리스도는 하나님의 형상이니라
:: 고린도후서 4장 4절

헤롯의 누룩은 정치, 대중의 의견, 설득 등 사람의 힘과 사람에 기반을 둔 제도로부터 근거하는 무신론적 영향을 말한다. 헤롯의 누룩은 하나님을 철저히 배제한다. 그들의 신앙고백은 냉소적인 "신은 스스로 돕는 자를 돕는다"라는 것이다. 만일 당신이 배에 탔는데 먹을 것이 없다면, 이 영향을 받고 있는 사람은 이렇게 조언할 것이다. "다음번에는 목록을 작성해서 먹을 것을 가져오는 것을 잊지 말아요. 당신의 문제에 대한 해답은 당신 자신이에요. 당신 자신을 책임져요. 자력으로 성공하는 사람이 되세요."

헤롯의 누룩은 교회에 큰 문제를 야기한다. 그것은 사실상 무신론과 다름없는 사상이다. 많은 수의 그리스도인들이 역사하시는 하나님을 믿지 않는 실제적 무신론자이다. 어떤 교회의 교리에서도 하나님이 없다고 선언하지는 않을 것이다. 그러나 신자들은 매일 하나님을 삶의 현장 속에 모셔 들이지 않으면서 살아간다. 그들은 실제의 삶 속에 하나님의 개입이 없다고 헤롯처럼 말한다. 그들은 그리스도인이라고 말하지만 문제에 직면할 때마다 무신론자처럼 행동한다. 그들은 말씀을 통해 하나님의 조언을 구하거나 하나님께서 개입하시도록 초청할 생각을 하지 않는다.

미국 문화에 헤롯의 누룩이 스며들어있다. 우리는 자력으로 성공하는 사람들의 나라이며, 결의, 극기, 탁월한 행정력으로 우리가 원하는 것을 무엇이든 성취할 수 있다고 생각하는 선구자들이다. 때로 교회는 우리 자신의 힘으로 성취할 가능성이 있는 일을 가리켜 하나님의 인도나 승인을 받은 증거라고 착각에 빠진다. 그러나 지난 백 년 간 교회가 한 많은 일들 중에는 하나님과 상관없는 것들이 있다. 우리는 돈이 있고, 서로 마음과 생각이 일치하고, 목표를 달성할 행정 기술이 있다. 그렇다고 해서 그런 것들이 하나님의 마음에서 나온 것은 아니다. 하나님께서 우리의 일 중에 계시는 가에는 관심이 없이, 뭔가 큰 것을 성취하려는 우리의 욕망에서 나온 것일 수 있다.

「초자연적 능력」 5장에서

신자들이 매일 하나님을 삶의 현장 속에
모셔 들이지 않으면서 살아간다.

Day 188
바리새인의 누룩

여호와의 친밀하심이 그를 경외하는 자들에게 있음이여 그의 언약을 그들에게 보이시리로다

:: 시편 25편 14절

    바리새인의 누룩은 종교제도를 말한다. 그것은 하나님을 이론적으로 받아들이지만, 실행이나 경험으로는 받아들이지 않는다. 바리새인의 정신세계에 하나님의 개념은 필수적이지만, 하나님을 경험하는 것은 철저히 배제된다. 바리새인들은 형식적으로는 하나님을 갖지만, 능력이 없다. 바리새인들은 설명해줄 수는 있지만, 해결책은 주지 못한다.

    바리새인의 누룩으로부터 영향을 받고 있는 사람들은 예수님을 오해할 가능성이 있다. 나사렛 사람들이 그랬다. 그들은 예수님을 겉으로는 알았지만, 예수님과 친밀한 관계가 없었고 예수님의 능력을 몰랐다(막 6 참조). 오늘날 교회에 있는 무수한 사람들이 바리새인의 누룩으로 만족하고 있다. 그들은 어느 교단의 교회에 소속되어있다는 서류로 만족하며, 역사하시며, 개입하시는 지금 여기의 하나님과 완전히 단절되어 있다.

    이 누룩의 영향을 받은 그리스도인들은 신체적 질병을 다른 여러 가지로 설명하면서, 하나님의 능력을 구하지 않는다. 그들은 말한다. "그 사람은 그 질병으로 고통당하고 있는데, 그의 생활을 보면 그런 게 당연해." 그들은 자신들이 문제를 설명할 수 있다는 것에 우쭐해하지만, 해결책을 제시해줄 능력은 없다. 오히려 해결책을 제시하려는 사람을 비웃는다.

    예수님께서 헤롯의 누룩과 바리새인의 누룩의 영향이 갖는 핵심 특징을 밝히셨다. 둘 모두가 사람을 두려워하는 것에 뿌리를 두고 사람들의 생각에 동기를 두고 행동한다. 그러나 우리가 하나님 나라의 누룩으로부터 영향을 받으면, 사람들이 우리를 어떻게 생각할지 두려워하지 않는다. 하나님께서 사려 깊고, 긍휼히 여길 줄 아며, 돌보는 마음을 가진 사람들을 일으키고 계신다. 그러나 그들의 동기는 사람에 대한 두려움에 의해 조금도 영향을 받지 않고, 하나님을 두려워하는 것으로 말미암아 산다.

    잠언 29장 25절에서 말씀한다. "사람을 두려워하면 올무에 걸리게 되거니와 여호와를 의지하는 자는 안전하리라."

    하나님을 두려워하는 것은 우리를 밝히 보게 해준다. 그러나 사람을 두려워하는 것은 우리를 끝없는 혼란에 빠뜨린다.

「초자연적 능력」 5장에서

**우리가 하나님 나라의 누룩으로부터 영향을 받으면,
우리는 사람들이 우리를 어떻게 생각할지 두려워하지 않는다.**

Day 189
하나님 나라의 누룩

사람의 계명으로 교훈을 삼아 가르치니 나를 헛되이 경배하는도다

:: 마태복음 15장 9절

예수님께서 헤롯의 누룩과 바리새인의 누룩에 대해 경고하셨다. 왜냐하면 그것들이 우리의 마음이 새로워지는 것을 막기 때문이다. 예수님께서 이 말씀을 하시던 직접적인 상황은 제자들이 점심을 싸오지 않아서 두려워하는 실수를 한 때였다. 그 전에 예수님께서 두 번이나 음식의 양을 늘리셨음에도 불구하고 그랬다. 그들의 생각은 그들의 부족함으로부터 시작되었기 때문에 그들은 초자연적인 공급에 대해 하나님께서 주신 계시를 거슬렀다.

앞 절에서 예수님께서 "너희의 전통으로 하나님의 말씀을 폐하는도다(마 15:6)"라고 다른 무리들에게 말씀하셨다. 그런데 제자들에게도 그런 일이 일어났다. 우리가 하나님의 말씀을 계속해서 새롭게 듣기보다 전통에 의지할 때마다 하나님의 능력에 접속했던 플러그가 뽑힌다. 전통이 꼭 나쁜 것은 아니다. 그러나 그것은 어제의 말씀일 뿐이다. 성경에 따르면, 믿음은 전에 들었던 것이 아니라, 현재 들음으로부터 난다.

제자들은 새로운 말씀을 들었지만, 이해하지 못했다. "아직도 알지 못하며 깨닫지 못하느냐 너희 마음이 둔하냐"(막 8:17). 예수님께서는 무리를 먹이신 사건 전에는 그들에게 그렇게 말씀하시지 않으셨다. 왜냐하면 그때는 기준점이 없었기 때문이다. 그 전에는 아직 하나님을 경험으로 알지 못했다. 그러나 이제는 하나님께서 그들을 경험하도록 이끄셔서 앞으로 그들이 기적을 삶의 새 기준으로 삼기를 바라셨다.

하나님께서 당신을 위해 기적을 행하셔서 당신이 그것을 보고 참여하게 되면, 하나님께서는 보이지 않는 영역을 보는 방법을 당신에게 가르쳐주고 계신 것이다. 기적은 저 너머에 존재하는 것을 보여주시기 위해 하나님께서 우리에게 보여주시는 교사이자 선물이다.

『초자연적 능력』 5장에서

성경은 믿음은 전에 들었던 것이 아니라,
현재 들음으로부터 난다고 말씀한다.

Day 190
백퍼센트의 하나님 나라 사고방식

그가 임하시는 날을 누가 능히 당하며 그가 나타나는 때에 누가 능히 서리요 그는 금을 연단하는 자의 불과 표백하는 자의 잿물과 같을 것이라

:: 말라기 3장 2절

만사형통일 때는 우리 모두는 하나님 나라의 사고방식을 가장 많이 가진 사람들일 수 있다. 우리는 수십 명이 치료되는 것, 수십 명이 구원받는 것을 보고, 멋진 예배 시간을 가질 수 있다. 그러다 집에 가면서 차가 고장 나서 갑자기 3천 달러를 빚지게 되거나 컴퓨터가 멈추고, 전화기가 먹통이 되고, 옆집 사람이 나에게 화를 낸다. 그런 불 같은 시련을 주는 환경은 어떤 누룩이 내 생각에 영향을 미치고 있는지를 더 자세히 보여준다. 말라기 4장 1절에서 말씀한다. "만군의 여호와가 이르노라 보라 용광로 불 같은 날이 이르리니."

이런 사건들은 우리가 받고 있는 영향을 표면에 드러내어 밝히 보게 한다. 그것이 우리가 좋아하는 것이든, 싫어하는 것이든 드러날 것이다.

내가 역경을 당할 때 첫 번째 반응이 항상 믿음을 갖는 것이었으면 좋겠다. 그러나 나의 마음과 생각을 바로잡는 데 때로는 하루나 이틀, 때로는 불과 몇 분이 걸린다. 때로 나는 매우 심란하고 불안하지만, 성경적으로 그럴만한 이유가 없다는 것을 안다. 하나님께서 나를 값 주고 사셨고, 나에게 그의 아들을 주셨고, 나에게 모든 것을 후히 주시는데 어떻게 내가 그렇게 걱정하고 압력에 억눌릴 수 있는지 나는 항상 의아해한다. 그것은 헤롯의 누룩과 바리새인의 누룩이 나의 영혼에 침투해 있고 압력이 그 누룩을 부풀게 했기 때문이다.

하나님 나라의 사고방식은 무엇이든 어느 때나 가능하다는 것을 안다. 당신과 내가 부드러운 마음으로 하나님의 사고 패턴에 복종하고, 하나님의 상상력을 받아들이며 "예"라고 말할 때 하나님 나라의 사고방식이 가동된다. 우리는 우리의 마음이 하나님 나라의 누룩, 즉 하나님 나라의 영향으로 가득하기를 바란다. 우리는 기적을 원한다. 그리고 그 기적들이 우리에게 완전한 영향을 미쳐서, 우리가 보고 행동하는 방식을 변화시키기를 바란다.

『초자연적 능력』 5장에서

성경은 믿음은 전에 들었던 것이 아니라,
현재 들음으로부터 난다고 말씀한다.

Day 191
당신의 폭풍은 어디서 왔는가? - 마귀로부터?

예수께서 깨어 바람을 꾸짖으시며 바다더러 이르시되 잠잠하라 고요하라 하시니 바람이 그치고 아주 잔잔하여지더라 이에 제자들에게 이르시되 어찌하여 이렇게 무서워하느냐 너희가 어찌 믿음이 없느냐 하시니 그들이 심히 두려워하여 서로 말하되 그가 누구이기에 바람과 바다도 순종하는가 하였더라
:: 마가복음 4장 39-41절

삶의 폭풍들도 기적들처럼 우리를 성장시키는 도전과 기회가 된다. 그러나 당신이 어떤 종류의 폭풍 속에 있는가에 따라 큰 차이가 있다. 어떤 폭풍들은, 비록 마귀가 보낸 것이더라도, 우리가 이미 가진 계시를 사용하도록 우리를 자극할 수 있다. 그것은 기적이 일어날 기회가 된다. 마가복음 4장 35-38절을 보자.

그 날 저물 때에 제자들에게 이르시되 우리가 저편으로 건너가자 하시니 그들이 무리를 떠나 예수를 배에 계신 그대로 모시고 가매 다른 배들도 함께 하더니 큰 광풍이 일어나며 물결이 배에 부딪쳐 들어와 배에 가득하게 되었더라 예수께서는 고물에서 베개를 베고 주무시더니 제자들이 깨우며 이르되 선생님이여 우리가 죽게 된 것을 돌보지 아니하시나이까 하니

제자들이 당한 폭풍은 하나님의 뜻이 그들에게 이루어지지 않도록 마귀가 보낸 것이었다. 그래서 우리들 중 많은 사람들이 폭풍을 보면, 예수님께서 배에서 주무시는 것을 보고 제자들이 했던 대로 기도한다. "우리가 죽게 된 것을 돌보지 아니하시나이까"라고. 그러자 예수님께서 일어나셔서 그들의 기도에 응답하셨다. 우리들 대부분은 하나님께서 우리 기도에 응답하실 때 기분이 좋다. 그러나 예수님께서 그들을 바라보시며 "너희가 어찌 믿음이 없느냐"라고 물으셨다.

그들은 이렇게 말할지 모른다. "잠깐만요. 저는 주님께 와서 말씀드릴 만큼 믿음이 있었어요! 그리고 주님께서 제가 구한 것에 응답하셨잖아요!" 장벽이 사라지도록 명령하는 것은 우리의 책임이다. 대부분의 사람들은 이 땅의 문제들을 하나님께 고쳐달라며 애쓰는 면이 있다. 그러나 사실은 우리가 폭풍에게 잠잠하라고 명령해야 한다. 우리는 상황을 하늘의 관점에서 보고 주님의 말씀을 선포해야 한다. 그러면 하늘이 침노하는 것을 볼 것이다.

「초자연적 능력」 5장에서

**어떤 폭풍들은, 비록 마귀가 보낸 것이더라도,
우리가 이미 가진 계시를 사용하도록 우리를 자극할 수 있다.**

Day 192
당신의 폭풍은 어디서 왔는가? - 하나님께로부터?

무리가 그에게 이르되 청하건대 이 재앙이 누구 때문에 우리에게 임하였는가 말하라

:: 요나 1장 8절

우리가 잘못된 방향으로 가고 있다는 것을 보여주려고 하나님께서 우리에게 보내시는 폭풍도 있다.

여호와께서 큰 바람을 바다 위에 내리시매 바다 가운데에 큰 폭풍이 일어나 배가 거의 깨지게 된지라 사공들이 두려워하여 각각 자기의 신을 부르고 또 배를 가볍게 하려고 그 가운데 물건들을 바다에 던지니라 그러나 요나는 배 밑층에 내려가서 누워 깊이 잠이 든지라 선장이 그에게 가서 이르되 자는 자여 어찌함이냐 일어나서 네 하나님께 구하라 혹시 하나님이 우리를 생각하사 망하지 아니하게 하시리라 하니라 (욘 1:4-6).

요나의 폭풍은 그를 하나님의 뜻으로 돌이키시려고 하나님께서 보내신 것이었다. 어떨 때는 하나님께서 오른쪽으로 가시는데 우리가 왼쪽으로 가기 때문에 폭풍을 맞는 경우도 있다. 하나님께서 자비의 폭풍을 보내셔서 그들이 돌아오게 하시는 것이다. 또 어떨 때는 **그들이 하나님의 뜻 중에 있기 때문에** 폭풍을 맞이하는 경우도 있다. 하나님께서는 폭풍을 주는 것을 기뻐하지는 않으시지만, 당신이 하나님께서 주신 도구를 사용해 폭풍을 잠잠하게 만드는 것을 훈련시키기 원하신다.

우리는 폭풍을 맞이할 때면 환경을 변화시켜달라고 부르짖는 것이 할 일이라고 즉시 결론을 내린다. 그러나 그것은 하나님께서 폭풍을 허락하시는 목적이 아니다. 하나님께서는 폭풍을 잠잠하게 할 도구를 먼저 주지 않으시고서는 결코 폭풍을 허락하지 않으신다. 하나님께서는 그 도구를 사용해서 기적의 결과를 이루기를 바라신다. 하나님께서 문제를 우리 삶에 허락하시는 것은 우리가 그 문제를 물리칠 수 있게 하기 위해서다. 매번 우리가 하나님께 울부짖으라고만 하신 것이 아니다. 그 도구들은 항상 우리와 함께 배 안에 있을 것이다. 그러나 원수는 두려움의 바람을 일으켜서 그 도구들이 어디 있는지 잊어버리게 하려고 한다.

「초자연적 능력」 5장에서

> 하나님께서는 폭풍을 잠잠하게 할 도구를
> 먼저 주지 않으시고서는 결코 폭풍을 허락하지 않으신다.

Day 193
중보자여, 믿음을 가져라

내 영혼이 내 속에서 피곤할 때에 내가 여호와를 생각하였더니 내 기도가 주께 이르렀사오며 주의 성전에 미쳤나이다
:: 요나 2장 7절

나는 중보 사역을 사랑하고 존중한다. 그러나 많은 중보자들이 신음하고, 울고, 늘 침울해 있으면서 그것을 중보라고 한다. 그들은 기도할 때 결코 믿음의 자리에 이르지 않는다. 나 역시 매우 장시간 부지런히 기도했던 기간이 있었다. 하나님께서 내 마음의 신실함을 아셨지만, 그러나 사실은 내가 기도하며 보낸 시간 중 믿음의 시간은 매우 적었다. 대부분의 기도 시간은 침울하거나 낙심하거나 무거운 '짐'을 지고 있는 상태였다.

비극적인 것은 많은 신자들이 주님의 짐과 자신의 불신의 문제를 구별하지 못한다는 것이다. 어떤 사람들은 기도하면서 저조한 기분을 느낄수록, 기름부음 있는 중보자라는 만족을 느낀다. 기도를 시작할 때 그런 것은 괜찮지만, 거기서부터 시작해서 어떻게 해서라도 믿음의 자리에까지 이르러야 한다.

그런 종류의 제 멋대로의 중보는 우리가 폭풍을 만났을 때 예수님께서 우리에게 기대하시는 중보와 반대된다. 만일 예수님께서 당신의 배에서 주무시고 계시다면, 당신이 대성통곡이나 간절한 기도로 깨우기를 기다리고 계신 것이 아니다. 그것은 당신에 대한 거룩한 목적이 있기 때문이다. 예수님께서는 당신에게 주신 도구를 당신이 사용하여 '하늘의' 결과를 이루기를 바라신다. 어떤 설교자들은 하나님께서 마지막 순간까지 기다리셨다가 개입하셔서 하나님의 주권을 보여주기를 좋아하신다고 가르친다. 그들은 그것이 하나님께서 항상 다스리고 계시다는 것을 보여주는 하나님의 방법이라고 생각한다. 그래서 당신도 "하나님은 결코 빠르거나 늦지 않으신다. 항상 제 시간에 역사하신다"라는 말을 들어보았을 것이다. 그러나 하나님께서 항상 그런 식으로 역사하지는 않는다. 만일 하나님께서 항상 마지막 순간에 역사하신다면, 그것은 하나님께서 처음에 주신 도구를 우리가 일찍 사용하지 않았기 때문일 것이다!

「초자연적 능력」 5장에서

**많은 신자들이 주님의 짐과
자신의 불신의 문제를 구별하지 못한다.**

Day 194
전쟁을 위해 훈련됨

나의 반석이신 여호와를 찬송하리로다 그가 내 손을 가르쳐
싸우게 하시며 손가락을 가르쳐 전쟁하게 하시는도다
:: 시편 144편 1절

만일 당신이 어떤 영적 폭풍에 직면해있다면, 보통 그것은 당신이 그 순간을 맞이할 수 있도록 이미 훈련되어 있기 때문이다. 즉 그 폭풍에 어떻게 응해야할지 이미 배운 경험이 있다는 의미이다. 문제를 만났을 때, 당신은 무엇을 해야 옳은지 이미 알고 있다. 낙심의 기도로 시간을 보내며 하나님을 찾을 것이 아니라, 발걸음을 내딛고 말해야 한다. "하나님께서 이 상황 속에서 기적을 행하실 것이라고 나는 믿는다. 방황하는 자녀가 집으로 돌아올 것이다. 몸의 질병이 예수님의 이름으로 끊어졌다. 재정 위기가 끝났다." 기도 시간은, 예수님께서 그러셨던 것처럼, 아무 것도 잘못되고 있지 않을 때 미리 개인적인 시간에 하나님께 부르짖는 것이다. 그렇게 해서 능력을 비축해두고, 평안과 믿음의 내적 분위기를 조성해둠으로써 난국에 직면했을 때 그것을 유지할 수 있다.

우리의 기적들을 함부로 허비하지 말자. 하나님께서 놀라운 일을 행하시는 것을 보고나서 가볍게 짝짝 박수치고 가볍게 "아멘"하고 나서 자신은 아무 것도 변화되지 않은 채로 자리를 떠나지 말자. 폭풍이 닥칠 때마다 우리가 그것에 대비해 준비되었음을 기억하자. 우리는 과거의 기적들에 의해 현재의 해결책을 볼 수 있도록 훈련되었다. 하나님 나라의 누룩이 우리의 마음과 생각을 채우게 하자. 헤롯의 누룩과 바리새인의 누룩 대신에 하나님의 누룩이 자리를 차지하게 하자. 우리가 하나님에 대하여 받은 계시와 경험한 것이 우리의 삶의 접근방식을 영원히 변화시키게 하자.

우리의 마음이 새로워지는 것을 방해하고 정상적인 그리스도인의 삶을 온전히 살지 못하게 막는 흔한 장애물들을 인식할 줄 알아야 한다. 그리고 우리는 그것들을 어떻게 극복할지 알아야 한다!

「초자연적 능력」 5장에서

> 만일 당신이 어떤 영적 폭풍에 직면해있다면,
> 보통 그것은 당신이 그 순간을 맞이할 수 있도록
> 이미 훈련되어 있기 때문이다.

Day 195
죄책감에서 해방되며 죄용서 받음

하나님이 능히 모든 은혜를 너희에게 넘치게 하시나니 이는 너희로 모든 일에 항상 모든 것이 넉넉하여 모든 착한 일을 넘치게 하게 하려 하심이라

:: 고린도후서 9장 8절

사람들이 초자연적인 삶을 살려고 하고 마음을 새롭게 하려고 할 때 흔히 부닥치는 장애물들이 있다. 나는 유럽의 한 가족이 미국으로 이주하기 위해 열심히 일해 돈을 모아서 대서양을 건너는 배에 탄 이야기를 들었다. 그들은 또 돈을 모아서 치즈, 크래커 등의 생필품을 사서 작은 선실에서 먹으려 준비했다. 그 가족은 선실에 둘러앉아 빈궁한 식사를 하면서, 다른 사람들이 연회장으로 식사하러 가는 소리를 들었다. 마지막 날 저녁에 선장이 다음 날 미국에 상륙할 것이라고 광고했다. 아버지는 다른 사람들이 3주 동안 식사를 한 연회장으로 가족을 데려가 자축하기로 결정했다. 그는 선장에게 식사비가 얼마냐고 물었다. 그러자 선장은 놀라서 그를 보며 말했다. "지금까지 식사를 안 하셨단 말이에요? 식사는 운임에 다 포함되어 있어요."

우리의 '운임'에 풍성한 잔치가 포함되어 있는데 많은 그리스도인들이 영적으로 치즈와 크래커만 먹고 있다고 나는 강하게 믿는다. 재정적 부를 말하는 것이 아니다. 물론 하나님께서 가난의 세력을 십자가에서 멸하셨다. 나는 구원과 죄 용서에 대해 말하고 있다. 그리스도인들은 어제의 실패, 실수, 잘못으로부터 영향을 받는 경우가 너무 많다. 그렇게 되면, 우리는 정상적인 그리스도인의 삶에서 벗어나서 거짓말의 영향 속에 살게 된다. 말할 필요도 없이, 그 거짓말은 우리의 마음이 새로워지는 것을 막고, 우리가 모든 거듭난 신자에게 당연한 "매일의 기적" 속에서 살아가는 것을 막는다.

「초자연적 능력」 6장에서

> 우리의 '운임'에 풍성한 잔치가 포함되어 있는데
> 많은 그리스도인들이 영적으로
> 치즈와 크래커만 먹고 있다고 나는 강하게 믿는다.

Day 196
과거의 실패의 그림자

우리 형제들을 참소하던 자 곧 우리 하나님 앞에서 밤낮 참소하던 자가 쫓겨났고

∷ 요한계시록 12장 10절

왜 사람들은 하나님의 용서를 받고서도 항상 과거의 실패의 그림자 속에 사는가? 나는 과거의 잘못된 결정들로 인한 죄책감과 수치심 속에서 살려 했었다. 왜냐하면 그것이 나를 겸손하게 해준다고 생각했기 때문이었다.

또 어떤 사람들은 용서받기를 거부한다. 교만해지고 싶지 않아서다. 그들이 얼마나 부패했는지 기억하는 것은 그들을 기분 좋게 하지만, 사실 그것은 미묘한 형태의 교만이다.

우리가 죄책감과 수치심에 굴복할 때, 우리는 성경에 나오는 가장 오래된 유혹에 굴복한다. 그것은 우리의 정체성과 하나님의 정체성에 의문을 제기하려는 유혹이다. 첫 번째 유혹은 금지된 실과를 먹으려는 유혹이 아니라, 하나님께서 말씀하신 것에 의문을 제기하려는 유혹이었다. 뱀이 말했다. "하나님이 참으로 너희에게 동산 모든 나무의 열매를 먹지 말라 하시더냐(창 3:1b)". 일단 하나님의 신뢰성과 정체성을 의심하게 하고 나자, 그들이 어리석은 행동을 하도록 유혹하는 것은 쉬운 일이 되었다. 그것이 당신과 나에 대한 마귀의 전략이다.

교회에서 하는 모든 조언의 95퍼센트 이상은 하나님께서 말씀하신 것과 그리스도 안에서 우리가 누구인가에 대해 의문을 제기하지 말라는 것인 것 같다. 우리는 하나님께서 사랑하시는 사람들이다. 우리는 하나님께서 용서하신 사람들이다. 우리는 하나님의 집이요,

지상에 있는 천국의 문이다. 모세가 하나님께 질문했다. "내가 누구이기에 바로에게 가며 이스라엘 자손을 애굽에서 인도하여 내리이까(출 3:11)."

하나님께서는 그 질문에 대답하지 않으시고 "내가 반드시 너와 함께 있으리라(출 3:12)"고 대답하셨다. 그것이 정답이었다!

모세는 "제가 누구입니까?"라고 물었고, 하나님께서는 "너는 하나님이 함께 있는 사람이다"라는 취지로 대답하신 것이다. 형제자매여, 당신은 누구인가? 당신은 하나님께서 함께하시는 사람이다. 당신은 용서받았으며 정결한 사람이다. 그것이 당신의 정체성이다!

『초자연적 능력』 6장에서

당신은 하나님께서 함께하시는 사람이다.

Day 197
당신은 값으로 산 바 되었다

너희는 너희 자신의 것이 아니라 값으로 산 것이 되었으니
:: 고린도전서 6장 19-20절

예수님께서 우리를 위해 하신 것을 부인하면, 결코 하나님이 영광 받지 않으신다. 우리가 자유해지도록 그가 고초를 당하셨다. 어떤 부모가 자녀가 고난당하는 것을 보며 즐거워하겠는가? 하나님께서도 우리가 죄책감과 수치심의 영향으로 괴로워하는 것을 좋아하지 않으신다. 그런데도 종종 우리는 하나님 아버지께서 그런 악한 동기를 가지신 것처럼 말한다.

이것이 당신에게 충격적일지 몰라도, 예수님께서 당신을 사셨을 때, 당신의 문제도 사셨다! 이사야 61장 1절에서 결박된 자들에게 옥문이 열릴 것이라고 말씀한다. 사실 죄수들이 감옥에 갇혀 있는 것은 보통 그들이 뭔가 잘못했기 때문이다. 치러야 할 값이 있는데 어떻게 성경에서는 정의롭게 죄수를 석방하는가? 그것은 '정의'를 어떻게 정의하느냐에 달려 있다. 당신이 회개하며 예수님께로 오면, 예수님께서 참된 정의를 이루려 하신다. 그것은 당신이 아니라, 당신에게 영향을 준 세력을 벌하는 것이다. 어쩌면 당신은 탈세를 했거나, 친구를 모함했거나, 그보다 더 심한 어떤 것을 했을 것이다. 당신이 회개하여 용서받으면, 그것을 다루는 데 있어서 주님과 동역자가 된다. 더 이상 죄책감과 수치심이 없다. 이제 하나님의 정의는 당신을 속여서 탐욕, 분노 등등을 하게 한 지옥의 세력을 겨냥한다. 이제 당신은 그 영역에서 올바로 행하도록 사람들을 독려하는 위치에 있다.

로마서 6장 11절의 단어 '여길지어다'는 '평가하다, 계수하다, 계산을 해서 결론에 이르다'를 의미한다. 하나님께서 제공하신 구원으로 충분하다고 믿거나, 아니거나 둘 중의 하나이다. 애석하게도, 많은 신자들이 과거에서 온 잘못된 자아상과 늘 고투를 벌이면서 현재 그리스도 안의 정체성에 대해 확신을 갖지 않는다. 죄 사함을 이론에 불과하다거나 비현실적인 진술같이 여긴다. 그러나 죄사함은 존재하는 가장 현실적인 진실이다.

「초자연적 능력」 6장에서

**예수님께서 당신을 사셨을 때,
당신의 문제도 사셨다!**

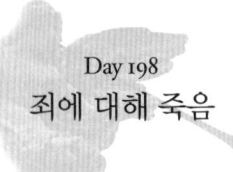

Day 198
죄에 대해 죽음

그럴 수 없느니라 죄에 대하여 죽은 우리가 어찌 그 가운데 더 살리요 무릇 그리스도 예수와 합하여 침례를 받은 우리는 그의 죽으심과 합하여 침례를 받은 줄을 알지 못하느냐 그러므로 우리가 그의 죽으심과 합하여 침례를 받음으로 그와 함께 장사되었나니 이는 아버지의 영광으로 말미암아 그리스도를 죽은 자 가운데서 살리심과 같이 우리로 또한 새 생명 가운데서 행하게 하려 함이라
:: 로마서 6장 2-4절

당신은 예수님의 피로 씻겼는가? 그렇다면 당신 자신을 죄에 대해 죽은 것으로 여겨야 한다. 정신력으로 물질을 지배하라는 것이 아니다. 이것은 초자연적인 생각의 능력과 관련된다. 그것은 당신이 예수님을 만난 순간 이후로 쭉 진리였던 것에 대해 깨어나는 것이다.

만일 우리가 그의 죽으심과 같은 모양으로 연합한 자가 되었으면 또한 그의 부활과 같은 모양으로 연합한 자도 되리라 우리가 알거니와 우리의 옛 사람이 예수와 함께 십자가에 못 박힌 것은 죄의 몸이 죽어 다시는 우리가 죄에게 종 노릇 하지 아니하려 함이니 이는 죽은 자가 죄에서 벗어나 의롭다 하심을 얻었음이라 만일 우리가 그리스도와 함께 죽었으면 또한 그와 함께 살 줄을 믿노니 이는 그리스도께서 죽은 자 가운데서 살아나셨으매 다시 죽지 아니하시고 사망이 다시 그를 주장하지 못할 줄을 앎이로라 그가 죽으심은 죄에 대하여 단번에 죽으심이요 그가 살아 계심은 하나님께 대하여 살아 계심이니(롬 6:5-10).

예수님의 피가 당신의 삶 속에서 죄의 권세와 기록을 씻어냈다. 당신의 옛 본질은 죽었다. 단지 선반에 보관 중이거나, 어느 방 안에 들어있거나, 감금되어 있는 것이 아니라, 십자가에 못 박혔다. 그것은 이제 끝났다.

우리가 구원을 받아들인 순간에 우리는 부패한 죄인에서 거듭난 성도로 바뀌었다. 예수님의 피가 죄를 씻어내고 나면, 당신은 더 깨끗해질 수 없을 만큼 깨끗하다. 그렇다고 해서 당신의 삶을 변화시키고 당신의 마음을 새롭게 하는 데 따르는 장애물들과 쟁점들을 피할 수 있는 것은 아니다. 성숙은 과정이다. 나의 동료 크리스는 말한다. "당신은 죄인이 아니다. 당신은 성도이다. 당신이 죄를 지을 수 없다는 말이 아니라, 당신은 더 이상 죄의 전문가가 아니라는 말이다." 바로 그것이 당신의 삶의 이야기이다.

『초자연적 능력』 6장에서

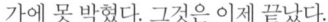

우리가 구원을 받아들인 한 순간에
우리는 부패한 죄인에서 거듭난 성도로 바뀌었다.

Day 199
새로워지고 용서받음

내가 확신하노니 사망이나 생명이나 천사들이나 권세자들이나 현재 일이나 장래 일이나 능력이나 높음이나 깊음이나 다른 어떤 피조물이라도 우리를 우리 주 그리스도 예수 안에 있는 하나님의 사랑에서 끊을 수 없으리라

:: 로마서 8장 38-39절

우리 자신을 참으로 죄 용서 받은 존재로 보지 않고 우리의 정체성에 대한 거짓 관점에 매달린다고해서, 하나님의 뜻을 '하늘에서처럼 땅 위에도' 나타내 보이는 것이 불가능하지는 않겠지만 그렇다고 쉬운 것은 더더욱 아니다. 만일 우리가 그렇게 한다면, 우리는 하나님의 뜻을 이 땅에 나타낼 수 있는 우리의 잠재성의 대부분을 무효화시킬 것이다. 우리는 승리하며 하나님 나라의 실체를 나타내 보이도록 디자인되었다. 그러나 우리들 중 많은 사람들은 수준을 낮추어 그저 생존을 목표로 삼고 있다.

매일 우리가 하는 첫 생각은 하나님 나라의 실체를 반영하는 것이어야 한다. "이것들이 아침마다 새로우니 주의 성실하심이 크시도소이다(렘애 3:23)." 친구여, 당신은 용서받았다! 그것을 바꾸기 위해 그 누가 무슨 일을 할 수 있겠는가? 원수가 당신의 과거로부터 죄를 끄집어내는 것은 존재하지 않는 것에 대해 말하는 것이다. 그러므로 당신이 이렇게 말하는 것은 완전히 합법적이다. "나는 그것을 하지 않았어. 그것을 한 사람은 죽었어. 나는 결코 그것을 하지 않았어." 예수님의 피는 완전히 효과가 있거나, 효과가 하나도 없거나 둘 중의 하나이다. 예수님의 보혈은 단지 당신의 형벌을 씻어내서 지옥에 가지 않게 하는 것에 그치는 것이 아니다. 예수님의 피는 우리를 그리스도 안의 새 피조물로 완전히 변화시키는 능력이다.

능력, 환경, 사람, 마귀의 전략 등 지금 하늘과 땅에 존재하는 그 어떤 것도 당신을 하나님의 사랑과 분리시킬 수 없다. 로마서 8장 38-39절에서 바울은 현재와 미래에 대해 말하지만 과거에 대해 말하지 않는다. 왜냐하면 과거가 당신의 정체성이 된다면, 과거가 하나님의 사랑에 대한 인식으로부터 당신을 분리시킬 수 있기 때문이다. 기억하라. 예수님께서 당신의 죄를 사셨다. 그것은 당신의 죄를 다시 들춰내기 위해서가 아니라, 당신의 죄를 멸해서 당신이 그것을 더 이상 생각할 필요가 없게 하기 위해서이다.

「초자연적 능력」 6장에서

우리는 승리하며 하나님 나라의 실체를 나타내 보이도록 디자인되었지만, 우리들 중 많은 사람들은 수준을 낮추어 그저 생존을 목표로 삼고 있다.

Day 200
거절하고 부인하며 살기

여호와의 인자와 긍휼이 무궁하시므로 우리가 진멸되지 아니함이니이다 이것들이 아침마다 새로우니 주의 성실하심이 크시도소이다

:: 예레미야 애가 3장 22-23절

항상 용기를 얻는 삶의 비결은 거절하며 사는 것임을 나는 마침내 깨닫게 되었다. 원수가 내 책상 위에 요청서를 제출할 때마다 나는 그 위에 '거절' 도장을 찍는다. 그가 나를 제 멋대로 규정하면, 나는 그 주장을 부인하며 그리스도 안의 나의 참 정체성 안에 거한다. 성경은 말씀한다. 만일 그가 빛 안에 계신 것 같이 내가 빛 안에서 행하면, 내가 그와 사귐이 있고, 그 결과는 예수님의 피가 나를 늘 깨끗하게 씻어주는 것이다(요일 1:7 참조). 만일 내가 열려 있고 정직하며 하나님 및 사람들과 올바른 관계 속에 머물면, 예수님의 피가 나를 24시간 내내 깨끗하게 해준다.

우리 자신을 부패한 죄인으로 생각하고, 우리가 과거에 한 나쁜 짓을 늘 되새기는 것은 우리의 마음이 새로워지는 것을 막고 우리가 초자연적이고 정상적인 삶에 발을 들여놓는 것을 막는다. 우리가 우리의 죄의 영향과 어제의 실수 하에서 살며 그것들을 되새기면, 하나님이 영광 받지 않으신다. 많은 사람들이 나이가 들어갈수록 큰 후회 속에 산다. 나도 그런 사고방식으로 돌아갈 수도 있지만, 이제 나는 이미 받은 용서를 내가 수용하는 것이 올바른 길이라는 것을 안다. 그리스도 안에 있는 당신의 정체성을 주장하라. 하나님의 자비가 매일 아침 당신에게 새롭다는 생각으로 당신의 마음을 가볍게 하라. 그러면 당신은 훨씬 더 행복해질 뿐 아니라, 하나님 나라를 위해 훨씬 더 큰 능력을 발휘할 것이다.

한동안 그런 삶을 삶으로써 그것이 당신의 이해 속에 스며들게 하라. 이 진리 속에 거함으로써 이 진리가 며칠 동안 당신의 삶 속에서 배가되게 하라. 아무런 짐도 지지 않은 채, 자유롭고 용서받은 삶을 살 때 이전과 큰 차이가 있는 것을 보게 될 것이다. 다음 장에서는 우리의 마음을 새롭게 하는 한 방법으로서 기억하는 것에 대해 논하겠다.

『초자연적 능력』 6장에서

> 하나님의 자비가 매일 아침 당신에게 새롭다는 생각으로
> 당신의 마음을 가볍게 하라.

Day 201
기억하기

오직 너희의 심령이 새롭게 되어

:: 에베소서 4장 23절

나의 동료, 마이크와 나는 캐나다, 밴쿠버의 공항에 있는 스타벅스(내가 좋아하는 커피숍)에서 줄서 있었다. 내가 거기 서서 커피 향을 즐기며, 커피숍의 광경과 소리를 즐기고, 내가 마실 커피를 기대하고 있을 때, 나는 마이크가 커피숍 직원과 상당히 오래 얘기하고 있다는 것에 생각이 미쳤다. 나는 무슨 특별한 일이 일어나고 있다고는 생각하지 않았다. 나는 단지 거기 서서 비행기를 기다리는 동안 커피를 마시려 하고 있었다. 그러다 나는 그가 직원의 손을 잡고, 그들이 함께 눈을 감고 고개 숙여 기도하는 것을 보았다. 그들이 기도를 마치고 나서, 마이크가 내게 말했다. 그가 주문을 하다가 자살의 영이 그 여직원에게 있는 것을 보았다. 그는 사역을 통해 그 세력을 깨뜨렸다. 여직원은 "하나님께서 당신을 오늘 여기 보내셨어요"라고 말했다. 나는 허를 찔렸다. 나는 커피 생각만 하고 있었기 때문이다! 순간적으로 나는 삶의 더 중요한 것들을 잊고 있었다.

우리의 마음은 자연적인 사고방식으로 흘러가기가 쉽다. 왜냐하면 우리의 믿음이 너무나 미묘하게 부식되어서 우리는 그런 일이 일어나고 있다는 것조차 자각하지 못하기 때문이다. 조금씩 점점 우리는 "현실적으로" 생각하기 시작해서, 하나님 나라의 실체보다 자연적인 지혜를 의지하게 된다. 하나님 나라의 마음가짐을 지키는 중요한 방법 중 하나는 하나님의 말씀을 묵상하고 기억하는 것이다. 그리고 하나님의 약속을 우리 자신에게 상기시킬 방법들을 고안해내고, 그 약속들을 다음 세대의 신자들에게 전달해야 한다. 진리를 기억하고 묵상하기 위한 실제적인 방법들을 실행하지 않으면, 우리는 하나님께서 약속하신 것을 쉽게 잊고 말 것이다. 그래서 점점 우리는 땅의 생각을 하게 될 것이다. 우리가 정상적인 그리스도인의 삶을 성공적으로 살려면 그것을 반드시 피해야 한다. 『초자연적 능력』 7장에서

하나님 나라의 마음가짐을 지키는 중요한 방법 중 하나는 하나님의 말씀을 묵상하고 기억하는 것이다.

Day 202
올바른 묵상

주께서 심지가 견고한 자를 평강하고 평강하도록 지키시리니 이는 그가 주를 신뢰함이니이다

:: 이사야 26장 3절

동양의 사술적 종교에서 묵상은 마음을 비우는 것을 의미한다. 그러나 성경적 묵상은 정반대로, 마음을 하나님의 진리로 채우는 것이다. 성도와 죄인을 막론하고 모든 사람은 매일 묵상을 한다. 문제는 무엇을 묵상하느냐이다. 마음이 새로워진 사람은 부정적인 환경 속에서도 기뻐한다. 왜냐하면 기쁨은 보이는 것이 아니라, 하나님께서 말씀하시는 것에서 나오기 때문이다. 하나님은 거짓말쟁이가 아니시므로 말씀을 지키실 것이다. 그러나 염려는 당신에게 이렇게 논리를 편다. "몇 년 전에 네가 주님께 불순종했기 때문에 이제 너는 뿌린 대로 거둘 거야." 이 '타당해 보이는 논리'가 당신의 묵상을 하나님의 말씀으로부터 염려로 옮길 수 있다. 그러면 곧 그 작은 음성이 너무 커져서 당신의 귀에 확성기로 말하는 것 같이 들린다. 그래서 당신은 하나님께서 우리를 완전한 평화, 즉 하나님으로 말미암는 건강, 번영, 형통, 정신적 건전함으로 지키시겠다는 약속을 잊게 된다. '견고하다' 혹은 '고정되다'라는 단어는 '움직이지 않는 위치에 박히다'를 의미한다. 그러나 우리가 염려에 귀를 기울이면, 우리는 '고정되지 않는다' 왜 염려가 그렇게 큰 소리로 우리를 집중시키는가? 왜냐하면 우리가 염려거리를 오랫동안 쳐다보면, 그것이 우리의 신뢰를 얻게 되기 때문이다. 곧 우리는 두려운 마음으로 기도하게 되고, 결국은 기도를 멈추고 동정을 구하게 된다. 우리는 다른 목소리를 신뢰하게 된 것이고, 우리는 말씀이 아니라 다른 목소리를 사랑하게 된다.

우리는 마음을 영적인 것에 고정시켜야 한다. 왜냐하면 자연적 세계에서 일어나는 일로 우리 생각을 채우는 한, 우리의 역량이 제한되기 때문이다. 그래서 당장은 우리가 일어나서 믿음의 은사로 승리를 기록하더라도, 우리를 통해 하나님 나라의 변화시키는 영향력이 지속적으로 흘러가지는 못할 것이다.

해결책은 무엇인가? 말씀을 묵상하고 무엇이 진리인지 기억하는 데 헌신하는 것이다.

「초자연적 능력」 7장에서

> 자연적 세계에서 일어나는 일로 우리 생각을
> 채우는 한, 우리의 역량이 제한된다.

Day 203
기록하라

너는 이 묵시를 기록하여 판에 명백히 새기되 달려가면서도 읽을 수 있게 하라

:: 하박국 2장 2절

우리의 생각을 하나님께 집중시키게 해줄 도구를 하나님께서 우리에게 주셨다. 하나님께서 우리에게 말씀을 묵상하고 기회가 될 때마다 무엇이 참된지를 기억하는 데 전념하라고 하신다. 성경은 하박국 2장에서 그것을 어떻게 하는지 분명히 말씀해준다(위 구절 참조).

사람들을 달리게 할 동기부여가 필요하기 때문에 나는 여러 곳으로 다니며 메시지를 전하고 내가 할 수 있는 한 최대한 책을 쓴다. 나는 다른 사람들도 일어나 달릴 수 있도록 연료를 제공하고 싶다. 내가 가진 모든 계시를 그들도 갖기를 바란다. 나도 다른 사람들이 준 계시로부터 공급받는 것처럼 말이다. 하나님 나라의 활발하고 놀라운 사역에 참여하려면 그저 물결을 따라 배를 저어가는 것만으로는 안 된다. 우리가 달려가야 한다!

그래서 나는 하박국이 받은 지시처럼, 내 삶에 대한 하나님의 생각이 내게 계시될 때마다 기록해둔다. 나는 가능한 모든 방법으로 내 성경에 표시하거나 밑줄을 긋는다. 내가 받은 예언을 메모 카드와 컴퓨터에 기록해서 내가 가는 곳마다 가지고 다닌다. 나는 내 차의 운전대 앞에 포스트잇을 붙여놓는다. 때로는 교회 곳곳에 그렇게 붙여놓아서 내가 다니며 그 카드들을 볼 때마다 하나님께서 무엇을 말씀하고 계신지 기억하게 한다. 나는 자녀들과 손자손녀들을 위해 일지를 기록해서 내 삶에 하나님께서 하신 일을 그들이 볼 수 있게 한다. 심지어 우리 교회에는 우리 교회 안팎에서, 우리의 사역 팀을 통해서 일어난 기적들을 기록하는 일을 담당하는 직원까지 있다. 나는 우리가 세상을 떠난 오래 후까지 사람들이 여호와의 크고 능한 역사들을 알기를 바란다. 그래서 그들이 그 비전을 가지고 우리보다 더 멀리까지 달려갈 수 있기를 바란다.

「초자연적 능력」 7장에서

> 하나님 나라의 활발하고 놀라운 사역에 참여하려면
> 그저 물결을 따라 배를 저어가는 것만으로는 안 된다.

Day 204
다시 보라

내가 주의 법을 어찌 그리 사랑하는지요 내가 그것을 종일 작은 소리로 읊조리나이다 주의 계명들이 항상 나와 함께 하므로 그것들이 나를 원수보다 지혜롭게 하나이다
:: 시편 119편 97-98절

기록된 문서는 다시 보는 사람이 있어야 쓸모가 있다. '다시 보다(review)'라는 단어를 생각해보자. '다시(Re)'는 '돌아가다'를 의미한다. 그리고 '보다(view)'가 있다. **당신이 볼 수 있을 때까지** 하나님의 약속을 **되짚어보라**! 때로 나는 나에 대한 예언적 메시지를 되살펴보아야 할 필요를 느낀다. 하나님께서 말씀하셨으므로 그것은 내 삶에 대한 사실이다. 그것은 스스로 긍정적 사고방식이나 상상력을 이용해서 거짓을 믿도록 만드는 것이 아니다. 하나님께서 말씀하신 것을 묵상해서 내가 그것을 볼 수 있고 그것과 함께 달려갈 수 있게 하는 것이다.

때로 나는 사람들에게 부탁한다. "그 도시에서 우리가 사역했을 때 무슨 일이 일어났죠? 그 이야기를 다시 해주세요." 그러면 상대방이 말한다. "아, 그때 고관절이 없던 사람이 일어나서 걸었어요. 그리고 귀가 들리지 않던 여자가 처음으로 듣게 되었어요. 부러진 뼈가 치료되었고요. 기억하시죠?" 그런 대화는 내가 잊고 있던 것들을 상기시켜주고 내 생각의 초석을 다시 세워준다. 나는 나의 상상력을 하나님 나라의 상상력이 되게 한다. 우리 주님께서 어떻게 역사하셨는지에 대한 간증은 하나님이 누구시며, 하나님의 언약이 어떤 것이고, 하나님께서 우리 삶 속에서 어떤 분이 되려 하시는지 우리가 기억하도록 도와준다. 누군가의 삶에 하나님께서 역사 하신 일에 대한 간증은 들을 귀가 있는 자들에게는 예언이 되고, 하나님께서 우리에게도 똑같이 하실 것이라는 약속이 된다. 왜냐하면 '하나님은 사람의 외모를 보지 아니하시기(행 10:34)' 때문이다. 그리고 '그는 어제나 오늘이나 영원토록 동일하시기(히 13:8)' 때문이다. 우리는 하나님의 역사나 하나님을 경험한 간증을 들려주고, 말하고, 기록하고, 다시 보아야 한다. 이스라엘이 그 간증을 잊었을 때 크게 퇴보했다. 그러나 하나님께서 전에 하신 일에 대한 간증을 되새겼을 때, 기대가 증가했고, 기적도 증가했다.

「초자연적 능력」 7장에서

우리 주님께서 어떻게 역사하셨는지에 대한
간증은 하나님이 누구시며, 하나님의 언약이 어떤 것이고,
하나님께서 우리 삶 속에서 어떤 분이 되려 하시는지
우리가 기억하도록 도와준다.

Day 205
하나님께 상기시켜 드리기

그 때에 여호와를 경외하는 자들이 피차에 말하매 여호와께서 그것을 분명히 들으시고 여호와를 경외하는 자와 그 이름을 존중히 여기는 자를 위하여 여호와 앞에 있는 기념책에 기록하셨느니라

:: 말라기 3장 16절

때로는 하나님께서 하나님의 기념책에 기록된 것을 다시 보시고 과거에 이루어진 일로 인해 미래를 만드신다. 사도행전에서 고넬료에게 일어난 일이 그와 같은 것이다.

그가 경건하여 온 집안과 더불어 하나님을 경외하며 백성을 많이 구제하고 하나님께 항상 기도하더니 하루는 제 구 시쯤 되어 환상 중에 밝히 보매 하나님의 사자가 들어와 이르되 고넬료야 하니 고넬료가 주목하여 보고 두려워 이르되 주여 무슨 일이니이까 천사가 이르되 네 기도와 구제가 하나님 앞에 상달되어 기억하신 바가 되었으니(행 10:2-4).

이것은 주님께 드린 헌물과 사역을 잊으시거나 간과하지 않으신다는 놀라운 약속이다. 그러나 또 어떤 경우에는, 우리가 한 것을 하나님께 적극적으로 상기시켜드리라고 우리에게 가르치신다. 하나님 앞에서 우리 삶의 여건들을 되돌아보고 그런 과정을 통해 변화되라고 하나님께서 우리를 초청하신다. 이스라엘이 요단강을 건널 때, 족장들이 돌을 각각 하나씩 가져와서 요단강 건너 약속의 땅에 쌓았다(수 4 참조). 그 돌들은 하나님께서 하신 일에 대한 기억을 그들에게 되살리려는 것이었다. 그러나 그것은 또한 그들의 상태, 그들의 필요, 그들의 순종을 하나님께 상기시켜드리는 것이기도 했다. 우리가 하나님 앞에 쌓는 기념의 돌들, 즉 우리의 기도와 베품 등은 우리의 상태, 필요, 순종을 하나님께 상기시켜드린다. 물론 하나님께서 모든 것을 아시지만, 때로는 우리가 하나님께 말씀 드리는 것을 통해 알기를 선택하시는 것이 아닐까? 여하간 하나님께서는 우리에게 놀라운 특권을 주셨다. 그것은 하나님 앞에 기억의 돌들을 놓아서 우리의 과거의 충성을 하나님께 상기시켜드리는 것이다.

『초자연적 능력』 7장에서

**성경은 우리가 한 것을
하나님께 적극적으로 상기시켜드리라고
우리에게 가르치신다.**

Day 206
사라의 웃음

믿음으로 사라 자신도 나이가 많아 단산하였으나 잉태할 수 있는 힘을 얻었으니 이는 약속하신 이를 미쁘신 줄 알았음이라

:: 히브리서 11장 11절

성경의 기록은 기념책에 무엇이 있는지 보여준다. 창세기 18장에서 사라의 예를 보자.

사라가 속으로 웃고 이르되 내가 노쇠하였고 내 주인도 늙었으니 내게 무슨 즐거움이 있으리요 여호와께서 아브라함에게 이르시되 사라가 왜 웃으며 이르기를 내가 늙었거늘 어떻게 아들을 낳으리요 하느냐 여호와께 능하지 못한 일이 있겠느냐 기한이 이를 때에 내가 네게로 돌아오리니 사라에게 아들이 있으리라 사라가 두려워서 부인하여 이르되 내가 웃지 아니하였나이다 이르시되 아니라 네가 웃었느니라 (창세기 18:12-15)

사라는 단지 부끄러워하며 작은 소리로 웃은 것이 아니었다. 히브리어 단어 '웃다'는 사라가 하나님께서 하신 말씀을 **비웃었다**는 사실을 우리에게 말해준다. 게다가 사라는 하나님께서 그 사실을 지적하시자 거짓말까지 했다.
그러나 히브리서의 기록은 그 사실과 다르다! 이것은 중요한 것을 우리에게 말해준다. 기념책에 우리의 잘못에 대한 기록은 없다. 창세기 18장은 인간에게 유익하도록 기록되었다. 당신과 내가 과거에 하나님을 따른 사람들을 따를 수 있도록 하려는 것이다. 그러나 히브리서 11장은 그 사실이 하나님의 기념책에 어떻게 기록되었는지 보여준다. 일단 보혈이 적용되고 나면, 죄의 기록은 더 이상 없다. 하나님께서는 천국에서 사라에 대해 자랑하신다. 그리고 당신과 나에 대해서도 그렇게 하신다.
하나님께서 과거에 하신 것과 우리가 순종한 것을 우리가 기억하고, 기록하고, 다시 보고, 우리 자신과 하나님께 상기시킬 때 마음이 새로워질 수 있다. 그것은 당신의 정체성을 하나님 안에서 확고히 하고 당신의 마음을 그리스도의 마음에 일치시키는 확실한 방법이다.

「초자연적 능력」 7장에서

> 일단 보혈이 적용되고 나면,
> 죄의 기록은 더 이상 없다.

Day 207
불확실성 중에서 견디기

너희의 믿음의 역사와 사랑의 수고와 우리 주 예수 그리스도에 대한 소망의 인내를 우리 하나님 아버지 앞에서 끊임없이 기억함이니

:: 데살로니가 전서 1장 3절

그리스도인이 배울 수 있는 가장 힘든 교훈 중 하나는 약속이 주어지고 그 약속이 성취될 때까지의 불확실한 시간에 어떻게 하나님을 신뢰하고 찬양할 것인가이다. 죽음과 질병, 고투와 해결되지 않은 쟁점들 사이에 서서, 당신의 영 안에 하나님을 향한 감사가 넘쳐나게 하는 것은 강력한 영적 전쟁의 행위이다.

우리의 선교사 중 한 명인 트레이시가 남아프리카 공화국에서 운전 중일 때 앞에 가던 버스가 시속 100킬로미터 속도에서 충돌 사고를 일으켰다. 승객들이 버스에서 튕겨져 나왔다. 트레이시와 다른 차량 운전자들이 부상자들을 일일이 찾아보니 끔찍한 광경이 펼쳐지고 있었다. 많은 사람들이 치명적 부상을 입었고, 머리에 큰 상처가 난 사람도 있었고, 무의식 상태인 사람도 있었다. 한 여자는 죽은 것이 분명해 보였다. 그녀는 생명 징후가 없었고, 고개가 꺾여 머리가 등으로 향해 있었다. 그리고 한 눈알이 튀어나와 뺨 위에 있었다. 선교사 트레이시는 의료 조무사였다. 그녀는 사람들을 각 부상자 옆에 서게 했다. 그리고 "예수님의 이름으로 생명을 명하세요"라고 지시했다.

몇 분 후, 죽은 승객을 담당했던 여자가 비명을 질렀다. '죽은' 여자가 신음을 했고, 고개를 돌렸고, 다시 숨을 쉬기 시작했다. 놀랍게도, 그 여자의 생명 징후가 뚜렷했고, 튀어나왔던 눈도 제자리로 돌아갔다. 그러자 다른 사람들도 각자의 환자를 위해 더욱 간절히 기도했다. 잠시 후, 의식을 잃었던 사람은 의식을 되찾았고, 중상을 당한 사람들의 출혈이 멈췄다.

그 이야기를 듣고, 나는 상황이 절망적으로 보일 때도 곁에 서서 기도했던 사람들을 자꾸 생각하게 되었다. 불확실한 때에 우리가 가져야할 태도가 바로 그것이다. 우리는 아직 응답을 받기 전에 시련 중에 있을 때라도 하나님의 선하심과 신실하심을 선언해야 한다.

『초자연적 능력』 7장에서

> 죽음과 질병, 고투와 해결되지 않은 쟁점들 사이에 서는 것은 강력한 영적 전쟁의 행위이다.

Day 208
찬양의 문

감사함으로 그의 문에 들어가며 찬송함으로 그의 궁정에 들어가서 그에게 감사하며 그의 이름을 송축할지어다

:: 시편 100편 4절

왜 우리가 불확실성을 견뎌야 하는가? 그것은 신비이지만, 성경이 힌트를 준다. 구속된 자들의 공동체, 혹은 시온이라 불리는 도시에 대한 영적 묘사가 그 해답이다(사 62 참조). 이사야 60장 18절에서 "네가 네 성벽을 구원이라, 네 성문을 찬송이라 부를 것이라"고 말씀한다. 요한계시록에서 우리는 그 문이 다시 찬송이라 불리는 것을 보고 그것이 진주로 만들어진 것을 발견한다(계 21:21 참조). 잠시 생각해보라. 진주가 어떻게 형성되는가? 외부로부터의 괴로움과 고투를 통해서이다. 모래 한 알이 굴 껍질 안에 들어가면 그 모래로 인한 해를 막기 위해 그 모래알 주변에 진주가 형성된다. 성경이 찬양과 괴로움을 짝지어놓은 것은 우연이 아니다. 우리가 고투하며 불확실성 속에 갇혀서도 가식 없이 하나님을 찬양하면, 그것은 희생의 제사이다. 즉 그것은 아름다움을 만들어내는 반응이다. 그 순간에 문이 만들어진다. 그것은 영광의 왕께서 우리의 상황 속으로 침노하실 수 있는 입구이다.

많은 사람들은 그런 문이 없다. 왜냐하면 그런 패러독스로 보이는 상황에서 하나님을 찬양하지 않기 때문이다. 그들은 의문을 품는다. "어떻게 하나님께서 내 모든 질병을 고친다고 약속하시고서 내 몸에 이런 문제가 있지?", "하나님께서 공급한다고 약속하셨는데 왜 나는 3개월 동안 실직 상태지?" 그러나 시편 87편 2절에서 말씀한다. "여호와께서 야곱의 모든 거처보다 시온의 문들을 사랑하시는도다." 그 문, 즉 고투 중에도 찬양하는 그 자리가 하나님의 임재가 머무는 곳이며, 왕께서 친히 거하시는 곳이다. 우리가 인간의 설명을 초월해서 신뢰의 자리로 나아갈 때 그 문이 만들어진다.

『초자연적 능력』 8장에서

> 우리가 고투하며 불확실성 속에
> 갇혀서도 가식 없이 하나님을 찬양하면,
> 그것은 희생의 제사이다.

Day 209
하나님을 탓하는 것

그가 네 모든 죄악을 사하시며 네 모든 병을 고치시며
:: 시편 103편 3절

어떤 그리스도인들은 불확실한 상황에 처한 채 문제에 대한 응답이 없으면, 하나님에 대한 관점을 바꾸어 하나님의 성품을 완전히 비성경적으로 본다. 그들은 하나님께서 문제에 개입해주시지 않으므로 재정 난관에서 헤어 나올 수 없다고 믿는다. 그러나 성경은 "나의 하나님이 그리스도 예수 안에서 영광 가운데 그 풍성한 대로 너희 모든 쓸 것을 채우시리라(빌 4:19)"고 말씀한다. 그들은 하나님께서 그들을 고쳐주지 않으실 것이라고 주장한다. 그러나 성경은 하나님께서 당신의 모든 질병을 고치시며 당신의 불의를 용서하신다고 말씀한다(시 103편 3절).

불확실성은 어떤 사람들로 하여금 하나님이 어떤 분이신지를 오해하게 한다. 그들은 하나님의 참된 본질을 부인하고, 질병, 가난과, 정신적 고뇌를 하나님의 선물로 받아들인다. 그러나 그것은 지옥에서 오는 참람한 거짓말이다. 많은 그리스도인들은 불확실한 때에 해답을 간절히 원하기 때문에 현재 상태에 대해 기분을 나아지게 할 신학적 해답을 스스로 만들어낸다. 그렇게 하면서 그들은 인간의 논리의 제단 위에 하나님에 대한 진리를 희생시킨다. 그래서 사람들은 "하나님께서 나의 숙모에게 백혈병을 주셔서 인내를 가르쳐 주셨어"라는 등의 말을 한다. 절대 아니다. 결코 그런 것이 아니다. 만일 어떤 사람의 몸이 고통에 시달리거나 질병으로 쇠약해진다면, 그것은 그 사람을 삼키려는 마귀의 소행이다. 그것은 메시야께서 하시는 일이라고 소개되지 않는다. 성경은 "그가 네 모든 죄악을 사하시며 네 모든 병을 고치시며"라고 말씀한다. 하나님께서 어떤 사람에게 마약을 하는 습관이나 술 문제를 주셔서 그 사람을 더 나은 사람이 되게 하신다고 우리는 생각하지 않는다. 그렇다면 왜 하나님께서 사람들을 정죄하셔서 질병, 빈곤, 우울증, 혹은 다른 비참한 상황을 주시겠는가?

『초자연적 능력』 8장에서

> 불확실성은 어떤 사람들로 하여금
> 하나님이 어떤 분이신지를 오해하게 한다.

Day 210
하나님은 항상 선하시다

여호와께서는 모든 것을 선대하시며 그 지으신 모든 것에 긍휼을 베푸시는도다

:: 시편 145편 9절

구하는 응답이 오지 않으면 사람들은 둘 중 하나로 반응하는 경향이 있다. 첫째로, 사람들은 하나님을 탓할 수 있다. 그들은 하나님께서 그들을 치료하시지 않을 것이라고 주장하면서 하나님을 탓한다. 그러나 성경은 하나님께서 당신의 모든 질병을 고치신다고 시편 103편 2, 3절에서 말씀한다. "내 영혼아 여호와를 송축하며 그의 모든 은택을 잊지 말지어다 그가 네 모든 죄악을 사하시며 네 모든 병을 고치시며."

이것을 분명히 하자. 하나님은 항상 선하시다. 마귀는 항상 나쁘다. 그 둘 사이의 차이를 기억하는 것은 우리 자신에게 엄청나게 유익하다. 치료, 구원, 온전함, 공급, 기쁨을 이미 우리에게 주셨다. 그것들은 환수되거나 반환될 수 없다. 그것들은 하나님 나라의 삶이다. 그것들을 위해 예수님께서 십자가에서 값을 치르셨다.

응답이 오는 것 같지 않을 때 사람들이 하나님께 반응하는 또 다른 방법은 속임수에 빠지는 것이다. 성경이 고난에 대해 말할 때, 위의 모든 고통들을 의미한다고 그리스도인들은 착각한다. 전혀 아니다! 성경에서 말하는 고난은 고투를 벌이는 두 실체 사이에 살면서 그 모든 것 내내 하나님을 신뢰하고 찬양하는 것을 의미한다. 좋은 일이 있고난 다음에는 누구나 하나님의 위대하심을 선포할 수 있다. 그러나 고투 속에 있을 때, 즉 아직 성취되지 않은 약속이 있거나, 해결되지 않는 문제가 있을 때에도 환경을 넘어서서, 무슨 일이 있더라도 하나님은 항상 선하시다고 선언해야 한다.

『초자연적 능력』 8장에서

> 치료, 구원, 온전함, 공급,
> 기쁨을 이미 우리에게 주셨다.
> 그것들은 환수되거나 반환될 수 없다.

Day 211
우리의 전쟁

무엇을 하실 수 있거든 우리를 불쌍히 여기사 도와 주옵소서 예수께서 이르시되 할 수 있거든이 무슨 말이냐 믿는 자에게는 능히 하지 못할 일이 없느니라 하시니
:: 마가복음 9장 22-23절

왜 질병과 중독, 그리고 다른 모든 마귀의 도구들이 인류를 계속 괴롭히는가? 나는 우리가 영적 전쟁에 대해 더 알면, 우리가 보고 있는 현상의 많은 부분을 저지할 수 있다고 확신한다. 불치병을 치료하고 불가능을 행하려면 필요한 것이 있다. 그것은 우리가 경험하지 못한 수준의 영적 전쟁이다. 신약 성경에 이 관점을 지지하는 두 가지 상황이 있다. 한 경우에는 예수님께서 맹인에게 안수하시고서 무엇이 보이냐고 물으셨다. 그 사람은 "나무 같은 것들이 걸어가는 것을 보나이다(막 8:24)"라고 말했다. 완전한 기적을 얻기 위해, 그 사람은 예수님의 만지심을 두 번 받아야 했다. 그는 끈기가 필요했다. 또 다른 경우에는, 아이가 귀신에게 시달렸고 귀신이 아이를 물이나 불에 던져 죽이려고 했다(막 8:22, 23 참조).

예수님은 한계가 없으시고 항상 절대적으로 선하시다. 그 상황 속에서 예수님이 무엇을 원하셨을지, 무엇을 하실 수 있었을지에 대해서는 의문의 여지가 없다. 불가능에 대한 책임은 예수님께 있지 않았고, 아이의 아버지, 그리고 귀신을 쫓아내지 못한 제자들에게 있었다.

왜 제자들의 기도가 응답되지 않았는지에 대해 예수께서 설명하는 말씀을 하셨다. "기도 외에 다른 것으로는 이런 종류가 나갈 수 없느니라(막 9:29)." 예수님께서 귀신 들린 소년을 치료하실 때, 기도도, 금식도 하지 않으셨다. 그러나 예수님의 기도 저장고가 아버지와 보낸 시간으로 가득 채워져 있어서 그 순간에 하늘이 자연계에 분출될 수 있었다. 예수님께서는 하나님과의 친밀함으로부터 나온 믿음을 발휘하셨고, 우리도 그래야 한다. 내가 해방이나 치유를 일으키지 못할 때 나는 보좌 앞으로 더 나아가는 수밖에 없었다. 나는 더 기도해야 한다!

「초자연적 능력」 8장에서

> 나는 우리가 영적 전쟁에 대해 더 알면,
> 우리가 보고 있는 현상의 많은 부분을
> 저지할 수 있다고 확신한다.

Day 212
실패의 순간들

생각하건대 현재의 고난은 장차 우리에게 나타날 영광과 비교할 수 없도다

:: 로마서 8장 18절

불안정한 삶 속에 있을때 우리는 귀신 들린 소년을 치유하지 못했던 마가복음 9장의 제자들과 같다. 그들은 그 당시 세상에서 기적을 가장 많이 경험한 사람들이었다. 그들보다 기적을 더 많이 보고 더 많이 일으켜본 사람들은 없었다. 그러나 그들은 해결하지 못할 것에 부딪히게 되었다. 우리도 문제에 직면해서 해결의 방책을 어디서 찾아야할지 모를 수 있다. 그러나 그렇다고 해서 그 문제가 해결 불가능하다는 것은 아니다. 우리가 자연계에서 보는 온갖 문제들에도 불구하고, 하나님은 항상 선하시며, 치료와 온전함에 대한 하나님의 뜻은 변하지 않는다고 마음을 확정할 때 능력이 있다.

두 가지가 당신에게 보장되므로 당신은 안심할 수 있다. 첫째로, 삼키는 자, 마귀로 인해 당신이 손실을 겪는 상황 속에서도 모든 것이 합력하여 선을 이룰 것이다. 당신의 삶 속의 악을 하나님께서 디자인하셨는가? 아니다. 하나님께서 그것을 당신에게 할당하셨는가? 아니다. 그러나 하나님은 크시므로 어떤 식으로든 그것을 이기실 수 있다. 하나님께서는 당신의 과거의 죄나 마귀의 공격도 이용해서 하나님께서 원하시는 것을 이루실 수 있다.

둘째로, 우리 하나님은 원수를 갚는 하나님이시다. 어떤 것에 대해서도 마귀는 최종 결정권이 없다. 그 짐승은 침묵하게 될 것이고 당신이 경험한 모든 연약함, 고통, 어려움, 괴로움, 유혹의 순간에 대해서 완전한 보응이 이뤄질 것이다. 우리는 로마서 8장의 약속을 갖는다(위의 구절 참조). 재정, 육체에 대한 공격, 가정이나 정서에 대한 공격에서 당신이 경험한 어려움은 당신 안에 계시될 영광과 비교되지 않는다. 밥 멈포드가 오래 전에 이렇게 말한 것과 같다. "내가 성경의 마지막 장을 읽어보았더니 우리가 이긴다."

『초자연적 능력』 8장에서

하나님은 항상 선하시다고
마음을 확정하는 것에 능력이 있다.

Day 213
지적 난관에 부딪힐 때

거기서는 아무 권능도 행하실 수 없어 다만 소수의 병자에게 안수하여 고치실뿐이었고 그들이 믿지 않음을 이상히 여기셨더라 이에 모든 촌에 두루 다니시며 가르치시더라
:: 마가복음 6장 5-6절

어떤 그리스도인들은 불안정한 상황에 직면하면, 그들은 종종 하나님에 대해 지적으로 막힌다. 마가복음 6장 1-4절이 그 예이다.

예수께서 거기를 떠나사 고향으로 가시니 제자들도 따르니라 안식일이 되어 회당에서 가르치시니 많은 사람이 듣고 놀라 이르되 이 사람이 어디서 이런 것을 얻었느냐 이 사람이 받은 지혜와 그 손으로 이루어지는 이런 권능이 어찌됨이냐 이 사람이 마리아의 아들 목수가 아니냐 야고보와 요셉과 유다와 시몬의 형제가 아니냐 그 누이들이 우리와 함께 여기 있지 아니하냐 하고 예수를 배척한지라 예수께서 그들에게 이르시되 선지자가 자기 고향과 자기 친척과 자기 집 외에서는 존경을 받지 못함이 없느니라 하시며

거듭나지 않은 마음이 무서운 무기가 되어 우리를 대적하며, 우리에게 절실히 필요한 그 응답을 거절하게 한다. 나사렛 사람들은 처음에 예수님의 가르침에 놀랐다. 그들은 마음이 움직였고 주목했다. 예수님께서 회당에서 가르치기 시작하시자, 그들은 서로 말했다. "와! 그가 이런 것을 어디서 배웠지? 놀라운데!" 그들은 큰 감명을 받았고, 예수님께서 가르치시며 능력을 나타내고 기적들을 행하실 수 있는 환경이 조성되었다. 그러다 그들은 일어나고 있는 일을 평가하게 되었고 이렇게 말했다. "잠깐, 우리는 이 사람을 알아. 그는 여기서 자랐어. 우리는 그의 부친, 모친, 자매들을 알아. 그런데 그가 어떻게 이 모든 기적들을 행하고 있는 거지?" 그들의 마음에 예수님이 거슬렸다. 그것은 누가 상처를 줘서 거슬린 것이 아니었다. 보이지 않는 세계를 신뢰할 능력을 가로막는 질문이 있을 때, 그렇게 지적 난관에 봉착한다.

『초자연적 능력』 8장에서

> 거듭나지 않은 마음이 무서운 무기가 되어
> 우리를 대적하며, 우리에게 절실히 필요한
> 그 응답을 거절하게 한다.

Day 214
의문과 해답

내 영혼아 여호와를 송축하라 내 속에 있는 것들아 다 그의 거룩한 이름을 송축하라 내 영혼아 여호와를 송축하며 그의 모든 은택을 잊지 말지어다

:: 시편 103편 1-2절

나는 사람들이 이런 말을 하는 것을 들을 때가 많다. "하나님께서 오늘날에도 사람들을 고치신다는 것을 믿을 수 있다면 좋겠지만, 나의 할머니가 2주 전에 돌아가셨어요. 우리는 할머니를 위해 기도했지만 치료되지 않았어요." 슬픔은 사람들을 하나님에게서 분리시킨다. 의문에 대한 해답이 없기 때문이다.

그러나 해답이 없다고 해서 하나님과 우리의 마음의 친교가 방해를 받아선 안 된다. 만일 우리가 하나님께 해답을 요구하면, 지적 난관에 부딪혀 우리의 영은 상처를 받게 된다. 호세아 6장 3절에서 "우리가 여호와를 알자 힘써 여호와를 알자"고 말씀한다. '힘써'라는 단어는 '사냥하다'로 번역될 수도 있다. 하나님의 길들을 완전히 이해하지 못하더라도, 우리는 주님을 열정적으로 추구해야 한다. 우리는 상처받을 가능성이 있는 때에도 하나님을 향해 달려가야 한다. 우리의 상처를 극복하고 넘어선 곳에 해답이 있다. 사도행전 14장 22절에서 "우리가 하나님의 나라에 들어가려면 많은 환난을 겪어야 할 것이라"고 말씀한다. 하나님께 반항하거나 하나님께 무리하게 요구하지 않으면, 하나님께서 우리에게 약속하신 바로 그것에 이르게 될 것이다.

시편 103편에서 다윗은 좋은 예를 보여줬다. 거기서 그는 자신의 감정과 지성에게 하나님에 대한 진리와 일치되라고 명령했다(위의 구절 참조). 우리가 불확실하고 불안정한 상황 속에서 하나님에 대해 마음이 상하려고 할 때 바로 그렇게 기도해야 한다. 우리는 올바른 사실에 우리의 생각과 감정을 맞출 수 있다.

당신이 불안정하고 불확실한 상황에 있을 때, 찬양의 문을 만들어서 당신의 마음과 음성을 하나님께 올려드릴 수 있다. 당신의 불안정한 상황이 끝이 없을 것 같이 느껴지고, 아무런 해답도 나타나지 않더라도 하나님과의 교제를 꾸준히 추구하라. 고난이 있지만, 당신의 삶에 대한 하나님의 큰 계획의 때가 있다. 인내할 기회에 대해 감사하라. 그리고 이것을 확신하라. 더 좋은 때가 오고 있는 중이다!

『초자연적 능력』 8장에서

> 당신의 불안정한 상황이 끝이 없을 것 같이
> 느껴지더라도 하나님과의 교제를 꾸준히 추구하라.

Day 215
당신의 몸으로부터 배우라

> 누가 주의 이 많은 백성을 재판할 수 있사오리이까 듣는 마음을 종에게 주사 주의 백성을 재판하여 선악을 분별하게 하옵소서
>
> :: 열왕기상 3장 9절

아내 베니와 내가 주일 오전에 우리 교회에서 예배드리고 있을 때 한 여자가 앞으로 나가서 우리 앞에서 예배하기 시작했다. 늘 우리 교회는 앞쪽에 나가서 예배하는 사람들로 붐비기 때문에 나는 그것을 특별하게 생각하지 않았다. 그러나 그 여자의 동작은 성령으로부터 흘러나오는 것 같지 않았다. 그래서 나는 무슨 일이 일어나고 있는지 내 영으로 분별하려 했다. 나의 영 안에는 뭔가 잘못됐다고 알려주는 곳이 있다. 보통은 그 은사가 나에게 잘 작동했지만, 이번에는 주님께서 내 마음에 손을 뻗어 그것을 꺼놓으신 것만 같았다. 나는 좋은 것이든, 나쁜 것이든, 아무 것도 느끼지 못했다. 내 앞에서 무슨 일이 벌어지고 있는지 아무런 영적 신호를 받을 수 없었다.

그런데 뭔가 평범하지 않은 일이 일어났다. 나는 주변 기온이 달라진 것을 감지했다. 성전의 다른 쪽에 가봤더니 거기는 따뜻했다. 다시 내 자리로 돌아오니 거기는 추웠다. 나는 마귀가 역사하고 있다는 강한 직감이 들었다. 나는 우리의 중요한 무용 사역자에게 가서 영적 세계에 뭔가 깨뜨려야할 것이 있으므로 주님 앞에서 춤을 추면서 예배해달라고 부탁했다. 그녀는 일어서서 춤추기 시작했고 그녀가 무대 위를 오가며 움직인 순간에 내 앞에 있던 여자가 넘어졌다. 마치 꼭두각시 인형의 줄이 싹둑 잘라진 것 같았다. 베니와 몸을 숙여 그녀와 기도했다. 우리가 분별한 바로, 그녀는 정말로 신실하고 올바른 심령을 가지고 있었지만, 해방과 구원이 필요했다. 결국 이야기가 아름답게 끝났지만, 이 경우에서 알 수 있듯이, 물리적 세계의 징후에도 주목하기 바란다. 이 경우에는 정상보다 낮은 온도를 감지함으로써 영적 돌파에 이르게 되었다. 그 상황 속에는 영적 실체를 나타내주는 물리적 징후들이 있었다.

「초자연적 능력」 9장에서

**물리적 세계의 징후가
영적 돌파에 이르는 데 도움을 주었다.**

Day 216
당신의 몸을 드리라

그러므로 형제들아 내가 하나님의 모든 자비하심으로 너희를 권하노니 너희 몸을 하나님이 기뻐하시는 거룩한 산 제물로 드리라 이는 너희가 드릴 영적 예배니라 너희는 이 세대를 본받지 말고 오직 마음을 새롭게 함으로 변화를 받아 하나님의 선하시고 기뻐하시고 온전하신 뜻이 무엇인지 분별하도록 하라
∷ 로마서 12장 1-2절

은사주의와 오순절파에서는 마음을 매우 가치절하 한다. 육체에 대해서도 그렇다. 많은 사람들이 몸을 그 자체가 악하게 여기고, 등한시하며 제쳐두고, 몸이란 어쩔 수 없이 갖지만 하나님 나라의 목적을 위해 결코 사용될 수 없다고 본다. 그러나 하나님께서는 인간의 몸을 영혼이 거주하는 장막 이상으로 디자인하셨다. 몸은 하나님의 임재를 감지하고 하나님 나라 영역에 무슨 일이 일어나고 있는지 분별하는 도구이다.

그리스도인들이 로마서 12장 1-2절을 주로 인용하는 것은 새 선교사를 해외 선교지 어디에 파송할 때나, 자기 부인이 필요한 어떤 종류의 사역에 참여할 때이다. 그러나 나는 이 본문이 또한 우리의 육체가 하나님을 인식하고 하나님과 동역하는 역할을 한다고 말하고 있다고 생각한다.

다윗은 30-40년 동안 언약 궤 위에 임한 하나님의 실제적이고 뚜렷한 임재 앞에 자유로이 나아갔다. 하나님의 영광이 거기서 가시적으로 빛났다. 다윗은 하나님의 임재로부터 형언할 수 없으리만큼 영향을 받았다. "내 육체가 주를 앙모하나이다(시 63:1)."

다윗이 비유적으로만 말한 것일까? 나는 그렇게 생각하지 않는다. 그가 하나님의 임재와 영광으로부터 너무나 영향을 받아서 그의 몸이 고통을 느끼며 더 많은 것을 갈구해 부르짖었다고 그는 선언하고 있다. 다윗이 그랬던 것처럼 우리도 그렇다. 당신과 내가 음식에 굶주리고 물에 대해 목마를 수 있듯이, (우리의 정서, 지성, 영만이 아니라) 우리의 육체도 하나님을 향해 고통스러워할 수 있다. 우리가 하나님을 향해 육체적으로 굶주릴 수 있다면, 하나님에 의해 육체적으로 만족할 수도 있다. 굶주림이 있다면 만족할 잠재성도 반드시 있다. 아예 존재하지도 않는 것에 대해서 욕구를 가질 수는 없다. 하나님께서는 우리의 육체로 하나님과 하나님의 역사를 깨달을 수 있는 능력을 우리 체질 안에 만들어두셨다.

「초자연적 능력」 9장에서

굶주림이 있다면
만족할 잠재성도 반드시 있다.

Day 217
감각 훈련

단단한 음식은 장성한 자의 것이니 그들은 지각을 사용함으로 연단을 받아 선악을 분별하는 자들이니라
:: 히브리서 5장 14절

우리는 촉각, 후각, 시각, 청각, 미각을 훈련해서 분별 과정에 이용할 수 있다. 우리의 몸으로 하나님의 임재를 인식할 수 있을 뿐 아니라, 그 물리적 징후들이 선과 악을 분별할 수 있게 도와준다. 그 주일 오전 예배 중에, 내 앞의 그 여자에 대해 내 영이 뭔가 말하고 있었지만, 정확한 메시지를 전달해준 것은 기온이었다. 애석하게도, 많은 그리스도인들은 하나님께서 임하실 때 그들에게 물리적으로 무슨 일이 일어나는지에 주의를 기울이지 않는다. 당신이 기억해야 할 것은 하나님의 주 언어는 우리의 모국어가 아니라는 점이다. 하나님께서는 다양한 방식으로 우리와 소통하신다. 마음의 인상, 머릿속에 떠오르는 장면, 느낌, 감정, 물리적 감각 등으로 말이다. 우리가 우리의 몸을 무시한다면, 때로는 하나님의 음성을 무시해 버릴 수도 있다.

이것은 중요하다. 왜냐하면 우리가 하나님 나라의 물리적 징후들을 간과하면, 하나님께서 하고 계신 일을 놓칠 수 있기 때문이다. 때로는 예수님께서 우리의 배 곁을 그저 지나가신다. 때로는 예수님께서 우리의 배 안으로 들어오려 하지 않으신다. 예수님께서 우리가 다가갈 수 있는 곳에 계시지만, 저절로 그렇게 되지는 않는다. 예수님이 거기 계신 것을 우리가 인식하지 못하면, 우리는 기회를 놓칠 것이다. 보는 것과 물리적으로 감각하는 것을 이해하지 못함으로써 예수님과 함께할 기회를 놓칠 것인가?

나는 많은 그리스도인들이 하나님께서 말씀하시는 여러 방식들에 열려 있는 것을 보았다. 그들은 하나님께서 역사하고 계신 것을 인식하고, 하나님께 배 안으로 들어오시라고 요청한다. 그들은 그 모험에 발을 들여놓으며 말한다. "내 존재의 모든 부분이 하나님께 사용되길 원합니다. 모든 상황에 제가 유용하길 원합니다." 언젠가는 모든 그리스도인들이 오감을 이용해 하나님 나라를 분별하는 것이 보편화될 것이다. 그러나 그렇게 되려면, 우리가 감각을 훈련해야 한다.

「초자연적 능력」 9장에서

**언젠가는 모든 그리스도인들이 오감을 이용해
하나님 나라를 분별하는 것이 보편화될 것이다.**

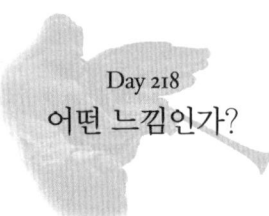

Day 218
어떤 느낌인가?

여호와여 주의 도를 내게 보이시고 주의 길을 내게 가르치소서 주의 진리로 나를 지도하시고 교훈하소서 주는 내 구원의 하나님이시니 내가 종일 주를 기다리나이다
:: 시편 25편 4-5절

조종사들이 비행을 배울 때, 4만 피트 상공에 해당하는 기압으로 모의 비행을 한다. 교관이 산소를 점점 빼기 시작하면 훈련받는 조종사는 기내 산소가 희박해지면 자신의 신체에 무슨 일이 일어나는지 인식하고 관찰한다. 이때 각자 반응이 다르다. 어떤 사람들은 팔에 난 털이 아프다. 어떤 사람들은 귀가 울린다. 어떤 사람들은 다리 근육이 아프다. 중요한 것은 그들의 몸이 어떻게 반응하는지에 익숙해지는 것이다. 그래야 만일 산소마스크가 제때에 떨어지지 않더라도, 자신의 신체 징후를 보고 산소가 희박하다는 것을 알 수 있다.

하나님께서 특별한 방식으로 임하실 때 당신은 어떻게 반응하게 되는가? 당신은 하나님의 임재를 어떤 식으로 나타내는가? 하나님께서 당신 주변에 역사하고 계실 때, 당신은 어떻게 느끼고, 감각하고, 인식하는가? 정상적인 그리스도인의 삶을 충만히 살려면 이 질문들에 대한 답을 알아야 한다. 하나님께서 물리적 세계에 역사하시고 그것을 통해 우리와 소통하신다는 것을 이해하지 못하면, 우리의 마음이 하늘의 실체와 온전히 일치될 수 없다.

나는 점진적 과정을 통해 그것을 발견해왔다. 나는 감각할 수 있는 기름부음, 은사를 주시는 성령의 임재가 물리적으로 분별된다는 것을 배웠다. 나는 그것을 물리적으로 느낄 수 있다. 그것은 마치 누군가가 실크 스카프를 내 손에 얹어놓은 것 같다. 왜 그것이 중요한가? 우리가 느끼는 것을 가지고 서로 감탄하거나 경쟁하려는 것이 아니다. 핵심은 우리의 감각 능력을 정밀하게 조율하여 하나님께서 임하셨는지, 그리고 무엇을 하려 하시는지 아는 것이다.

『초자연적 능력』 9장에서

**하나님께서 특별한 방식으로 임하실 때
당신은 어떻게 반응하게 되는가?**

Day 219
나는 하나님의 운행하심을 느낀다

너희가 우리 안에서 좁아진 것이 아니라 오직 너희 심정에서 좁아진 것이니라

:: 고린도후서 6장 12절

나는 하나님께서 역사하시기 시작하실 때 뒤통수가 간지럽다거나 손에 불이 임한다는 사람들과 얘기해보았다. 성경은 하나님의 능력이 손에 감춰져 있다고 가르친다(합 3:4 참조). 어떤 사람이 부흥이나 치유에 대해 말하면, 내 마음의 열정에 불이 붙고 그 열정을 통해 기름부음이 방출된다.

우리의 한 젊은이가 어느 날 쇼핑몰에서 걷고 있을 때 손에 하나님의 기름부음이 임하는 것을 느꼈다. 그때 한 남자가 가게 안으로 들어오고 있었다. 젊은이가 그에게 물었다. "혹시 몸에 기적이 필요하세요?" 그 사람은 말했다. "사실은 그래요. 저는 많이 아프고, 척추수술을 여러 번 받았어요." 젊은이가 그를 위해 기도했고 그 사람은 즉시 치료되었다. 그리고 복음을 듣고 거듭났다. 젊은이는 하나님께서 그 사람을 치료하셨음을 주차장에서 외쳤고, 그것을 들은 다른 사람도 구원받았다. 그 모든 것의 시작은 선악을 구별하는 감각 훈련이 되어 있었고, 평범한 상황 속에서도 '하나님의 순간'을 인식하는 훈련이 되어 있었기 때문이었다.

하나님께서 역사하실 때마다 항상 물리적으로 느낄 수 있다는 말은 아니다. 다만 물리적 징후에도 주의를 기울여야 한다는 말이다. 당신의 몸이 어떻게 반응하는지 배우라. 그것에 몇 년이 걸릴 수도 있다. 내가 그랬다. 때로는 내가 누구를 위해 기도할 때, 나는 아무 것도 못 느끼고 있는데도, 치료가 일어난다. 이렇듯 물리적 감각이 늘 확실한 징표는 아니지만, 하나님께서 사용하시는 한 가지 징표이다. 하나님의 임재를 인식하기를 배우는 모험을 지연시키지 말자. 하나님께서 우리의 존재의 모든 부분을 사용하실 것이다. 당신의 몸의 감각을 세밀히 읽음으로써 하나님의 기름부음과 임재를 인식하기 시작하라.

「초자연적 능력」 9장에서

물리적 감각이 늘 확실한 징표는 아니지만,
하나님께서 사용하시는 한 가지 징표이다.

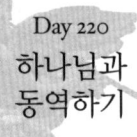

Day 220
하나님과 동역하기

이에 성경에 이른 바 아브라함이 하나님을 믿으니 이것을 의로 여기셨다는 말씀이 이루어졌고 그는 하나님의 벗이라 칭함을 받았나니

:: 야고보서 2장 23절

성경은 동역이 어떻게 이뤄지는지 우리에게 보여준다. 창조 때에, 하나님께서는 아담에게 모든 동물들의 이름을 짓게 하셨다(창 2:19 참조). 성경 전체에서 모세가 하나님과 가장 친밀한 관계를 가진 사람 중 하나였다. 그는 하나님을 대면하여 경험했다. 그 관계가 어떻게 실제로 이루어졌는가? 한번은 하나님께서 모세에게 말씀하셨다.

너는 내려가라 네가 애굽 땅에서 인도하여 낸 네 백성이 부패하였도다 그들이 내가 그들에게 명령한 길을 속히 떠나 자기를 위하여 송아지를 부어 만들고 그것을 예배하며 그것에게 제물을 드리며 말하기를 이스라엘아 이는 너희를 애굽 땅에서 인도하여 낸 너희 신이라 하였도다 여호와께서 또 모세에게 이르시되 내가 이 백성을 보니 목이 뻣뻣한 백성이로다 그런즉 내가 하는 대로 두라 내가 그들에게 진노하여 그들을 진멸하고 너를 큰 나라가 되게 하리라(출애굽기 32:7-10).

모세가 대답했다.

여호와여 어찌하여 그 큰 권능과 강한 손으로 애굽 땅에서 인도하여 내신 주의 백성에게 진노하시나이까 어찌하여 애굽 사람들이 이르기를 여호와가 자기의 백성을 산에서 죽이고 지면에서 진멸하려는 악한 의도로 인도해 내었다고 말하게 하시려 하나이까 주의 맹렬한 노를 그치시고 뜻을 돌이키사 주의 백성에게 이 화를 내리지 마옵소서 주의 종 아브라함과 이삭과 이스라엘을 기억하소서 주께서 그들을 위하여 주를 가리켜 맹세하여 이르시기를 내가 너희의 자손을 하늘의 별처럼 많게 하고 내가 허락한 이 온 땅을 너희의 자손에게 주어 영원한 기업이 되게 하리라 하셨나이다(출애굽기 32:11-13).

하나님의 대답은

여호와께서 뜻을 돌이키사 말씀하신 화를 그 백성에게 내리지 아니하시니라(출애굽기 32:14).

그것은 숨 막히는 대화였다. 하나님께서는 어떤 심리게임을 하시지 않았다. 심리적 작용을 이용해 모세가 옳은 결론에 도달하게 조종한 것이 아니었다. 하나님은 모세와 친구로서 대화하셨다. 그것은 종과 주인이 아니라, 친밀한 관계 사이의 대화였다.

「초자연적 능력」 10장에서

성경 전체에서 모세는 하나님과 가장
친밀한 관계를 가진 사람 중 하나였다.

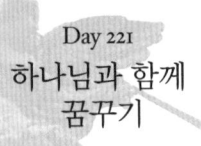

Day 221
하나님과 함께 꿈꾸기

우리가 하나님과 함께 일하는 자로서 너희를 권하노니 하나님의 은혜를 헛되이 받지 말라

:: 고린도후서 6장 1절

정상적인 그리스도인의 삶은 하나님과 우리가 동역하게 되고 우리의 매일의 삶 속에 실현된다. 그럴 때 우리는 천국의 문이 되어, 우리 주변의 사람들에게 하나님의 실체를 나타내 보여준다. 바울은 우리를 그리스도의 동역자라고 불렀다. 우리는 이 지상 영역에 하늘의 역사를 이루는 파트너이다. 그러나 많은 그리스도인들은 이 동역의 개념에 대해 한 가지 측면의 관점만 갖고 있다. 그들은 하나님과의 사이에 로봇 같은 작용이 일어난다고 생각한다. 그래서 그들의 뜻과 의지는 0에 맞추고 하나님의 뜻이 그들의 생각과 갈망을 완전히 점령한다고 생각한다. 그러나 그것은 성경이 말씀하시는 것과 정반대된다. 하나님께서 하나님의 계획을 어떻게 이루어 가시는가에 있어서 우리의 생각, 갈망, 꿈이 막대한 영향을 미친다. 우리는 동역자들이다. 즉 그리스도를 떠나서는 우리의 일이 완전하지 않을 뿐 아니라, 동시에, 놀랍게도, **우리가 없이는 그리스도의 지상 사역이 완전하지 않다.** 하나님께서는 그의 하시는 일에 있어, 우리를 그 일의 기여자로 보신다. 하나님께서는 당신의 갈망과 꿈에 관심을 가지시며 지상에서 하나님의 계획에 당신이 영향을 미칠 수 있도록 열어두셨다.

현대의 그리스도인들에게는 이것이 거의 신성모독처럼 들릴 것이다. 나를 포함해서 많은 사람들이 과거에 "오 하나님, 나의 의지를 점령하소서!"라고 기도했다. 그러나 그것은 가장 어리석은 기도일지 모른다. 왜냐하면 그것은 하나님께서 창조하신 가장 위대한 것의 하나인 우리의 의지를 완전히 가치절하 하기 때문이다. 당신의 의지가 너무나 소중하기 때문에 하나님께서는 독생자를 값으로 치르면서까지 당신의 의지를 존중하셨다. 당신과 나는 값진 진주이다. 만일 독립적인 의지가 없다면, 우리는 애니메이션, 인형, 프로그램 된 장난감일 뿐이다. 그러나 자유의지를 가진 우리는 하나님을 사랑하는 자이고 자발적으로 하나님의 동역자가 된다. 우리가 하나님과 동역할 때, 우리의 생각이 정말로 역사의 경로를 변화시킬 수 있다.

「초자연적 능력」 10장에서

**하나님께서 하나님의 계획을 어떻게 이루어 가시는가에 있어서
우리의 생각, 갈망, 꿈이 막대한 영향을 미친다.**

Day 222
더 이상 종이 아니다

이제부터는 너희를 종이라 하지 아니하리니 종은 주인이 하는 것을 알지 못함이라 너희를 친구라 하였노니 내가 내 아버지께 들은 것을 다 너희에게 알게 하였음이라
:: 요한복음 15장 15절

예수님께서도 우리가 하나님의 친구라는 것을 확증해주셨다. 종은 동역자가 아니다. 친구가 동역자이다. 둘의 마음가짐에는 큰 차이가 있다. 종은 임무 지향적이며, 정확히 어떻게 해야 임무를 수행할 수 있는지 알기를 원한다. 그러나 종은 주인의 업무를 내부적으로 모른다. 오늘날에는 종이 없어서 이해하기 어렵지만, 당신의 집에 부리는 사람이 있어서 당신을 섬기고 당신의 뜻을 수행하게 한다고 상상해보라. 종은 당신에 대해 특정한 것들을 알 것이다. 당신의 취미, 당신이 야구장에 가길 좋아하는지, 아니면 낚시를 좋아하는지, 당신이 저녁에 뭘 먹길 좋아하는지, 아침에 몇 시에 커피를 마시는지 알 것이다. 그러나 종은 당신과 개인적 시간을 갖지 않을 것이다. 당신이 힘들 때 종이 위로해주지 않을 것이다. 종과 가정 문제를 의논하거나 크고 작은 업무의 결정사항을 의논하지 않을 것이다. 그러나 하나님께서는 우리를 종에서 친구로 높이셨다. 하나님께서는 우리를 고용주와 피고용인의 관계를 넘어선 관계로 초청하신다. 하나님께서는 우리가 하나님과 교류하기를 바라신다. 우리가 하나님의 마음을 바꾸고, 하나님의 생각을 돌리고, 하나님의 창조적 사역 전개에 우리가 동참하기를 바라신다. 하나님께 아이디어가 부족해서가 아니라, 단지 우리가 참여하는 것을 즐거워하시기 때문이다.

하나님의 친구가 된다고 해서 종의 겸손과 순종을 잃어버리라는 것이 아니다. 다만 하나님과의 관계에 대한 당신의 관점이 바뀐다. 하나님과 우리의 관계에서 순종이 더 이상 최우선적 쟁점이 아니라는 것이 핵심이다. 이것 역시 신성모독적으로 들릴지 모르지만, 이것은 하나님께서 교회에 더 폭넓게 계시하고 싶어 하시는 깊은 진리 중 하나이다. 하나님과의 관계에는 많은 사람들이 생각하거나 경험해보지 못한 단계가 있다. 우리가 그런 단계를 인식하고 경험하지 않으면, 하나님과의 동역이 필요 이상으로 제한될 것이다.

「초자연적 능력」 10장에서

> 하나님께서는 우리를 종에서
> 친구로 높이셨다.

Day 223
다윗의 꿈

폐하시고 다윗을 왕으로 세우시고 증언하여 이르시되 내가 이새의 아들 다윗을 만나니 내 마음에 맞는 사람이라 내 뜻을 다 이루리라 하시더니

:: 사도행전 13장 22절

동역의 가장 특별한 예 하나는 성전에 대한 다윗 왕의 생각이었다. 열왕기상 8장에 솔로몬 성전 건축이 기록되는데, 그것은 성경의 가장 의미심장한 사건 중 하나였다. 그 성전의 낙헌식 때 솔로몬이 말했다.

이스라엘의 하나님 여호와를 송축할지로다 여호와께서 그의 입으로 내 아버지 다윗에게 말씀하신 것을 이제 그의 손으로 이루셨도다 이르시기를 내가 내 백성 이스라엘을 애굽에서 인도하여 낸 날부터 내 이름을 둘 만한 집을 건축하기 위하여 이스라엘 모든 지파 가운데에서 아무 성읍도 택하지 아니하고 다만 다윗을 택하여 내 백성 이스라엘을 다스리게 하였노라 하신지라 내 아버지 다윗이 이스라엘의 하나님 여호와의 이름을 위하여 성전을 건축할 마음이 있었더니(열왕기상 8:15-17).

하나님께서 말씀하셨다. "나는 도시를 선택하지 않았고, 사람을 선택했다. 그리고 그 사람의 마음속에 성전이 있었다." 마치 하나님께서 "내가 생각한 것은 성전이 아니라, 다윗이었다"라고 말씀하신 것 같다. 놀라운 일이다! 다윗의 창의성과 갈망이 역사를 만들었다. 왜냐하면 하나님께서 그것들을 받아들이셨기 때문이다. 우리들 대부분에게 이것은 생소한 개념이다. 우리는 지시만을 기다리며 우리 자신의 생각은 억누르려 애쓴다. 우리가 하나님을 위해 하는 것은 무엇이든지 보좌로부터 직접 흘러나와야하며, 그것을 세밀하게 그대로 수행해야 하고, 마치 하늘의 매뉴얼 북을 따르는 것처럼 해야 한다고 생각한다. 그러나 하나님의 접근법은 다르다. 하나님께서는 하나님의 백성의 갈망에 대해 열려 계신다. 역사는 우리가 행한 것, 기도한 것과 우리가 행하지 않은 것과 기도하지 않은 것에 따라 전개된다. 하나님께서 우리에게 하나님 나라의 원리들을 주셨고 그것이 우리의 기준이 된다. 그런 다음에 하나님께서 말씀하셨다. "꿈꾸는 자들이여! 오라! 함께 꿈꾸며 인간의 역사를 쓰자."

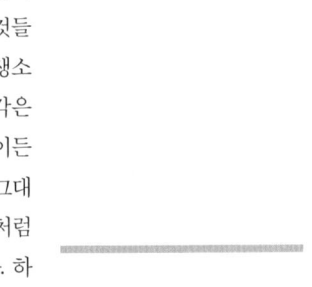

「초자연적 능력」 10장에서

역사는 우리가 행한 것, 우리가 기도한 것, 우리가 행하지 않은 것, 우리가 기도하지 않은 것에 따라 전개된다.

Day 224
소원

좋은 것으로 네 소원을 만족하게 하사 네 청춘을 독수리 같이 새롭게 하시는도다

:: 시편 103편 5절

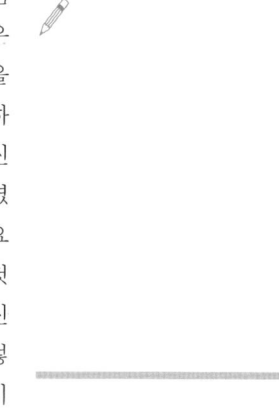

때로 우리는 정말로 원하는 것이 있으면, 그것은 하나님의 뜻이 아니라고 생각한다. 우리의 마음에서 솟아난 것은 무엇이든 싹 제거해버리고 싶어 하시는 야만적인 하나님을 섬기고 있다는 듯 말이다. 그러나 사실은 그것과 반대로, 하나님께서는 당신의 갈망에 매료되신다. 그분은 무엇이 당신을 설레게 하는지 보고 싶어 하신다. 예수님께서 말씀하셨다. "내 이름으로 무엇이든지 내게 구하면 내가 행하리라(요 14:14)." 물론 하나님은 당신을 만드셨고 당신에 대한 모든 것을 아신다. 그러나 당신이 하나님과의 관계 속에서 당신 자신을 여는 만큼만 하나님께서 당신과 소통하실 수 있다. 그렇게 꿈과 갈망으로 대화가 이뤄지고 동역이 시작될 때 기쁨이 생긴다.

오랫동안 나는 성경적 갈망의 개념을 오해했다. 시편 37편 4절에서 우리 모두에게 말씀한다.

"또 여호와를 기뻐하라 그가 네 마음의 소원을 네게 이루어 주시리로다."

다른 많은 목회자들처럼 나도 어리석게 가르쳤었다. 여호와를 기뻐하면, 여호와께서 무엇을 소원해야할지 당신에게 말씀해주셔서 당신의 마음의 소원을 변화시키실 것이라고. 그러나 이 구절은 그런 의미가 아니라 당신이 생각하고 꿈꾸는 것에 의해 하나님께서 영향을 받기 원하신다는 의미이다. 하나님께서 당신의 소원을 알고자 하시며, 당신과의 친밀함을 추구하신다. 하나님께서는 하나님의 백성의 소원에 대해 마음을 열고 계신다. 그분은 당신과 의견을 주고받으시며, 자신의 생각을 내놓으시고 당신의 대답을 기다리신다. 예수님께서는 심지어 "네가 누구를 용서하든 내가 용서하겠다"고도 말씀하셨다. 동역은 우리들 중 많은 사람들이 이해하지 못하는 사역의 거대한 한 측면이다. 왜냐하면 하나님과의 진정한 친구 관계가 우리에게 생소하기 때문이다.

『초자연적 능력』 10장에서

**당신이 생각하고 꿈꾸는 것에 의해
하나님께서 영향을 받기 원하신다.**

Day 225
하나님과 교제하기

무엇이든지 기도하고 구하는 것은 받은 줄로 믿으라 그리하면 너희에게 그대로 되리라

:: 마가복음 11장 24절

우리가 오해하는 이유는 어떤 소원이 하나님으로부터 온 것이고, 어떤 것이 육적인 소원인지 모르기 때문이다. 소원(desire)이라는 단어 자체가 '~의'라는 의미의 'de'와 '아버지'를 의미하는 "sire"로 이루어져 있다. 소원은 본질적으로 아버지로부터 온다. 그러나 우리가 그리스도께로 오기 전에는, 우리의 소원은 부패되어 있다. 왜냐하면 소원은 우리가 교제하는 것에서 솟아나기 때문이다. 예를 들어, 우리가 과거의 상처와 교제하면, 우리의 소원은 복수가 될 것이다.

그러나 우리가 아버지와 교제할 때는 우리의 소원이 순결해 진다. 당신은 주님과 친교하는 자리에 있을 때 무엇을 소원하는가? 일단 우리가 하나님 나라에 들어가면, 예수님께서 말씀하신 곧고 좁은 길이 넓어진다. 하나님 나라는 밖에서 보는 것보다 내부에서 보는 것이 더 넓다. 우리의 소원, 창조성, 아이디어를 위한 공간이 충분하다. 우리는 하나님과 별개로 생각하거나 꿈꾸지 않는다. 우리는 하나님 때문에 그렇게 한다. 하나님께서 이런 취지의 말씀을 하셨다. "내가 너에게 거대한 아이디어를 주겠다. 그것이 너의 삶의 모든 면적과 사역의 모든 구석과 모든 기도를 빛기를 원한다. 그 아이디어는 '하늘에서 이룬 것 같이 땅에서도'이다. 이제 가라! 그것을 가지고 달려라. 그 일이 이뤄지게 하라."

그 명령은 우리를 로봇과 같은 종의 상태에서 벗어나게 한다. 종의 상태에서는 항상 "주님, 이 전화가 울리면 받을까요? 가게에서 저 사람에게 말할까요, 아니면 그냥 지나갈까요?"라고 묻는다. 그런 형태의 의존심이 하나님을 항상 기쁘게 하는 것은 아니다. 오히려 하나님께서는 하나님과의 친구 관계에 몰두해 있는 사람의 마음을 신뢰하신다. 우리가 하나님과 더 친밀해질수록, 단지 우리가 하늘로부터 구체적 명령을 받음으로써가 아니라, 우리의 소원의 결과로 더 많은 역사가 일어나게 된다. 그리고 하나님께서 당신의 갈망과 소원을 더 사용하시게 된다.

「초자연적 능력」 10장에서

**우리가 아버지와 교제할 때
우리의 소원이 순결해 진다.**

Day 226
동역

그러므로 사랑을 받는 자녀 같이 너희는 하나님을 본받는 자가 되고

:: 에베소서 5장 1절

목사로서 나의 첫 번째 관심사는 항상 우리에 대한 하나님의 계획이 무엇인가이다. 우리가 다른 사람들을 우리의 이사회나 리더십 팀원으로 고려할 때, 먼저 하나님께서 우리 교회를 위해 내게 주신 계획을 그들이 받아들여야 한다. 그 전까지는 나는 그들의 계획과 관계가 없다. 먼저 그것이 이루어지고 나면 비로소 그들의 계획이 나에게 중요해진다. 그들이 소원과 바람을 나와 나눌 때 내 마음에도 그것이 생생히 들어온다. 나는 하나님 아버지께서도 그러하시다고 생각한다. 당신과 내가 하나님의 계획에 복종하는 것을 하나님께서 보시면, 하나님께서는 우리가 무엇을 말하는지에 갑자기 관심을 가지신다. 우리가 순종하고 헌신하면 우리의 꿈에 대해 하나님의 마음이 열린다. 그래서 동역관계가 된다.

어떤 협력관계에서든 그렇듯이, 우리가 하나님과 하는 일에는 우리와 하나님의 흔적이 남는다. 나의 아내가 세 자녀를 낳았는데, 그들은 나의 특징과 아내의 특징을 가지고 있다. 그처럼 우리가 하나님과 동역할 때, 그 결과는 하나님과 우리를 닮는다. 예를 들어, 사복음서는 같은 메시지를 전달하지만, 각 복음서가 고유성을 갖고 구별된다. 각 저자의 개성이 있기 때문이다. 현재의 기름부음과 부흥은 한 성령의 역사이지만 전 세계 곳곳에서 완전히 다르게 나타나고 있다. 왜냐하면 다른 은사, 성격, 관계, 문화적 배경을 가진 사람들을 통해 흘러나오기 때문이다.

동역은 하나님을 우리 뜻대로 조종하는 것이 아니다. 하나님은 우리가 갖는 소원과 바람을 무엇이든 들어주는 우주적인 시종이 아니시다. 또 우리가 갖는 꿈마다 도장을 찍어 주시지도 않는다. 그러나 만일 하나님께서 우리의 것을 하나 취소시키신다면, 그것은 더 좋은 것을 생각하고 계시기 때문이다. 그리고 당신이 하나님께 다음 임무가 무엇이냐고 쩔쩔매며 여쭤보는 것 대신에, 당신의 꿈이 무엇인지 하나님께서 경청하기를 더 원하신다.

「초자연적 능력」 10장에서

**우리가 순종하고 헌신하면
우리의 꿈에 대해 하나님의 마음이 열린다.**

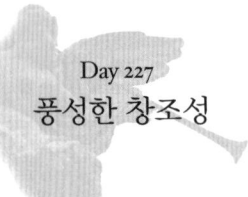

Day 227
풍성한 창조성

지혜가 네 영혼에게 이와 같은 줄을 알라 이것을 얻으면 정녕히 네 장래가 있겠고 네 소망이 끊어지지 아니하리라
:: 잠언 24장 14절

하나님과 함께 꿈꾸는 것은 우리 각 사람 안에 있는 창조성이 저장된 저장고의 문을 열게 한다. 그것은 각각 다른 영역의 은사와 재능 면에서 일어난다. 그러나 교회에는 창조성이 막혀 있는 곳이 너무 많다. 왜냐하면 사람들이 소원과 꿈을 두려워하기 때문이다. 잔인하고 지루한 종교는 하나님께서 각 사람 안에 주신 창조적 충동을 봉쇄해버린다. 우리는 어떤 관심 분야에서든 우리 자신을 창조적으로 표현할 권리와 의무가 있다. 그러나 우리들 중 너무나 많은 사람들이 두려움과 안전의 이유로, 항상 해온 대로만 하는 무서운 습관이 있다. 우리는 창조자의 후손임에도 케케묵은 방법들만 고수한다. 우리는 우리를 통해 새로운 일을 행해 달라고 하나님께 간구하지만, 하나님께서 익숙한 방법으로만 역사하시리라 예상한다.

많은 그리스도인들이 기도하다가 생각이 오락가락하면 마귀가 정신을 산만하게 하는 것이라고 생각한다. 때로는 그것이 맞을 수 있지만, 어쩌면 우리는 '마귀'만 너무 활발하게 여기고 우리 하나님은 너무 소극적으로 여기는 것 같다. 당신의 생각이 오락가락한다면, 그것은 하나님께서 창조적인 해결책으로 당신을 이끄시는 것일 수 있다. 우리는 하늘로부터 오는 생각을 거부하고 딱딱하고 종교적인 기도 습관을 지키려는 실수를 범할 수도 있다. 어떤 사업가들은 기도 중에 생각이 '곁길로 새서' 어떤 거래나 기회를 생각하다가 기도를 끝낼 때 "다른 생각 하느라 기도 시간을 망쳐버렸어"라고 생각한다. 그들은 죄책감과 자책감에 빠지지만, 사실은 하나님께서 그들을 하나님께서 생각하시는 주제로 이끄신 것일 수 있다. 그들이 창조적으로 생각하며 하나님과 교류함으로써 전에 갖지 못했던 아이디어를 주시려하신 것일 수 있다.

주님과의 관계에서 주님의 임재 속에 있으면 한편으로는 반대급부가 있다. 그것은 우리 안에 열정과 꿈을 일으킨다.

「초자연적 능력」 10장에서

> 우리는 우리를 통해 새로운 일을 행해 달라고
> 하나님께 간구하지만, 하나님께서 익숙한 방법으로만
> 역사하시리라 예상한다.

Day 228
하나님과 함께 공상하기

그 후에 내가 내 영을 만민에게 부어 주리니 너희 자녀들이 장래 일을 말할 것이며 너희 늙은이는 꿈을 꾸며 너희 젊은이는 이상을 볼 것이며

:: 요엘 2장 28절

최근에 나는 한 식당에서 친구들과 식사를 하면서 하나님의 치료의 능력이 그 식당을 휩쓰는 생각을 했다. 그것은 일종의 공상이었다. 그런데 다음 날 한 예언자 나에 대해 예언하면서 하나님께서 내 마음에 주신 어떤 것들을 말했다. "당신은 이런 공상을 하고 있어요." 그러면서 그는 내가 하는 공상이 어떤 것인지 묘사했다. 그리고 나서 그는 주님의 음성으로 말했다. "너는 항상 이 모든 것이 너 자신의 것이라고 생각했지만, 그것은 나였다! 그것은 나였다! 내가 그렇게 했다. 그 꿈 중에 내가 있었다. 네 안에 그런 것을 불러일으킨 것은 나였다."

공상은 온갖 종류의 새롭고 창조적인 아이디어들을 포함할 수 있다. 우리가 전에 갖지 못한 참신한 생각들과 표현 방법들을 하나님께서 주신다. 하늘만큼 생각이 높으신 하나님께서 당신의 생각 속에 말씀하신다면 어떻겠는가? 당신의 삶 속에 그런 일이 일어난 적이 있는가? 나는 모든 네 살 아이는 예술가라는 말을 어디서 읽은 적이 있다. 그러다 그 아이들이 학교에 가서 예술에 대한 특정 기준들을 배우고 나면, 더 이상 모든 아이가 예술가는 아니다. 교육제도가 항상 나쁘다는 말은 아니지만, 모든 사람 안에 창조의 욕구가 있는데, 때로는 그것이 짓눌려진다.

어느 날 열 살이던 아들이 영어 시간에 대해 불평을 했다. "아빠, 이런 것을 어디서 사용해요?" 나는 아들이 영어 시간이 얼마나 지루한지 끝없이 늘어놓는 것을 듣다가 마침내 말했다. "영어 시간에 특별히 주의를 기울이는 게 좋을 거야. 너는 책을 쓰는 일에 하나님께서 사용하시는 사람이 될지 몰라. 그러면 그런 걸 잘 배워둬야 할 거야." 아들은 순간 깜짝 놀란 표정이었고 그때부터 영어 시간을 매우 중요하게 생각하기 시작했다.

「초자연적 능력」 10장에서

우리가 전에 갖지 못한 참신한 생각들과
표현 방법들을 하나님께서 주신다.

Day 229
기발한 창의성

이 모든 날 마지막에는 아들을 통하여 우리에게 말씀하셨으니 이 아들을 만유의 상속자로 세우시고 또 그로 말미암아 모든 세계를 지으셨느니라

:: 히브리서 1장 2절

교류 전기가 발명되기 전에 한 사람이 몇 미터마다 변압기를 설치하기 위해 길을 따라 걷고 있었다. 그 사람은 그 문제에 대해 이것저것 생각하기 시작했고 하나님께서 그의 머릿속에 교류 전기의 개념을 다운로드 해주셨다. 그 하나의 아이디어가 미국 전역에서 여러 도시들에 불을 밝혀 주었다. 그의 공상은 세상을 개혁시켰다.

바로 그것이 빌립보서 4장 19절에서 말씀하는 "그리스도 예수 안에서 영광 가운데 그 풍성한 대로"의 의미이다. 한 유대인 랍비가 그 구절에 대한 질문을 받고 이렇게 말했다. "그것은 하나님께서 하나님의 영광과 통치의 세계로부터 하나님의 사람들에게 아이디어, 개념, 창조적인 것들, 기발한 발명품들을 주셔서 엄청난 공급이 이루어지게 하신다는 뜻이다."

하나님 나라의 상상력에 주의를 기울이라. 천둥 같은 음성을 말하는 것이 아니라, 하루 중에 당신의 머릿속을 휙 지나가는 신선한 아이디어들을 말한다. 하나님께서 당신에게 그것을 보내셨을 가능성이 충분하다. 어떤 사업가들은 공터를 지나가다가 거기 건물이 서있는 것이 '떠오르기도' 한다. 그러나 그들은 하나님께서 그들에게 말씀하고 계시며 창조적으로 생각하게 이끌고 계시다는 것을 깨닫지 못한다. 어떤 음악가들은 어떤 곡조가 머릿속에 있지만, 그것을 발전시키지 않는다. 우리가 주의를 기울이면, 하나님의 아이디어들을 얻을 것이다. 교회가 도시들을 변화시키는 방법은 계속해서 부흥회를 여는 것이 아니라, 하나님 나라의 창조성과 능력이 지역사회에 흘러들어가게 함으로써 가능한 것이다.

가난에 찌든 지역을 번창하는 상업지구로 변모시키는 아이디어를 가지면 어떻게 될까? 혹은 특정 질병을 박멸한다면? 혹은 한 편의 영화, 한 권의 책, 음악 CD로 사람들의 생각을 완전히 변화시킨다면? 교회 내의 예술가들이 왜 그렇게 공격을 당한다고 생각하는가? 틀을 벗어나서 생각하는 창조력을 우리와 분리시키는 것을 원수가 원하기 때문이다. 그런 아이디어들이 세상을 변화시킬 수 있다.

「초자연적 능력」 10장에서

하나님께서 하나님의 영광과 통치의 세계로부터 하나님의 사람들에게 아이디어, 개념, 창조적인 것들, 기발한 발명품들을 주신다.

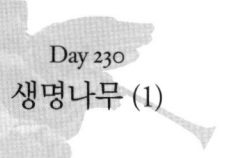

Day 230
생명나무 (1)

소망이 더디 이루어지면 그것이 마음을 상하게 하거니와 소원이 이루어지는 것은 곧 생명 나무니라

:: 잠언 13장 12절

당신의 소원은 악한 것과는 거리가 멀다. 그것은 당신의 삶의 모든 영역에서 당신을 강하고 건강하게 만들도록 의도된 것이다. 성경은 소원이 이루어지는 것은 곧 생명나무라고 말씀한다.

당신의 소원들이 이루어질 때마다 그것은 당신에게 생명나무가 된다. 생명나무는 지속적으로 정서적 힘, 재정적 힘, 지혜, 편안한 마음을 준다. 바로 그것이 하나님께서 당신과 모든 신자에게 소원하시는 것이다. 생명나무는 성경의 세 책에 언급된다. 첫 번째로 창세기에서 선악을 알게 하는 나무와 함께 동산 중앙에 있다(창 2:9 참조). 아담과 하와가 금지된 실과를 먹었을 때, 한 천사가 생명나무로 가는 길을 막았다. 그것은 형벌이 아니었다. 생명나무는 무엇이든 영속시켰다. 다시 말해서, 만일 죄인이 생명나무의 실과를 먹는다면, 인류는 죄의 상태에 영원히 갇혔을 것이다.

생명나무가 요한계시록 22장 2절에 다시 언급되는데, 신자들이 그 실과를 먹는 중요한 예언적 장면이 나온다. 그 장면은 미래이므로 요한계시록의 생명나무는 앞으로 어떻게 될 것인지 우리에게 말해주는 것이다. 그러나 생명나무는 우리가 읽은 것처럼 잠언에도 나온다. 잠언의 생명나무는 **바로 지금 일어날 수 있는 것이 무엇인지** 우리에게 말해준다. 지금 우리는 매일의 삶에서 이 나무의 열매를 먹을 수 있다. 하나님께서 비유적으로 그 나무에 우리가 다가갈 수 있게 하셨다. 그 열매를 먹을 때마다 우리 안에 힘과 영원한 용기, 소명의식과 목적의식이 생긴다.

「초자연적 능력」10장에서

당신의 소원들이 이루어질 때마다
그것은 당신에게 생명나무가 된다.

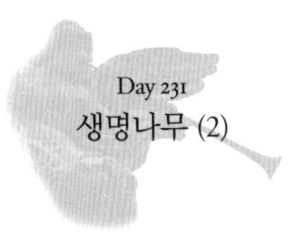

Day 231
생명나무 (2)

> 소원을 성취하면 마음에 달아도 미련한 자는 악에서 떠나기를 싫어하느니라
>
> :: 잠언 13장 19절

성경은 소원이 이루어지는 것은 곧 생명나무라고 말씀한다. 그 나무가 어디서 솟아나는가? 우리의 개인적이고 고유한, 하나님께서 주신 소원의 성취에서 솟아난다. 소원은 하나님의 시스템, 섭리의 일부분이다. 하나님께서 우리를 하나님과의 친밀한 친구관계 속으로 이끄시고, 우리의 소원과 기도에 반응하시며 응답하신다.

우리의 소원이 이루어지지 않으면, 우리의 몸과 영이 함께 고통을 당한다. 질병의 원인 중 하나는 실망이 잘 치료되지 않은 것이다. 사람들은 실망을 겪은 후 하나님 앞에 가서 영혼의 상처를 쏟아놓으며 하나님께 치료받지 않는다. 그래서 결국 육체에 그것이 드러난다. 나는 크론병에 걸린 여자에게 사역한 적이 있다. 그녀의 결장이 7년 간 녹고 있었다. 나는 그녀에게 수치심을 가지고 있는지 물었다. 그녀는 그렇다고 말했다. 나는 말했다. "당신의 몸이 메시지를 보내고 있어요. 당신의 결장이 스스로 망가지고 있어요. 당신이 자신에게 가혹해서 당신을 아프게 하고 있어요. 당신이 자신에게 정서적으로 그렇게 하는 것을 당신의 몸이 나타내고 있어요." 그녀는 그 죄를 회개했고 즉시 치료되었다.

생명나무가 우리의 영 안에서 강하게 자라면, 삶의 모든 영역에 좋은 열매를 맺는다. 성경은 성령의 열매인 사랑, 희락, 화평, 오래 참음 등등에 대해 말씀한다. 우리가 그리스도 안에 거할 때, 우리가 포도나무인 그리스도께 연결되어 우리의 소원이 이루어질 때 그런 열매들이 맺힌다.

부흥과 계시가 다음 세대로 내려갈수록 그 열매가 증가해야 한다.

『초자연적 능력』 10장에서

생명나무가 우리의 영 안에서 강하게 자라면,
삶의 모든 영역에 좋은 열매를 맺는다.

Day 232
초자연적 역사의 상속

감추어진 일은 우리 하나님 여호와께 속하였거니와 나타난 일은 영원히 우리와 우리 자손에게 속하였나니 이는 우리에게 이 율법의 모든 말씀을 행하게 하심이니라
:: 신명기 29장 29절

하나님께서는 우리가 점령하는 초자연적 영역과 하나님의 권세를 일관되게 나타내 보여주는 삶의 영역들이 다음 세대에 전달될수록 더 커지고 강력해지기를 바라신다. 상속은 성경적 개념이다. 잠언 19장 14절에서 "집과 재물은 조상에게서 상속하거니와"라고 말씀한다.

이 땅에서 유산의 목적은 자녀에게 도움을 주어서 그들이 부모 세대와 똑같이 시작하지 않아도 되게 하는 것이다. 모든 사람이 똑같은 지점에서 시작해서 똑같은 역경을 겪어야 한다는 것은 맞지 않다. 한 세대가 다음 세대를 위해 원조를 제공하는 것은 성경적인 개념이다.

영적 유산도 그런 작용을 한다. 그것은 이 전 세대가 남겨놓은 것에서부터 다음 세대가 시작할 수 있게 해준다. 우리가 그것에 깨어나는 것이 주님의 뜻이다. 그것은 그리스도인의 삶에서 가장 의미심장하지만 간과되어온 원리 중의 하나이다. 하나님께서는 세대들이 영적 유산을 물려주기를 바라신다. 유산을 상속받으면 다른 사람이 값을 치른 것을 거저 갖게 된다. 때로 우리가 주님으로부터의 은혜를 상속받으면 이 전 세대가 겪은 어떤 과정을 거치지 않아도 된다. 그것은 요즘 시대의 스스로 하라는 모토와 맞지 않지만, 하나님께서 역사하시는 방법이다. 그것은 한 사람이 다른 사람들에게 안수해서 삶과 사역의 특정 영역을 위한 은혜를 전달하는 것과 같다. 그들은 은혜를 거저 받는다. 그것이 하나님 나라에서 역사가 이뤄지는 방법이다. 누군가 큰 치유의 기름부음을 가진 것을 우리가 보고서 우리를 위해 기도해달라고 하면, 그 순간부터 우리가 사람들을 위해 기도할 때 전에 보지 못한 일들이 일어나는 것을 보게 된다. 그것이 영적 유산의 상속이다.

『초자연적 능력』 11장에서

> 영적 유산은 이 전 세대가 남겨놓은 것에서부터
> 다음 세대가 시작할 수 있게 해준다.

Day 233
우리의 영적 유산

우리가 세상의 영을 받지 아니하고 오직 하나님으로부터 온 영을 받았으니 이는 우리로 하여금 하나님께서 우리에게 은혜로 주신 것들을 알게 하려 하심이라
:: 고린도전서 2장 12절

영적 유산은 왕과 그의 왕국을 우리가 더 효과적, 효율적으로 나타내게 한다. 그것은 즐겁고, 유쾌하고, 용기를 준다. 그러나 그것은 단순히 개인적 소비를 위한 것이 아니다. 그것은 왕과 그의 왕국이 전보다 더 많은 곳에 영향을 미치도록 문을 열어준다.

영적 유산은 자연적 유산과 한 가지 핵심적 면에서 다르다. 자연적 유산은 우리가 전에 갖지 못했던 것을 준다. 그러나 영적 유산은 커튼을 걷어서 이미 우리가 소유할 수 있도록 허락된 것이 무엇인지 보여준다. 그래서 "감추어진 일은 우리 하나님 여호와께 속하였거니와 나타난 일은 영원히 우리와 우리 자손에게 속하였나니(신 29:29)"라고 말씀한다. 영적 유산을 받는 것은 오래 전에 누군가가 당신의 은행 계좌에 수천만 달러를 넣어둔 것을 알게 되는 것과 같다. 당신은 그 돈을 항상 갖고 있었지만, 이제 그 돈을 쓸 자유가 있다. 왜냐하면 그 돈이 거기 있고 당신 것이라는 것을 알기 때문이다. 바로 그것이 바울이 다음 구절에서 전달하려한 메시지였다. "그런즉 누구든지 사람을 자랑하지 말라 만물이 다 너희 것임이라 바울이나 아볼로나 게바나 세계나 생명이나 사망이나 지금 것이나 장래 것이나 다 너희의 것이요 너희는 그리스도의 것이요 그리스도는 하나님의 것이니라(고전 3:21-23)."

기록된 바 하나님이 자기를 사랑하는 자들을 위하여 예비하신 모든 것은 눈으로 보지 못하고 귀로 듣지 못하고 사람의 마음으로 생각하지도 못하였다 함과 같으니라(고린도전서 2:9).

우리가 우리의 유산을 알게 될 때, 갑자기 하나님과 함께 '사용할 능력'을 갖게 된다. 우리는 전에 알지 못했던 자원을 이용한다. 앞 세대가 영적 유산을 전달해주면, 특정한 영적 시대에 얻은 모든 지식과 경험을 전달해주게 된다.

『초자연적 능력』 11장에서

**우리가 우리의 유산을 알게 될 때,
갑자기 하나님과 함께 '사용할 능력'을 갖게 된다.**

Day 234
오래된 비극

우리가 다 수건을 벗은 얼굴로 거울을 보는 것 같이 주의 영광을 보매 그와 같은 형상으로 변화하여 영광에서 영광에 이르니 곧 주의 영으로 말미암음이니라

:: 고린도후서 3장 18절

지금까지 어떤 세대도 다음 세대를 더 큰 성령의 부어짐으로 이끌고, 그들이 그것을 더한 층 높은 단계로 이끌게 한 적이 없었다. 한 세대에서 다음 세대로 공을 이어 받지 못하고 떨어뜨리는 일이 반복해서 일어났다. 한때 점령했던 영적 영역을 잃고, 원수가 다시 장악하는 일이 일어났다. 시간이 흐른 후 다른 세대가 일어나 현재의 상태에 불만족을 느끼고 부흥의 우물을 다시 파기 시작한다. 그러나 그들은 전 세대와 같은 곳에서부터 다시 시작한다. 우물은 흙으로 채워져 있다. 흙은 흙으로 만들어진 인성을 상징한다. 우리는 한 세대에서 다음 세대로 가면서 퇴보를 경험했다. 바통을 전달해야할 곳이 완전히 다시 새로 시작하는 곳이 되고 말았다.

지난 2,000년간의 역사가 보여주는 것은 부흥이 임하여 2-4년간 머물다가 사라진 것의 반복이었다. 그런 패턴 때문에 새로운 갈래의 신학이 생겼다. 그것은 부흥이 주기적으로 이르러서 교회에 주사를 놓아서 새 열정, 새 갈급함, 새 에너지를 갖게 한다는 것이었다. 그러나 부흥이 예외적이며, 재충전을 위한 일시 정지 상태라고 말하는 것은 정상적인 기독교를 낮은 수준으로 정의하게 한다. 표적과 기사와 기적은 복음의 정상적인 모습이다. 그것은 당신이 아침에 일어나서 호흡하는 것과 마찬가지이다. 부흥은 그리스도인의 삶이다. 그 둘을 분리시킬 수 없다. 우리는 성령의 부어짐에서 벗어난 삶의 시기를 살도록 계획되지 않았다. 하나님께서는 항상 우리를 "영광에서 영광으로"(고후 3:18) 이끄신다. 하나님께서는 항상 발전적으로 움직이신다. 하나님 나라의 본질은 "그 정사와 평강의 더함이 무궁한"(사 9:7) 것이다.

『초자연적 능력』 11장에서

> 표적과 기사와 기적은 복음의 정상적인 모습이다.
> 그것은 당신이 아침에 일어나서
> 호흡하는 것과 마찬가지이다.

Day 235
올바른 관리

주께서 이르시되 지혜 있고 진실한 청지기가 되어 주인에게 그 집 종들을 맡아 때를 따라 양식을 나누어 줄 자가 누구냐
:: 누가복음 12장 42절

어떤 것을 잃어버리는 가장 빠른 방법은 우리가 가진 것을 유지하는 데에만 급급하고 그것을 증가시키려 하지 않는 방어적 자세를 취하는 것이다. 달란트 비유에서 하나님께서는 돈을 사용하지 않고 땅에 묻은 사람을 책망하셨다(마 25 참조). 확장시키고 증가시키지 않으면, 우리가 보호하려 하는 바로 그것을 잃어버리게 된다.

이 원리가 누가복음 11장 24-26절에 다 자세히 설명되어 있다. 거기서 예수님께서 말씀하셨다.

"더러운 귀신이 사람에게서 나갔을 때에 물 없는 곳으로 다니며 쉬기를 구하되 얻지 못하고 이에 이르되 내가 나온 내 집으로 돌아가리라 하고 가서 보니 그 집이 청소되고 수리되었거늘 이에 가서 저보다 더 악한 귀신 일곱을 데리고 들어가서 거하니 그 사람의 나중 형편이 전보다 더 심하게 되느니라"

어떤 사람이 해방되어 자유로워지면, 완전히 깨끗해지고 더러움이 씻어진 순간이 있다. 그 순간부터 그 사람은 그 자유를 관리할 책임이 있다. 우리의 가장 큰 문제 중 하나는 우리가 받은 유산을 차지하지 못하는 것이다. 지난 세월 동안, 특정 인물들이 새로운 영적 영역에 침노해 들어갔다. 스미스 위글즈워드, 에이미 셈플 맥피어슨, A.B. 심슨, 그 외의 많은 믿음의 거장들이 있다. 그들은 처음부터 거장은 아니었지만 점령한 적이 없는 새로운 영역을 추구하려는 열정에 사로잡혔다. 그들은 사도 시대 이후로 누구도 꾸준히 소유한 적이 없는 영역을 소유하기 시작했다. 그들은 크나큰 개인적 위험감수와 희생 속에 그렇게 했고, 그 당시 교회가 전혀 모르던 것들에 들어갈 수 있었다.

「초자연적 능력」 11장에서

> 우리의 가장 큰 문제 중 하나는
> 우리가 받은 유산을 차지하지 못하는 것이다.

Day 236
점령 하에서

더러운 귀신이 사람에게서 나갔을 때에 물 없는 곳으로 다니며 쉬기를 구하되 얻지 못하고 이에 이르되 내가 나온 내 집으로 돌아가리라 하고 가서 보니 그 집이 청소되고 수리되었거늘 이에 가서 저보다 더 악한 귀신 일곱을 데리고 들어가서 거하니 그 사람의 나중 형편이 전보다 더 심하게 되느니라

:: 누가복음 11장 24-26절

역사의 비극은 이것이다. 부흥이 왔다 가고, 다음 세대들이 이 전 세대의 성취에 대한 기념비를 세운다. 그러나 물려받은 영적 영토를 완전히 점령하지 않는다. 지난 세대들이 얻은 것을 다음 사람들이 지키고 발전시키지 않았다. 집이 청소되어 깨끗해졌지만, 점령되지 않았기 때문에 원수가 일곱 배나 심하게 돌아왔다. 성경에서 집이라는 단어는 개인, 가정, 교회, 교단, 심지어 사역, 은사, 소명을 가리킬 수 있다. 미국에는 한때 점령되지 않은 영적 영역 속으로 진군해 들어가다가 원수에게 다시 점령된 기관들이 산재한다. 예를 들어, 몇 세기 전에 뜨거웠던 지역들 중에 대부흥의 중심지였던 곳이 있다. 한 기간 동안 그곳은 나라에서 거의 중심지였다. 하나님께서 땅 위에 하고 싶어 하시는 일을 보고자 한다면, 그곳을 보면 되었다. 그곳은 예일 대학교였다. 그 당시 예일의 목표는 착한 그리스도인들을 양성하는 것이 아니라, 성령 부흥사들을 양성하는 것이었다. 그들은 새로운 영역에 들어가기 위해 값을 치렀다. 그러나 오늘날 그 대학교는 부흥사들을 배출하는 것이 아니라, 반기독교적 세속주의자들을 배출하고 있다.

어떻게 부흥의 중심지였던 곳이 세속의 견고한 진으로 바뀔 수 있는가? 한 세대에서 다음 세대로 넘어가면서 유산을 받아들이지 않고 그 영역을 포기했기 때문이다. 우리가 받은 것을 지키지 못할 때, 그리고 새로운 영역으로 들어가 영광에서 영광에 이르기를 멈출 때 타협이 시작된다. 그들이 그 핵심 영역에서 타협했을 때, 그들은 퇴보했다. 그들이 한때 점령했던 영역에 원수가 거하게 되었고, 한때는 강점이었던 것이 이제는 최대의 약점이 되었다.

「초자연적 능력」 11장에서

> 지난 세대들이 얻은 것을 다음의 사람들이
> 지키고 발전시키지 않았다.

Day 237
한 세대에서 다음 세대로

이는 그들로 후대 곧 태어날 자손에게 이를 알게 하고 그들은 일어나 그들의 자손에게 일러서

:: 시편 78편 6절

어떤 교회나 가족의 선조들이 치유 영역에서 상당한 표적과 기사를 일으켰던 경우를 내게 보여 달라. 그런데 만일 후세대가 앞 세대의 기준을 유지하고 확장시키지 않으면, 심한 질병에 시달렸을 것이다. 앞 세대들의 승리를 후세대가 차지하지 않으면, 원수가 앞 세대의 승리를 조롱하는 발판으로 이용된다. 후세대가 선조들이 치른 것처럼 똑같이 값을 치르고 싶어 하지 않았을 수 있다. 혹은 과거의 운동에 관한 기관을 설립해서 그 사상을 보존하고 방어하려 했을 뿐, 부흥을 다시 실행시키지 않았을 수 있다. 설상가상으로, 후세대가 점령하지 않은 그 영역은 원수가 하나님의 백성을 공격해서 승리의 유산에 대한 기억을 지워버리려 획책하는 주둔지가 된다. 우리가 하나님께서 정해놓으신 기준에서 물러서면, 삼키는 자에게 와서 멸하라고 초청하는 것이다.

존 레이크스, 스미스 위글즈워드, 에이미 셈플 맥퍼어슨의 사역 위에서 계속 사역해나가는 대신에, 우리는 그들을 기념하는 기념물을 세우고, 우리가 무엇을 상속받아야 하는지를 잊는다. 우리는 그들이 살았던 건물에 갈채를 보내고, 그들의 위대한 업적에 대해 얘기하지만, 그들이 점령했던 곳에는 이제 원수가 거하고 있다. 그래서 우리 세대는 다시 한 번 성경적 기준에 미달하는 생활을 보며 만족하지 못한다. 그래서 우리는 또 다시 우물을 파야한다. 또 창조자께서 사람의 일에 친밀하게 개인적으로 관여하신다는 것을 부인하는 인본주의적이고 이성에 치우친 삶의 접근법을 제거해야 한다. 우리는 생명과 기쁨의 샘으로 돌아가야 한다.

『초자연적 능력』 11장에서

> 우리가 하나님께서 정해놓으신 기준에서 물러서면,
> 삼키는 자에게 와서 멸하라고 초청하는 것이다.

Day 238
점령한 영토에서 후퇴하는 것

우리는 뒤로 물러가 멸망할 자가 아니요 오직 영혼을 구원함에 이르는 믿음을 가진 자니라

:: 히브리서 10장 39절

몇 백 년 전에 존 웨슬리가 새로운 영적 영토를 점령하기 시작했다. 그는 이미 목사였지만, 모라비안 교도들에게 임한 하나님의 임재와 능력으로 진정으로 거듭나게 되었다. 그는 영국으로 돌아가서 감리교 운동의 아버지가 되었다. 그들은 부흥사들과 불을 받은 신자들의 그룹이었다. 수천 명이 야외 들판에 모여 웨슬리의 설교를 들었다. 하나님께서 나타나셔서 그 집회들을 휩쓸곤 하셨다. 감리교도들의 슬로건은 "마귀를 무찌를 조직을 갖추자"였다. 그들이 "감리교도"(Method-ists)라고 불린 이유는 그들이 조직을 만들었기 때문이었다. 그것은 조직 자체를 위한 것이 아니라, 하나님께서 그들 중에 역사하실 수 있도록 경계를 설정한 것이었다. 그들의 제자훈련 절차는 전설적이다. 그들은 리더가 리더를 양성하고 또 그 리더가 리더를 양성하는 방식을 통해 10만 명을 목회했다. 그것은 놀라운 이야기이다.

그런데 그랬던 감리교가 최근에 여자 동성애자를 목회자로 임명했다. 오해하지 말자. 예수님께서는 동성애자를 사랑하시지만, 그들이 그 삶에서 벗어나기를 바라신다. 핵심은 이것이다. 존과 찰스 웨슬리, 그리고 다른 리더들과 지금은 잊혀진 많은 부흥 설교자들이 점령했던 영역이 상실되었다. 그들은 모험을 감수하며 미지의 영역을 개척했다. 웨슬리는 말뚝을 꽂고 그 땅을 통과하여 후세대에게 넘겨주었고, 후세대는 그의 업적에 대한 기념비를 세웠지만, 웨슬리가 점령했던 영토에서 물러나, 복음을 사람들의 입맛에 맞추고 사람들이 더 이해하기 쉽게 했다. 그 모든 핍박을 견디기 싫었고 그 모든 비방을 듣지 않고자 했기 때문이었다. 그들은 아마도 선하고 합리적인 의도로 물러났을 것이고, 그 영역을 비워두었다. 그러자 그들의 최대 강점이었던 큰 해방과 속박으로부터의 자유가 이제는 그들의 최대의 약점이 되었다.

「초자연적 능력」 11장에서

웨슬리는 말뚝을 꽂고 그 땅을 통과하여 후세대에게 넘겨주었고,
후세대는 그의 업적에 대한 기념비를 세웠다.

Day 239
물려받은 유산이 어디 있는가?

여호와를 자기 하나님으로 삼은 나라 곧 하나님의 기업으로 선택된 백성은 복이 있도다

:: 시편 33편 12절

존과 찰스 웨슬리는 이 땅 위에서 하나님의 새 영토를 차지했지만, 후 세대들은 부흥을 지속시키지 않았다. 역사에는 이외에도 많은 예들이 있는데, 그 핵심은 간단하다. 부흥의 세대는 성령의 역사를 지도해준 영적 아버지가 없었다. 각 세대가 어떻게 하나님의 임재를 인식하는지, 어떻게 하나님과 함께 움직이는지, 어떻게 값을 치러야 하는지를 전부 새로 배워야 했다. 이 비극에 대한 해답은 영적 유산을 받는 것이다. 당신과 나는 영적 유산을 거저 받는다. 우리가 그것을 가지고 무엇을 하느냐가 후세대들에 무슨 일이 일어나는지를 결정한다. 하나님께서는 영광스러운 교회를 위해 돌아오시는 것을 중시하신다. 하나님께서는 나라들이 하나님을 섬기는 것을 중시하신다. 단지 각 부족과 방언의 대표 그룹만이 아니라, 온 나라들과 민족 전체가 하나님께 사로잡히기를 바라신다.

온 열방의 나라들이 하나님께서 주신 은사에 발을 들여놓는다면 어떻게 될지 상상이 되는가? 찬양, 하나님의 위대하심과 선하심에 대한 선포가 사람들에게 나타나게 되는 곳은 어디인가? 그것은 하나님의 마음이다. 그러나 거기 이르려면, 우리의 영적 유산을 이해하고 받아들여야 한다. 원래 우리는 2-3 세대마다 무에서 다시 시작하도록 되어 있지 않다. 하나님께서는 각 세대를 이전 세대보다 높은 수준에 두기 원하신다. 각 세대의 최고조의 경험이 다음 세대의 출발점이 되어야 한다. 우리의 선조들이 이룬 것을 유지하고 확장시키지 않음으로써 우리는 우리의 선조들과 그들이 치른 값을 무시하고 있다. 그들은 엄청난 위험 감수, 조롱과 거절 하에서 인내함으로 그것을 얻었다. 오늘날 우리가 당연시하는 것들을 이루기 위해 앞 세대가 엄청난 값을 치렀다.

「초자연적 능력」 11장에서

> 온 열방의 나라들이 하나님께서 주신
> 은사에 발을 들여놓는다면
> 어떻게 될지 상상이 되는가?

Day 240
자연적 질서를 초월하는 세대

찬송하리로다 하나님 곧 우리 주 예수 그리스도의 아버지께서 그리스도 안에서 하늘에 속한 모든 신령한 복을 우리에게 주시되

:: 에베소서 1장 3절

유산은 진리 위에 진리를 세우게 해준다. 각 세대마다 다시 시작하는 대신에, 우리는 이전 세대에게서 진리들 물려받아 새 영역으로 전진해 들어간다. 예를 들어, 우리가 그리스도께로 오면, 우리는 지존하신 하나님의 **종**이 된다. '종'됨은 주님과의 관계에서 매우 강력한 하나의 실체이다. 그러나 더 우월한 진리가 있으니, 그것은 '친구'됨이다. '친구'됨은 '종'됨보다 크다. 둘 모두가 사실이고, 우리가 하나님과 '친구'가 되기 위해 '종'됨을 떠나는 것은 아니다. 그러나 우리는 종 됨의 경험과 계시 위에 하나님과의 친구관계를 이룬다.

그런 식으로 해서 우리는 새 영역에 들어간다. 교훈 위에 교훈을 또 세우는 것이다. 진리는 점진적으로 계시되며 다면적이다. 진리는 우리가 성장함에 따라 발전한다. 그러나 그 기초와 모순되는 것으로 발전하지는 않는다. 기름부음의 정도에 따라 성경의 실체가 우리에게 변화된다. 사실 나는 한 세대가 지금 형성되고 있다고 믿으며 그것을 위해 기도한다. 그 세대는 원 제자들을 포함해서, 앞 선 세대의 사람들이 몰랐던 기름부음 안에서 행할 것이다. 그 세대는 그들의 영적 임무가 무엇인지 이해하기 위해 자연을 예로 들어줄 필요가 없다. 그들은 자연적 질서를 초월하는 영적 영역으로 들어갈 것이다. 하나님께서 전례 없는 하늘의 계시와 경험을 우리에게 주기 원하신다고 앞서 말한 바 있다. 예수님께서 니고데모에게 말씀하셨다. "내가 땅의 일을 말하여도 너희가 믿지 아니하거든 하물며 하늘의 일을 말하면 어떻게 믿겠느냐"(요 3:12). 「초자연적 능력」 11장에서

이 세대는 자연적 질서를 초월하는
영적 영역으로 들어갈 것이다.

Day 241
그리스도인의 삶

너희 눈을 들어 밭을 보라 희어져 추수하게 되었도다
:: 요한복음 4장 35절

예수님께서 두 가지 자연의 예를 사용하셔서 그리스도인의 삶을 설명하셨다. 하나는 출산이고 다른 하나는 바람이었다. 그러고 나서 예수님께서는 땅의 것으로 비유할 수 없는 하늘의 영적 실체에 대해 더 하실 말씀이 많다고 하셨다. 이것은 중요하다. 왜냐하면 우리는 하늘의 세계의 중개자이기 때문이다. 우리는 임무를 받은 대사로 여기 땅에 있으며, 이 땅에 대한 통치권을 받았고, 예수님의 이름을 대표하며, 예수님께서 하신 일을 하도록 되어 있다. 그런데 자연의 비교 대상이 없는 영적 세계를 우리가 이해할 수 없고 그 안에서 활동할 수 없다면 무슨 소용인가? 그러나 앞으로의 세대들이 영적 유산을 받아들임에 따라, 예수님께서 말씀하신, 자연적 질서를 초월하는 시기에 우리가 들어갈 것이라고 나는 믿는다.

우리는 자연적 대상을 통해 영적인 것들을 이해한다. 우리는 전도를 추수와 비교한다. 왜냐하면 우리가 씨를 뿌리고 거두는 과정에 익숙하기 때문이다. 그러나 예수님께서는 자연적 대상이 없는 영적 실체까지 우리가 이해하기를 바라신다.

자연적 질서에 제한되지 않는 더 뛰어난 계시와 함께한다면, 매일이 추수의 날 일 것이다. 때가 되기를 기다리지 않아도 된다. 예수님께서 요한복음 4장 35절에서 우리에게 주려 하신 계시와 맞먹는 기름부음을 우리가 갖는다면, 씨 뿌림이나 준비나 돌봄 없이도, 불가능해 보이던 사람이 주님께로 즉시 돌아올 것이다. 다음 세대의 기름부음이 커서 자연적 질서는 더 이상 적용되지 않을 것이다. 낮은 기름부음과 계시로는 영적 결과를 얻기 위해 자연적 원리와 제한에 따라 살아야 한다. 그러나 예수님께서 무섭기까지 한 계시를 주셨다. "너희 눈을 들어 보라." 그것은 이런 의미이다. "지금 너희가 사물을 보는 식으로는 내가 너희에게 주려 하는 계시 위에서 활동할 수 없다. 그러나 다가오는 세대에서는 기름부음이 너무나 커서 모든 사람이 추수할 준비가 될 것이다."

「초자연적 능력」 11장에서

**우리는 임무를 받은 대사로 여기 있으며,
이 땅에 대한 통치권을 받았고, 예수님의 이름을 대표하며,
예수님께서 하신 일을 하도록 되어 있다.**

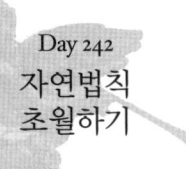

Day 242
자연법칙 초월하기

이것들은 장래 일의 그림자이나 몸은 그리스도의 것이니라
:: 골로새서 2장 17절

예수님께서 기름부음 안에 행하셨고, 한량없는 성령이 예수님과 함께 하셨다. 그래서 자연법칙들을 즉시 초월하셨다. 당신과 내가 성령의 능력을 덧입고 어디로 가야할 지 인도를 받게 된다면, 우리의 삶은 자연법칙을 넘어선다. 추수의 원리가 더 이상 맞지 않는다는 것이 아니다. 그것은 여전히 맞지만, 더 우월한 진리가 그것을 능가한다. 그래서 전에는 몇 년이나 몇 달이 걸리던 것이 이제는 몇 주나 며칠 만에 가능해 진다.

마가복음 5장에 나오는 거라사인 지방의 귀신 들린 사람에 대해 생각해보라. 오늘날의 교회가 그 사람을 다루는 방식은 예수님께서 하신 것과 많이 다를 것이다. 그리스도인들이 정신병자를 위해 기도조차 하지 않았던 것은 별로 오래 전이 아니다. 우리는 그들을 정신병원에 보내서 문제를 고침 받게 했다. 그러나 이제 우리는 최소한 그들을 위해 기도할 용기를 갖게 되었고, 돌파구를 보고 있다. 다중인격장애가 있는 사람이나 사탄의식에서 학대당한 사람들이 기도로 고쳐지고, 전에는 우리의 믿음의 영역을 넘어섰던 것이 이제는 우리가 가진 기름부음으로 깨지고 있다. 예수님께서 하셨듯이 우리도 할 수 있을까? 예수님께서는 구원받은 사람을 즉시 사역의 현장에 파송하셨다! 우리라면 그 사람을 지역 복음화 책임자의 자리에 세우기 전에 먼저 그 사람이 치유와 축사의 과정을 오래 거쳐야 한다고 주장할 것이다. 우리가 갖는 평균적인 기름부음으로는 몇 달의 상담과 많은 훈련 강의를 거쳐야 그가 고쳐졌다고 확신할 것이다. 그러나 기름부음이 증가함에 따라, 자연 법칙을 더욱 더 능가하게 된다. 그것이 증가하고 있다는 것을 당신은 이렇게 알게 될 것이다. 즉 당신이 전에 알던 믿음의 범위와 한계를 넘어서게 될 것이다.

「초자연적 능력」11장에서

**기름부음이 증가함에 따라,
자연 법칙을 더욱 더 능가하게 된다.**

Day 243
하나님의 관점

너희 마음의 눈을 밝히사 그의 부르심의 소망이 무엇이며 성도 안에서 그 기업의 영광의 풍성함이 무엇이며…너희로 알게 하시기를 구하노라

:: 에베소서 1장 18-19절

기름부음이 증가하면서 자연법칙을 더욱 더 능가하게 될 것이다. 그 예는 예수님께서 열매 없는 무화과나무를 보셨을 때였다. 그 때는 열매가 달릴 때가 아니었음에도 예수님께서는 무화과나무를 저주하셨다. 왜 그런가? 왜냐하면 예수님께서는 불가능한 열매를 기대할 권리를 가지셨기 때문이다. 맺을 수 없는 불가능한 열매를 그가 우리에게 요구하신다. 나는 그리스도인이 불가능한 것에 대한 욕구를 갖지 않는 것은 정상이 아니라고 믿는다. 그것은 완전히 비정상이다. 그것은 과거의 실망이나 나쁜 가르침 때문에 오는 기형이다.

아모스 9장 13절 말씀을 기억하라.

"여호와의 말씀이니라 보라 날이 이를지라 그 때에 파종하는 자가 곡식 추수하는 자의 뒤를 이으며 포도를 밟는 자가 씨 뿌리는 자의 뒤를 이으며 산들은 단 포도주를 흘리며 작은 산들은 녹으리라."

이 구절이 이 원리를 설명해준다. 우리는 눈을 들어 하나님의 관점으로 보아야 한다. 더 큰 비전과 계시는 더 큰 기름부음을 가능하게 한다. 만일 내가 **영적 은사를 간절히 추구한다면** 말이다(고전 14:1). 당신이 눈을 충분히 들었는지 어떻게 아는가? 추수할 준비가 된 모든 사람은 다르게 본다. 어떻게 파종하는 자가 곡식 추수하는 자의 뒤를 잇는가? 성장 단계가 더 이상 심고 거두는 자연법칙에 제한되지 않고, 자연 속에 초자연이 이뤄진다. 추수와 파종이 이뤄지면서 밭이 동시에 자라고, 계절이 겹친다. 왜 그런가? 왜냐하면 한 세대가 영적 유산을 받아들이고 나면, 그 새로운 영역 안에서는 기름부음이 강해서 교회가 수백 년 동안 갖고 살아온 자연적 한계를 넘어서기 때문이다.

「초자연적 능력」 11장에서

그리스도인이 불가능한 것에 대한
욕구를 갖지 않는 것은 정상이 아니다.

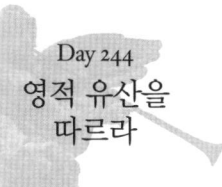

Day 244
영적 유산을 따르라

선인은 그 산업을 자자손손에게 끼쳐도

:: 잠언 13장 22절

우리는 "성장의 가속도" 시기가 시작되는 때에 살고 있다. 만일 우리가 우리 자신을 쏟아 붓는다면, 다음 세대가 와서 우리의 최고점을 발판으로 삼을 수 있고, 그들이 그 위에 더 세워서 교회 사역을 원래 되어야할 대로 만드는 것이 가능하다.

바른 관점을 갖고 본다면 우리의 매일의 결정이 몇 세대 후까지 영향을 미친다는 것을 깨달을 수 있다. 우리는 결코 보지 못할 다음 세대의 복된 삶을 위해 씨를 심을 줄 알아야 한다.

당신이 첫 세대 신자이건, 혹은 당신의 가정이 몇 세대 째 교회에 다녔건, 당신은 상상을 초월한 영적 유산을 계시로 받을 수 있다. 그것은 과거 세대들이 큰 값을 치르며 그 영역을 점령한 덕분이다. 그것은 우리 가문의 조상들 덕분이므로, 우리도 우리의 자녀들과 손자손녀들에게 그렇게 해줘야할 의무가 있다. 예수님께서 재림하시기 전에 그러한 영적 유산의 영향 아래서, 즉 **하나님이 세우신 도시에서** 행하는 구속된 자들의 공동체가 있을 것이다. 온전한 복음의 축적된 계시 안으로 걸어 들어가는 세대가 있을 것이다. 눈을 들어 그 초자연적인 시기를 보는 세대가 있을 것이다. 그때에는 모든 사람이 추수할 수 있고, 그것을 수행하는 데 필요한 기름부음을 가질 것이다.

나는 내 평생에 그런 것들을 보기를 갈망하고있다. 그래서 내 삶을 그것을 위해 바치고 있다. 그러나 나는 나의 자녀들과 내가 목회하는 젊은이들에게 말했다. "만일 우리가 함께 거기 이르지 못한다면, 여러분이 그것을 계속 행하십시오. 사람의 의견에 좌우되지 말고, 하나님의 임재를 소중히 여기면서 그에 따라 행하십시오. 하나님을 위해 더 많은 영역을 차지하기 위해 값을 치르는 것은 충분히 그만한 가치가 있습니다."

『초자연적 능력』 11장에서

바른 관점을 갖고 본다면, 우리의 매일의 결정이 몇 세대 후까지 영향을 미친다는 것을 깨달을 수 있다.

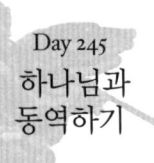

Day 245
하나님과 동역하기

우리는 하나님의 동역자들이요 너희는 하나님의 밭이요 하나님의 집이니라

:: 고린도전서 3장 9절

여기 중요한 진술이 있다. 하나님께서는 하나님의 백성의 소원에 자신을 열어두고 계신다. 왜냐하면 하나님께서 우리를 하나님의 친구로 부르셨기 때문이다.

제자들은 그들을 불러 모든 것을 버리고 따르라고 하신 분에 대한 경이 속에서 살았다. 그것은 그들에게 쉬운 선택이었다. 그가 말씀하셨을 때, 그들이 존재도 몰랐던 뭔가가 생생히 살아났다. 그의 목소리는 그것을 위해 살고, 삶을 바칠 가치가 있는 뭔가가 있었다.

예수님과 함께하는 매일은 그들이 이해하지 못할 것들로 끊임없이 채워졌다. 귀신 들린 자가 예수님 발치에 엎드려 예배하거나, 거만한 종교 지도자들이 예수님 앞에서 침묵했다. 그 모든 것이 놀라웠다. 그들의 삶은 의미와 목적이 생겼고, 나머지 모든 것은 이제 실망스러워보이게 되었다. 물론 그들의 개인적 용무도 있었지만, 그들은 하나님께 사로잡혔고 이제는 다른 어떤 것도 문제가 되지 않았다.

그들이 경험한 생활의 에너지를 우리는 이해하기 어려울 것이다. 한 마디 말, 하나의 행동까지 영원한 의미를 갖는 것으로 보였다. 그들은 왕의 뜰에서 섬기는 것이 자신의 궁전에서 사는 것보다 훨씬 더 낫다는 생각이 들었을 것이다. 다윗이 하나님의 임재를 우선순위로 하고 살았을 때 느꼈던 것을 그들이 직접 경험하고 있었다.

아마도 오직 구약의 에스더만이 그 기쁨이 어떤 것인지 참으로 이해할 수 있을 것이다. 에스더는 포로의 후손인 하녀로부터 왕비로 승격되었다. "네가 왕후의 자리를 얻은 것이 이 때를 위함이 아닌지 누가 알겠느냐(에 4:14)."

『하나님과 꿈꾸기』 1장에서

그들은 하나님께 사로잡혔고
이제는 다른 어떤 것도 문제가 되지 않았다.

Day 246
궁극의 지위변화

너희는 내가 명하는 대로 행하면 곧 나의 친구라
:: 요한복음 15장 14절

지상 사역의 끝 무렵, 예수님께서 제자들에게 궁극적 지위상승을 허락하셨다. 이제는 그들을 종이 아니요, 친구라고 부른다고 하셨다. 예수님과 함께 같은 방에 있거나, 혹은 심지어 멀리서 예수님을 찬양하는 것만으로도 그들은 과분했을 것이다. 그러나 예수님께서는 그들을 예수님의 삶 안으로 이끄셨다. 그들은 인간이 경험한 최고의 지위상승, 종에서 친밀한 관계로의 지위상승을 할 가치가 있는 자들임을 이미 증거하고 계셨다. "이제부터는 너희를 종이라 하지 아니하리니 종은 주인이 하는 것을 알지 못함이라 너희를 친구라 하였노니 내가 내 아버지께 들은 것을 다 너희에게 알게 하였음이라(요 15:15)." 이 지위상승으로, 제자들의 관심이 당면한 임무로부터 그들이 다가갈 수 있는 분께로 옮겨졌다. 그들은 하나님의 마음속에 있는 비밀에 다가갈 수 있었다.

예수님께서 제자들에게 그러한 지위상승을 부여하실 때, 두 지위의 차이를 설명하셨다. 종은 주인이 무엇을 하고 있는지 모른다. 그들은 주인의 개인적이고 친밀한 영역에 들어가지 못한다. 그들은 임무 지향적이다. 순종이 그들의 우선적 초점이다. 그것은 당연하다. 왜냐하면 그들의 삶은 그 영역에 성공하느냐에 달려 있기 때문이다. 그러나 친구는 다른 초점을 갖는다. 친구의 최고 관심사는 순종이 아니라고 말하면 신성모독적으로 들릴지 모르지만, 그것은 맞는 말이다. 친구는 자신이 불순종했는지보다 자신이 상대를 실망시켰는지에 더 관심을 갖는다. 제자의 초점은 명령에서 관계에 대한 책임으로 바뀌었다. "내가 그를 위해 무엇을 할 것인가"에서 "나의 선택이 그에게 어떤 영향을 미칠까"로 초점이 바뀌었다. 우리가 계속해서 경험할 이 혁명은 친구 됨을 통해 가능해졌다.

「하나님과 꿈꾸기」 1장에서

그러나 친구는 자신이 불순종했는지보다는
자신이 상대를 실망시켰는지에 더 관심을 갖는다.

Day 247
지위상승을 통한 변화

전에 악한 행실로 멀리 떠나 마음으로 원수가 되었던 너희를 이제는 그의 육체의 죽음으로 말미암아 화목하게 하사…
::골로새서 1장 21-22절

    예수님께서 우리를 종의 역할에서 친구 역할로 높이셨다. 우리가 그 역할 상승을 우리 마음에 받아들일 때 몇 가지 패러다임의 변화가 일어난다. 첫째로, **우리가 아는 것**이 바뀐다. 우리가 하나님 아버지의 마음에 다가갈 수 있기 때문이다. 우리가 삶 전체를 성공적으로 살아가려면 하나님의 마음이야말로 최대의 정보 원천이다. 우리가 아버지께 나아갈 수 있도록 예수님께서 값을 치르셨다. 그럼으로써 하나님의 마음을 친밀하게 아는 것을 통해 얻는 진리에서 나오는 **자유**를 우리에게 허락하셨다. 이 역할 상승 단계에서 자유가 이뤄진다.

    둘째로, 우리의 **경험**이 바뀐다. 하나님과 친밀한 자로서 하나님을 만나는 것은 종으로서 만나는 것과 상당히 다르다. 우리의 마음의 소원이 변하면서 하나님의 심장박동이 우리의 심장박동이 된다. 하나님의 임재의 세계가 우리의 최대의 유산이 되며, 하나님의 만남이 우리의 최고의 기억이 된다. 이 초자연적 경험으로부터 생기는 결과는 우리 개인의 변화이다.

    셋째로, 삶에서 우리의 **역할**이 급격히 바뀐다. 우리는 하나님 **밑에서** 일하는 대신에, 하나님과 **더불어** 일한다. 우리는 하나님의 은총을 **얻으려고** 일하지 않고, 하나님의 은총을 **받아** 일한다. 이 지위에 있으면 하나님께서 우리에게 하나님의 능력을 더 맡기시고, 우리는 더욱 더 하나님의 형상으로 자연히 변화된다.

    넷째로, 우리의 **정체성**이 급격히 변화된다. 우리의 정체성은 우리가 무엇을 하고 무엇이 되는가의 모든 분위기를 결정한다. 자신이 진정 누구인가에 따라 사는 그리스도인은 다른 사람들의 의견 때문에 타격을 받지 않는다. 그들은 다른 사람들의 기대에 부합하기 위해 일하지 않고, 하나님께서 그들을 누구라고 하시느냐에 대한 인식으로 불타오른다.

「하나님과 꿈꾸기」 1장에서

우리는 하나님 **밑에서** 일하는 대신에,
하나님과 **더불어** 일한다.

Day 248
초점의 이동

> 몇 가지만 하든지 혹은 한 가지만이라도 족하니라 마리아는 이 좋은 편을 택하였으니 빼앗기지 아니하리라 하시니라
> :: 누가복음 10장 42절

우리가 어떻게 그리스도를 통해 종에서 친구로 승격되었는지 앞에서 살펴보았다. 종과 친구의 차이에 대한 고전적인 예는 마리아와 마르다의 이야기이다. 마리아는 예수님의 발치에 앉아 있기를 선택한 반면에 마리아는 부엌에서 일하기를 선택했다(눅 10:38-42 참조).

마리아는 예수님과 함께 있음으로써 예수님을 기쁘시게 하려고 한 반면에 마르다는 봉사를 통해 예수님을 기쁘시게 하려고 했다. 마르다는 마리아를 시기해서 예수님께 마리아더러 부엌에서 도우라고 하라고 부탁드렸다. 대부분의 종들은 하나님을 향해 일 지향적인 자신의 접근법을 정당화하려고 친구의 역할을 격하시키고 싶어 한다. 그때 예수님께서 하신 대답은 기억해야할 중요한 것이다. "마리아는 이 좋은 편을 택하였으니." 마르다는 예수님이 주문하시지 않은 샌드위치를 만들고 있었다. 종은 하나님을 위해 일을 더 많이 해서 받는 은총을 증가시키려 한다. 그러나 친구는 완전히 다른 초점을 갖는다. 그들은 이미 받고 있는 은총을 누리며 친구와 시간을 보내는 데 그 은총을 사용한다.

마리아와 마르다가 다 필요하다고 말하는 것은 핵심을 완전히 놓치는 것이다. 그리고 그것은 사실이 아니다. 마르다가 없으면 아무 일도 할 수 없다는 말을 나는 들어보았다. 그것도 거짓말이다. 그런 가르침은 친구의 생활방식에 위협을 느끼는 종들이 주로 가르치는 것이다. 마리아는 일하지 않는 사람이 아니었다. 마리아는 단지 예수님의 임재**로부터 말미암아** 섬길 줄 알았으며, 예수님께서 주문하신 샌드위치만 만들었다. 하나님의 임재로부터 말미암아 일하는 것이 하나님의 임재를 **얻으려고** 일하는 것보다 낫다. 마이크 비클 목사가 그것을 잘 표현하는 말을 했다. **연인도 있고 일꾼도 있다. 연인이 일꾼보다 더 많은 일을 이루어낸다!** 하나님을 기쁘시게 하는 데 있어서 열정적인 연인이 훌륭한 종을 항상 능가한다.

『하나님과 꿈꾸기』 1장에서

**연인이 일꾼보다
더 많은 일을 이루어낸다!**

Day 249
하나님의 뜻

나의 하나님이여 내가 주의 뜻 행하기를 즐기오니 주의 법이 나의 심중에 있나이다

:: 시편 40편 8절

우리는 하나님의 뜻을 정적인 것, 즉 고정되고 불변하는 것으로 보통 생각한다. 우리는 하나님의 뜻을 특정한 때의 특정한 사건과 연관시킨다. 하나님 뜻을 그렇게 이해하면 하나님의 뜻을 이루는 데 있어서 우리의 역할을 배제시킨다. 하나님께서 이스라엘을 멸하려 하셨을 때, 모세에게 물러서라고 하셨다. 모세가 애굽에서 광야로 이끌어낸 백성을 죽이겠다고 하셨다. 그때 모세는 그들이 모세의 백성이 아니며 하나님의 백성이고, 뿐만 아니라, 모세가 그들을 애굽에서 이끌어낸 것이 아니라, 하나님께서 이끌어내셨다는 것을 하나님께 상기시켜드렸다! 하나님께서는 모세가 옳다고 인정하시며 그들을 죽이지 않겠다고 약속하셨다. 놀라운 점은 하나님께서 생각을 바꾸셔서 이스라엘을 멸하지 않으셨다는 것보다, 모세가 하나님의 뜻에 대해 조언하기를 기대하셨고, 모세도 그것을 알았다는 사실이다. 아브라함도 그것을 이해한 사람이었다.

역사에 나타난 언약의 친구들은 모두 그것을 알고 있었던 것으로 보인다. 즉 하나님께서는 그들이 하나님의 뜻을 나타내 보이는 데 참여하며, 결과에 영향을 미치기를 기대하신다. 그들은 그 책임이 자신에게 있으며, 사람들이 필요한 것을 얻도록 하나님 앞에서 행해야 한다는 것을 알았다. 중보자의 제사장적 역할이 그보다 더 분명히 예시된 경우는 없다. 하나님의 뜻에서 우선적 초점은 이스라엘을 멸할 것인가, 아닌가가 아니었다. 모세를 그 과정에 참여시키는 것이었다. 하나님의 뜻은 항상 사건에만 초점을 맞추지는 않는다. 하나님의 뜻은 하나님의 친구들이 하나님의 임재 안으로 다가와서 위임받은 역할을 수행하는 데 초점이 있다. 하나님의 뜻은 결과뿐 아니라 과정에도 있다. 그리고 종종 유동적이며, 고정적이지 않다.

『하나님과 꿈꾸기』 1장에서

> 하나님의 뜻은 결과뿐 아니라 과정에도 있다.
> 그리고 종종 유동적이며, 고정적이지 않다.

Day 250
백지수표

> 그 날에는 너희가 아무 것도 내게 묻지 아니하리라 내가 진실로 진실로 너희에게 이르노니 너희가 무엇이든지 아버지께 구하는 것을 내 이름으로 주시리라 지금까지는 너희가 내 이름으로 아무 것도 구하지 아니하였으나 구하라 그리하면 받으리니 너희 기쁨이 충만하리라
>
> :: 요한복음 16장 23-24절

솔로몬이 품었던 '한 가지 소원'은 이루어졌다. 하나님께서 솔로몬에게 나타나셔서 그 기회를 주셨을 때, 기도에 대한 우리의 기대치가 영원히 높아졌다. 제자들은 '소원'이 이루어진 정도를 넘어서서 더 좋은 선물을 받았다. 그들은 백지수표를 무제한으로 공급받았다. 그 선물은 특별히 그들과 하나님의 친구 관계 속에서 부여되었다.

그들을 친구로 높여주시면서 예수님께서 제자들에게 이런 놀라운 일련의 약속들을 주셨다. 각 약속은 그들이 생애 내내 하나님 나라 확장을 위해 사용할 백지수표였다.

- "너희가 내 안에 거하고 내 말이 너희 안에 거하면 **무엇이든지 원하는 대로 구하라** 그리하면 이루리라(요 15:7)."
- "너희가 나를 택한 것이 아니요 내가 너희를 택하여 세웠나니 이는 너희로 가서 열매를 맺게 하고 또 너희 열매가 항상 있게 하여 내 이름으로 아버지께 **무엇을 구하든지 다** 받게 하려 함이라(요 15:16)."
- "내 이름으로 **무엇이든지 내게 구하면** 내가 행하리라(요 14:14)."

이 구절들에서 예수님께서 우리에게 주시는 것을 잘 받으려면, 하나님을 따른다는 것이 무슨 의미인지에 대해 고정관념이 변화되어야 한다. 하나님께서는 신자가 꼭두각시처럼 조종되는 것을 원하지 않으셨다. 하나님께서는 하나님의 백성의 소원에 마음을 열어두고 계신다. 그래서 "당신에게 중요한 것은 하나님께도 중요하다"고 말할 수 있다.

교회의 많은 사람들이 하나님께서 어떤 말씀을 하실지를 기다리고 있지만, 하나님께서는 하나님의 백성의 꿈에 대해 듣기를 기다리고 계신다. 하나님께서는 우리가 우리의 역할을 하기를 간절히 바라신다. 그것은 하나님께 우리가 필요해서가 아니라, 우리를 사랑하시기 때문이다.

『하나님과 꿈꾸기』 1장에서

**각 약속은 그들이 생애 내내
하나님 나라 확장을 위해 사용할 백지수표였다.**

Day 251
가족 모임

너희가 악한 자라도 좋은 것으로 자식에게 줄 줄 알거든 하물며 하늘에 계신 너희 아버지께서 구하는 자에게 좋은 것으로 주시지 않겠느냐

:: 마태복음 7장 11절

나의 외가 쪽 일가가 1990년대 초에 가족 모임을 가졌다. 우리가 북부 캘리포니아에서 빌린 캠핑장에 전 세계에서 온 160명이 모였다. 놀랍게도, 48명의 목사와 선교사가 그 중에 있었다.

어느 날 저녁에 누군가가 여흥으로 스퀘어댄스를 계획했다. 나는 예배할 때를 제외하고는 춤추지 않는다. 스퀘어댄스이건, 나이트클럽 춤이건, 나는 춤을 추지 않는다.

나의 아내 베니가 어떻게 하겠냐고 물었을 때 나는 단호히 "나는 춤을 추지 않겠어요!"라고 말했다. 아내는 내 생각을 이미 알고 있었기 때문에 나를 설득해서 가족 여흥에 동참하게 하는 불가능한 일을 더 시도하지 않았다.

우리는 홀에 갔고 파티가 무르익어 가면서 온 가족이 함께 춤출 준비를 하고 있었다. 그때 뜻밖의 일이 일어났다. 그때 열 살이던 내 딸 레아가 나에게 함께 춤추겠냐고 물어볼 것이다.

나는 한 번 결심하면 요지부동인 사람으로 유명하다. 어떤 식구들은 나를 고집이 세다고 하지만, 나는 결단력이 강하다고 말한다. 그런데 그 순간 나는 뜻밖의 복병을 만난 것 같았다. 놀랍게도 나는 생각 없이 "그래"라고 말하고 있었다. 나의 확고함은 어디 갔을까? 나의 결단력은? 어린 소녀가 나를 '무릎 꿇게' 했다. 잠시 후 나는 전에 시도해본 적이 없는 것을 시도하며 애쓰고 있었다. 그러나 딸의 표정을 보니 내가 잘하고 있다는 것을 알 수 있었다. 딸의 기쁨은 춤에 서툰 나의 당황스러움을 보상하고도 남았다. 그리고 나는 아버지가 자녀의 소원에 얼마나 마음이 약해지는지 다시 한 번 깨닫게 되었다. 하나님께서도 하나님의 백성의 소원에 기꺼이 마음을 여신다.

「하나님과 꿈꾸기」 1장에서

하나님께서도 하나님의 백성의 소원에
기꺼이 마음을 여신다.

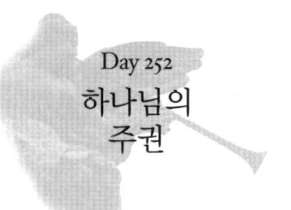

Day 252
하나님의 주권

나라와 권세와 온 천하 나라들의 위세가 지극히 높으신 이의 거룩한 백성에게 붙인 바 되리니 그의 나라는 영원한 나라이라 모든 권세 있는 자들이 다 그를 섬기며 복종하리라
:: 다니엘 7장 27절

하나님과 시간을 보내는 것이 우리의 소원을 변화시킨다는 데는 의문의 여지가 없다. 우리는 우리가 예배하는 대상처럼 변해간다. 그러나 그것은 하나님께서 우리가 어떤 것을 원하도록 프로그램 시켜놓았기 때문이 아니다. 그것은 우리가 친구 관계 속에서 하나님을 기쁘시게 하는 것이 무엇인지 발견하고, 하나님의 마음의 비밀한 것들을 발견하기 때문이다. 참 신자는 본능적으로 하나님 아버지를 기쁘시게 하는 것이 무엇인지 찾고 발견하려 한다. 회심 때에 우리의 본성이 변화된다. 우리의 생각, 포부, 소원으로 하나님을 알고 기쁘시게 하려는 것이 우리의 새로운 본성이 된다.

이것을 하나님의 주권이라는 교리에 대한 공격으로 생각하는 사람들은 이런 부류의 생각을 매우 힘들어한다. 물론 하나님의 주권은 의심의 여지가 없다. 그러나 우리가 그리스도와 동역한다고 해서 하나님의 통치를 부인하는 것은 아니다. 이 주제에 관해서 내가 좋아하는 말을 나의 친구 잭 테일러가 했다. "하나님은 자신의 주권에 대해 확신하시므로 하나님이 주권이 없는 것처럼 보일까봐 겁내지 않으신다."

많은 신자들은 자신의 소원을 가치절하 하면서, 자신이 원하는 모든 것을 제거하여 하나님께 복종한다는 것을 입증하려고 한다. 그러나 그들의 그러한 헌신적 접근법은 하나님의 뜻을 과도하게 해석한 것이며 하나님께서 우리 안의 꿈과 능력의 아버지시라는 사실을 부인하는 것이 되고 만다. 대부분의 신자들이 하나님 나라에 들어가는 것과 하나님 나라 안의 삶을 구별하지 못한다. 우리는 "내 뜻이 아니라 당신의 뜻이 이루어지이다"라고 말하며 좁은 길로 들어간다. 그리스도 예수만이 유일한 문이시다. 그리스도 안의 생명을 발견하는 유일한 길은 그리스도께 완전히 복종하는 것이다.

「하나님과 꿈꾸기」 1장에서

**우리가 그리스도와 동역한다고 해서
하나님의 통치를 부인하는 것은 아니다.**

Day 253
모든 소원은 그것을 준 아버지가 있다

보라 아버지께서 어떠한 사랑을 우리에게 베푸사 하나님의 자녀라 일컬음을 받게 하셨는가, 우리가 그러하도다 그러므로 세상이 우리를 알지 못함은 그를 알지 못함이라

:: 요한일서 3장 1절

우리는 "내 소원이 하나님으로부터 온 것인가?"라고 질문하지 말고, "내가 무엇과, 혹은 누구와 친교를 나누고 있는가?"라고 질문해야 한다(랜드 월너우).

나는 하나님과 친교를 나누거나, 혹은 원수와 친교를 나눌 수 있다. 만일 내가 오래 전에 겪은 상처를 생각하면서 하나님께서 그 사람을 심판하셨는지 여부를 궁금해 한다면 복수의 욕망이 내 마음에 일어날 것이다. 왜 그런가? 왜냐하면 내가 원망의 **아비**와 교제를 나누었고, 그 복수의 욕망이 내 마음속에 **태어났기** 때문이다.

악한 자와의 교제가 우리 안에 악한 욕망을 불러일으킨다면, 반면에 하나님과 보낸 시간은 우리 안에 영원에 대한 생각을 불러일으키고 궁극적으로 하나님께 영광 돌리게 하지 않겠는가? 주목할 것은 이것이다. 그 소원이 생겨난 것은 명령에 의해서가 아니다. 우리가 하나님과 교제했기 때문이다. 그 소원들은 하나님과 우리의 관계의 열매이다.

구원의 좁은 문을 통과하고 나면, 하나님 나라 안의 삶은 밖에서 보는 것보다 넓다. 주님께서는 우리에게 더 이상 종이 아니요 친구라고 말씀하신다. 그것을 배경으로 하여 아버지께서 우리가 원하는 것을 무엇이든 주실 것이라고 말씀한다. 이 말씀에서 **당신이 원하는 것**이 강조되고 있다. 당연히 우리는 그 배경을 잊지 말아야 한다. 그렇지 않으면 우리는 그리스도를 믿는다고 주장하는 더 이기적인 사람들을 만들어낼 것이다. 십자가 후에 부활이 있었듯이, 우리가 **하나님의 뜻**에 복종하고 난 후에 하나님께서 **우리의 뜻**에 주의를 기울여주신다. 동시에 그 반대를 강조하는 것도 위험하다. 우리가 자신의 소원에 무감각한 사람이 된다면, 그것 역시 이 땅 위에 그리스도를 정확하고 능력 있게 나타내지 못할 것이다.

『하나님과 꿈꾸기』 1장에서

> 십자가 후에 부활이 있었듯이,
> 우리가 **하나님의 뜻**에 복종하고 난 후에
> 하나님께서 **우리의 뜻**에 주의를 기울여주신다.

**Day 254
생명나무**

솔로몬의 심중에…그가 이루고자 한 것을 다 형통하게 이루니라

:: 역대하 7장 11절

"소원이 이루어지는 것은 곧 생명 나무니라"(잠 13:12). 솔로몬이 우리에게 이 놀라운 말을 했다. **개인적 소원의 성취**에 대해 논할 자격이 있는 사람이 있다면 바로 솔로몬이다. 솔로몬이 인생 후반부에 불순종했다고 해서 그의 인생 초기에 순종을 통해 배운 심오한 교훈을 버릴 필요는 없다. 솔로몬은 마음의 소원이 이뤄지는 것의 힘을 경험했다.

솔로몬이 한 말은 창세기에 나오는 생명나무의 주제를 다시 다룬다. 생명나무는 아담과 하와를 영원과 관련지었다(생명나무는 접하는 것을 무엇이든 영원하게 했다. 그것은 그들의 죄악된 상태를 영구적으로 만들 수 있었다. 즉 다시는 구속될 수 없는 상태로 만들 수 있었다). 신자들의 소원이 이루어질 때 생명나무를 경험할 것이라고 여기서 말씀한다. 그리스도 안에서 소원이 이뤄지는 경이를 맛보는 사람들은 그 성취를 통해 영원한 관점과 정체성을 가질 것이다. 순복, 개인의 변화, 소원 성취의 과정은 그리스도와 함께 영원히 다스리기 위한 훈련 기반이다.

기도 응답, 특히 초자연적 개입이 필요한 기도 응답은 우리를 행복하게 한다! 그리고 행복한 사람들은 함께 있기에 즐겁다. 아마도 그래서 예수님은 죄인들의 친구라 불리셨을 것이다(눅 7:34 참조). 예수님의 기쁨은 주변에 있는 모든 사람들을 능가했다. 예수님께서는 순간, 순간 기도가 하나님 아버지께로부터 응답되는 것을 보셨다. 예수님의 기쁨은 많은 사람들이 너무 심하다고 여길 정도였다. 누가복음 10장 21절에서 "예수께서 성령으로 기뻐하시며"라고 말씀한다. 여기서 '기뻐하다'라는 단어는 '기쁨으로 외치고 펄쩍 뛰다'를 암시한다(Spirit-Filled Life Bible 주석). 예수님께 가까이 가기만 해도 사람들은 기쁨을 느꼈다. 침례 요한이 태중에 있을 때 기뻐 뛰었다. 왜냐하면 예수님을 임신한 마리아가 방에 들어왔기 때문이었다. 예수님의 기쁨은 다른 사람들에게 옮겨졌다. 그리고 그 기쁨은 참 신자의 표징이 되어야 한다.

「하나님과 꿈꾸기」 1장에서

순복, 개인의 변화, 소원 성취의 과정은
그리스도와 함께 영원히 다스리기 위한 훈련 기반이다.

Day 255
다윗이 새로운 "높은 표준"을 세우다

왕이 이르되 이스라엘의 하나님 여호와를 송축할지로다 여호와께서 그의 입으로 내 아버지 다윗에게 말씀하신 것을 이제 그의 손으로 이루셨도다 이르시기를 내가 내 백성 이스라엘을 애굽에서 인도하여 낸 날부터 내 이름을 둘 만한 집을 건축하기 위하여 이스라엘 모든 지파 가운데에서 아무 성읍도 택하지 아니하고 다만 다윗을 택하여 내 백성 이스라엘을 다스리게 하였노라 하신지라 내 아버지 다윗이 이스라엘의 하나님 여호와의 이름을 위하여 성전을 건축할 마음이 있었더니
::열왕기상 8장 15-17절

    꿈의 성취에 대한 특별한 예가 솔로몬이 그의 아버지 다윗이 계획한 성전을 건축한 것에 나타난다. 솔로몬 성전의 건축과 봉헌은 성경의 가장 의미심장한 사건 중 하나이다. 그러나 성전 봉헌 때, 솔로몬은 그 공로를 자신의 부친에게 돌렸다.
    하나님께서는 도시를 선택한 것이 아니라, 한 사람을 선택하셨고, 성전에 대한 아이디어가 그 사람의 마음속에 있었다. 하나님의 말씀의 요지는 이런 것이었다. "그 성전은 내 아이디어가 아니었다. 다윗이 낸 아이디어였다." 놀라운 일이다! 다윗의 창조성과 소원을 하나님께서 받아들이셨기 때문에 그것이 역사를 이루게 되었다. 다윗은 하나님 나라의 많은 원리들을 우리에게 제시해주었다. 그것들은 우리가 살아야할 방향을 설정해준다. 마치 하나님께서 이렇게 말씀하고 계신 것 같다. "꿈꾸는 자들이여! 오라! 함께 꿈꾸며 인간의 역사를 쓰자." 당신은 하나님의 아이디어이며, 하나님께서는 당신의 마음속에 있는 보물을 보기를 갈망하신다. 우리가 하나님과 함께 꿈꾸기를 배울 때 우리는 하나님의 동역자가 된다.
    하나님께서 아담에게 모든 동물의 이름을 짓는 임무를 맡기셨다(창 2:19 참조). 이름이 그 당시에는 훨씬 더 의미가 컸다. 왜냐하면 이름은 어떤 것의 본질을 나타냈기 때문이다. 아담이 각 동물에게 본성을 부여하고, 권세의 영역을 부여하고, 그 동물이 누릴 영광의 측면을 부여했다고 나는 생각한다. 아담의 임무는 그가 살 세상의 본질적인 규정을 돕는 것이었다. 그 동역의 역할은 창조적 역할이었고, 창조자 하나님을 보완하는 역할이었다. 하나님께서 우리를 이런 상황 속으로 이끄시는 것은 하나님 혼자 하실 수 없기 때문이 아니다. 하나님께서 만드신 만물이 각자에 대한 하나님의 거룩한 목적을 받아들임으로써 하나님 안의 정체성을 갖는 것을 하나님께서 기뻐하신다. 우리가 창조적으로 표현하는 특권을 발휘하는 것은 우리가 창조자의 형상으로 만들어졌다는 사실과 부합한다.

『하나님과 꿈꾸기』 1장에서

> 그 동역의 역할은 창조적 역할이었고,
> 창조자 하나님을 보완하는 역할이었다.

Day 256
역사를 만드는 도구

또 여호와를 기뻐하라 그가 네 마음의 소원을 네게 이루어 주시리로다

:: 시편 37편 4절

마가복음 11장 24절에서는 우리의 소원의 역할이 강조되고 있다. "그러므로 내가 너희에게 말하노니 무엇이든지 기도하고 구하는 것은 받은 줄로 믿으라 그리하면 너희에게 그대로 되리라." 우리는 기도 중에 하나님의 임재를 누리면서, 동시에 우리의 소원에 주의를 기울여야 한다. 우리가 하나님과 친교를 나누는 중에 우리의 꿈꾸고 소원하는 능력에 생명을 주는 어떤 일이 일어난다. 하나님과의 거룩한 만남을 통해 우리의 마음이 새로워져서 하나님께서 그림을 그리실 수 있는 완벽한 캔버스가 된다. 우리는 이 땅에 대한 하나님의 마스터플랜에 있어서 하나님의 동역자가 된다. 우리의 꿈은 하나님으로부터 독립적인 것이 아니다. 우리의 꿈은 하나님 때문에 존재한다. 하나님께서 **하늘에서 이룬 것 같이 땅에서도 이루어지도록** 계획을 세우시며, 우리가 그것을 가지고 달리며 그것을 이루도록 우리를 파송하신다! 우리가 하나님과 친밀해질수록, 우리 삶에 일어나는 것은 단순히 하늘로부터 구체적 명령을 받고 순종해서가 아니라, 우리의 소원의 결과가 된다. 하나님께서 성전에 대한 다윗의 소원을 받아들이셨듯이, 우리의 소원과 바람 위에 건축하기를 좋아하신다.

우리의 관점에서는 이 진리가 위험천만해 보인다. 하나님으로부터 독립적으로 살면서 자신의 꿈을 하나님께서 인정해주기만 바라는 사람들이 있기 때문이다. 참된 은혜는 마음에 악을 품은 자들이 표면에 드러나게 한다. 그러나 그런 위험에도 불구하고 이 진리의 풍성함은 추구할 가치가 있다. 왜냐하면 오직 이 진리만이 교회가 주님과 동역함을 통해 소명에 온전히 도달하게 하기 때문이다.

예수님의 보혈이 이 거룩한 소명을 실제로 만들기 오래 전에 시편 기자가 이 거룩한 소명을 이미 선언했다.

『하나님과 꿈꾸기』 1장에서

> 우리의 꿈은 하나님으로부터 독립적인 것이 아니라,
> 하나님 **때문에** 존재한다.

Day 257
창조성

그러므로 내가 나의 안수함으로 네 속에 있는 하나님의 은사를 다시 불일듯 하게 하기 위하여 너로 생각하게 하노니
:: 디모데후서 1장 6절

하나님의 형상으로 창조되었다는 사실의 가장 자연스러운 부분 중 하나는 꿈꾸는 능력이다. 그러나 많은 신자들은 하나님을 기쁘시게 하려고 애쓰느라 하나님께서 주신 바로 그 능력을 죽여 버린다. 그들은 이런 논리를 편다. "하나님을 정말로 기쁘시게 하려면 나 스스로 하는 모든 것을 없애야 해!" 그것은 상당히 영적으로 들리지만, 사실은 기독교적이라기보다 불교적이다. 그런 식의 사고를 추구하면 결국 우리는 거세된 신자가 되고 만다. 자기를 손상시키는 것은 육체적인 것만이 아니라 다른 면에 있어서도 혐오스러운 것이다. 하나님께서 우리 안에 두신 것을 우리가 제거하려할 때마다 우리는 성경적이지 않은 영성에 들어가는 것이며, 그것은 정말로 효과적인 전도를 방해하는 영을 조장한다. 부활한 사람을 십자가에 못박으면서 그것을 제자도라고 부르는 것은 지혜롭지 않다. 십자가는 새 사람이 아니라, 옛 사람을 위한 것이다(롬 6:5-9).

우리의 가치와 정체성에 대한 혼란이 때로는 부흥 시에 더 심해진다. 왜냐하면 성령이 부어지면 항상 우리의 죄성을 더 인식하게 되기 때문이다. 자백과 통회에 대한 위대한 찬송가들의 일부가 그런 시기에 만들어졌다. 그러나 우리의 죄와 무가치함에 대한 계시는 반쪽짜리 진실일 뿐이다. 대부분의 부흥은 그 지점을 못 넘어서기 때문에 부흥이 일상생활이 되기까지 하나님의 역사를 지속시키지 못했다. 부정적인 기초 위에서 어떤 것을 건축하기는 어렵다. 진실의 나머지 절반은 그가 얼마나 거룩하시며 그 거룩하심으로 인하여 우리가 어떠한 존재가 되었는가 하는 것이다. 그것을 깨달을 때 우리의 정체성이 변한다. 왜냐하면 우리가 믿음으로 구원 받은 목적을 받아들이게 되기 때문이다. 어느 시점에 이르면 우리는 '은혜로 구원받은 죄인'이라는 단순한 개념을 넘어서야 한다. 우리가 그리스도 안의 신분으로 사는 법을 배울 때, 우리는 역사상 최대의 위업을 이루게 될 것이다. 『하나님과 꿈꾸기』 2장에서

**우리가 그리스도 안의 신분으로 사는 법을 배울 때,
우리는 역사상 최대의 위업을 이루게 될 것이다.**

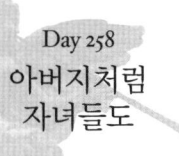

Day 258
아버지처럼 자녀들도

새 사람을 입었으니 이는 자기를 창조하신 이의 형상을 따라 지식에까지 새롭게 하심을 입은 자니라

:: 골로새서 3장 10절

우리의 하나님 아버지께서는 만물의 창조자이시고 모든 좋은 선물을 주시는 분이시다. 그러므로 하나님의 자녀된 우리도 하나님을 닮아서 창조적이어야 한다. 역사속에서 불신자들이 발명과 예술에 앞장섰을 때는 교회가 잘못된 영성을 받아들이고 있을 때였다. 그것은 마음이 새로워진 참된 하나님 나라의 정신으로 사는 것이 아니다. 새로워진 마음은 효과적인 전도가 이루어지려면 사회의 각계각층에 왕의 통치가 실현되어야 한다는 것을 이해한다. 하나님 나라의 사고방식을 가진 사람은 세상의 엄청난 필요를 보고 말한다. "이 문제에 대한 해결책이 하나님께 있어. 나는 하나님의 신비의 영역에 다가갈 수 있으니 내가 하나님께 해답을 구할 거야!" 하나님 나라의 관점을 가지면 우리가 해답이 될 수 있다. 그것은 요셉과 다니엘이 그 당시의 왕들에게 해답을 제시했던 것과 같다.

하나님과 함께 자유로이 꿈꾸려면 동역자가 될 줄 알아야 한다. 참 신자의 소원은 하나님으로부터의 독립이 결코 아니다. 우리의 목표는 하나님의 생각을 좌지우지할 방법을 찾는 것이 아니다. 그것은 마치 우리가 개입하지 않으면 하나님께서 하실 수 없다고 여기는 것과 같다. 우리의 목표는 하나님을 잘 나타내는 것이다. 하나님을 정말로 사랑하는 사람들은 하나님의 마음을 직관적으로 정확하게 잘 나타내는 법을 배우는 것에 열정을 품는다. 하나님의 마음은 모든 사람을 구속하시려는 것이며, 하나님께서 하나님의 선하심을 나타내시기 위해 사용하시는 도구들은 영광스러울 정도로 광범위하다. 그래서 각 개인의 절실한 필요에 다가갈 수 있다. 오직 하나님의 거룩한 지혜로만 그 필요를 채울 수 있다.

이 세상에 대한 하나님의 꿈이 무엇인지 배우는 것이 우리의 출발점이다. 이러한 꿈을 꾸려면 비싼 값을 치를 수 있어야 한다. 우리는 아버지께서 인류 구속의 꿈을 꾸시느라 아들의 생명을 값으로 치러야 하셨다는 것을 안다. 하나님의 꿈의 파트너가 되면, 우리 안에 하나님처럼 꿈꿀 새로운 역량이 임할 것이다.

「하나님과 꿈꾸기」 2장에서

**하나님과 함께 자유로이 꿈꾸려면
동역자가 될 줄 알아야 한다.**

Day 259
지혜는 창조한다

또 땅의 기초를 정하실 때에 내가 그 곁에 있어서 창조자가 되어 날마다 그의 기뻐하신 바가 되었으며 항상 그 앞에서 즐거워하였으며 사람이 거처할 땅에서 즐거워하며 인자들을 기뻐하였느니라

:: 잠언 8장 29-31절

지혜와 창조성은 성경에서 상호 관련된 주제이다. 사실, 창조성은 지혜가 탁월함과 온전한 성품의 배경 위에 표현된 것이다. 지혜가 잠언 8장에 의인화되며, 만물의 창조 시에 하나님의 동반자로 묘사된다. 그러므로 신자의 마음속에서 지혜와 창조성을 분리시키지 말아야 한다. 그것들은 잃어버린 영혼들에게 효과적으로 전도하는 우리의 임무 완수에 필요한 도구들이다. 지혜를 발휘해야 이 세상에서 우리의 역할이 그들에게 매력적으로 보일 수 있다. 대부분의 그리스도인들이 지혜를 가치 있게 여기지만, 하나님께서 주신 책임을 완수하는 데 있어서 창조성의 역할을 그만큼 가치 있게 여기지 않는다. 그러나 지혜를 드러내어 보여주는 것은 창조성이다.

"지혜는 자기의 모든 자녀로 인하여 옳다 함을 얻느니라(눅 7:35)."
창조의 6일 동안 가장 놀라운 지혜와 예술이 실행되었다. 하나님께서 말씀하시매 세상이 만들어졌다. 지혜가 피조물의 경계를 설정할 때, 빛과 아름다움, 소리와 색의 모든 것이 어우러졌다. 솔로몬은 초자연적 지혜를 가진 사람으로 유명하다. 그가 그 창조의 날에 지혜가 동역한 효과에 대해 잠언 8장에서 논했다(위의 구절 참조).

지혜에게 '창조자'라는 예술적인 직책이 부여된다. 더욱 강력한 구절들에 주목하라. "항상 그 앞에서 즐거워하였으며", "사람이 거처할 땅에서 즐거워하며", "인자들을 기뻐하였느니라" 지혜는 자주 정적으로 묘사되지만, 사실은 그렇지 않다. 그것은 단순한 행복함 이상이다. 지혜의 본성은 즐거워하는 것이며, 지혜는 창조 행위 속에서 기쁨을 발견한다. 그러나 지혜는 무엇보다도 우리로 인해 가장 기뻐한다! 지혜는 인간을 완전한 동반자로 여긴다. 우리는 지혜의 파트너가 되도록 태어났다. 즉 지혜 안에 살고 창조적 표현을 통해 지혜를 나타내도록 태어났다.

『하나님과 꿈꾸기』 2장에서

지혜를 드러내어
보여주는 것은 창조성이다.

Day 260
지혜,
곧 창조자

하나님의 영을 그에게 충만하게 하여 지혜와 총명과 지식과 여러 가지 재주로 정교한 일을 연구하여 금과 은과 놋으로 만들게 하며 보석을 깎아 물리며 여러 가지 기술로 나무를 새겨 만들게 하리라

:: 출애굽기 31장 3-5절

성경에서 성령 충만했다고 언급된 첫 번째 사람은 브살렐이다. 그는 모세 밑에서 건축 프로젝트를 지휘하도록 임명되었다. 그는 지혜로 그 임무를 맡을 자격을 얻었고, 하나님의 마음속에 있는 것을 지혜로 디자인하고 건축할 수 있었다.

모세가 이스라엘 자손에게 이르되 볼지어다 여호와께서 유다 지파 훌의 손자요 우리의 아들인 브살렐을 지명하여 부르시고 **하나님의 영을 그에게 충만하게 하여 지혜**와 총명과 지식으로 여러 가지 일을 하게 하시되 금과 은과 놋으로 **제작하는 기술**을 고안하게 하시며 보석을 깎아 물리며 나무를 새기는 여러 가지 **정교한 일**을 하게 하셨고 또 그와 단 지파 아히사막의 아들 오홀리압을 감동시키사 가르치게 하시며 지혜로운 마음을 그들에게 충만하게 하사 **여러 가지 일**을 하게 하시되 조각하는 일과 세공하는 일과 청색 자색 홍색 실과 가는 베 실로 수 놓는 일과 짜는 일과 그 외에 **여러 가지 일을 하게 하시고 정교한 일을 고안하게** 하셨느니라(출애굽기 35:30-35).

이 구절에 따르면, **예술적 디자인, 탁월함, 독창성**이 지혜의 특징이다. 구약의 계시와 신약의 성령의 능력을 결합시키면 이런 신자들이 탄생하게 된다. 그들은 지혜 안에서 행하며, 사회의 필요에 실질적으로 기여할 뿐 아니라, 삶의 불가능에 맞서 십자가의 공급을 통해 기적과 표적과 경이로운 일들을 초자연적으로 나타냄으로써 해결책을 제시한다. 이 두 가지 역사가 협력하는 것이 **그리스도인의 균형 잡힌 삶**이라고 할 수 있다.

「하나님과 꿈꾸기」 2장에서

**예술적 디자인, 탁월함, 독창성이
지혜의 특징들에 속한다.**

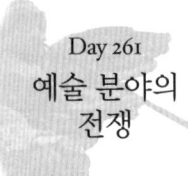

Day 261
예술 분야의 전쟁

> 내가 눈을 들어 본즉 네 개의 뿔이 보이기로 이에 내게 말하는 천사에게 묻되 이들이 무엇이니이까 하니 내게 대답하되 이들은 유다와 이스라엘과 예루살렘을 흩뜨린 뿔이니라 그 때에 여호와께서 대장장이 네 명을 내게 보이시기로 내가 말하되 그들이 무엇하러 왔나이까 하니 대답하여 이르시되 그 뿔들이 유다를 흩뜨려서 사람들이 능히 머리를 들지 못하게 하니 이 대장장이들이 와서 그것들을 두렵게 하고 이전의 뿔들을 들어 유다 땅을 흩뜨린 여러 나라의 뿔들을 떨어뜨리려 하느니라 하시더라
> :: 스가랴 1장 18-21절

스가랴 1장 18-21절은 성경에서 더욱 경각심을 주는 구절 중 하나이다. 왜냐하면 하나님의 승리의 도구에 대해 오늘날 우리들 대부분은 익숙하지 않기 때문이다.

이 본문에서 하나님의 백성은 학대하는 권세와 세력(뿔들)에 의해 두려움에 사로잡혀 흩어진다. 절망이 그 시대의 주제이며, 하나님께서 그들과 함께 하신다는 확신은 그 어느 때보다 낮다. 그런데 지혜의 하나님께서 마지막 때에 대한 하나님의 계획을 하나님의 백성에게 일깨우시려고 한 진리에 빛을 비춰주신다. 하나님께서 그의 군대를 내보내셔서 견고한 진을 무너뜨리신다. 하나님의 군사는 누구인가? 대장장이이다! 하나님께서 성가대를 전쟁에서 선두에 내보내신 것 외에 그런 무모한 전투 전략은 여태껏 없었다. 그것은 오직 하나님의 지혜로만 디자인할 수 있는 계획이었다.

하나님의 백성이 창의성을 발휘하는 것이 일반적이 되면 하나님을 대적하는 모든 자들은 낙심한다. 마귀는 창조적인 능력이 전혀 없다. 마귀가 할 수 있는 일은 하나님께서 만드신 것을 왜곡하고 일그러뜨리는 것뿐이다. 하나님의 역사를 통해 하나님을 알 수 있다. 하나님의 역사가 하나님의 자녀를 통해 흘러가면 하나님의 자녀들의 정체성이 드러나고 하나님의 본질에 대한 계시가 그 땅에 필연적으로 일어난다. 볼 눈이 있는 사람들은 하나님을 볼 수밖에 없다.

대장장이는 단순히 목수나 화가만을 의미하는 것이 아니다. 하나님께서 주신 임무를 **탁월성, 창조성, 온전함**으로 수행하는 모든 사람은 성경적 의미의 대장장이다. 하나님의 백성이 이 위대한 전쟁 무기를 휘두르면 우리를 둘러싼 적대세력도 대항할 수 없다. 미가는 마지막 때에 열방이 하나님의 거룩한 땅에 와서 말씀을 가르쳐달라고 우리에게 요청할 것이라고 했다(믹 4:1-2 참조). 우리가 성령이 충만하여 하나님의 지혜를 드러낼 때 그들이 우리를 보고 그렇게 반응할 수 있다.

「하나님과 꿈꾸기」 2장에서

> 하나님의 승리의 도구에 대해
> 오늘날 우리들 대부분은 익숙하지 않다.

Day 262
지혜의 본질

스바 여왕이 솔로몬의 지혜와 그가 건축한 궁과 그의 상의 음식물과 그의 신하들의 좌석과 그의 신하들이 도열한 것과 그들의 공복과 술 관원들과 그들의 공복과 여호와의 전에 올라가는 층계를 보고 정신이 황홀하여

:: 역대하 9장 3-4절

지혜에 대한 세상의 정의는 지식의 습득과 사용에 초점을 맞춘다. 그것은 틀리지 않지만, 오도하는 경향이 있다. 교회가 그들의 불완전한 정의를 채택하여 영혼이 없는 지혜를 추구하는 경향이 있기 때문이다. 성경적인 지혜는 하나님의 거룩한 관점으로 보며, 하나님의 창조성을 표현하고, 매일의 삶의 문제들에게 실제적 해결책을 제시한다.

예수님을 제외하고는 솔로몬이 지상에 살았던 사람들 중에 가장 지혜로웠다. 그의 동시대 사람들 전체가 그에게 주목했다. 사람들은 그의 재능에 경탄했다. 매일 그의 재능을 접할 수 있는 그의 신하들을 다른 나라들의 왕족이 부러워했다. **지혜가 있는 종이 지혜가 없는 왕보다 낫다.** 스바 여왕은 지혜가 의복, 건물 등의 단순한 것들에까지 어떤 영향을 미쳤는지 보고 경탄했다.

솔로몬의 재능의 영향으로 이스라엘은 전례 없는 평화와 번영의 때를 구가했다. 한 사람을 통한 지혜가 한 나라를 변화시켰다. 그렇다면 수백만 명이 하나님께서 주신 그 기회를 받아들인다면 무슨 일이 일어나겠는가?

하나님의 지혜가 하나님의 백성에게 다시 드러날 것이다. 현재는 멸시받고 있는 교회가 다시 존경과 칭송을 받을 것이다. 교회가 다시 **땅의 찬송**이 될 것이다(렘 33:9 참조).

지혜는 다양하게 나타난다. 그러나 앞서 말한 대로 지혜의 본질은 온전함, 창조성, 탁월성의 3가지라고 말할 수 있다. 하나님의 거룩한 지혜는 **온전함**으로부터 솟아나서 **탁월한 창조적** 표현을 통해 나타난다. 우리가 이 세 가지 표현 중 하나 안에서 행하고 있다면 우리는 하나님의 지혜의 영향을 받고 있는 것이다.

「하나님과 꿈꾸기」 2장에서

하나님의 거룩한 지혜는 **온전함**으로부터 솟아나서
탁월한 창조적 표현을 통해 나타난다.

Day 263
하나님의 지혜의 두 가지 특징

대저 지혜는 진주보다 나으므로 원하는 모든 것을 이에 비교할 수 없음이니라

:: 잠언 8장 11절

지혜의 본질을 세 단어로 볼 수 있다. 그것은 온전함, 창조성, 탁월성이다. 하나님의 거룩한 지혜는 **온전함**으로부터 솟아나며 **창조적** 표현을 통해 **탁월함**을 기준으로 해서 나타난다. 처음 두 가지를 먼저 살펴보자.

온전함 a) 도덕적, 윤리적 원리들의 고수, 도덕적으로 건전한 성품, 정직성.
  b) 쇠퇴하지 않은 온전하고 총체적인 상태.
  c) 건전하고 손상되지 않았거나 완전한 상태. **동의어**: 정직성, 진실, 진실성, 존귀, 신뢰성, 올바름.

온전함은 우리 안에 계시된 하나님의 성품이 표현된 것이다. 그리고 그 성품은 하나님의 아름다운 완전함, 거룩함이다. 거룩함은 하나님의 본질의 핵심이다. 거룩함은 하나님께서 하시거나 하시지 않는 어떤 것이 아니다. 거룩함은 하나님이 어떤 분이신가이다. 우리도 그렇다. 우리는 우리 안에 있는 하나님의 본질 때문에 거룩하다. 그것은 하나님께 구별되어 드려진 마음으로 시작되며 우리를 통해 표현되는 그리스도의 본질로 뚜렷이 나타난다.

창조성 a) 창조적인 상태나 특성.
  b) 전통적인 아이디어, 규칙, 양식, 관계 등을 초월하여 새롭고 의미 있는 아이디어, 형태, 방법, 해석 등을 창조하는 능력, 독창성이나 발전성이나 상상력.
  c) 창조적 능력을 사용하는 과정.

동의어: 독창성, 상상력, 영감, 창의성, 재능, 비전.

창조성은 예술의 온전한 회복에만 나타나지 않는다. 창조성은 어떤 영향력을 발휘하는 분야에서 새롭고 더 나은 방법을 발견하는 데 나타나는 하나님의 백성의 본질이다. 교회가 천편일률적인 획일성을 '전통'이라고 부르는 것은 수치이다. 창조적 표현을 통해 우리 아버지가 누구이신지 드러내야 한다. 우리가 문화를 닮아가는 것이 아니라, 우리가 모델이 되어 문화가 우리를 닮아가고자 하도록 해야 한다. 그럴 때 우리는 문화적 적절성을 갖는다. 『하나님과 꿈꾸기』 2장에서

우리는 우리 안에 있는 하나님의 본질 때문에 거룩하다.

Day 264
하나님의 지혜의 셋째 특징

다윗과 이스라엘 온 족속은 잣나무로 만든 여러 가지 악기와 수금과 비파와 소고와 양금과 제금으로 여호와 앞에서 연주하더라

:: 사무엘하 6장 5절

지혜의 본질은 온전함, 창조성, 탁월성의 세 가지 특징을 갖는다. 두 가지는 이미 살펴보았고 이제 탁월함을 살펴보려 한다.

탁월성 a) 탁월함, 우월함의 사실이나 상태.
　　　　 b) 탁월한 점이나 특징.
동의어: 우월성, 구별됨, 고급, 장점.

탁월성은 우리가 하나님 안에서 누구인가, 그리고 우리 안의 하나님이 누구이신가에 따른 개인적 성취의 높은 기준이다. 이것은 완벽주의와는 다르다. 완벽주의는 종교적 영에서 흘러나오며, 탁월성의 모조품이다.

열정이 없으면 탁월성이 불가능하다. 하나님을 위해 탁월함을 추구하는 마음은 외부에서 보기에는 낭비하는 것 같이 보인다. 마태복음 26장 8절에서 마리아는 1년 치 수입에 해당하는 향유를 예수님께 부었다. 제자들은 향유를 팔아서 가난한 자들에게 줘야 한다고 생각했다. 그러나 하나님께서는 마리아의 그 행동을 매우 소중히 여기시고 복음이 전파되는 곳마다 그녀의 이야기를 할 것이라고 말씀하셨다(마 26:13 참조).

다윗 왕은 왕복을 벗고 하나님 앞에서 자유분방하게 춤을 춤으로써 사람들 앞에서 자신의 체면이 깎였다(삼하 6:14-23 참조). 다윗의 아내 미갈이 그것에 대해 다윗을 무시했고, 그 결과 미갈은 죽는 날까지 자녀가 없었다. 교만은 열매를 맺지 못하게 하고 탁월한 마음을 공격한다. 성경적 의미에서 그녀의 묘비에는 다윗의 아내가 아니라, **사울의 딸**로 기록되었다고 할 수 있다. 미갈이 하나님을 향해 아낌없이 바치는 마음을 거절했기 때문에 하나님을 거절한 사람들의 명단에 오르게 되었다.

반면에 다윗은 손을 대는 일마다 풍성한 열매를 맺었다. 다윗은 하나님을 향해 풍성히 드리는 마음을 가졌다. 우리는 이 덕목을 추구함에 있어서 **모든 것으로 하나님께 영광 돌리도록 우리의 힘을 다 함으로써** 풍성히 드리는 삶을 살아야 한다. 그런 것이 탁월한 마음이다.

「하나님과 꿈꾸기」 2장에서

열정이 없으면 탁월성이 불가능하다.

Day 265
자격이 없다는 생각을 거절하라

각 사람에게 성령을 나타내심은 유익하게 하려 하심이라
:: 고린도전서 12장 7절

많은 사람들이 자신은 창조성이 없다고 느낀다. 왜냐하면 창조성을 미술과 음악의 세계에만 한정시켜 좁게 보고 있기 때문이다. 그들은 모든 사람이 어느 정도의 창조성을 갖고 있다는 것을 깨닫지 못한다. 그것이 삶을 통해 일관되게 표현되어야 한다.

오늘날의 하나님 나라 지향적 성경 교사들은 참된 지혜의 가치를 받아들여야 하며, 전통적인 '예술'의 틀 밖에서 어린이들의 창조적 역량을 개발시켜야 한다. 창조성으로 표현되는 거룩한 하나님의 지혜가 세계에 영향을 주는 최전선에 배치되어야 한다.

또 어떤 사람들은 창조성이란 항상 뭔가 참신하고 새로운 것을 만드는 것이라고 생각해서 자신은 그런 자격이 없다고 생각한다. 그러나 사실, 대부분의 위대한 아이디어들은 기존의 있던 개념들을 수정해서 나온 것이다.

지혜는 일상적인 아이템이나 개념을 가지고 새롭고 더 나은 것을 창조한다. 솔로몬이 바로 그랬다. 그 당시의 모든 왕들은 술 관원, 종, 연회석, 신하들에게 입힐 좋은 옷 등을 가지고 있었다. 그러나 솔로몬이 일상생활에 지혜를 사용하는 데는 뭔가 걸출한 것이 있었다. 그래서 스바 여왕은 솔로몬의 지혜에 말문이 닫혔다. 지금은 세상을 침묵하게 할 지혜를 교회가 다시 발휘할 때이다.

예술계에는 종종 이런 오해가 존재한다. 창조성은 고통으로부터 나온다는 것이다. 물론 걸작품 중에는 삶에서 고초를 겪었거나 최악의 비극을 경험한 사람들에게서 나온 것들이 있다. 왜냐하면 삶의 참된 우선순위를 깨달으려면 사람이 고통을 겪는 것이 종종 필요하기 때문이다. 그러나 신자는 그런 경험이 필요하지 않다. 우리의 옛 본성을 그리스도와 함께 십자가에 못 박은 것만이 우리를 창조적 영향력의 올바른 역할에 들어가게 하는 데 필요한 유일한 비극이다.

「하나님과 꿈꾸기」 2장에서

모든 사람이 어느 정도의 창조성을 갖고 있으며
그것이 삶을 통해 일관되게 표현되어야 한다.

Day 266
교회는 드러낸다

피조물이 고대하는 바는 하나님의 아들들이 나타나는 것이니

:: 로마서 8장 19절

교회는 분명한 임무를 갖는다. 우리는 하나님의 지혜의 모든 측면을 지금 나타내야 한다! 하나님의 지혜가 우리의 존재 전부와 우리가 행하는 모든 것에 스며들어야 한다. 그것은 사람들의 주의를 끄는 '전도'의 한 부분이다. 영적 세계가 그것을 지켜보고 있다. 그리고 더 중요한 사실은 영적 세계가 그 영향을 받는다는 것이다. 그들의 패배와 우리의 승리, 그리고 구속받은 자들을 위한 아버지의 영원한 계획을 영적 세계에 다시 상기시켜야 한다. 우리가 지혜와 만날 때 그리스도와 함께 영원히 다스리는 목적이 분명히 드러난다. 우리가 지혜롭게 행할 때, 하늘의 실체를 땅 위에 반영하게 되며, 하늘이 침노할 대상을 만들어준다. 우리가 하나님과 마음을 합하면, 우리 안에서, 그리고 우리를 통해서 하나님께서 우리 주변의 세상에 하나님의 목적을 성취하실 수 있게 풀어드리는 것이 된다. 그런 이유로 하나님께서 인간을 이 세상의 하나님의 대리자로 삼으셨다.

개혁이 시작되었다. 이 성령의 대역사의 중심에 있는 것은 하나님의 백성이 참 정체성과 목적을 발견하면서 완전히 변화되는 것이다. 큰 목적은 큰 희생을 요구한다. 지금까지 우리의 많은 계획이 실패했다. 복음을 세상의 구미에 맞추려는 우리의 시도는 우리 주변의 세상에 심각한 영향을 미쳤다. 세상은 그들이 **경험**할 수 있는 메시지를 갈망해왔다. 그러나 많은 신자들은 복음을 지적으로 매력있게 소개하는 것에만 애써왔다. 육적인 마음은 하나님의 성령의 일을 받지 **못한다** (고전 2:14 참조). 하나님의 지혜가 사람에게는 어리석어 보인다. 지금은 다시 어리석게 보일 때이다. 즉 우리가 세상에 해방과 변화와 치료를 일으키는 능력의 메시지를 제공할 때이다. 이것이 참 진리이다. 오직 그것만이 인간의 마음의 부르짖음을 만족시킨다.

하늘의 응답에는 한계가 없다. 하나님께서는 응답을 구하는 자들을 찾으신다.

「하나님과 꿈꾸기」 2장에서

> 우리가 지혜롭게 행할 때, 하늘의 실체를 땅 위에 반영하게 되며,
> 하늘이 침노할 대상을 만들어준다.

Day 267
믿음 안에서는 실패가 없다

이는 우리가 믿음으로 행하고 보는 것으로 행하지 아니함이로라

:: 고린도후서 5장 7절

많은 사람들이 꿈이 실패함으로 인해 낙심한다. 고통과 좌절 속에서 그들은 신자가 꿈꿀 권리가 있다는 메시지에 반대한다. 하지만 성경에는 "소망이 더디 이루어지면 그것이 마음을 상하게 하거니와"라고 말씀하는데서 끝나지 않고 "소원이 이루어지는 것은 곧 생명 나무니라(잠 13:12)"고 이어진다.

사람들이 꿈을 추구하다가 성취에 실패하면, 같은 꿈을 가진 다른 사람들이 후에 돌파를 이루어내도록 길을 준비하는 것이 된다. 그러나 많은 사람들은 그 생각을 편안히 받아들이기가 어렵다. 왜냐하면 우리는 보통 **우리 자신에 대해서만** 생각하기 때문이다. 그러나 사실, 믿음 안에서는 실패가 없다.

땅에서는 비극적인 손실인 것을 하늘에서는 매우 다르게 보는 경우가 종종 있다. 하늘에서 존귀하게 여기는 것을 땅 위에서는 조롱하는 경우가 자주 있다. 어떤 사람이 믿음을 나타내며 살려고 하다가 죽으면, 사람들은 종종 그 결정이 어리석었다고 비판한다. 그러나 사실은 그들의 손실이 다른 사람이 결국 그 꿈을 이루게 하는 토양이 되었다는 것을 깨닫는 사람이 드물다. 그 손실은 다른 사람이 돌파구를 이루도록 길을 닦아놓은 것이다.

실패한 꿈을 가진 사람들은 다른 사람들을 위해 길을 예비해두었다는 사실에 위로를 받기 바란다. 그것이 **침례 요한**의 역할이다. 침례 요한은 오실 분을 위해 길을 예비했다. 꿈을 이루지 못한 사람들이 무수히 많다. 많은 사람들이 생의 마지막에 이르러 그들이 실패했다는 결론에 이른다. 그러나 우리가 잘 인식하지 못하는 사실이 있다. 꿈을 이루려다 실패한 것은 종종 다른 사람의 성공을 위한 기반이 된다. 어떤 사람은 물을 주고, 어떤 사람은 심는다. 그리고 어떤 사람은 거둔다. 우리 모두가 만왕의 왕께서 더 영광 받으시도록 하는 각 단계에서 중요한 역할을 한다. 중요한 것은 우리가 아니라, 그분이시다.

「하나님과 꿈꾸기」 2장에서

> 땅에서는 비극적인 손실인 것을
> 하늘에서는 매우 다르게 보는 경우가 종종 있다.

Day 268
자연적인 것이 영적인 것을 예시한다

또 우리에게는 더 확실한 예언이 있어 어두운 데를 비추는 등불과 같으니 날이 새어 샛별이 너희 마음에 떠오르기까지 너희가 이것을 주의하는 것이 옳으니라

:: 베드로후서 1장 19절

"이 사람들은 다 믿음으로 말미암아 증거를 받았으나 약속된 것을 받지 못하였으니 이는 하나님이 우리를 위하여 더 좋은 것을 예비하셨은즉 우리가 아니면 그들로 온전함을 이루지 못하게 하려 하심이라(히 11:39-40)."

1920년대에 말로리라는 사람이 에베레스트산 첫 탐사 팀을 이끌었다. 그는 그 위업을 두 번에 걸쳐 시도했지만 실패했다. 그는 최고의 등반가들로 팀을 구성하고 최고의 장비를 갖추어 다시 도전했다. 그들은 그 임무에 세세히 관심을 기울였고, 특히 안전 문제에 초점을 맞췄다. 그들의 노력에도 불구하고, 비극이 닥쳤다. 말로리를 포함해서 탐사 팀의 많은 사람들이 눈사태로 죽었고, 소수만 살아남았다.

팀이 영국으로 돌아왔을 때, 그들을 위한 만찬이 열렸다. 생존자들 중의 리더가 청중의 갈채에 화답해 일어섰다. 그는 실내에 전시된 동료들의 사진을 보았다. 그는 눈물을 감추며 말로리와 친구들을 대신하여 산에게 말했다. "내가 살아있는 모든 용감한 사람들과 태어날 모든 용감한 사람들의 이름으로 에베레스트산에게 말한다. 너는 우리를 한 번 패배시켰고, 두 번 패배시켰고, 세 번 패배시켰다. 그러나 에베레스트산아, 우리는 언젠가 너를 패배시킬 것이다. 왜냐하면 너는 더 이상 커질 수 없지만, 우리는 커질 수 있기 때문이다!" 그들의 등반은 죽음과 절망으로 끝났을 수 있다. 그러나 그 대신 그것은 미래의 성공의 기반이 되었다. 이처럼 땅에서는 비극적 손실로 보는 것을 하늘에서는 매우 다르게 볼 수 있다.

「하나님과 꿈꾸기」 2장에서

죽음과 절망이 미래의 성공의 기반이 되었다.

Day 269
작은 마귀

그런즉 너희는 하나님께 복종할지어다 마귀를 대적하라 그리하면 너희를 피하리라

:: 야고보서 4장 7절

이 세상에 대한 하나님의 목적에 대항하는 산이 있다. 그것은 "통치자들과 권세들과 이 어둠의 세상 주관자들과 하늘에 있는 악의 영들(엡 6:12)"이다. 그러나 마귀의 어둠의 영역은 커지고 있지 않다. 마귀가 하나님께 거역했을 때, 마귀는 생명의 원천과 단절되었다. 그는 우는 사자같이 다니며 소리를 질러서 위협하려고 한다. 마귀의 소음은 항상 나쁜 소식을 들려줌으로써 마귀가 크다고 착각하게 하려는 것이다. 그러나 그렇지 않다.

사탄은 지옥을 다스리는 자가 아니다. 지옥은 마귀가 사람들을 데려가 영원히 고문하는 곳이 아니다. 지옥은 마귀와 마귀의 귀신들이 영원히 괴로움을 당하도록 만들어진 곳이다. 그리고 마귀의 종인 자들도 같은 종말을 겪을 것이다.

달리 말해서, 귀신들은 계속 만들어지고 있지 않다. 예수님 당시와 같은 수의 귀신들이 오늘날에도 지구를 배회하고 있지만, 인구는 수십억으로 증가했고, 신자도 수억으로 증가했다. 게다가, 우리가 성경에서 아는 사실은 귀신과 천사의 수가 1:2라는 것이다. 그리고 예수님께서 모든 권세를 가지시므로 마귀는 아무 권세도 없다. 그리고 예수님께서 가지신 '모든 것'이 우리에게 전달되었다. 예수님의 계획은 그가 오셔서 우리를 마귀로부터 구하는 것이 아니다. 그의 계획은 음부의 권세가 전진하는 교회를 대항해 이기지 **못한다는** 것이다(마 16:18 참조). 예수님께서 예수님의 권세를 우리에게 주셔서 위대한 일을 하게 하셨다. 우리도 모라비아 신도들과 함께 선포하자. "어린 양께서 그의 고난에 합당한 영광을 받으시도록 하자!"

우리가 하나님의 거룩한 지혜를 추구하는 임무를 수행할 때, 신비가 따른다.

『하나님과 꿈꾸기』 2장에서

예수님께서 **모든** 권세를 가지시므로
마귀는 아무 권세도 없다.

Day 270
신비의 가치

네가 하나님의 오묘함(mysteries, 신비)을 어찌 능히 측량하며 전능자를 어찌 능히 완전히 알겠느냐

:: 욥기 11장 7절

지적인 복음은 우리와 비슷한 하나님, 우리 크기의 하나님을 만들어낼 위험이 항상 있다. 해답을 찾는 추구가 때로는 신비를 거절하는 것으로 이어진다. 그 결과 종종 신비는 허용할 수 없는 것으로 취급되며, 진정한 보물로 여겨지지 않는다. 그러나 신비가 있는 삶은 그리스도와 동행하는 우리의 특권이다. 신비의 중요성을 아무리 강조해도 지나치지 않다. 오히려 만일 그리스도인으로서 나의 삶에 일어나는 모든 것을 내가 이해하고 있다면, 시시한 그리스도인의 삶을 살고 있다고 말할 수 있다. 믿음의 삶은 우리가 설명할 수 없는 신비 중에서도 우리가 받은 계시대로 사는 것이다. 그래서 기독교를 **믿음**이라고 한다.

설명할 수 없는 것에 대한 불편한 기분을 덜려고 소명을 포기하거나 희석시키는 신자들이 너무 많다. 그것은 우리가 대답할 수 없는 것 때문에 하나님께서 우리에게 보여주신 것을 약화시키는 육적인 생각이다. 너무나 많은 사람들이 이해할 수 있는 것에만 순종해서 하나님을 자신의 판단 하에 둔다. 그러나 테스트를 받아야하는 것은 하나님이 아니라 우리다. 참된 **십자가의 삶**은 우리가 설명할 수 없어서 모순으로 보이는 것에도 불구하고 우리가 받은 계시에 순종하는 것이다. 좋은 결과가 있을 것으로 보이는 것에만 순종하는 것은 순종이 아니다. 순종은 값비싸다. 해답이 없는 질문을 가진 중에도 하나님께서 우리에게 보여주신 것을 받아들이고 하나님께서 명령하신 것에 순종하는 것은 측량할 수 없이 고귀한 일이다. 불신의 문화 속에서 믿는 신자가 되는 것은 위대한 특권이다. 우리는 그 특권을 받아들여야 한다. "인자가 올 때에 세상에서 믿음을 보겠느냐(눅 18:8)"라는 주님의 질문에 관심을 갖지 않는 그리스도인은 없어야 한다. 나는 믿음의 삶을 삶으로써 하나님의 기쁨이 되겠다고 작정했다. 하나님께서 숨기신 것은 우리를 **위해** 우리가 찾으라고 숨겨두신 것이지, 우리가 찾지 못하도록 우리**로부터** 숨겨두신 것이 아니다.

『하나님과 꿈꾸기』 3장에서

> 믿음의 삶은 우리가 설명할 수 없는
> 신비 중에서도 우리가 받은 계시대로 사는 것이다.

Day 271
지적으로 받아들이지 못하는 경우

> 예수께서 그들에게 이르시되 너희가 반드시 의사야 너 자신을 고치라 하는 속담을 인용하여 내게 말하기를 우리가 들은 바 가버나움에서 행한 일을 네 고향 여기서도 행하라 하리라
> :: 누가복음 4장 23절

예수님께서 고향 나사렛 마을에서 사역할 때가 되었다고 느끼셨을 때 회당으로 가셨다. 예수님께서 가르치기 시작하시자 사람들은 그의 지혜에 놀랐다. 그들은 또한 치유가 일어나는 것을 보며 놀라워했다. 그러다 그들은 예수님을 이미 알고 있고 예수님이 자라나는 것을 보았다는 것을 생각하면서 "논리적으로" 맞지 않는다고 생각했다. "이 사람은 예수야. 우리는 그의 형제자매를 알아. 그는 여기서 자랐어! 어떻게 그가 이런 것을 할 수 있지? 이런 지혜를 그가 어디서 얻었지?" 그들의 감정이 상한 것이 아니었다. 원망에 빠진 것도 아니었다. 단지 그들은 그 두 가지를 조합시켜 **그들이 아는 예수가 기적을 행하며 위대한 지혜를 가졌다는** 결론을 받아들일 수 없었다. 그들은 그 사실에 경이와 감격에 빠지지 않았다.

오히려 그들은 그것 때문에 마음이 굳어져서 예수님을 거절했다. 그 해결되지 않은 질문은 정신적 걸림돌이 되어 예수님께서 기적을 행하시며 능력으로 가르치시는 것을 막을 정도로 강했다. 질문을 갖는 것은 건전하다. 그러나 그 질문 때문에 하나님을 볼모로 잡는 것은 건전하지 못하다. 때로는 하나님께선 오늘날에는 역사하지 않으신다는 생각을 갖게 되고 그 생각대로 이루어지는 결과를 초래한다. 그렇지 않았다면 기름부음을 받아 다른 것을 배울 수 있었지만, 이해 되지 않는 질문이 막고 만다.

이해하지 못하는 것은 괜찮다. 그러나 **우리의 영적 생활을 우리가 이해하는 것에만 국한시키는 것은 괜찮지 않다**. 그런 **통제의 영**은 그리스도의 형상이 이루어지는 데 파괴적 영향을 미친다. 하나님은 믿음에 응답하시지만 우리의 지배욕에 굴복하지 않으신다. 성숙하려면 우리가 이해하지 못하는 것이라도 진심으로 받아들여야 한다. 그리고 이렇게 하는 것은 믿음의 본질적인 표현을 하는 것이다.

이미 이해하는 것만 믿음으로 표현하려는 것보다는, 이해하지 못하는 것이라도 걸림돌 없이 받아들이려는 것이 올바른 마음이다.

『하나님과 꿈꾸기』 3장에서

> 질문을 갖는 것은 건전하다.
> 그러나 그 질문 때문에 하나님을 볼모로 잡는 것은 건전하지 못하다.

Day 272
청각장애인이 청각장애인을 위해 기도하다

이로써 그 보배롭고 지극히 큰 약속을 우리에게 주사 이 약속으로 말미암아 너희가…신성한 성품에 참여하는 자가 되게 하려 하셨느니라

:: 베드로후서 1장 4절

나의 큰아들, 에릭은 양쪽 귀의 청력이 85-90퍼센트 손상된 상태이다. 그러나 그는 삶에 대한 놀라운 은사를 가지고 있다. 그는 "잘 듣는 사람들의 세상" 속에서도 잘 살아서 수화를 배워야할 필요가 전혀 없었다. 그가 삶에 적응하는 것은 기적과 같으며 장애로 인한 자존감 손상도 없다. 그는 강건하고 그리스도 중심적이다. 그는 우리 교회의 선교 담당 목사이다.

내가 몇 년 전에 그가 치료되길 금식하며 기도하고 있을 때, 하나님께서 그를 고치시겠다고 매우 분명히 내게 말씀하셨다. 그리스도의 구속으로 그 일이 이미 **이루어졌다**. 그리고 나는 그것이 실제로 나타나는 것을 내 생애 중에 볼 것이다. 우리는 **미래의 언젠가 하나님께서 그를 고치실 것**이라고 여기지 않는다. 우리는 **바로 지금** 그렇게 되었다고 여긴다. 그러나 아직 그는 보청기의 도움이 없으면 듣지 못한다.

흥미롭게도, 나의 집회와 우리 교회에서는 청각장애인의 치료가 가장 자주 일어나는 기적 중 하나이다. 더욱 흥미로운 점은 지난 두 달 동안 에릭이 청각장애인 두 사람에게 안수했을 때 하나님께서 그들의 귀를 열어주셨다는 것이다. 먼저 에릭이 치료되지 않고 어떻게 그런 일이 일어나는가? 나는 모른다. 그러나 내가 아는 사실이 있다. 이 모순으로 보이는 것에 대해서 우리의 생각 속에서 걸림돌에 걸려 넘어진다면 기름부음이 끊어질 것이다. 우리는 그렇게 하지 않으려고 한다. 에릭과 나는 우리가 이해하는 것 안에서 계속 살 것이고, 우리가 갖고 살아야 하는 신비를 받아들일 것이며, 하나님께서 항상 완벽히 신실하시며 측량할 수 없이 선하시다는 것을 알고 믿을 것이다. 그는 우리의 신뢰를 받으시기에 합당하시다.

『하나님과 꿈꾸기』 3장에서

> 하나님은 항상 완벽히 신실하시며
> 측량할 수 없이 선하시다.

Day 273
우리는 어떻게 배우는가

그들이 서로 말하되 길에서 우리에게 말씀하시고 우리에게 성경을 풀어 주실 때에 우리 속에서 마음이 뜨겁지 아니하더냐 하고

:: 누가복음 24장 32절

하나님은 마음(mind)을 싫어하지 않으신다. 하나님께서 우리의 지적 능력을 만드셔서 하나님께서 만드신 모든 것을 보완하게 하셨다. 다만 하나님께서는 새로워지지 않은 생각을 싫어하신다. 새로워지지 않은 마음은 하나님과 전쟁을 벌이고, 하나님께 순종할 수 없다(롬 8:7 참조). 그리스도인으로서의 삶을 마음(mind)으로 지배하는 신자는 바울이 경고한 육적 그리스도인이다(고전 2-3 참조). 혼은 우리를 종교나 능력 없는 모양으로만 이끌 뿐이다. 혼을 가장 흔히 "지, 정, 의"로 정의하는데 그것은 우리에게 이삭 대신 이스마엘이 나타나게 한다.

배움의 과정을 이해하는 것이 중요하다. 성령께서는 우리의 영에 거하신다. 우리의 영은 살아있어서 하나님의 것들을 받아들일 준비가 되어 있다. 그런데 내가 모든 것을 나의 마음을 통해 걸러내고 논리적으로 즉시 이해되지 않는 것을 제거하면, 나에게 정말로 필요한 많은 것을 걸러내게 된다. 나의 이해를 초월하는 것만이 내 생각을 새롭게 할 수 있다(빌 4:7 참조). 우리가 주님의 음성과 임재에 대해 더 배울수록, 우리는 설명할 수 없는 것들에 속을까봐 노심초사하는 데서 벗어날 것이다. 자연적 마음을 사용해서 속임수로부터 자신을 보호하려 하는 사람들이 보통 가장 많이 속임을 당하는 사람들이다. 그들은 자신의 유한한 논리와 추론에 의지하여 자신을 안전하게 지키려고 한다. 하지만, 그 자체가 이미 속임수에 빠진 생각이다.

우리의 머리가 받아들일 수 없는 것을 우리 마음(heart)이 받아들일 수 있다. 우리의 논리가 결코 가지 않으려 하는 곳이라도 우리의 마음(heart)은 우리를 이끌어간다. 내면에서 용기가 솟아나서 우리의 마음(heart)에 영향을 미친다. 마찬가지로, 참된 믿음은 마음(heart)에 영향을 미친다. 믿음은 이해로부터 생기지 않는다. 믿음은 마음(heart)으로부터 온다. 우리는 이해해서 믿는 것이 아니라, 믿기 때문에 이해한다(히 11:6). 우리의 마음(heart)이 정말로 새로워지면, 불가능한 것이 논리적으로 보인다.

『하나님과 꿈꾸기』 3장에서

> 우리의 머리가 받아들일 수 없는 것을
> 우리 마음(heart)이 받아들일 수 있다.

Day 274
신비-마음(heart)이 십자가에 못박히는 곳

사람이 마땅히 우리를 그리스도의 일꾼이요 하나님의 비밀을 맡은 자로 여길지어다

:: 고린도전서 4장 1절

    우리가 이해하지 못하는 것이 때로는 우리가 이해하는 것만큼 중요하다. 어떤 사안에 대해 하나님께서 우리를 이해시켜주셨을 때 순종하는 것과 풀리지 않는 의문들이 있고 우리가 이해하는 것과 반대되어 보이는 상황들에 직면해서 순종하는 것은 완전히 다르다. 너무나 많은 사람들이 이 지점에서 실패한다. 그리고 나서 성경을 자신들이 경험하는 수준으로 낮춘다. 많은 사람들이 그렇게 하는 것은 그들이 성경에서 받은 계시를 타협하며 살고 있다는 사실에 대해 위안을 얻으려는 것이다. 그러나 우리는 당신에게 도전한다. 오히려 우리의 생활을 하나님의 말씀의 기준에 맞추라.

    한 손으로 계시를 받아들이고 다른 손으로 신비를 받아들이면 완전한 십자가가 이루어진다. 이것은 예수님의 일을 하려는 갈급한 심정의 모든 사람이 져야 하는 십자가이다. 우리 자신의 논리를 의지하려는 속임수에서 우리를 벗어나게 하시려고 하나님께서 우리의 논리에 어긋나는 일을 행하신다.

    우리 아이들이 어렸을 때 우리는 부활절 달걀을 아이들이 찾도록 숨겼다. 난이도는 아이의 나이와 능력에 따라 정해졌다. 아이들이 두 살일 때는 달걀을 테이블 위나 의자 위에 두었다. 그러다 아이들이 나이가 들면서 난이도를 높였지만, 결코 불가능하게 하지는 않았다. 부모는 아이가 호기심을 갖는 것을 보고 즐거워하며 아이가 발견하는 과정을 즐기는 것을 보고 싶어 한다. 자녀는 탐색의 즐거움을 갖고, 그들이 찾아 발견하여 기뻐할 때 부모가 인정해주면 더욱 기뻐한다. "찾으라 그리하면 찾아낼 것이요(마 7:7)", "먼저 하나님 나라를 구하는(마 6:33)" 것과 "하나님의 나라를 어린 아이와 같이 받아들이는(눅 18:17)" 것에 그런 호기심과 발견의 즐거움이 따르게 하셨다.

『하나님과 꿈꾸기』 3장에서

우리가 이해하지 못하는 것이 때로는
우리가 이해하는 것만큼 중요하다.

Day 275
하나님께서 감추신 것은 찾게 하시려는 것이다

이는 선지자를 통하여 말씀하신 바 내가 입을 열어 비유로 말하고 창세부터 감추인 것들을 드러내리라 함을 이루려 하심이라

:: 마태복음 13장 35절

사람들은 왜 하나님께서 더 공개적으로, 즉 들리는 소리나 보이는 표징으로 항상 말씀하시지 않는지 의문을 품는다. 그러나 성경은 하나님께서 명백하게 하실 때보다 **감추실 때 더 큰 영광을 받으신다**고 알려준다. 하나님께서 감추시고 우리에게 찾으라고 하실 때 더 영광을 받으신다. 씨 뿌리는 자의 비유의 서론에서 예수님께서 비유를 설명하신 것은 단지 진리를 감추기 위해서만이 아니라 갈급한 자들만이 이해하도록 하기 위해서라는 것을 볼 수 있다(마 13:11,18-23 참조). 진리에 대한 갈망이 없는 자들에게 계시를 막으시는 것은 하나님의 자비이다. 왜냐하면 그들은 진리를 들어도 순종하지 않을 가능성이 크기 때문이다. 계시는 항상 책임을 수반하며, 갈급함은 우리가 그 책임을 감당하도록 우리의 마음을 준비시킨다. 갈급함이 없는 자들에게 계시를 막음으로써 그들이 책임을 감당하지 못하는 경우로부터 그들을 보호하신다. 그러나 하나님께서 우리에게는 계시를 막지 않으신다. 우리가 그것을 발견하도록 우리를 **위해** 계시를 감춰두실 뿐이다!

이 진리에는 또 다른 측면도 있다. "일을 살피는 것은 왕의 영화니라(잠 25:2)" 우리는 하나님께 왕과 제사장이다(계 1:6 참조). 감춰진 것들에 정당하게 다가갈 수 있다는 확신을 가지고 나아갈 때 왕족의 신분이 가장 밝게 빛난다. 이 세상의 딜레마에 대해 그리스도 안에서 해답을 찾을 때 그리스도와 함께 다스리고 통치하는 우리의 역할이 전면에 드러난다. 잊지 말아야 할 것은 하나님의 관점에서 **다스리는 것은** '모든 사람의 종이 되는 것'을 의미한다는 것이다. 너무나 많은 사람들이 잘못된 신학을 받아들여서, 예수님께서 안 된다고 경고하신 방식을 다른 사람들을 지배하는 핑계로 삼아왔다. 우리의 강점은 항상 섬김이고 앞으로도 항상 그럴 것이다.

"천국의 비밀을 아는 것이 너희에게는 허락되었으나 그들에게는 아니되었나니(마 13:11)." 우리는 하나님의 신비의 영역에 합법적으로 들어갈 권리가 있다. 감춰진 것들은 발견되기를 기다리고 있다. 그것은 우리가 상속받았으므로 이제 우리의 것이다.

「하나님과 꿈꾸기」 3장에서

우리가 감춰진 것들에 정당히 다가갈 수 있다는 확신을 가지고 나아갈 때보다 우리의 왕족의 신분이 더 밝게 빛나는 때는 없다.

Day 276
진리 안에서 치우치지 말라

내가 그 둘 사이에 끼었으니 차라리 세상을 떠나서 그리스도와 함께 있는 것이 훨씬 더 좋은 일이라 그렇게 하고 싶으나 내가 육신으로 있는 것이 너희를 위하여 더 유익하리라
:: 빌립보서 1장 23-24절

세상의 어두운 상황이 그리스도의 재림의 징조라고 믿는다면, 세상 제도에 침투해 세상을 변화시킨다는 비전을 희생시키고 마는 오류에 빠지게 된다. 불분명한 것에 대한 잘못된 가정은 명백한 것에 대해 우리를 둔하게 할 수 있다. 말세 신학의 최대 오류 중 하나는 유형과 상징(불분명한 것)을 해석하다가 주님의 분명한 명령(명백한 것)을 잘못 해석하는 것이다. 예를 들어, 많은 사람들이 "하늘에서 이룬 것처럼 땅에서도 이루어지이다(마 6:10)"라고 기도하라는 단순한 명령보다, 곡과 마곡, 열 나라의 연맹, 7년 대환난, 적그리스도 등에 대해서 훨씬 더 많이 안다. 예언서만의 독특한 형식과 그 안에 내포된 것이 무엇인지 우리가 깨달았다고 생각해버리면, 그것이 주님의 분명한 명령에 대한 우리의 이해에 잘못된 영향을 미칠 수 있다. 주님께서 언제, 어떻게 돌아오실지를 잘못 해석하는 것은 대명령에 대한 우리의 태도를 손상시킬 수 있다.

예수님께서는 흠이 없는 신부를 데리러 돌아오신다. 그 신부는 머리이신 예수님께 어울리는 몸이어야 한다. 오직 아버지께서만 그 순간이 언제일지 아신다. 우리는 모른다. 우리가 할 일은 "나라가 임하시오며 뜻이 하늘에서 이루어진 것 같이 땅에서도 이루어지이다(마 6:10)"라는 구절이 실현되도록 가능한 모든 것을 하는 것이다. 만일 예수님의 재림에 대한 나의 믿음이 내 주변 세상의 어둠에 기준을 두고 있다면, 나는 그 어둠을 변화시키기 위해 별로 노력하지 않을 것이다. 물론 그래도 우리는 사람들을 구원의 길로 이끌려 노력하겠지만, 이 세상의 문제들에 해결책을 제시하는 것은 우리의 우선순위가 되지 않을 것이다. 그러나 그것이야말로 우리 시대의 왕들의 마음을 돌이키는 실제적인 방법이다(잠 22:29 참조).

우리는 열방을 제자 삼아야 한다! 하나님께서는 **열방의 소망**이라고 불리는 분을 우리 안에 두셨다. 그에 대한 그 계시는 결국 우리에 대한 계시이다. 왜냐하면 우리가 그의 몸이기 때문이다. 우리가 그의 형상으로 만들어졌다는 것은 이세상이 그의 위대하심을 반영할 특권과 책임이 있다는 것이다. 이 세계가 직면하고 있는 쟁점들에 해답을 제시할 사람들을 온 열방이 찾고 있다.

「하나님과 꿈꾸기」 3장에서

우리가 그의 형상으로 만들어졌다는 사실은 우리가 살고 있는 세상에 그의 위대하심을 반영할 특권과 책임을 우리에게 부여한다.

Day 277
한나의 신비

처음에 속히 잡은 산업은 마침내 복이 되지 아니하느니라
:: 잠언 20장 21절

한나는 자녀가 없었고 기적 없이는 자녀를 가질 희망조차 없었다. 그러나 하나님께서 그녀의 절망적인 상황을 사용하셔서 그녀를 최고의 성공으로 이끄셨다. 한나는 불임을 겪으며 간절한 마음을 갖게 되었다. 약속의 목적은 우리를 고무시켜 전략을 세우고 계획을 짜게 하는 것이 아니라, 우리를 하나님에 대해 간절하게 만드는 것이다. 어느 영역에서든 열매가 없는 것은 우리를 더욱 탁월하게 만들 수 있다. 한나는 자신의 소명을 성취하는 데 있어서 하나님의 동역자가 되었다. 우리가 모든 것을 다 쉽게 얻는 것은 아니다. 우리를 위해 감춰두시는 하나님께서 또한 우리에게 하나님 나라를 유업으로 주신다. 이스라엘은 약속의 땅을 받았지만, 그 땅을 조금씩 정복해갈 것이라는 말씀을 들었다. 그 땅에 그들이 감당 못할 정도로 짐승들이 불어나지 않게 하려면 그렇게 해야만 했다. 하나님의 약속은 모든 것을 포함한다. 하나님의 약속들은 예와 **아멘**이다!(고후 1:20 참조) 십자가의 구속 사역이 모든 것을 포함하고 있지만, 우리는 그것을 조금씩, 때로는 우리가 하나님과 동역하는 노력을 통해서 얻어간다.

내가 기적을 추구하는 데 있어서 이것은 큰 개인적인 교훈이 되었다. 20년 전에 마리오 머릴로가 내 삶의 가장 강력한 예언적 메시지로 나를 격려했다. 그때 주님께서는 기적을 내 삶의 일상적인 한 부분으로 만들려 하신다고 말씀하셨다.

마리오와 그의 아내, 미셸이 최근에 우리 집에 점심 식사를 하러 왔다. 나는 그가 1988년에게 내게 해준 예언적 메시지를 보여주었다. 그것은 그가 나를 그렇게 격려해준 것에 대한 감사를 표현하기 위해서였다. 마리오는 한나의 불임 이야기를 꺼냈다. 그는 하나님께서 내게 기적의 영역을 닫아두셨던 것은 나를 벌하기 위해서가 아니라, 나를 간절한 상태로 이끌어서 내가 일단 돌파구를 찾은 다음에도 그것을 삶으로 지속하도록 하기 위함이었다고 말했다. 나는 이제 그것을 잘 이해하고 있다.

「하나님과 꿈꾸기」 3장에서

> 우리를 위해 감춰두시는 하나님께서 또한
> 우리에게 하나님 나라를 유업으로 주신다.

Day 278
마리아의 신비

처녀가 그 말을 듣고 놀라 이런 인사가 어찌함인가 생각하매
:: 누가복음 1장 29절

예수님의 어머니, 마리아는 가장 뚜렷한 신비의 삶을 살았다. 마리아는 자신의 몸에 부흥을 가지고 있었다. 왜냐하면 예수님은 사람이 되신 부흥이었기 때문이다. 마리아는 궁극의 신비를 메시지와 경험을 통해 받았다.

마리아는 **하나님께서 그녀에게 말씀하신** 것들을 이해할 수 없지만 마음에 새겼다. 그런 묵상 중에 뿌리가 내려졌고 말씀이 자라 약속이 실현되어 나타났다. 순복하는 신자의 마음에 하나님의 말씀이 자란다.

마리아와 신비의 만남은 이렇게 요약될 수 있다.
1. 어린 소녀였던 마리아가 천사 가브리엘을 만났다.
2. 가브리엘은 이해할 수 없는 말을 마리아에게 했다. 마리아가 처녀인 상태에서 메시야를 낳을 것이라는 것이었다. 그것은 성경에 선례가 없는 경험이었다.
3. 마리아는 이해를 초월하는 것에 순종하는 말을 했다. "주의 여종이오니 말씀대로 내게 이루어지이다(눅 1:38)."
4. 마리아가 "하나님께서 나를 임신하게 하셨어요"라는 소식을 알리자 약혼자 요셉을 잃을 뻔 했다. 천사가 요셉에게 그 말이 사실이라고 해서 결혼이 깨지지 않을 수 있었다.
5. 마리아는 궁극적 부흥이신 예수님의 영향을 '나타내기' 시작했다(임신한 것, 즉 부흥의 사실을 오래 숨길 수 없다).
6. 마리아의 아들이 메시야라는 것을 안 사람들이 메시야의 위대함에 대해 마리아에게 종종 말했다. 마리아는 그들이 한 말을 마음에 새겨두어서 다시 약속을 잉태했다.

핵심을 말하자면, 마리아의 영광스러운 이야기는 하나님의 약속의 말씀이 우리 안에 잉태될 때마다 반복된다. 그리스도께서 여전히 그의 백성 중에 잉태되고 계신다. 이 영적 사실은 마리아가 경험한 영적 사실보다 결코 사소하지 않다. 나는 성령께서 모든 사람의 심령 속에 하고 계신 일을 우리가 더 소중히 여기고 인식하기를 바란다. 『하나님과 꿈꾸기』 3장에서

그리스도께서 여전히 그의 백성 중에 형성되고 계신다.

Day 279
하나님 나라가 이미, 그러나 아직

그의 아버지 하나님을 위하여 우리를 나라와 제사장으로 삼으신…

:: 요한계시록 1장 6절

내가 '하나님 나라가 이미, 그러나 아직'이라는 구절을 20년 전에 처음 들었을 때, 그것은 약속의 구절로 사용되었다. 내가 항상 접근할 수 없다고 생각했던 것들에 바로 지금 접근할 수 있다는 것을 깨닫자 나는 크게 도움을 받았다. 또한 그 구절은 어떤 것들은 시간이 지나면 누릴 수 있고, 또 어떤 것들은 영원의 세계에서만 누릴 수 있다는 사실에 초점을 맞추게 도와주었다. 그러나 그 구절이 한계와 제한을 일깨우는 데도 사용되어 희망을 주지 못하기도 했다. 그 구절은 실현되지 않은 약속에 대한 사람들의 불만족을 잠재우는 데도 사용되었다.

하나님의 나라가 온전히 나타나면 우리의 육체가 견딜 수 없다. 그러나 우리가 천국에 있을 때에도 우리는 여전히 '이미, 그러나 아직'이라고 하나님 나라에 대해 말할 것이다. 왜냐하면 하나님의 통치는 끝없이 확대되기 때문이다. 영원 속에서도 하나님 나라는 확장될 것이고, 항상 발전할 것이다. 나는 '이미, 그러나 아직'이라는 구절이 약속과 잠재성을 가리키는 것일 때는 받아들이라고 우리 교인들에게 가르친다. 그러나 만일 그것이 우리의 한계와 제한을 일깨우려고 말한 것이라면, 거절하라. 진정한 하나님 나라를 경험하지 않은 채, 우리가 삶에서 무엇을 가질 수 없는지 말하는 사람들은 필요하지 않다. 경험적인 패러다임을 가지고 믿음의 삶을 사는 사람들은 우리가 이미 본 것과 앞으로 볼 것의 긴장 속에서 항상 살 것이며, 우리가 하나님 안에서 **더 많은 것**을 향해 항상 나아갈 것이라는 것을 안다. 그것은 **경험으로 이해하는** 문제이다.

우리를 앞서간 사람들이 그들의 선조들이 경험한 것의 한계를 넘어서는 추구를 하지 않았다면 오늘날 존재하는 많은 것들이 존재하지 않았을 것이다. 우리는 그 모험을 **그리스도인의 정상적인 삶**이라고 부른다.

「하나님과 꿈꾸기」 3장에서

> 우리를 앞서간 사람들이
> 그들의 선조들이 경험한 것의 한계를 넘어서는
> 추구를 하지 않았다면 오늘날 존재하는 많은 것들이
> 존재하지 않았을 것이다.

Day 280
성령의 언어

네 마음의 소원대로 허락하시고 네 모든 계획을 이루어 주시기를 원하노라

:: 시편 20편 4절

하나님께서 우리를 하나님의 신비의 세계를 받아들이도록 이끄실 때, 하나님께서 우리 안에 믿음의 생명을 확립시키신다. 그리고 주변 세상을 달라지게 하고 싶어 하는 자들에게 신비가 열리게 하신다. 하나님을 갈망하고 하나님의 음성을 인식할 수 있는 자들에게 감춰진 것들이 계시된다.

하나님께 순복된 상상은 성화된 상상이 된다. 그리고 그 성화된 상상은 비전과 꿈을 받을 수 있다. 서구 교회에는 상상력의 사용에 대한 지나친 우려가 있다. 그 결과, 불신자들이 예술과 발명 등으로 창조적 표현에 앞장선다. 그들은 상상에 대해 편견을 갖지 않는다. 상상은 화가의 캔버스와 같다. 그것이 깨끗하면, 화가가 많은 것을 할 수 있다. 하나님께서 우리의 상상력을 사용해서서 하나님의 인상을 그려내고 싶어 하신다. 그러기 위해 하나님께서는 순복된 자를 찾으신다. 그러나 "나는 가치있는 사람이 아니야"라는 생각에 사로잡힌 사람들은 너무 자기중심적이어서 많은 계시를 받을 수 없다. 우리 자신에게만 집중하는 것이 충분히 오랫동안 멈추어져야 그리스도 안에 있는 유익을 우리 주변의 다른 사람들을 위해 사용할 수 있다. 그렇게 되면 우리는 하나님의 신비에 제한 없이 나아갈 수 있어서 죽어가는 세상의 필요를 채울 수 있다.

예수님은 하나님의 말씀이시다. 그러니 예수님께서 뭔가 하실 말씀이 없으시기는 어렵다. 가끔은 하나님께서 우리에게 말씀하고 계시지 않다고 느낄 때가 있다. 그럴 수도 있지만, 대부분의 경우에는 단지 하나님께서 우리에게 말씀하시는 언어를 바꾸셨을 뿐이다. 그리고 하나님께서는 우리가 하나님의 새 언어에 맞추기를 바라신다.

『하나님과 꿈꾸기』 4장에서

하나님께서 우리의 상상력을 사용하셔서
하나님의 인상을 그려내고 싶어 하신다.
그러기 위해 하나님께서는 순복된 자를 찾으신다.

Day 281
하나님의 목소리를 놓치다

아버지여, 아버지의 이름을 영광스럽게 하옵소서 하시니 이에 하늘에서 소리가 나서 이르되 내가 이미 영광스럽게 하였고 또다시 영광스럽게 하리라 하시니
곁에 서서 들은 무리는 천둥이 울었다고도 하며 또 어떤 이들은 천사가 그에게 말하였다고도 하니

:: 요한복음 12장 28-29절

예수님께서 무리에게 말씀하고 계실 때 아버지의 음성이 하늘로부터 들렸다. 사람들은 뭔가 들었다는 것은 알았으나 그것이 무엇인지 아무도 몰랐다. 그들은 그것이 하나님의 음성이라는 것을 깨닫지 못했을 뿐 아니라, 이 특별한 사건이 그들의 삶에 어떤 의미가 있다는 것 조차 생각도 하지 못했다. 예수님께서 그들의 불신에 대해 "이 소리가 난 것은 나를 위한 것이 아니요 너희를 위한 것이니라(요 12:27-30)"고 대답하셨다. 하나님께서는 둘러선 구경꾼들이 불신에서 벗어나도록 자비로 말씀하셨다. 그러나 그들의 마음이 굳어서 들은 것을 인식하지 못했고 누가 말씀하셨는지 깨닫지 못했으며 들은 것을 이해할 수 없었다. 우리는 하나님께서 분명히 말씀하셨다는 것을 안다(고전 14:9 참조). 그러나 그 사람들은 **이해하지** 못했다. 그들의 불신 성향 때문이었다(요 12:37 참조). 어떤 사람들은 그것이 천둥소리, 즉 자연의 비인격적 작용이었다고 생각했다. 다른 사람들은 천사가 말했다고 생각했다. 그들은 영적으로 보긴 했지만, 그때는 천사의 소리가 아니었다. 가장 잘 듣는 사람은 갈급한 심령을 가진 사람이라는 말이 맞다.

요한복음 12장의 이야기는 서구 교회에 대해 내가 가장 우려하는 문제를 다루고 있다. 그것은 불신의 만연이다. 그것이 오랫동안 지혜로 가장되어 왔지만, 이제는 그것이 가장 큰 죄라는 것이 드러나야 한다. 불신은 삶에 대한 보수적인 접근법이라는 외양을 취하지만, 하나님을 사람들의 생각과 지배에 복종시키려 한다. 그것은 사람들의 의견을 따르는 것이다. 그러면서 자신은 다른 사람들이 빠진 극단에 빠지지 않는다고 뽐낸다. 그런 종교적 덫에 갇혀 사는 사람들이 잘 깨닫지 못하는 사실이 있다. 불신하는 마음은 예수님의 능력과 영광을 전혀 나타내지 못한다는 것이다.

「하나님과 꿈꾸기」 4장에서

갈급한 심령이 가장 잘 듣는다.

Day 282
지혜로 가장한 불신

그 안에는 지혜와 지식의 모든 보화가 감추어져 있느니라 내가 이것을 말함은 아무도 교묘한 말로 너희를 속이지 못하게 하려 함이니

:: 골로새서 2장 3-4절

많은 그리스도인들은 마치 성경만으로는 충분한 증거가 되지 못 한다는 듯이 내가 실제로 경험한 하나님의 역사하심을 증거해 주기를 바란다. 더 충격적인 것은 눈앞에서 기적이 일어나도 하나님을 찬양하기 전에 의사의 진단서, 엑스레이 등등을 여전히 원한다는 것이다. 그러나 그렇게 속지 않기 위해 자신을 방어하려 애쓰는 것은 우리를 속임수로부터 지키는 지혜라기보다는 불신을 나타내는 것이다. 속는 것에 대한 두려움은 불신이 오랫동안 지배해온 곳에 존재한다.

그러나 "사랑은 모든 것을 믿는다(고전 13:7)." 하나님의 사랑을 깊이 접하면 비이성적인 상황으로부터 오는 두려움 때문에 지나칠 정도로 조심스럽게 자신을 방어하려는 것으로부터 우리를 자유롭게 한다. '사랑으로써 역사하는 믿음(갈 5:6)'이라는 구절을 생각해볼 때, 하나님께서 기적을 행하실 것이라고 믿는 믿음조차 하나님의 사랑을 경험함으로써 임할 수 있다. 우리의 하늘 아버지의 넘치는 사랑에 접해 그 사랑에 압도될 때 불신이 사라질 것이다.

하나님께 우리를 위해 나타나주셔서 우리가 믿게 해달라고 간구하는 것은 지혜롭지 못하다. 물론 기적을 경험하는 것이 우리가 믿음 안에서 성장하도록 도울 수 있지만, 그런 요구는 하나님에 대한 갈급함이 아니라 하나님을 시험하는 것이다. 하나님은 시험을 받지 않으신다. 시험을 받는 것은 우리다. 새로워지지 않은 마음은 하나님과 전쟁을 벌이며 우리에게 표적을 보여 달라고 요구한다. 그런 불건전한 태도는 우리를 심판관의 역할로 만든다. 그런 교만은 불신의 아버지이다. 예수님께서 종교적인 사람들의 무리를 대하실 때 그런 태도를 많이 지적하셨다.

「하나님과 꿈꾸기」 4장에서

> 새로워지지 않은 마음은 하나님과 전쟁을 벌이며
> 우리에게 표적을 보여 달라고 요구한다.

Day 283
궁극의 식사

그 후에 말씀하시기를 보시옵소서 내가 하나님의 뜻을 행하러 왔나이다 하셨으니

:: 히브리서 10장 9절

믿음의 마음은 '하나님을 의지하며' 하나님의 음성을 고대하고 하나님의 다음 움직임을 찾는다. 예수님처럼 우리도 "나의 양식은 나를 보내신 이의 뜻을 행하며 그의 일을 온전히 이루는 이것이니라(요 4:34)"고 말해야 한다. 하나님께서 말씀하시는 것을 들으면 내가 힘을 얻는다. 하나님의 음성에 순종하면 내가 자양분을 공급받는다. 삶의 상황들이 의미와 목적을 갖는다. 왜냐하면 예수님을 따르는 지속적인 믿음 때문이다. 하나님으로부터 듣는 것은 그리스도인의 삶의 핵심적인 요소이다. 왜냐하면 "사람이 떡으로만 살 것이 아니요 하나님의 입으로부터 나오는 모든 말씀으로 살 것(마 4:4)"이기 때문이다. 하나님의 음성이 우리의 생명이다.

우리의 삶에는 많은 식탁이 있다. **여론**, 즉 **대중의 의견**의 식탁이 있다. 그 음식은 달지만, 배에서는 쓰다. **개인적 성취**의 식탁이 있다. 그것은 파워 있는 식사이지만, 급격히 그 힘이 사라진다. 오직 하나의 식탁만이 풍성한 음식과 초자연적인 힘을 공급한다. 그것은 하나님의 뜻으로 채워진 식탁이다.

성령의 언어를 모르는 사람은 하나님의 뜻의 아름다움을 모른다. 하나님께서 어떻게 말씀하시는지 배우는 것이 필수적이다. 하나님의 제1언어는 우리의 모국어가 아니다. 히브리어도 아니라고 말할 수 있다. 하나님께서 사람의 언어를 사용하셔서 우리와 소통하시지만, 다양한 다른 방법들을 통해 말씀하시는 경향이 더 크다. 우리는 '성령의 언어'를 이해하고 경험해야 한다. 당신의 모험을 계속하며 성령의 언어를 통해 하나님의 음성을 발견하라.

『하나님과 꿈꾸기』 4장에서

> 오직 하나의 식탁만이 풍성한 음식과
> 초자연적인 힘을 공급한다.
> 그것은 하나님의 뜻으로 채워진 식탁이다.

Day 284
내가 경험한 부흥 이야기

그러나 하나님께서 세상의 미련한 것들을 택하사 지혜 있는 자들을 부끄럽게 하려 하시고 세상의 약한 것들을 택하사 강한 것들을 부끄럽게 하려 하시며

:: 고린도전서 1장 27절

내가 캘리포니아 주, 레딩에 있는 벧엘 교회의 목사로 온 것은 그 교회의 리더들이 부흥을 갈구했기 때문이었다. 그러자 성령의 부어짐이 거의 즉시 시작되었다. 사람들의 삶이 변화되고, 육신들이 치료되고, 하나님과의 신성한 만남이 급격히 증가되었다. 그러자 약 천 명의 교인이 교회를 떠났다. 그들은 일어나는 일을 감당하지 못했다. 교인들이 교회를 떠나는 것보다 목회자에게 더 속상한 일은 없다. 그러나 그 **출애굽**의 시기에 아내와 나는 그 재난에 면역되어 있었다. 그것은 환경과 **반대로** 즐겁게 살 수 있도록 하나님이 주시는 초자연적인 은혜로 가능했다.

하나님의 풍성하신 은혜가 그것을 가능하게 했다. 하나님의 임재가 증가되는 것과 더불어, 하나님의 뜻을 놓칠 수 없도록 분명히 나타내주셨다. 하나님께서 종종 우리에게 꿈, 비전, 혹은 생각 속의 분명한 인상으로 말씀하셨다. 의문의 여지가 없었다. 하나님의 임재로 인한 열매와 변화된 삶들이 우리가 그런 손실에 직면해서도 미소 짓게 하기에 충분했다. 지금까지도 우리는 그런 손실을 통해서 그런 역사가 증가한 것을 특권으로 여기고 있다.

오늘날 우리는 급성장하고 있다. 기적이 놀랍게 증가하고 있다. 그러나 나는 지금도 행복하기에는 너무나 많은 것들이 잘못되어 가는 것으로 보였던 그 때, 처음 성령이 부어졌던 순간들을 음미한다. 때로는 심한 반대를 받았다. 중상모략과 비방이 난무했다. 1년이 지나갈 무렵 우리의 교단 사무실에는 우리에 대한 항의와 비난의 전화가 매일 쇄도했다. 그러나 우리는 그 기간을 참으로 행복하게 보낼 수 있었다. 그것은 오직 하나님께서만 하실 수 있는 일이다. 왜냐하면 오직 하나님의 뜻만이 우리를 완전히 윤택하게 하기 때문이다. 그것은 항상 내가 좋아하는 양식이었고, 앞으로도 쭉 그럴 것이다.

「하나님과 꿈꾸기」 4장에서

우리는 그 기간을 참으로 행복하게 보낼 수 있었다.
그것은 오직 하나님께서만 하실 수 있는 일이다.
왜냐하면 오직 하나님의 뜻만이
우리를 완전히 윤택하게 하기 때문이다.

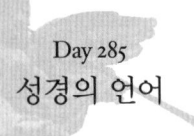

Day 285
성경의 언어

여호와의 율법은 완전하여 영혼을 소성시키며 여호와의 증거는 확실하여 우둔한 자를 지혜롭게 하며

:: 시편 19편 7절

성경은 하나님의 말씀을 하나님으로부터 '듣는' 것의 기반이다. "주의 말씀은 내 발에 등이요 내 길에 빛이니이다(시 119:105)." 하나님은 하나님의 말씀을 어기지 않으시지만, 우리가 생각하는 말씀의 해석과는 종종 다르게 나타내신다. 하나님은 하나님의 책보다 더 크시다는 것을 기억하라. 성경은 하나님을 담는 그릇이 아니다. 성경은 하나님을 **계시한다**.

'로고스'와 '레마'라는 두 헬라어 단어가 말씀을 나타낸다.

로고스는 기록된 말씀, 성경을 가리키는 데 흔히 사용된다. 성경 읽기는 교훈을 받으며 하나님의 음성을 인식하는 법을 배우는 가장 일반적인 방법이다. 성경의 페이지마다 삶에 대한 실제적인 교훈들이 가득하다. 하나님의 말씀의 원칙들을 배우는 것은 진리를 우리 마음에 확립시킴으로써 우리가 하나님의 음성을 인식하게 도와준다. 시편 기자가 성경의 그런 목적을 확인시켜주는 말을 했다. "내가 주께 범죄하지 아니하려 하여 주의 말씀을 내 마음에 두었나이다(시 119:11)." 우리는 성경에서 삶에 대한 하나님 나라의 원리들을 발견한다. 그 원리들을 적용하는 누구에게든 그 원리들이 작동한다.

레마는 바로 지금 말하신 신선한 말씀이다. 레마는 **방금 발화된 표현**이다. 그래서 즉시성을 갖는다. 하나님께서 말씀에 숨을 불어넣으셔서 기록된 것에 '지금' 생명을 주신다. 발화된 말씀이 기록된 말씀을 결코 대체하지 않는다. 기록된 말씀이 우리 마음에 많을수록, 발화된 말씀을 들을 역량이 커진다. 왜냐하면 하나님께서 우리 마음에 저장된 것에 말씀하셔서 그것을 불러내시기 때문이다.

『하나님과 꿈꾸기』 4장에서

> 성경은 하나님을 담는 그릇이 아니다.
> 성경은 하나님을 **계시한다**.

Day 286
청각적으로 들리는 하나님의 음성

너희가 오른쪽으로 치우치든지 왼쪽으로 치우치든지 네 뒤에서 말소리가 네 귀에 들려 이르기를 이것이 바른 길이니 너희는 이리로 가라 할 것이며

:: 이사야 30장 21절

주님의 음성은 어떤 인상을 받은 후 우리가 그것을 말로 표현해야 하는 것이 아니다. 그것은 하나님께서 우리에게 언어로 한 마디, 한 마디 직접 소통하시는 것이다. 청각적으로 들리는 음성이 우리가 깨어 있는 동안 육체의 귀에 들릴 수도 있고 우리가 자는 동안 들릴 수도 있다. 또 우리의 영적 귀에 들릴 수도 있다(내가 이런 구분을 하는 이유는 듣고 나서는 그것이 외부로 들리는 음성이었는지 내적 음성이었는지 잘 기억나지 않을 수 있기 때문이다. 그것은 어떤 인상을 받는 것을 넘어서며, 누군가가 말하는 것을 듣는 것처럼 분명하다).

최소한 두 경우에 나는 주님의 청각적으로 들리는 음성에 잠을 깨었다. 그러나 되돌아보면 나는 아내도 그것을 들었던 것 같지는 않다. 아내는 듣지 못했다. 요한복음 12장에서처럼 육체적 귀에 들릴 수도 있고, 우리의 영에 들릴 수도 있다. 한번은 주님께서 나를 깨우시고 말씀하셨다. "그는 주를 바라보는 자들을 지켜보신다." 그 밤 내내 그 말이 내 뇌리에 가득했다. 내가 하나님만 바라볼 줄 알도록 하나님께서 내가 온전히 집중하기를 바라신다는 것이 분명했다. 그렇게 할 때 하나님께서 나에 대한 모든 것을 돌보실 것이다.

고요한 음성이나 마음의 인상은 필시 사람들이 하나님으로부터 듣는 가장 일반적인 방법일 것이다. 때로 그것은 우리 자신의 '내적 음성' 즉 우리 자신의 생각일 수 있다. 우리가 실제로 그런 음성도 듣지만 **하나님의** 세미한 음성을 인식할 줄 아는 지혜를 가져야 한다. 그것은 고요하다. 그러므로 우리가 고요해져서 그것을 늘 인식할 수 있어야 한다. 하나님의 음성을 분별하는 데 도움이 되는 단서를 누가 다음과 같이 알려 주었다. "당신 자신이 생각해낼 수 있는 것보다 좋은 아이디어가 있다면 그것은 하나님의 음성을 들은 것이다."

『하나님과 꿈꾸기』 4장에서

주님의 음성은…하나님께서 우리에게 언어로
한 마디, 한 마디 직접 소통하시는 것이다.

Day 287
환상의 언어

이르시되 내 말을 들으라 너희 중에 선지자가 있으면 나 여호와가 환상으로 나를 그에게 알리기도 하고 꿈으로 그와 말하기도 하거니와

:: 민수기 12장 6절

환상은 육신의 눈과 마음의 눈 모두에 임한다. 두 번째의 경우는 마음의 그림으로서, 세미한 음성을 시각적으로 보는 것과 같다. 그것은 받기 쉬운 만큼 놓치기도 쉽다. **하나님께로 마음을 기울일 때** 그것에 초점을 맞추게 된다. 나는 그것을 '하나님께서 어느 때든 행하시거나 말씀하시길 기대하는 것'이라고 묘사한다.

외적—많은 사람들은 이것을 '눈을 뜨고 보는 환상'이라고 언급한다. 나는 그것을 경험한 적이 없지만, 나의 많은 친구들이 그것을 경험했고, 우리 교회의 수석 부목사인 크리스 밸러튼이 그 중 한 명이다. 하나님께서 그에게 사용하신 방법의 하나는 마치 영화 화면을 보는 것처럼 어떤 사람의 머리 위로 하나님께서 그 사람의 삶의 부분들을 다시 보여주시는 것이었다. 그것을 그들에게 말해주면, 그들은 사역을 받아들일 수 있도록 마음이 열려 준비된다.

내적—독일에서 저녁의 치유 집회를 앞두고 나는 그 사역 단체의 리더와 기도 중이었다. 나는 생각 속에 어떤 장면이 '사진'처럼 떠올랐다. 그 장면 속에서 나의 오른쪽에 누군가 앉아 있었고 나는 그 사람의 척추만 엑스레이처럼 보았다. 왠지 나는 그 척추에 관절염이 있다는 것을 알았다. 나는 그 환상 속에서 그를 가리키며 "주 예수님께서 당신을 고치십니다!"라고 말했다. 나는 그 사진 같은 환상에 주의를 기울였다. 내가 말씀을 전할 때가 되었을 때, 나는 먼저 척추에 관절염이 있는 사람이 있는지 물었다. 내 오른쪽에 있는 여자가 손을 들었다. 나는 그녀에게 일어서달라고 부탁하고서 선포했다. "주 예수께서 당신을 고치십니다!" 그녀는 떨기 시작했다. 내가 "고통이 있습니까?"라고 묻자 그녀는 격하게 울며 대답했다. "불가능한 일이 일어났어요! 고통이 사라졌어요!" 내적 환상에 따른 선포로 그녀가 치유되었다.

『하나님과 꿈꾸기』 4장에서

환상은 육신의 눈과 마음의 눈 모두에 임한다.

Day 288
꿈의 언어 '몽상'

내가 욥바 시에서 기도할 때에 황홀한 중에 환상을 보니
:: 사도행전 11장 5절

물론 꿈은 밤에 꾼다. 그러나 몽상과 비슷한 형태의 꿈이 있다. 그것은 깨어있을 때 발생하며 간과되기 쉽다. 왜냐하면 그저 **자신의 상상**이라고 생각하기 쉽기 때문이다. 그것이 강렬한 형태로 나타날 때는 혼수상태(무아지경)와 비슷하다. 하나님께로 마음을 더 기울이면 이 방법에 대한 더 분명한 관점을 갖게 되고, 하나님으로부터 온 것이 무엇이며, 우리의 상상이 무엇인지 필요한 분별을 할 수 있게 된다.

나는 기도원에 대한 **몽상**을 갖기 시작했다. 나는 동서남북으로 창문이 나있는 네 벽을 보았다. 각 창문 위에 이사야서의 "북쪽에게 이르기를 (그들을) 내놓으라"는 구절이 있었다. 각 방향을 바라보는 창문 위마다 같은 구절이 있었다. 카펫에는 나침반 별 모양이 그려져 있었는데 역시 동서남북을 가리키고 있었다. 방 가운데에는 끊임없이 솟아나는 샘이 있었다. 나는 그곳이 옥합의 집이라고 불릴 것을 알았다(옥합은 값비싼 향유를 담는 데 사용되었고 여자가 그 향유를 예수님께 부어 궁극적 예배를 표현했다([막 14:3 참조] 제자들은 그 여자가 향유를 **낭비했다**고 생각했다. 그러나 예수님의 시각은 달랐다. 예수님께서는 그것을 예배라고 하셨다). 나는 사람들이 **예수님께 자신을 쏟아 부을** 수 있는 곳을 지어야 한다고 느꼈다! 내가 그 경험을 우리 교회 당회와 나누었을 때, 한 멤버가 나에게 만나자고 했다. 그는 건축업자였는데 내가 묘사한 기도원에 대한 계획을 2년 전에 세웠다고 말했다. 말할 필요도 없이, 우리는 옥합의 집을 건축했다. 그때는 천 명의 교인이 교회를 떠나는 시기였지만 말이다. 우리는 대출을 받지 않고 현금으로 건축했다. 그것 역시 하나님의 놀라운 자비와 은혜에 대한 또 하나의 간증이었다.

『하나님과 꿈꾸기』 4장에서

몽상과 비슷한 형태의 꿈이 있다.

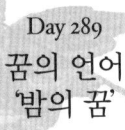

Day 289
꿈의 언어
'밤의 꿈'

그들이 떠난 후에 주의 사자가 요셉에게 현몽하여 이르되 헤롯이 아기를 찾아 죽이려 하니 일어나 아기와 그의 어머니를 데리고 애굽으로 피하여 내가 네게 이르기까지 거기 있으라 하시니

:: 마태복음 2장 13절

내가 벧엘 교회로 부임할 준비를 하고 있을 때, 이전으로 인한 잠재적 위험을 경고하는 꿈을 꿨다. 꿈속에서 나는 고속도로에서 진출하고 있었다. 그 다음에는 고가도로를 지나 반대 방향의 고속도로로 들어가야 했다. 그렇게 하면서 보니, 길이 얼어 있어서 회전할 때 속도를 잘 조절하지 않으면 고가도로에서 아까의 고속도로로 떨어질 것 같았다. 나는 변화가 필요하지만 너무 빨리 일으키지는 말라고 하나님께서 나에게 경고하고 계신다는 것을 깨달았다. 어떤 사람들은 우리의 변화가 상당히 빨리 일어났다고 느낄지 몰라도, 그 꿈이 없었다면 훨씬 더 빨랐을 것이다. 나는 하나님의 분명한 말씀에 따라 각 단계를 수행했다.

그 '위험한 전환'의 때가 끝났을 때도 하나님께서 또 다른 꿈을 통해 내게 알려주셨다. 나는 똑같은 고속도로를 보았지만, 이번에는 반대 방향이었다. 도로 양쪽으로 푸른 풀밭이 있었고, 도로는 얼음이 녹은 물에 젖어 있었다. 이상하게도 그 물은 어떤 위험을 나타내지 않았고, 오히려 하나님의 신선한 기름부음의 상징으로 보였다. 빠른 회전을 하기엔 위험하던 그 얼음이 녹아 있었다. 우리의 진행을 늦추거나 방해할 다른 차는 없었다. 그 꿈을 주시면서 하나님께서 말씀하셨다. "이제는 가능한 모든 것을 다 할 때다." 두 번째 꿈은 첫 번째 꿈의 18개월 후에 나타났다. 떠날 사람은 대부분 다 떠났고, 나는 변화의 바람이 더 거세진 것에 맞춰 자유롭게 나아갈 수 있었다.

「하나님과 꿈꾸기」 4장에서

>하나님의 분명한 말씀에 따라
>각 단계를 수행했다.

Day 290
감춰진 메시지의 언어 '비유'

> 대답하여 이르시되 천국의 비밀을 아는 것이 너희에게는 허락되었으나 그들에게는 아니되었나니
>
> :: 마태복음 13장 11절

때로 하나님께서는 진실을 어떤 문장, 이야기, 수수께끼, 환경 속에 감춰서 우리에게 말씀하셔서 우리가 그 의미를 찾도록 하신다. 우리가 **하나님께 마음을 기울이고**, 하나님의 음성을 고대하면, 그 상황들이 하나님으로부터 온 것인지, 아니면 단순히 특별한 삶의 사건들인지 분별하기가 쉬워진다. 하나님으로부터의 이 특별한 언어는 하나님의 위대한 모험에 들어오라는 초청이다.

나의 요청으로 우리 교회의 관리팀인 한 사람이 나의 절친한 예언자 친구와 나를 우리 교회 부지 모퉁이로 데려갔다. 우리는 모퉁이마다 기둥을 박았다. 각 기둥에는 다른 색의 깃발이 달려 있어서 우리 교회의 특정한 은사와 소명을 나타냈다. 그것은 내가 전에 해본 적이 없는 독특한 일이었다. 나는 땅을 밟으며 그 예언자가 보는 것에 따라 기도했다. 생소한 일이었지만, 나는 그를 신뢰했다.

마지막 기둥을 세우고 나서 네 마리의 거위가 날아 지나갔다. 그 예언자는 구약에서 거위는 **경비견**이고 우리 부지의 네 모퉁이에 서서 하나님께서 거기서 하시는 일을 지키는 천사들을 나타낸다고 말했다.

예수님께서 비유로 가르치시며 제자들에게 약속하셨다. 그것은 우리가 하나님의 신비에 접근할 수 있다는 말씀이었다(마 13:11 참조). 하나님께서 의도하신 메시지를 우리가 발견하도록 도와주는 해석 패턴이 있다. 예를 들어, 숫자 4는 땅을 나타낸다. 즉 땅의 네 모퉁이인 동서남북을 나타낸다. 이런 것들을 이해하면, 간단한 확인의 말씀부터 큰 계시의 말씀까지 모든 것을 더 분명히 듣게 도와준다.

「하나님과 꿈꾸기」 4장에서

하나님으로부터의 이 특별한 언어는
하나님의 위대한 모험에 들어오라는 초청이다.

Day 291
감춰진 메시지의 언어 '수수께끼'

인자야 너는 이스라엘 족속에게 수수께끼와 비유를 말하라
:: 에스겔 17장 2절

하나님께서 때로 진실을 어떤 문장, 이야기, 상황, 수수께끼에 숨겨 우리에게 말씀하신다. 나는 이 이야기를 수수께끼 항목에 분류했다. 왜냐하면 해석이 필요하기 때문이다. 때로 주님께서는 성경의 해석 원리로 연구할 필요가 있는 것을 말씀하신다. 예를 들어, 숫자 50은 희년을 의미한다. 그것은 이스라엘에게 50년마다 지키라고 했던 희년의 원리(모든 빚을 탕감해주고 모든 노예들을 풀어주는 것)에서 나온다. 다음 이야기를 그런 식으로 해석할 수 있다. 하나님만 그것을 설명하실 수 있다.

2003년 10월에 나는 새벽 5시 55분에 잠이 깼다. 그것은 며칠 간 그 숫자에 여러 번 우연히 마주친 후였다. 나는 침대에 누워 소리 내어 말씀드렸다. "제게 뭘 말씀하시려는 거예요?" 마치 누가 나를 기절시킨 것처럼 나는 즉시 다시 잠들었다. 그리고 나서 하나님께서 들리는 음성으로 말씀하셨다. "희년의 날의 기름부음이 네게 임했다." 나는 즉시 잠을 깼고 내가 3분 정도 잠들어 있었다는 것을 깨달았다. 그 날 이후로 우리의 모든 빚이 우리 삶에서 사라졌고, 남은 것은 주택융자금 뿐이다. 나는 그것이 다음 순서로 청산될 것이라고 믿는다. 나에게 나타났던 그 숫자들은 제조업자의 설명이 필요한 퍼즐 같았다.

성경과 삶 속의 숫자들과 상징들에 대한 해석 원리를 제시하는 좋은 책들이 많이 있다. 그러나 그 중에 555가 빚의 탕감을 의미한다고 말하는 책이 있는지는 모르겠다. 나는 그 책들을 지침으로 사용하되, 주님께서 말씀하고 싶어 하시는 다른 것이 있는지 주님께 여쭤보기를 권한다. 비유는 상징적인 반면에, 수수께끼는 하나님의 설명이 필요하다.

「하나님과 꿈꾸기」 4장에서

비유는 상징적인 반면에, 수수께끼는 하나님의 설명이 필요하다.

Day 292

감춰진 메시지의 언어 '특별한 우연의 일치'

나의 앞날이 주의 손에 있사오니 내 원수들과 나를 핍박하는 자들의 손에서 나를 건져 주소서

:: 시편 31편 15절

모든 우연의 일치에 하나님의 음성이 들어있다고 말하는 것은 잘못이겠지만, 하나님께서 당신이 생각하는 것 이상으로 자주 그것을 통해 말씀하신다.

최근에 일련의 사건들을 통해서 하나님께서 나를 주목시키셨다. 나는 집회를 앞두고 준비하며 호텔에 투숙했다. 카운터의 남자가 308번 방 열쇠를 줬다. 내가 다음 도시에 갔을 때도 방 번호는 308호였다. 이상한 우연의 일치로 보였지만, 나는 특별히 우연의 일치라고 여기지 않았다. 그 다음에 나는 새벽 3시 08분에 잠을 깼다. 마침내 하나님께서 나를 주목시키셨다. 나는 "제게 무엇을 말씀하려 하세요?"라고 여쭤보았다. 며칠 동안 응답이 없다가 내 사무실의 책상에 앉아있을 때 떠올랐다. 그때로부터 18년 전에 나는 책을 써야 하는지 주님께 여쭤봤었다. 그것이 내 마음에 있었지만 나는 결코 모범생 스타일이 아니었고, 알아야할 것을 많이 모르고 있었다. 그러나 내 마음 속의 그 갈망은 사라지지 않았다. 나의 질문에 대한 응답으로 하나님께서 한밤에 나를 깨우시고 '이사야 30장 8절'이라고 말씀하셨다. 성경을 펴서 무슨 말씀인지 읽어보니 "이제 가서 기록하라"고 되어 있었다. 그로부터 얼마 후 곧 나는 우리 교회 주보에 짧은 글을 쓰기 시작했다. 나는 글쓰기를 위한 정기적 스케줄을 짜서 내가 글쓰기에 대해 더 알아야할 것을 경험을 통해 배우고자 했다.

이제 18년이 지난 후, 나는 상당한 분량의 책도 썼고, 최근에는 컨퍼런스와 다른 세계 곳곳의 사역들에 전념하고 있다. 이 책을 쓰는 것도 그 말씀에 응답한 결과이다.

「하나님과 꿈꾸기」 4장에서

모든 우연의 일치에 하나님의 음성이 들어있다고
말하는 것은 잘못이겠지만,
하나님께서 당신이 생각하는 것 이상으로
자주 그것을 통해 말씀하신다.

Day 293
감춰진 메시지의 언어
'특별한 상황'

여호와께서 그가 보려고 돌이켜 오는 것을 보신지라 하나님이 떨기나무 가운데서 그를 불러 이르시되 모세야 모세야 하시매

:: 출애굽기 3장 4절

모세의 불타는 떨기나무 경험은 특별한 상황이었다. 하지만 그것이 특별한 상황이었다 할지라도 별 의미는 없어 보였다. 하나님께서 어떤 특정한 사건들을 우리 삶 속에 주셔서 우리가 주목하게 하시고 우리의 일정과 계획으로부터 '돌이키기를' 바라신다. 모세가 돌이켰을 때, 하나님께서 말씀하셨다.

어느 날 내가 교회에서 기도하고 있을 때, 뻐꾸기의 일종인 로드러너라는 새가 도마뱀을 입에 물고 창문에 나타났다. 로드러너는 춤추며 뛰기 시작했다. 나는 1미터 거리까지 다가가서 "이렇게 이상한 일은 뭔가 예언하고 있는 게 틀림없어"라고 생각했다. 몇 분 후에 로드러너가 갔다. 그리고 다른 사람들도 와서 기도할 때가 되었다. 그때 로드러너도 다시 나타났다. 한 스태프가 "오, 로드러너가 돌아왔어요"라고 말했다. 나는 무슨 말이냐고 물었다. 그는 "지난주에도 왔었어요"라고 대답했다.

몇 달 동안 로드러너가 기도회 때마다 거의 왔고, 보통은 입에 도마뱀을 물고 있었다. 하루는 로드러너가 우리 교회 건물 안으로 들어왔다. 그런데 누군가 갑자기 문을 열어서 그 새를 놀라게 했다. 새는 우리의 통 유리창을 들이받고 즉사했다.

나는 우리가 그 새를 부활시켜야한다고 판단했다. 목적의식과 확신을 가지고 우리는 로드러너에게 다가갔다. 우리의 예언적 메시지인 로드러너가 살아나기를 하나님께서 원하신다는 것이 내게는 완전히 타당해보였다. 그런데 이상하게도 내가 그 새로부터 대여섯 걸음 떨어진 거리까지 다가갔을 때 기름부음이 떠나가는 것을 느꼈다. 그것은 이상했다. 그 전까지는 하나님의 임재가 내 위에 있었다. 내 결단은 좋았지만 적용과 때가 맞지 않는다고 말씀하시는 것 같았다. 로드러너는 살아나지 않았다. 주님께서 말씀하셨다. "내가 이곳에 임하게 하는 것을 이곳 밖으로 뻗어 나가게 하라. 그렇지 않으면 이 안에서 죽을 것이다."

「하나님과 꿈꾸기」 4장에서

**하나님께서 우리가 주목하게 하시고
우리의 일정과 계획으로부터 '돌이키기를' 바라신다.**

Day 294
감춰진 메시지의 언어 '예언'

우리에게 주신 은혜대로 받은 은사가 각각 다르니 혹 예언이면 믿음의 분수대로,

:: 로마서 12장 6절

하나님께서 예언적인 사람들을 정확한 때에 내 삶에 신실하게 보내 주셨다. 그 결과, 우리는 강한 예언적인 문화를 가지고 있다. 위험을 감수하더라도 예언사역을 하도록 격려하기 위해, 우리는 하나님으로부터 온 말씀인지 아닌지, 듣는 사람이 분별할 책임을 강조한다. 구약에서는 성령이 예언자 위에만 있어서 예언자가 모든 책임을 졌다. 그러나 오늘날에는 성령이 모든 신자 안에 계신다. 그러므로 이제 특정한 말씀이 하나님으로부터 왔는지 아닌지 분별할 책임이 하나님의 백성에게 있다. 하나님으로부터 온 것일 때는 그 말씀의 지시에 따른다. 하나님으로부터 온 것이 아닐 때는 그 시행착오로부터 배우고 우리의 예언적 기량을 연마하려 한다(크리스 밸러튼의 예언 매뉴얼, 『전쟁터로의 부름』이 그 주제에 대한 실제적 교훈을 준다).

예언은 다른 사람으로부터 우리에게 임한다. 그래서 그것은 하나님으로부터 듣는 가장 위험한 형태일 수도 있지만, 가장 극적으로 믿음을 세워주는 것일 수도 있다. 예언이 하나님으로부터 왔다는 것이 확증되면, 우리는 그에 따라 행동해야 한다.

어느 주일에 나는 예언을 받았다. 하나님께서 우리의 기도원을 짓는 데 필요한 돈을 한 번의 헌금으로 충당시켜주심으로써 나를 공개적으로 지지하실 것이라는 거였다. 그 날 우리는 그 프로젝트를 설명하고 헌금을 받을 예정이었다. 자연적으로 볼 때는 그런 큰 헌금을 기대하기에 최악의 때였다. 교인 수가 최저로 줄어들었을 때였기 때문이다. 기도원 건축에 필요한 돈은 교인이 많을 때도 한 번의 헌금으로 충당되기 어려운 액수였다. 그러나 그 날 예배 후에 우리의 회계사가 헌금을 계수해보았더니 우리의 목표를 초과화고 8달러와 약간의 잔돈이 남았다.

『하나님과 꿈꾸기』 4장에서

우리는 하나님으로부터 온 말씀인지 아닌지
듣는 사람이 분별할 책임을 강조한다.

Day 295
감춰진 메시지의 언어 '증언, 간증'

내가 그 발 앞에 엎드려 경배하려 하니 그가 나에게 말하기를 나는 너와 및 예수의 증언을 받은 네 형제들과 같이 된 종이니 삼가 그리하지 말고 오직 하나님께 경배하라 예수의 증언은 예언의 영이라 하더라

:: 요한계시록 19장 10절

구약에서 증언이라는 단어는 '다시 하다'라는 단어에서 파생되었다. 하나님께서 하신 일을 우리가 말할 때 하나님께서 놀라운 역사를 반복하기 원하신다는 함축의미가 있다. 신약에서 요한계시록 19장 10절에서 그 원리가 확증된다. "예수의 증언은 예언의 영이라." 하나님께서 한 번 하신 것은 다시 하실 준비가 되어 계시다고 이 구절은 말씀해준다. 예수님께서 하신 모든 일을 말하거나 기록하면 영적 세계에 변화를 일으켜서 그 기적이 다시 일어나게 하는 예언적 기름부음을 갖는다. 정말로 증언, 간증은 종종 주님의 실제 음성을 전달한다. 그것을 인식할 줄 알게 되면 그 간증에 나타나는 성령의 역사를 수용하게 해준다.

어느 주일 오전에 나는 간증의 능력에 대해 가르치며 내반족을 고침 받은 한 어린 소년에 대해 얘기했다. 그때 외국에서 와서 우리 교회에 방문 중인 한 가족이 있었다. 그들의 두 살 딸은 발이 안쪽으로 많이 굽어서 달릴 때마다 걸려 넘어지곤 했다. 그 어머니는 그 어린 소년에 대한 간증을 듣고 "내 딸을 위해 저것을 받아들이겠어"라고 마음에 말했다. 그리고 그녀가 딸을 데려오려고 유아실에 갔을 때 딸의 발이 이미 완전하게 곧아진 것을 발견했다. 하나님께서 그 간증을 통해 말씀하셨고, 어머니가 그것을 들었고, 딸이 고침 받았다.

『하나님과 꿈꾸기』 4장에서

하나님께서 하신 일을 우리가 말할 때
하나님께서 놀라운 역사를
반복하기 원하신다.

Day 296
감춰진
메시지의 언어
'감각'

내 영혼이 여호와의 궁정을 사모하여 쇠약함이여 내 마음과
육체가 살아 계시는 하나님께 부르짖나이다
:: 시편 84편 2절

우리의 오감은 삶을 즐기게 해주는 도구일 뿐만이 아니라, 우리가 하나님의 음성을 더 잘 듣게 해주는 도구이다. 시편에서는 시편기자의 몸이 실제로 하나님을 갈망했다고 말씀한다(시 84:2 참조). 히브리서에서는 감각이 **선과 악을 구별하도록 훈련되어야 한다고**(히 5:14 참조) 말씀한다. 이 구절에서 이 능력은 성숙의 징표로 사용된다. 즉 감각을 이용해 하나님을 인식할 줄 아는 것이다.

주일 예배 중에 한 젊은 여성이 내 앞에 섰다. 사람들이 손을 들고 기쁨으로 춤출 때 그녀도 팔로 온갖 동작을 취했다. 사술에 참여하는 많은 사람들이 우리 집회에 온다. 어떤 사람들은 뭔가 갈급해서, 어떤 사람들은 예배를 방해하려고 온다.

나는 그녀에 대해 의아한 마음이 들었고 무슨 일이 벌어지고 있는지 분별하려 했다. 그런데 마치 나의 분별력이 닫힌 것 같았다. 그러나 주목한 것은 내가 서있는 자리가 추워졌다는 것이었다. 나는 몇 년 전에 나의 형제가 악한 영의 세력을 만나서 몇 시간 동안 사무실이 매우 추웠던 것을 기억했다. 그래서 내가 5미터 정도 다른 곳으로 걸어가 보았더니 그곳의 온도는 정상이었다. 나는 우리의 예언적 춤 사역 팀장에게 무대 위로 올라가서 춤춰달라고 부탁했다. 나는 "뭔가 끊어야할 것이 있습니다"라고 말했다. 그녀가 그렇게 했을 때 내 앞에 있던 젊은 여성이 쓰러졌다. 그 여성에게 영감을 주던 악령의 세력이 예언적 춤을 통해 끊어진 것이었다. **육체적 순종이 영적 해방을 가져온다.** 나의 아내가 그 여성 곁에 무릎 꿇고서 그녀를 악한 영에게서 해방시키고 그리스도께로 인도했다.

『하나님과 꿈꾸기』 4장에서

우리의 오감은 우리가 하나님의 음성을
더 잘 듣게 해주는 도구이다.

Day 297
바벨론 침략

인자가 온 것은 섬김을 받으려 함이 아니라 도리어 섬기려 하고 자기 목숨을 많은 사람의 대속물로 주려 함이니라
:: 마가복음 10장 45절

우리는 이 땅에 대한 권세를 받았다. 그것은 하나님께서 창세기에서 인류에게 주신 위임명령에서 그랬고(창 1:28-29), 예수님의 부활 후 우리에게 회복되었다(마 28:18 참조). 그러나 하나님 나라의 권세는 많은 신자들이 전형적으로 이해하는 것과는 다르다. 그것은 사람들을 고통과 질병에서 자유케 하고, 어둠의 역사를 멸하는 권세이다. 그것은 하늘의 자원을 창조적으로 사용하여 인간의 필요를 채우게 하는 권세이다. 그것은 하늘을 땅에 임하게 하는 권세이며 또한 섬기는 권세이다.

대부분의 하나님 나라 원리들과 마찬가지로, 인간이 다스리고 권세를 갖는다는 진리도 남을 지배하려는 사람들의 손에 들어가면 위험해진다. 이 개념들이 일부 사람들의 이기심을 정당화시키는 것으로 보이게 된다. 그러나 이 진리들이 겸손한 종을 통해 표현되면, 세상이 뒤흔들린다. 이 세상을 섬기는 종이 되는 것은, 사람들이 불가능하고 금지되었다고 여기는 것들을 가능하게 만드는 열쇠이다.

예수님은 만왕의 왕이시면서도 모두의 종이 되셨다. 하나님의 아들이 가지신 그 독특한 결합이 우리 모두에게 임한 소명이기도 하다. 보통 진리는 두 상반된 개념 사이의 긴장 속에 있는 것처럼 이것도 우리가 풀어야하는 쟁점이다. 우리 주님처럼 우리도 왕족이면서 종 된 자이다(계 1:5, 막 10:45 참조). 이것은 역사를 만들어가기를 갈망하는 자들이 받아들여야하는 두 핵심요소의 조합이다.

나는 왕족의 신분을 가졌지만, 나의 임무는 종이 되는 것이다. 하나님과의 친밀함은 내 생명의 원천이다. 그래서 하나님 앞에서 나는 하나님과 친밀한 자이다. 그러나 사람들 앞에서 나는 종이다. 지옥의 권세 앞에서 나는 통치자이다. 나는 그들이 내게 영향을 미치는 것을 절대로 용납하지 않는다. 이렇게 어떤 때에 어떤 역할을 수행해야 할지 지혜로 구별 할 수 있다.

『하나님과 꿈꾸기』 5장에서

나는 왕족의 신분을 가졌지만,
나의 임무는 종이 되는 것이다.

Day 298
영향력의 산 정복하기

적은 누룩이 온 덩이에 퍼지느니라

:: 갈라디아서 5장 9절

왕과 왕국의 영향 하에 들어와야 할 사회의 7대 영역이 있다. 그것이 이뤄지려면 그 왕국의 시민인 우리가 침노해야 한다. 주 예수님의 통치가 나타나려면 하나님의 사람들이 전진해 나아가 하나님의 세계의 질서와 축복을 이 세계 속에 임하게 함으로써 섬겨야 한다.

많은 신자들이 단순히 리더십의 자리를 차지하려고 노력하는 것은 주객이 전도된 것이다. 종 됨은 여전히 우리의 특권이고 장점이다. 그리고 봉사를 통해서 우리는 하나님의 세계의 유익을 보통 사람에게 안겨줄 수 있다.

하나님 나라는 누룩에 비유된다(마 13:33 참조). 누룩이 밀가루 반죽 '안에서 역사하듯이' 우리도 이 세상의 모든 왕국들의 체제 안으로 들어감으로써 그 왕국들을 변화시킬 것이다. 거기서 우리는 하나님의 통치와 다스림을 나타내야 한다. 하나님의 사람들이 사회의 각 영역들로 들어가서 하나님 나라의 유익과 가치를 드러낼 때 하나님의 통치가 확장된다.

그 침입이 효과적으로 이루어지려면, 우리가 몇 가지 오해를 고쳐야 한다. 또 중요한 것은 하나님 나라의 원리들을 실현시키는 것이다.

신자에게 세속적인 직업이란 없다. 일단 우리가 거듭나고 나면, 우리의 모든 것은 하나님 나라의 목적을 위해 구속된다. 모든 것이 영적이다. 그리고 만일 하나님 나라를 올바로 표현하는 것이 아니라면, 우리는 전혀 참여하지 말아야 한다.

모든 신자는 풀타임 사역을 하고 있다. 다만 소수만 예배당의 강단 사역을 맡을 뿐이다. 나머지 신자들도 세상 제도 안에서 자신이 운영하거나 좋아하는 영역에 그의 강단이 있다. 반드시 좋은 소식만 전하라. 그리고 필요할 때는 말씀을 사용하라!

『하나님과 꿈꾸기』 5장에서

신자에게 세속적인 직업이란 없다.

Day 299
감춰진 사역 Vs 공개적 사역

만일 우리의 복음이 가리었으면 망하는 자들에게 가리어진 것이라

:: 고린도후서 4장 3절

우리 교회와 사역학교는 공개적 사역을 하는 것으로 유명하다. 즉 드러내놓고 적극적으로 사역을 한다. 우리는 공개적 장소에서 수백 명이 치유되고 해방되는 것을 보았다. 심지어 동네 슈퍼의 인터폰으로 지식의 말씀을 전달한 경우도 있었다. 그 결과는 놀라웠다. 사람들이 10번 계산대에 모여들어서 한 젊은이 채드를 통해 예수님의 치유 사역을 받았다. 하나님께서 자비로 능력을 보여주신 후, 그들은 그리스도께 삶을 드리라는 초청을 받았고, 많은 사람이 그렇게 했다.

우리에게는 공개적 사역이 매우 흔하다. 쇼핑몰, 동네, 학교, 사업장 등에서 영적으로 가난한 자들에게 복음을 전한다. 그러나 이것은 필요한 사역의 절반일 뿐이다. 다른 절반은 감춰진 사역이다. '감춰진(covert)'이라는 단어는 '은신처'를 의미한다. 그것은 좀 더 미묘한 성격의 사역을 가리킨다. 그것을 감추는 것은 겁이 나서라기보다는 지혜 때문이다. 그것은 이 세상의 제도 안에서 이루어져서 올바른 사고의 기준, 신념, 훈련, 관계의 경계선을 재확립함으로써 변화를 일으킨다. 다시 말해서, 우리는 문화를 변화시키기 위해 사역한다. 이것은 더 많은 시간이 걸린다. 왜냐하면 그 목표는 하나의 치유나 회심이 아니기 때문이다. 목표는 도시의 제도 안에 침입하여 섬김으로써 사회 자체를 변화시키는 것이다. 우리의 유익이 아니라 그들의 유익을 위해 섬기는 것이 이 일의 열쇠이다. 누군가 이런 말을 했다. "우리는 세상**에서** 최고가 되는 것이 아니라, 세상을 **위해** 최고가 되려고 해야 한다!" 우리가 다른 사람들의 성공을 위해 우리의 종교적 계획을 내려놓을 때, 우리는 하나님 나라의 마음가짐을 배운 것이며, 그 변화의 움직임의 일부가 된 것이다.

「하나님과 꿈꾸기」 5장에서

> 목표는 도시의 제도 안에 침입하여
> 섬김으로써 사회 자체를 변화시키는 것이다.

Day 300
종교적 일 버리기

인자가 온 것은 섬김을 받으려 함이 아니라 도리어 섬기려 하고 자기 목숨을 많은 사람의 대속물로 주려 함이니라
:: 마태복음 20장 28절

단순히 사람들을 구원받게 하려고 섬기는 것은 종교적인 일이다. 그것이 우리에게는 순수하고 고귀할지라도, 세상은 조종하는 것으로 보며 불순한 섬김이라고 본다. 세상은 그 냄새를 1마일 밖에서도 맡는다. 우리가 그런 이유로 봉사하면 그들은 방어적이 된다. 그러나 우리가 동네 학교에서 교장선생님을 도와 자원봉사 하면, 교회가 별로 관여하지 않는 영역 속으로 들어간 것이다. 그것은 타인의 유익을 위해 섬기는 것이다. 세상은 그런 종류의 섬김을 환영한다. 놀라운 보너스는 당신이 생각지도 못한 방식으로 학교에 긍정적 영향을 미치게 되어, 사람들을 그리스도께로 인도하게 되기도 한다는 것이다.

학부모들이 동네 학교에 자원봉사하여 선생님의 성공을 돕는다면 무슨 일이 일어날까? 일반적으로 교사들은 어린이들의 삶이 성공하는 것에 지대한 관심을 갖는다. 그들은 다음 세대를 위해 자신을 투자한다. 그런 헌신으로 인해 그들이 존경을 받는 것이 당연하다. 우리는 그런 교사들이 성공하도록 도울 수 있다.

기독교인들은 정치적 수완을 통해 학교를 장악하려 하는 것으로 악명이 높다. 물론 정치적 과정에 참여하는 것은 신자에게 허용되는 정도가 아니라, 필수적이다. 다만 우리의 장점이 정치적 과정을 다루는 수완에 있다고 생각함으로써 우리의 기준을 낮추지 말아야 한다. 하나님께 순종하면서 이 세상을 향해 노력하는 것은 영적 돌파를 일으킨다. 하나님의 개입이 우리의 특권이요 장점이다. 정치적 수완이 때로 효과가 있지만, 그것은 하나님 나라가 아니며, 그 효과가 지속되지도 않는다. 우리에게는 더 좋은 방법이 있다.

흥미로운 것은 성령 충만이 사역에 대한 이 두 개의 접근법에도 분명히 나타나 보인다는 것이다. 내가 전에 한 말을 인용해보겠다. 성령 충만은 "신자들이 지혜롭게 행하고, 사회의 필요에 대해 실제적 기여를 하고, 십자가를 통한 공급으로, 즉 초자연적 역사를 통한 해결책으로 삶의 불가능에 직면하도록 길을 만들어준다. 이 두 가지 사역이 연계되어 이루어지는 것이야말로 **그리스도인의 균형 잡힌 삶**일 것이다."

『하나님과 꿈꾸기』 5장에서

단순히 사람들을 구원받게 하려고 섬기는 것은 종교적인 일이 된다.

Day 301
사회의 마인드를 형성하는 7대 요인

일곱째 천사가 나팔을 불매 하늘에 큰 음성들이 나서 이르되 세상 나라가 우리 주와 그의 그리스도의 나라가 되어 그가 세세토록 왕 노릇 하시리로다 하니
:: 요한계시록 11장 15절

CCC의 설립자 빌 브라이트 박사와 YWAM의 설립자 로렌 커닝햄 모두가 같은 시기에 하나님께 같은 계시를 받았다. 사회 안에는 7대 주요 영역이 있다. 그것이 우리가 살고 생각하는 방식에 영향을 미친다. 그 영향력의 산들을 하나님 나라를 지향하는 사람들이 침노해야 사회 변화가 일어날 수 있다. 그 산들은 다음과 같다.

- 가정
- 교회
- 교육
- 미디어(전자 및 출판)
- 정부와 정치
- 예술(연예와 스포츠 포함)
- 상업(과학과 기술 포함)

하나님께서 이 같은 통찰을 주신 두 명의 리더들이 세계적으로 영향력이 있는 두 개의 청년 사역의 리더라는 것은 매우 주목할 만 한 일이다. 하나님께서는 한 세대 전체가 소명의 종류에 상관없이 각자의 소명을 소중히 여기기를 바라시고, 문화의 완전하고 총체적인 변화를 위해 문화에 어떻게 침투할지 그들에게 가르쳐주기를 원하신다는 것이 분명하다. "세상 나라가 우리 주와 그의 그리스도의 나라가 되어(계 11:15)."

다음 목록은 위에 나온 목록과 조금 다르다. 이 목록은 강조하는 점이 약간 달라서 이 원리들을 어떻게 적용하는지 더 정확히 보여준다. 그것은 다음과 같다. 사업, 교육, 교회, 가정, 예술/연예, 과학과 의학, 정부(중요도 순서는 아니다).

이 침입에 효과적이려면 지혜가 필수 요소이다. 앞서 우리는 지혜를 온전한 인격, 창조성, 탁월성의 세 단어로 정의했었다. 그것은 하나님의 생각을 나타내는 것이며, 항상 온전한 인격의 배경 속에서 창조적 해결책을 제시하면서 탁월함의 기준을 고수하는 것이다. 이것은 하나님을 영화롭게 하며 인류를 위해 삶의 쟁점들을 해결하면서 하나님 나라를 나타내 보이는 데 필수적 역할을 한다.

『하나님과 꿈꾸기』 5장에서

이 침입에 효과적이려면 지혜가 필수 요소이다.

Day 302
마인드 형성 (1)
사업

사랑하는 자여 네 영혼이 잘됨 같이 네가 범사에 잘되고 강건하기를 내가 간구하노라

:: 요한삼서 2절

많은 그리스도인들이 사업계에서 은총을 얻고 자리를 잡으려 애썼지만 비참하게 실패했다. 그 세계에서는 형통함이 없이는 은총을 얻기가 어렵다. 그 영역에서는 형통함이 성공의 우선적 척도이다. 또한 세상에는 다른 면에서는 힘들었지만 큰 재정적 성공을 이룬 이야기들이 많다. 사람들은 외적, 내적 성공 모두를 본능적으로 원한다. 하나님 나라의 사업가는 단지 돈에만 초점을 맞추지 않음으로써 성공의 더 완전한 그림을 보여줄 수 있다. '돈이 곧 성공'이라는 덫에 걸려 희망을 잃은 사람들에게 삶의 모든 면을 누리는 모습이 주목을 끌 것이다.

물론 삶의 모든 부분에서 공개적 사역을 할 수 있지만, 일반적으로는 불신 사업가의 눈으로부터 은총을 얻는 방법은 외적으로 복음을 전하는 것이 아니다. 자신, 가정, 사업, 사회에 대하여 삶의 전반적 접근법에 하나님 나라의 거룩한 질서가 나타나야 한다.

돈이 진정한 성공의 척도가 아님을 세상도 안다. 사업계에 있는 대부분의 사람들은 그들의 노동에 대하여 돈 이상의 것을 원한다. 즐거움, 행복한 가정생활, 인정, 의미 있는 친구 등의 단순한 것들이 참된 형통함의 중요한 부분이다. 사랑받는 자 요한은 그것을 '영혼이 잘됨(요삼 2)'이라고 언급했다. 또한 세상은 의미있는 삶을 추구한다. 하나님 나라의 사업가는 삶에 대한 접근법으로 그것을 나타낼 수 있다. 세계를 위한 구호 활동, 도시의 빈민 원조 참여, 그 외에도 기부와 희생이 필요한 다른 프로젝트들을 통해 하나님께서 베푸시는 은총을 보여줄 수 있다.

『하나님과 꿈꾸기』 5장에서

사람들은 외적, 내적 성공 모두를
본능적으로 원한다.

Day 303
마인드 형성 (1)
사업 : 일터에서의 창조성

네가 자기의 일에 능숙한 사람을 보았느냐 이러한 사람은 왕 앞에 설 것이요 천한 자 앞에 서지 아니하리라
:: 잠언 22장 29절

우리 교인 중 한 명이 신자들이 소유한 중고 차 매장에서 차를 팔았다. 한 여자가 차를 사려고 왔는데 그가 보니 그녀는 매우 심기가 불편한 상태였다. 그는 성령의 인도에 따라 그녀에게 상당히 깊이 있는 사역을 할 수 있었다. 그녀는 하나님께 마음을 열고 큰 치유를 받았다. 사역이 끝나고 나서 그가 그녀에게 말했다. "당신이 나에게 마음을 열었기 때문에 당신에게 차를 팔 수 없어요. 제가 그렇게 하면 부당한 것 같아요. 그 대신 다른 영업사원을 소개해줄게요. 그가 당신이 차를 고르도록 도와줄 거예요." 그녀가 그에게 정서적으로 마음을 열고 있는 상태에서 그녀에게 차를 팜으로써 그녀를 이용하게 될 가능성을 우려했던 것이다.

창조성은 하나님 나라의 사업가에게 필수 요소이다. 창조성은 신선한 아이디어를 주어서 그들의 일이 모험이 되게 한다. 하나님께서 지혜를 사용하셔서 하나님 나라의 목적을 위해 부가 이동되게 하실 때, 기독교 공동체 내에 기발한 발명품들이 증가할 것이다.

잠언 22장 29절은 두 가지를 우리에게 말해준다. 첫째로, 탁월함을 추구하는 삶의 결과이다. 그런 사람들은 영향력이 큰 사람들에게 영향을 미칠 것이다. 둘째로, 왕들은 탁월함을 요구한다. 많은 사람들이 경제적 영역에서 타협해서 돈을 빨리 벌려고 한다. 그러나 장기적 부를 제공하는 것은 탁월함이다. 그것은 슬픔이 없는 부이다(잠 10:22 참조). 탁월함은 하나님 나라의 가치이지만, 그것을 완벽주의와 혼동하지 말아야 한다. 완벽주의는 모조품이며 종교적 영에서 나온다. 높아지는 가장 분명한 길 하나는 탁월함이다.

『하나님과 꿈꾸기』 5장에서

창조성은 하나님 나라의 사업가에게 필수 요소이다.

Day 304
마인드 형성 (2)
교육

그 종 열을 불러 은화 열 므나를 주며 이르되 내가 돌아올 때까지 장사하라 하니라

:: 누가복음 19장 13절

종종 교회가 세상 제도의 괴롭힘에 반응하다보면 우리가 이미 잘못 되었다고 알고 있던 것 만큼이나 위험한 오류를 일으키게 된다. 무엇보다도 교육의 영역이 그렇다. 서구의 사고방식은 이성을 유일한 진리의 척도로 간주하는데, 그것이 복음을 저해해왔다. 바울이 고린도전서에서 씨름한 이 세계관을 우리의 교육 문화가 받아들이고 있다. 그럼으로써 초자연적인 것이 무지한 사람들의 평가를 받게 된다. 그러나 이 문제에 대한 해결책은 교육을 거절하는 것이 아닌, 교육제도에 침투하여 변화시키는 것이다.

하나님은 이해와 논증에 있어서 매우 확실하시다. 또한 하나님께서는 정밀한 조사를 이겨낼 수 있는 증거로 하나님의 통찰을 뒷받침하신다. 교육제도에 침투하는 것은 필수적이다. 왜냐하면 이 산이야말로 어린 세대의 생각과 장래를 좌우하기 때문이다. 오늘날에는 연예계가 어린이들의 생각을 좌우한다고 주장할 수 있지만, 그 연예계 종사자들의 생각을 형성시키는 것은 교육가들이다.

젊은이들은 평생을 이 땅에서 살 존재라는 것을 잘 인식하고 그에 따라 계획을 세워야 한다. 하나님 나라의 마음가짐과 사고방식을 갖고 교육을 받고, 결혼하고, 자녀를 가지라. 성령의 부어짐을 경험한 많은 세대들이 '주님의 일'을 하려고 훈련과 교육에 대한 갈망을 억눌렀다. 천국에 대한 갈망은 올바르고 건전하다. 그러나 그렇다고 해서 "나라가 임하시오며 뜻이 하늘에서 이루어진 것 같이 땅에서도 이루어지이다(마 6:10)"라는 말씀을 이루어야 하는 우리의 임무가 대체되지 않는다. 우리는 예수님이 오시는지 구름을 바라보고 있으라고 명령받지 않았다(행 1:11). 우리는 그가 오실 때까지 '점령하라(눅 19:13)'는 명령을 받았다. '정복하다'는 군사 용어이다. 하나님 나라의 가치에 따르면, 점령의 목적은 항상 전진이다.

「하나님과 꿈꾸기」 5장에서

**하나님 나라의 마음가짐과 사고방식을 갖고
교육을 받고, 결혼하고, 자녀를 가지라.**

Day 305
마인드 형성 (2)
교육: 하나님 나라 사고방식

그러나 너는 배우고 확신한 일에 거하라 너는 네가 누구에게서 배운 것을 알며

:: 디모데후서 3장 14절

우리의 자녀들은 교육을 받아야하며, 또한 교육자도 되어야 한다. 그러나 하나님 나라 사고방식이 없이는 그 목표가 완전하지 않다. 우리는 자녀들을 위험한 곳으로 훈련시키러 보낸다. 자녀의 학교를 조심해서 선택하라. 자녀를 훈련시키는 교사는 어떠한 교사라도 당신에게 권위를 위임받았다. 정부의 의도가 아무리 올바르더라도, 성경은 자녀 훈련의 권위를 정부에게 주지 않았다. 그것은 부모의 어깨 위에 있다. 그러므로 기도하고, 기도하고, 또 기도하라. 그리고 교육하고, 교육하고, 또 교육하라.

우리는 열 명 중 하나가 식중독으로 죽는 식당에 자녀를 보내지 않을 것이다. 그러나 우리의 교육제도 속에서 매일 그렇게 하고 있다. 열 명 중 한 명보다 비율이 더 심한데도 말이다. 우리는 종종 자녀를 무방비 상태로 교육계 속으로 내보낸다. 그들의 믿음을 저해하고 궁극적으로 하나님과의 관계를 저해하는 곳으로 말이다. 그렇다고 해서 사회에서 물러나서 가족을 보호하려고 산속으로 들어가라는 것이 아니다. 해답은 자녀를 훈련시키고 사회제도 속으로 침입하게 하는 것이다. 우리의 훈련이 진실하다면, 우리의 훈련이 그들의 훈련보다 우월하다. 왜냐하면 우리의 훈련은 하나님과의 개인적 관계에 의해 인도되며, 변화를 일으키는 하나님과의 만남을 포함하기 때문이다.

이미 교육제도 속에 있는 신자들을 위해서 외치고 싶다. 브라보! 하나님 나라의 사고방식을 가지고 침노하라. 그런 사고방식은 폭풍과 갈등 속에서 안정을 지킬 수 있는 정박지가 된다. 또한 그것은 당신으로 하여금 열등한 '헬라'적 사고방식이 만들어내는 딜레마들에 대하여 해답을 줄 수 있게 한다. 대부분의 나쁜 사상들(나쁜 신학 포함)은 하나님과의 만남을 상실했다. 우리는 사람들이 하나님을 만나게 해줘야할 책임을 갖는다. 당신이 그 영향력의 산에서 그것을 실현하라.

『하나님과 꿈꾸기』 5장에서

> 우리의 훈련이 진실하다면
> 그들의 훈련보다 우월하다.

Day 306
마인드 형성 (2)
교육: 해결책

내 입에서 나가는 말도 이와 같이 헛되이 내게로 되돌아오지 아니하고 나의 기뻐하는 뜻을 이루며 내가 보낸 일에 형통함이니라

:: 이사야 55장 11절

우리의 문화 속의 대부분의 사람들은 자신도 모르는 새 어둠의 나라의 영향 아래서 산다. 그들이 고통당하는 문제의 해답은 하나님 나라 안에 있다. 우리는 지혜와 능력을 다 이용할 수 있으므로 다른 세계에서 오는 해결책을 제공해 그들의 필요를 채워줄 수 있다.

벧엘 교회에는 방과 후 프로그램에 참여해주기를 바라는 학교들의 대기 목록이 있다. 왜 그런가? 우리는 장악하려 하지 않고 곁에서 섬기려 하기 때문이다. 우리 팀은 학교들로부터 놀라울 정도로 많은 재량권을 부여받고 있다. 많은 사람들은 우리가 하는 그런 사역이 불가능하다고 생각한다. 아마도 교회가 교육제도와 적대적 관계를 가질수록, 그것은 불가능으로 남을 것이다.

하나님의 백성이 섬기려 나설 때, 하나님께서 능력으로 뒷받침해주시는 것을 성경 전체에서 볼 수 있다. 학교들이 우리의 도움을 요청하고 있다. 지금의 학교들은 30년 전에는 들어보지도 못한 문제들에 매일 직면하고 있다. 이제 우리가 침노하여, 섬기고, 하나님의 영광을 위해 빛을 비출 때이다!

도덕적 가치는 온전한 인격의 기반이다. 그리고 도덕적 가치는 하나님의 성품에 뿌리를 둔다. 초자연적 교육자는 다른 사람들이 접근하지 못하는 영역에 접근한다. 꼭 신자라야만 온전한 인격을 갖는다는 말은 아니다. 그러나 성품 영역에 이용할 수 있는 초자연적 요소가 부활하신 그리스도의 영이 내주하시는 자들을 위해 준비되어 있다. 어린이들은 온전한 인격을 갖춘 교육자도 필요하지만, 그들을 믿어주는 교육자도 필요로 한다. 어린이 안의 보화를 불러내주면 그들에게 영원토록 좋은 영향을 미칠 수 있다. 그런 교육자는 씨를 심어서 다른 사람이 추수하게 한다. 그것이 하나님 나라의 기쁨이다. 즉 어떤 말씀도 헛되이 돌아가지 않고 열매를 맺는다(고전 3:5-9, 사 55:11 참조).

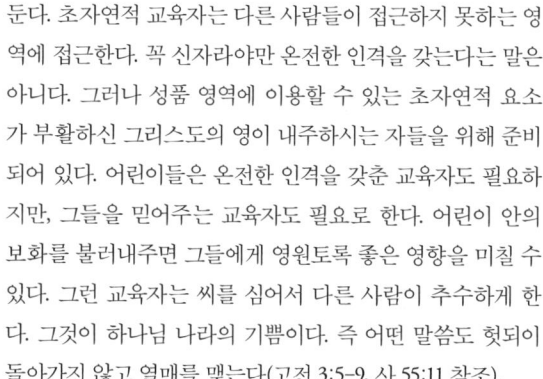

『하나님과 꿈꾸기』 5장에서

**우리는 지혜와 능력을 다 이용할 수 있으므로
다른 세계에서 오는 해결책을 제공해
그들의 필요를 채워줄 수 있다.**

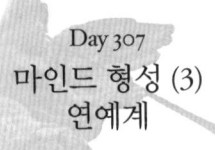

Day 307
마인드 형성 (3)
연예계

너희가 전에는 어둠이더니 이제는 주 안에서 빛이라 빛의 자녀들처럼 행하라 빛의 열매는 모든 착함과 의로움과 진실함에 있느니라

:: 에베소서 5장 8-9절

연예계는 미술, 프로 스포츠, 미디어를 포함한다.

연예계가 너무나 거룩하지 않아서 신자들이 들어가면 안 될 곳으로 여겨진 것은 비교적 최근의 일이다. 교회는 어둠이 빛보다 강하다는 생각에 종종 빠져왔다. 하지만 연예계도 분명 침노해야할 영향력의 산 중 하나이다. 그 영역이 '거룩하지 않다'는 비난은 정확하지만, 불행히도, 그 말을 했기 때문에 그렇게 변해가는 경향도 있다. 즉 우리가 침노하지 않는 곳은 어디든지 우리가 있는 것보다 어두워진다. 우리는 '세상의 빛(마 5:14)'이다. 우리가 침노하지 않는 사회의 영역들은 희망 없이 어둠에 빠진다. 빛은 침입해야할 책임이 있다.

이 영역은 사회를 선도하는데 주도적 역할을 한다. 그러나 왜곡되면 도둑질하고 약탈하는 영역이 된다. 그러나 이 영역의 원래 우선적인 기능은 창조하는 것이다. 레크리에이션이란 단어가 여기서 나왔다. 즉 재창조 하는 것이다! 이 영역은 창의적일 뿐 아니라, 창조해야 한다.

하늘에 우리가 원하는 것이 있다. 모든 창조적 꿈은 하늘에서 이루어졌다. 좋은 소식은 우리가 믿음의 기도를 통해 그 영역에 나아갈 수 있다는 것이다. 예를 들어, 하늘에서는 땅에서 들어보지 못한 소리들이 있다. 어떤 음악가가 하늘의 실체에 접속해서 그 소리를 땅에 소통시키면, 하늘이 그것을 통해 이 땅에 침노할 것이다. 모든 예술은 하나님 안에 그 기원이 있다. 더 구체적으로 말해서, 하나님의 거룩함 안에 기원이 있다. 성경은 '거룩함의 아름다움 안에서(시 29:2, KJV)'라고 말씀한다. 그런데 거룩함이 하나님의 사람들로부터 그런 푸대접을 받는 것은 비극적이다. 거룩함은 하나님의 본질이며, 성품이시다. 거룩함이라는 속성으로부터 아름다움이 솟아난다(대하 20:21 참조).

어떤 영역도 건드려지지 않은 채로 남을 수 없다. 하나님께서 이 전략적 영향력의 자리에 마지막 때의 군대를 일으키고 계신다.

『하나님과 꿈꾸기』 5장에서

모든 창조적 꿈이 하늘에서 이루어졌다.

Day 308
마인드 형성 (3)
연예계 : 온전한 인격

즐겁게 소리칠 줄 아는 백성은 복이 있나니 여호와여 그들이 주의 얼굴 빛 안에서 다니리로다

:: 시편 89편 15절

이 영역에는 인격의 결여가 커서 인격을 갖춘 참된 하나님 나라의 백성은 이 영역에서 곧 드러나게 된다. 그러나 우리는 세상의 기준에 순응하라는 압력 앞에 놓인 신자들에게 무관심 할 수 없다. 이 분야의 많은 사람들이 교묘하게 남들에게 걸림돌이 되고 있다. 사람들은 다른 사람들도 도덕적으로 타락하게 함으로써 자신의 부도덕한 생활을 정당화한다. 그러나 참된 기반을 가진 사람들은 이 분야에서 많은 것을 할 수 있다. 위기 속에서 사람들은 안정된 사람을 찾기 때문이다. 실망과 수치의 땅을 떠도는 사람들에게 온전한 그리스도인의 인격이 빛을 비춰준다.

이 영향력의 산에서 창조성이 우리의 최대 과제일 것이라고 생각하겠지만, 사실은 정반대이다. 작가, 디자이너 등등의 사람들은 창조성 대신 관능미를 추구한다. 그래서 진짜 독창성의 영역에 큰 공백이 생긴다. 쓰레기를 모방하려는 압력에서 벗어난 사람이라면 자동적으로 창조할 수 있는 위치에 서게 된다. 이 산을 정복하려는 사람들에게는 성령 안에서 기도할 줄 알고 하나님의 임재를 받아들일 줄 아는 것이 큰 장점이 될 것이다. 우리가 찾는 것이 하늘에 있다. 그것을 가지려면 하늘에 이르러야 한다. 최고의 소설과 희곡들이 아직도 더 나와야 한다. 인간의 귀를 감미롭게 할 가장 아름다운 선율이 앞으로 발견되어야 한다. 하나님으로부터 들을 줄 아는 사람들은 '하늘에 앉는' 경험을 통해 이전 세대가 경험하지 못한 것에 접근할 수 있다.

최근 들어, 하나님 나라의 사고방식을 가진 신자들이 이 분야에서 약진하며 때로는 세상의 탁월함을 능가하고 있고 앞으로도 그럴 것이다.

『하나님과 꿈꾸기』 5장에서

**실망과 수치의 땅을 떠도는 사람들에게
온전한 인격이 빛을 비춰준다.**

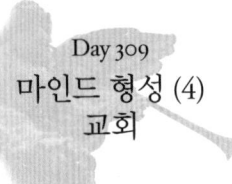

Day 309
마인드 형성 (4)
교회

그러므로 우리는 기회 있는 대로 모든 이에게 착한 일을 하되 더욱 믿음의 가정들에게 할지니라

:: 갈라디아서 6장 10절

어떤 복음이든지 삶의 현장에서 역사하지 않는 복음은 어디서도 역사하지 않는다. 하나님 나라의 사고방식을 가진 신자들이 탁월함의 영역에서 세상을 따라잡거나 어떤 경우에는 능가했으며, 앞으로도 계속 그럴 것이다.

예수님께서 종교가 마음에 미치는 영향에 대해 제자들에게 경고하셨다. "삼가 바리새인들의 누룩과 헤롯의 누룩을 주의하라(막 8:15)." 바리새인의 사고방식은 하나님을 모든 것의 중심에 두지만, 그 하나님은 비인격적이고 무능력하다. 그들의 하나님은 주로 이론과 추론의 세계에 존재한다. 그들은 편리 위주의 전통과 자신의 유익을 도모하는 경건에 탁월하다. 그러나 그러한 종교적 공동체에 실제 하나님 나라는 없다. 마음이 새로워진 자들에게 하나님 나라가 활짝 열린다.

종교적 공동체의 많은 사람들도 진실성을 갖고 있다. 그리고 성경에서 나온 정결과 능력을 행하는 누군가를 볼 때 그들 안에서 뭔가가 살아난다. 그들은 그것이 진리이기를 바란다. 다만 그들 중에 올바른 모범이 없을 뿐이다. 그래서 하나님 나라를 지향하는 사람들은 큰 핍박 중에서도 큰 기회를 갖는다. 그 보상은 모든 위험을 감수할만한 가치가 있다.

예배 참석 인원, 책이나 CD의 판매량, 시청률로 성공이 측정된다. 이 분야에서 사람들이 가장 두려워하는 것 중 하나는 "누군가 내 양을 훔쳐갈지 몰라"라는 것이다. 다른 리더의 성공을 위해 전력하고 개인적 이익을 위한 일을 도모하지 않는 것이 이 영역의 산에 침투하기 위해 필수적이다. 성공의 외적 척도들을 무시할 수 있는 리더는 이 영역에서 하나님 나라의 가치인 열정, 순결, 능력, 사람들 등을 소중히 여길 수 있을 것이다.

『하나님과 꿈꾸기』 5장에서

하나님 나라를 지향하는 사람들은
큰 핍박 중에서도 큰 기회를 갖는다.

Day 310
마인드 형성 (4)
교회:긍휼

서로 친절하게 하며 불쌍히 여기며 서로 용서하기를 하나님이 그리스도 안에서 너희를 용서하심과 같이 하라
:: 에베소서 4장 32절

긍휼은 우리가 이 영향력의 산을 정복하기 위해 소유해야 하는 최대의 도구 중 하나이다.

도덕성과 인격의 영역에서 우리는 문제가 거의 없어야 하지만 사실은 그렇지 못하다. 교회도 이혼과 부도덕에 있어서 세상과 다를 바 없다는 통계를 다 믿을 수는 없지만, 그 수치가 높은 것은 사실이다. 하나님과의 만남, 성경에 따른 정확한 가르침, 그리스도의 몸 안의 다른 지체들과의 점검이 이 문제를 변화시킬 수 있다. 의로운 사람들은 의로운 압력을 줄 수 있다. 교제를 소중히 여겨서 교제를 위해 희생할 정도가 되면 그 교제 속에 있는 사람들은 빛 속에 행하게 된다. 즉 열린 태도로 고귀한 인격을 갖추고 서로 붙들어주며 행하게 된다(히 13:15-16 참조).

교회라고 하면 참신한 아이디어가 넘치는 것이 아니라 구태의연한 곳이라고 알려져 있다. 감사하게도 이 영역에서 큰 변화가 일어나고 있다. 물론 변화를 위한 변화는 항상 건전하지는 않지만, 변화에 저항하는 사람들은 보통 성령에도 저항한다. 창조자의 형상을 따라 거듭난 신자들이 가장 창조적인 사람들로 알려지는 것은 당연한 일이다. 항상 뭔가 더 좋은 방법이 있기 마련이고 교회는 그것을 선도하는 자리에 있어야 한다. 문화적 시의 적절성을 요구하는 것이 현 시대의 흐름이지만, 또한 유능해야 한다!

교회는 종종 탁월성의 분야에서 저조했다. 왜냐하면 겸손을 잘못 이해했기 때문이다. 그런 길을 선택한 것은 보통 믿음이 낮았기 때문이었다. 그러고 나서 사람들은 겸손하기 위해서라고 했다. 탁월성은 우리의 참된 겸손의 표현일 수 있고, 마땅히 그래야 한다. 겸손은 "하나님의 영광을 위해 우리의 최선을!"이라고 선포하는 것이다. 최대의 결과를 낳을 수 있는 대부분의 영역들에는 최대의 위험부담이 도사리고 있다. 거기에는 예외가 없다. 탁월성은 하나님 나라의 것이다. 완벽주의는 종교에 속한다. 불완전함은 악한 영으로 말미암는다.

「하나님과 꿈꾸기」 5장에서

**교제를 소중히 여겨서 교제를 위해 희생할 정도가 되면
그 교제 속에 있는 사람들은 빛 속에 행하게 된다.**

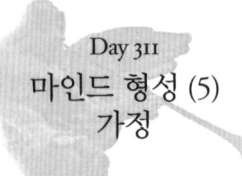

Day 311
마인드 형성 (5)
가정

누구든지 자기 친족 특히 자기 가족을 돌보지 아니하면 믿음을 배반한 자요 불신자보다 더 악한 자니라

:: 디모데전서 5장 8절

    오늘날 가정이 중시되는 만큼, 가정은 가장 접근이 용이하고 중요한 정복지다. 가정을 파괴할 정도로 일에만 몰두하는 사람들조차 본능적으로 건강한 관계, 의미, 후손에게 건전한 유산을 남기는 것 등을 갈망한다. 한 가족이 이 영역에 영향을 미치기 위해 해야 하는 것은 건강하게 관계를 유지하고 서로에게 감추지 않는 것이다. 관계가 좋고 경건한 훈육의 경계선이 손상되지 않으면, 기독교 가정이 미칠 수 있는 영향에는 가히 한계가 없다고 할 수 있다. 흔히 문제가 되어온 것은 거룩함에 대한 잘못된 기준이었다. 그리스도인은 불신자와 어울리지 않으면서도 불신자와 비슷한 가치와 습관을 갖는다. 오히려 그 반대가 우리의 목표여야 한다. 즉 잃어버린 영혼들과 어울리면서도 그들의 가치와 습관을 받아들이지 말아야 한다. 그렇게 함으로써 우리는 빛과 소금이 되어 그들을 빛에 드러내고 보존시킴으로써 그들을 영원의 길로 이끌 수 있다. 건전한 가정이 다른 가정을 도울 때 또 하나의 건전한 가정을 낳는다.

    이 분야에서는 노력이 큰 성과를 낳는다. 삶의 모험을 일부러 함께 하는 가족은 드물다. 그러나 그런 모험을 함께 받아들이면 창조적 표현을 하게 된다. 나의 아내는 이 부분을 우리 집에서 아주 잘한다. 내가 너무 심각한 성격이다 보니 뜻하지 않게 기쁨을 무너뜨릴 수 있지만, 아내는 천성적으로 모험적인 성격이어서 가정의 일에 기쁨을 더해준다. 아내가 집에서 창조성을 추구한 덕분에 나의 가정과 내가 더 나아졌다.

    그것은 우리가 무슨 일을 하든 지 항상 우리의 능력의 최선을 다한다는 의미이다. 때로는 돈이 빠듯하다. 그러나 탁월성은 최고급 차를 사거나 가장 값비싼 옷을 사는 것으로 측정되지 않는다. 그것은 오히려 우리가 모든 것을 주를 위해 하는 삶의 방식에 나타난다.

『하나님과 꿈꾸기』 5장에서

> 건전한 가정이 다른 가정을 도울 때
> 또 하나의 건전한 가정을 낳는다.

Day 312
마인드 형성 (6) 정부

주 우리 하나님의 은총을 우리에게 내리게 하사 우리의 손이 행한 일을 우리에게 견고하게 하소서 우리의 손이 행한 일을 견고하게 하소서

:: 시편 90편 17절

예수님이 '열방의 소망'임을 아는 것이 우리가 이 영향력의 산에 접근할 때 우리에게 용기를 준다. 즉 우리의 단순한 임무는 세상이 소망하는 그 분을 드러내 보여주는 것이다.

정부는 유권자를 두려워해서 제 기능을 발휘하지 못하는 상태가 되었다. 그래서 선한 사람들이 그 세계에 들어갔다가 위축되어 꿈을 잃고 만다. **헤롯의 누룩**이 많은 사람들을 물들인다(막 8:15). 그러나 지금 이 때에 새 족속이 준비되고 있다. 그들은 하나님만을 두려워하며 지혜롭게 행하여 여론의 지뢰밭 속을 춤추며 나아간다. 정부 안에서 효과적으로 일하려면 그런 값을 치러야 한다.

이 영향력의 산을 오르는 사람들은 예수님처럼 '하나님과 사람의 은총을(눅 2:52 참조)' 받아야 한다는 것을 깨달아야 한다. 필시 잠언이 이 주제에 대한 가장 실제적인 지침서일 것이다. 매일 잠언을 한 장씩 읽으면, 이 영역의 리더들이 방향 감각을 갖게 되어 모든 이슈에 하나님 나라의 해결책을 갖게 될 것이다.

우리 교회의 한 여성이 최근에 미 국무부 소속으로 아랍 국가에서 일했다. 그녀는 그 아랍국가의 교육제도에 대해 조언해달라는 요청을 받았다. 그들의 고등학교 남학생 훈육에 문제가 있었기 때문이다. 그 나라에서는 여자에게 그 정도의 권한을 잘 부여하지 않지만, 그녀는 그 문화적 장벽보다 더 큰 은총을 그들로부터 받았다. 그녀는 장학사와 얘기하면서 보고서를 썼는데, 그것은 우리 교회에서 실행하는 원리에 기초한 것들이었고, 모두 하나님 나라의 훈육 원리들이었다. 그 나라의 교육계 리더들은 상당히 감명을 받아서 그 보고서를 그 나라 전체의 교육 제도에 훈육의 기준으로 채택했다. 미국 대사관도 그 보고서를 전 세계 대사관들에 보내는 긍정적 반응을 보였다.

『하나님과 꿈꾸기』 5장에서

> 우리의 단순한 임무는 세상이 소망하는
> 그 분을 드러내 보여주는 것이다.

Day 313
마인드 형성 (6)
정부 : 의

우리는 구원 받는 자들에게나 망하는 자들에게나 하나님 앞에서 그리스도의 향기니

:: 고린도후서 2장 15절

"의와 공의가 주의 보좌의 기초라 인자함과 진실함이 주 앞에 있나이다."(시편 89:14)
"그는 공의와 정의를 사랑하심이여 세상에는 여호와의 인자하심이 충만하도다."(시편 33:5절)

온전한 인격이라는 단어와 정치가라는 단어가 모순으로 생각되는 것은 애석한 일이다. '의인이 형통하면 성읍이 즐거워하고(잠 11:10)'라는 하나님의 말씀은 여전히 진실하다. 사람들은 정직하고 의로운 사람들의 통치를 받기를 본능적으로 원한다. 그들은 자기 이익을 추구하는 것이 아니라, 전체의 유익을 위해 희생적으로 통치할 리더들을 원한다. 다시 한 번 여기서 우리는 예수님의 기준을 받아들여야 한다. 그것은 왕처럼 섬기고 종처럼 다스리는 것이다. 그것이 예수님의 방식이다.

믿는 정치인이 불신 적수의 정치적 책략으로 여론 조사에서 인기가 떨어져서 넘어지는 것을 보면 슬프다. 선거운동 방식부터 좋은 결정을 도와줄 지혜로운 사람들을 주변에 두는 것 등과 같이 더 나은 방법들을 모색해야 할 것이다. 이 모든 것들이 창조적인 지혜에 헌신한 사람의 특징들이다.

정부의 가장 기본 역할 두 가지는 안정과 번영을 창출하는 것이다. 정부 리더들이 직위를 이용해 개인적 이익을 얻는 것은 그들의 권위를 악용하는 것이다. 남들을 위해 우리 자신이 최선을 다할 때 탁월함이 있다.

「하나님과 꿈꾸기」 5장에서

우리의 단순한 임무는 세상이 소망하는
그 분을 드러내 보여주는 것이다.

Day 314
마인드 형성 (7)
과학과 의학

사랑은 오래 참고 사랑은 온유하며 시기하지 아니하며 사랑은 자랑하지 아니하며 교만하지 아니하며

:: 고린도전서 13장 4절

세상에서 과학과 의학의 영향력이 점점 더 커지고 있다. 질병은 점점 증가하지만 치료법은 별로 없어 보인다. 나는 신유를 믿고 수천 명이 예수 그리스도로 말미암아 치유되는 것을 보았지만, 의학적 치료를 반대하지 않는다. 우리 사회 전체에서 의학계는 힘과 신뢰와 영향력을 얻고 있다.

우리의 사역 중 하나는 죽어가는 사람들과 함께하는 사람들을 위해 기도하는 것이다. 그것은 의사, 간호사, 119대원, 요양원 직원, 경찰, 소방대원 등등이다. 우리는 의로운 사람들이 그런 영향력의 자리에 있기를 기도한다. 왜냐하면 우리는 우리 도시에서 아무도 멸망치 않고 구원에 이르기를 원하기 때문이다.

우리 지역의 한 요양 병원의 책임자가 우리 교인이다. 누군가 죽음이 임박했으면 간호사들이 그녀를 부르도록 정해져 있다. 경우에 따라서 그녀는 임종자가 그리스도를 영접하도록 기도하는 몇 분 동안 환자 가족에게 잠시 자리를 비워달라고 요청한다. 그저 예의를 차리다가 우리 도시의 사람들이 지옥에 가기를 원하지 않는다.

궁지 속에서 하나님을 찾지 않는 사람은 없다는 말이 있다. 죽음을 앞둔 사람도 마찬가지이다. 죽음에 직면한 사람들은 진리를 잘 받아들인다. 의료계 안에 있는 사람들이 표현하는 진실한 사랑과 긍휼은 놀라운 추수를 거두게 한다. 우리가 섬기기 위해 낮아질 때 우리가 얼마나 놀라운 일을 할 수 있는지 모른다. 사람들은 진실한 사랑과 종교적 의무를 수행하는 사람을 구별할 줄 안다. 진짜 사랑에는 반대할 자가 별로 없다.

「하나님과 꿈꾸기」 5장에서

> 의료계 안에 있는 사람들이 표현하는
> 진실한 사랑과 긍휼은
> 놀라운 추수를 거두게 한다.

Day 315
마인드 형성 (7) 과학과 의학: 그리스도를 닮은 성품

오직 사랑으로 서로 종노릇 하라 온 율법은 네 이웃 사랑하기를 네 자신 같이 하라 하신 한 말씀에서 이루어졌나니
:: 갈라디아서 5장 13-14절

그리스도를 닮은 성품은 항상 남을 우선시한다. 의료계는 존경받는 분야이지만 이윤 때문에 의심스러운 결정을 하는 많은 의사들로 인해 오명을 얻게 되었다. 종종 긍휼 없이 이뤄지는 병원 운영 때문에 비난이 집중되기도 한다. 그러나 그것이 표준은 아니다. 이 직업을 갖는 대부분의 사람들은 적어도 남을 도우려는 진실한 긍휼로 시작했다. 이 분야에 하나님 나라를 지향하는 사람들이 너무나 절실히 필요하므로 그런 사람들을 쉽게 찾을 수 있다. 그들이 하나님의 치료의 능력을 믿으면 더욱 좋다. 의료 종사자들의 손을 통해 일어나는 기적이 증가하고 있다. 우리의 치유 컨퍼런스에 참가하는 의사들의 수가 극적으로 증가하고 있다. 그와 같이 사회의 한 분야가 자연적, 초자연적 영역 모두에서 건강을 도모하는 것은 아름다운 일이다.

더욱 더 많은 그리스도인 의사들이 건강의 문제에 대해 해답을 찾도록 하나님께 훈련되고 있다. 일반적 치료도 좋지만, 하나님으로 말미암은 신성한 건강은 더 좋다. 이 면에 있어서 신자들이 하나님 나라의 신비에 접근하고 있다. 역사의 마지막에 이르러 오직 이스라엘 자손만이 신적 건강을 경험했다고 한다면 비극적일 것이다. 그들은 더 열등한 언약 하에 살았고 하나님께 반역했다. 열등한 언약은 더 우월한 약속을 해줄 수 없다. 이 영향력의 산에 있는 사람들은 온 세상이 간절히 구하는 것에 접근하고 있다. 하나님께 구체적 해결책을 간구하면 의료계 종사자들이 죽어가는 세상에 참된 창조적 표현을 보여줄 수 있게 될 것이다.

이 그룹의 전문 종사자들은 탁월성의 영역에서 앞서가고 있다. 왜냐하면 그들은 사회에서의 역할을 위해 의미 있는 값을 치르는 데 익숙해져 있기 때문이다. 그런 그들이 열정과 자기훈련을 유지하고 계속해가면서 겸손한 마음을 갖는다면, 그들에게 불가능이란 없을 것이다.

『하나님과 꿈꾸기』 5장에서

> 더욱 더 많은 그리스도인 의사들이
> 건강의 문제에 대해 해답을 찾도록
> 하나님께 훈련되고 있다.

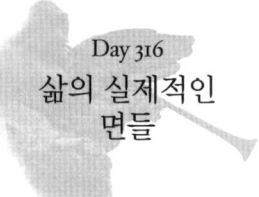

Day 316
삶의 실제적인 면들

하늘이 하나님의 영광을 선포하고 궁창이 그의 손으로 하신 일을 나타내는도다 날은 날에게 말하고 밤은 밤에게 지식을 전하니

:: 시편 19편 1-2절

아마도 당신은 하나님이 첫 번째, 가족이 두 번째, 교회가 세 번째라는 말을 들어보았을 것이다. 그 순서는 오랜 세월 동안 그리스도인의 삶에서 오해되어온 잘못된 우선순위를 보여주기 때문에 중요하다. 나는 많은 목회자 가정이 하나님 나라의 삶의 이 우선순위들을 무시했기 때문에 비극을 겪은 것을 안다. 이 순서가 좋긴 하지만, 나는 이것이 엄밀히 말해서 정확하다고 생각하지 않는다. 하나님이 첫째가 되시면, 둘째는 없기 때문이다.

그래서 어떤 사람들은 그것이 단지 표현일 뿐이라고 생각하지만, 사실은 의미가 있다. 즉 우리는 사고의 전환을 해야 한다. 왜냐하면 하나님에 대한 열정이 다른 것들에 대한 열정도 **생기게** 하기 때문이다. 그 다른 것들을 **주님께 올려드리기 위해** 추구해야 한다. 우리는 그것들을 하나님에 대한 헌신과 경쟁하거나 분리된 것으로 보지 말아야 한다.

가장 좋은 예는 요한일서 4장 20절이다. 그 구절은 우리가 하나님을 사랑하는 것이 다른 사람들을 사랑하는 것으로 측정된다고 말씀한다. 이것이 너무나 절대적인 원칙이라서 하나님께서는 우리가 다른 사람들을 사랑하지 않으면, 하나님을 사랑하지 않는 것이라고 말씀하신다. 요점은 이렇다. 하나님에 대한 우리의 열정이 깨어날 때, 다른 것들에 대한 열정도 생긴다. 우리 자신을 그런 것들에 바칠 때 하나님에 대한 우리의 사랑이 증명되고 나타난다.

나의 경우에 내가 야외활동을 좋아하는 것이 그리스도께 대한 경건생활의 일부이다. 어떤 사람들은 자연을 숭배하지만, 나는 자연이 가리키고 있는 창조자를 예배한다. 내가 사랑하는 가족, 사냥, 낚시, 산과 바다, 만년필, 프렌치 로스트 커피 등의 모두가 내가 삶을 즐기는 것의 일부이고, 그 기쁨은 하나님과의 관계를 통해서 완전해진다.

『하나님과 꿈꾸기』 6장에서

> 우리는 그것들을 하나님에 대한
> 헌신과 경쟁하거나 분리된 것으로
> 보지 말아야 한다.

Day 317
다윗의 가장 큰 즐거움

노래로 여호와께 찬송하라 그는 기이한 일을 행하사 그의 오른손과 거룩한 팔로 자기를 위하여 구원을 베푸셨음이로다 여호와께서 그의 구원을 알게 하시며 그의 공의를 뭇 나라의 목전에서 명백히 나타내셨도다

:: 시편 98편 1-2절

"나의 힘이신 여호와여 내가 주를 사랑하나이다 여호와는 나의 반석이시요 나의 요새시요 나를 건지시는 이시요 나의 하나님이시요 내가 그 안에 피할 나의 바위시요 나의 방패시요 나의 구원의 뿔이시요 나의 산성이시로다"(시편 18:1,2절)

성경 전체에서 다윗은 '하나님의 마음에 합한 사람'으로 알려져 있다. 성경에서 하나님에 대한 열정을 그와 견줄만한 사람은 없었다. 그러나 그는 또한 삶을 사랑하는데 있어서도 타의 추종을 불허하는 사람이었다. 시편 137편 6절에서 그는 말한다. "내가 예루살렘을 기억하지 아니하거나 내가 가장 즐거워하는 것보다 더 즐거워하지 아니할진대 내 혀가 내 입천장에 붙을지로다." 오늘날의 종교적 공동체에서 이 진술은 필시 받아들여지지 않을 것이다. 어떻게 구속받은 자들의 공동체인 예루살렘이 그의 가장 큰 즐거움이 될 수 있는가? 하나님이 그의 가장 큰 즐거움이어야 하지 않는가? 그러나 영적 진리를 실제적으로 표현하는 것에서 찾는 유대 문화에는 이 패러독스가 적절하다. 하나님에 대한 다윗의 사랑이 표현하는데 있어서, 예루살렘은 그 완전한 대상이었다.

우리가 하나님에 대한 진정한 열정을 가지고 살면, 다른 것들에 대한 열정도 생긴다. 다른 것들을 하나님보다 소중히 여기는 일은 일어날 수도 있지만, 다른 것들을 소중히 여기지 않으면서 하나님을 소중히 여기는 것은 불가능하다. 모든 것을 거룩하게 여기지 않으면서 무시하는 종교적 마음가짐에 맞서는 데 있어서 이것이 핵심 포인트이다. 다른 열정은 없이 하나님을 사랑하려는 목표를 달성하려고 노력하다보니 수도사 생활이 만들어졌다. 나는 과거의 많은 수도원의 신자들을 존경하지만, 그것은 예수님께서 우리에게 주신 생활방식이 아니다. 우리가 삶의 나머지 부분을 어떻게 관리하느냐는 하나님에 대한 진정한 사랑이 있는지 나타내는 리트머스 시험지가 된다.

『하나님과 꿈꾸기』 6장에서

우리가 하나님에 대한 진정한 열정을 가지고 살면, 다른 것들에 대한 열정도 생긴다.

Day 318
나의 우선순위 Vs 하나님의 우선순위

항상 기뻐하라 쉬지 말고 기도하라 범사에 감사하라 이것이 그리스도 예수 안에서 너희를 향하신 하나님의 뜻이니라
:: 데살로니가전서 5장 16-18절

대부분의 사람들처럼, 나도 기도제목 목록이 있다. 그 기도제목들 중에는 명백하게 영원한 의미를 갖는 것들이 있다. 우리의 도시들을 위한 기도, 우리가 사역한 어떤 사람들을 위한 기도, 어려운 치유를 위한 기도, 나 개인과 교회의 물질의 공급을 위한 기도. 그런 '긴급기도-반드시 이루어 주시길 원하는 기도'에 이어 '소망사항-언젠가는 이루어지길 바라면서 기도하고 있던 것' 항목이 있다. 때로 하나님께서는 그 항목을 건너뛰어 '내 마음의 비밀 소원-소원 하고 있지만 기도하고 있지는 않던 것' 항목으로 곧장 넘어가신다. 그것은 내 마음 깊은 곳에 있던 것이다. 그것을 건드리는 것은 때로는 기분이 좋고 때로는 아픈 곳을 건드리는 것이 된다.

한번은 내 친구가 내게 와서 말했다. "사냥개 한 마리 줄까?" 나는 잘 훈련된 사냥개를 늘 갖고 싶었지만, 그런 사치를 즐길 시간이나 돈이 없었다. 그렇게 해서 나는 기도하지 않았던 개의 주인이 되었다. 그것은 '소망사항' 항목에 있던 것이 아니다. 그러나 그것은 '내 마음의 비밀 소원'이었다. 하나님께서 영원한 의미를 가진 모든 기도제목들을 건너뛰어 일시적이고 의미심장하지 않아 보이는 것을 내게 주셨다.

처음에 나는 좀 심기가 불편했다. 감사하지 않은 것은 아니었다. 나는 정말로 감사했다. 그러나 이해가 되지 않았다. "나에게 더 중요한 다른 것을 그렇게 해주신다면, 더 좋았을 텐데"라고 생각했다.

시간이 좀 걸렸지만, 마침내 나는 깨달았다. 나의 기도제목도 중요하지만, 내가 하나님을 어떤 분으로 보는가가 더 중요하다. 나는 **나에게 중요한 것은 하나님께도 중요하다는 것**을 알게 되었다. 하나님께서 나의 '긴급기도'를 건너뛰시고, 나의 '소망사항'도 건너뛰시고 나의 '마음의 비밀 소원'으로 넘어가신 것은 내가 기도해온 다른 모든 것들을 응답해주는 대신에, 나의 하늘 아버지에 대해 더 많은 것을 내게 알려주었다.

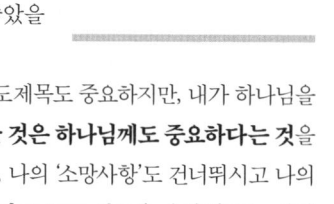
「하나님과 꿈꾸기」 6장에서

> 나의 기도제목도 중요하지만,
> 내가 하나님을 어떤 분으로 보는가가 더 중요하다.

Day 319
기도에 대한 관점의 회복

한 분이신 주께서 모든 사람의 주가 되사 그를 부르는 모든 사람에게 부요하시도다

:: 로마서 10장 12절

사람들은 자주 나에게 와서 다른 사람의 치유를 위해 같이 기도하자고 요청한다. 때로는 그들 자신도 몸에 치유를 받아야 하지만, 그들은 친구의 치유를 위해 기도한다. 내가 그들 자신의 상태에 대해 물으면, 그들은 보통 이렇게 대답한다. "하나님께서 저보다 그들을 고쳐 주셨으면 좋겠어요. 그들은 암에 걸렸어요. 저는 허리 디스크를 다쳤을 뿐이고요." 다른 사람의 필요를 자신의 필요보다 우선시하는 그들의 긍휼은 훌륭하다. 그러나 하나님에 대한 개념은 정말 잘못되었다!

하나님의 능력에는 한계가 없다. 다시 말해서, 하나님께서 그들의 허리를 고치신다고 해서 능력이 동나지 않으신다. 하나님은 친구의 암을 고칠 능력까지 충분히 가지신다. 또 한 가지 소원만 말할 수 있어서 그 기회를 써버리고 나면 기회가 사라지는 것이 아니다. 물론 친구를 위해 소원을 품는 것은 고귀하지만, '택일'을 해야 하는 것은 아니다. 뿐만 아니라, 하나님은 많은 것에 관심을 기울이실 수 있으시다. 지구상의 모든 인류에게 동시에 관심을 집중시킬 수 있으시다. 또한 하나님께서는 우리의 기도 우선순위와 관점이 같지 않으시다. 어떤 사람들은 이렇게 볼 것이다. "물론 하나님께서 암을 고치셔. 그건 중요해. 나의 디스크 파열은 그것만큼 중요하지 않아. 나는 그것에 익숙해졌어." 우리는 암이 긴급하다고 생각하고(사실 그렇지만) 다른 모든 것은 보류되어야 한다고 생각한다. 그러나 현실에서는 다친 디스크가 먼저 치료된다. 그리고 그 경험으로 믿음이 커지면 암의 치료에 필요한 믿음이 생긴다. 하나님의 논리는 우리의 논리와 다르다. 그리고 하나님은 변하지 않으실 것이다.

『하나님과 꿈꾸기』 6장에서

하나님께서는 우리의 기도 우선순위와
다른 관점을 갖고 계신다.

Day 320
여행자를 위한 기도

…네 이름을 창대하게 하리니 너는 복이 될지라 너를 축복하는 자에게는 내가 복을 내리고…

:: 창세기 12장 2-3절

최근에 나는 한 여행 중에 엠버시 스위츠 호텔에 묵었다. 내 베게 위에는 한 호텔 스태프가 두고 간 코팅된 카드가 있었다. 나는 그렇게 간단하면서도 심오한 내용을 본 적이 없었다. 그것은 한 사람이나 심지어 한 도시에 큰 영향을 미칠 잠재력을 가지고 있었다. 그것은 하나님 나라를 지향하는 사람들이 사회의 유익을 위해 사회에 기여할 책임이 있다는 것을 보여주는 예이다. 우리가 하는 크고 작은 모든 일에 하나님 나라의 영향력이 나타날 수 있고 나타나야 한다. 그것은 '우리 동네 나그네'라는 옛날 기도문이다.

"이 호텔이 사람들을 섬기기 위한 기관이며 단지 돈을 버는 조직이 아니므로
우리는 당신이 우리 집안에 머무는 동안 하나님께서 평화와 쉼을 내려주시기를 바랍니다.
이 호텔과 방이 당신의 '두 번째' 집이 되기를 바랍니다.
당신이 사랑하는 사람들이 당신의 생각과 꿈속에 가까이 있기를 바랍니다.
우리가 당신을 잘 알지는 못하더라도
당신이 집에 있는 것처럼 편안하고 행복하기를 바랍니다.
당신이 하러 온 사업이 번창하기를 바랍니다.
당신이 하는 모든 전화와 당신이 받는 모든 메시지가
당신에게 기쁨을 더해주기를 바랍니다.
당신이 떠날 때, 안전한 여행을 하시기를 바랍니다.
우리는 모두 '탄생에서 죽음으로' 가는 여행자들입니다.
우리는 영원 사이에서 여행합니다.
앞으로의 날들이 당신에게 즐겁고,
사회에 기여가 되고, 당신이 만나는 사람들에게 도움이 되고,
당신을 가장 잘 알고 사랑하는 사람들에게 기쁨이 되기를 바랍니다."

『하나님과 꿈꾸기』 6장에서

우리가 무엇을 어떻게 의사소통 하느냐가 사람들이 각자의
소명에 이를 수 있게 자유를 주는 환경을 조성할 수 있다.

Day 321
계시의 영

보라 산들을 지으며 바람을 창조하며 자기 뜻을 사람에게 보이며 아침을 어둡게 하며 땅의 높은 데를 밟는 이는 그의 이름이 만군의 하나님 여호와시니라

:: 아모스 4장 13절

하나님의 계시를 통해 주어진 발명품, 비결, 삶을 변화시키는 혁신들이 많다. 사회에 이런 해결책들을 지속적으로 제공하려면, 우리는 하늘의 영역에 어떻게 접근하는지 알아야 할 것이다. 왜냐하면 하늘에 우리를 위한 해답들이 있기 때문이다. 그것이 가능하도록 계시의 영을 주셨다.

계시의 영이 있으면 우리가 형통하지만, 없으면 망한다.

보이지 않는 것을 보는 사람들은 의미를 추구하는 면에서 다른 사람들보다 유리하다. 의미 있는 삶을 살려는 것은 하나님께서 주신 소망이다(유명해지려고 사는 것은 모조품의 삶을 사는 것이다). 그들은 **하늘로부터 땅을 향해** 살 수 있다. 우리가 하늘과 영원을 의식하며 살 때, 우리의 사는 방식이 변화되고 사회에 미치는 영향력이 급격히 늘어난다. 놀랍게도 하늘을 분명히 보는 사람들은 이 세상에 대한 욕망이 별로 없지만, 주변 세상에 가장 큰 영향을 미치는 자들이다.

우리가 보이지 않는 것들을 인식하는 것은 그리스도인의 삶의 극히 중요한 측면이다. 성경은 우리에게 이렇게 교훈한다. "위의 것을 생각하고 땅의 것을 생각하지 말라 이는 너희가 죽었고 너희 생명이 그리스도와 함께 하나님 안에 감추어졌음이라(골 3:2-3)." 예수님께서 제자들에게 약속하신 풍성한 삶이 이 보이지 않는 세계 속에 있다. 기적과 다양한 초자연적 역사를 통해 그의 통치를 드러내는 것은 모두 이 하늘의 세계에 뿌리를 두고 있다. 우리는 이 세상을 변화시키기 위해 하나님의 세계에 들어가야 한다.

「하나님과 꿈꾸기」 7장에서

> 우리가 하늘과 영원을 의식하며 살 때
> 우리가 사는 방식이 변화되고 우리가 사회에 미치는
> 영향의 정도가 급격히 늘어난다.

Day 322
불가능한 임무

우리는 그가 만드신 바라 그리스도 예수 안에서 선한 일을 위하여 지으심을 받은 자니 이 일은 하나님이 전에 예비하사 우리로 그 가운데서 행하게 하려 하심이니라
:: 에베소서 2장 10절

세계 역사의 경로를 바꾸는 것이 우리의 임무이다. 그런데 현재의 세상이 우리가 아는 것으로 최대한 이룬 것이다(마틴 스콧이 처음 이렇게 말했다). 우리가 원하는 곳에 도달하려면 표적이 필요하다. 표적은 더 큰 실체를 가리키는 실체이다. 출구 표시는 실체이지만, 더 큰 실체인 출구를 가리킨다. 우리가 익숙한 길을 갈 때는 표적이 필요하지 않다. 그러나 우리가 전에 전혀 가보지 않은 곳에 가려면, 표시(표적)가 필요하다. 그 **표적들**은 **경이**를 회복시킬 것이다.

더 나아가려면 하나님으로부터 새롭게 들어야 한다. 우리 앞에 있지만 지금까지는 우리 눈에 감춰져 있는 것들을 날마다 보아야 한다. 보고 들어야할 필요가 이렇게 컸던 적이 없다. 하나님의 변화하는 때에 늘 발맞출 수 있는 열쇠는 계시의 영이다.

바울은 에베소 교회를 위해 기도하면서 이것을 이해했다. 그는 아버지께 지혜와 계시의 영을 그들에게 달라고 간구했다(엡 1:17). 많은 사람들이 에베소 교회를 성경에서 가장 의미심장한 교회로 여길 것이다. 그들은 역사상 최대의 부흥을 경험하고 있었다. 그 부흥을 능가하는 것은 니느웨성 밖에 없었다(욘 3 참조). 점술에 공개적으로 대항해서 회개하는 시민들이 사탄의 자료들을 파괴하는 일이 일어났다(행 19:19). 그리고 뚜렷한 기적들이 에베소에서 일어났다.

에베소 교회는 또한 사도 바울로부터 받은 편지에서 아무 지적도 받지 않은 유일한 교회이다. 그 편지에서 바울은 영적 전쟁에 대한 성경의 가장 큰 계시를 드러냈다. 남편과 아내의 관계, 그리스도의 신부와 예수님, 5중 사역, 교회의 본질과 기능 등이 거기에 포함된다.

「하나님과 꿈꾸기」 7장에서

**우리 앞에 있지만 지금까지는
우리 눈에 감춰져 있는 것들을
날마다 보아야 한다.**

Day 323
왜 우리는 계시가 필요한가?

> 그러므로 내 백성이 무지함으로 말미암아 사로잡힐 것이요 그들의 귀한 자는 굶주릴 것이요 무리는 목마를 것이라
> :: 이사야 5장 13절

내가 정말로 아는 것은 나에게 도움이 된다. 그러나 실제로는 모르면서 안다고 생각하는 것은 나에게 해가 될 것이다. 그 차이를 구분하게 해주는 것이 계시의 영이다.

계시를 통해 지식이 자라지 않는 백성에게 무슨 일이 일어날지에 대해 선지자들이 우리에게 경고했다. 모든 지식은 유용하지만 전반적으로 적용될 수 있다. 그러나 하나님께서 계시를 내려주시면, 중요한 순간에 특정한 쟁점들을 다룰 수 있게 해주는 지식을 갖게 된다. 그것은 종종 생사를 가르는 결과를 낳는다. 계시로 인한 지식이 있으면 우리가 형통하지만, 없으면 망한다고 말할 수 있다.

"내 백성이 지식이 없으므로 망하는도다 네가 지식을 버렸으니 나도 너를 버려 내 제사장이 되지 못하게 할 것이요 네가 네 하나님의 율법을 잊었으니 나도 네 자녀들을 잊어버리리라(호세아 4:6)."

구약의 선지자 호세아와 이사야는 이 도전을 이해하고 우리가 직면할 쟁점들에 대해 말했다. 위의 구절에서 두 재난을 말한다. '망하다'는 '완전히 끊어지다'를 의미한다. 계시가 없으면 우리는 이 땅 위의 하나님의 목적으로부터 완전히 끊어진다. 주의 일에 바쁘면서도 주의 목적과 분리되어 있을 수 있다. '포로로 끌려가다'도 비슷한 의미이다. 왜냐하면 그것이 '제거되다, 옮겨지다'로 번역될 수 있기 때문이다. 그것은 '형벌을 받아서 집, 고국, 어떤 지역에서 공식적으로 몰아내어지는 것'이다. 우리가 하나님의 목적으로부터 유배되는 것은 우리 삶 속에 계시의 영이 없이는 임무의 무게를 감당할 수 없기 때문이다. **볼 수 있으면서도** 보지 않으면 비싼 값을 치러야 한다(눅 12:56 참조). 『하나님과 꿈꾸기』 7장에서

> 하나님께서 계시를 내려주시면
> 중요한 순간에 특정한 쟁점들을 다룰 수 있게
> 해주는 지식을 갖게 된다.

Day 324
온전한 계시

지식을 불러 구하며 명철을 얻으려고 소리를 높이며 은을 구하는 것 같이 그것을 구하며 감추어진 보배를 찾는 것 같이 그것을 찾으면 여호와 경외하기를 깨달으며 하나님을 알게 되리니

:: 잠언 2장 3-5절

지식은 단순한 개념이나 이론 이상이다. 지식은 경험하는 것이다. 여기서 지식이라는 단어는 창세기에서 친밀감의 경험을 묘사하는 단어에서 나왔다. "아담이 그의 아내 하와와 동침하매 하와가 임신하여 가인을 낳고 이르되 내가 여호와로 말미암아 득남하였다 하니라(창 4:1)."

"우리는 성경이 있으므로 하나님의 온전한 계시를 이미 받았고 더 이상 다른 것이 필요하지 않다"고 말하는 것은 어리석다.

첫째로, 성경이 완전하여 다른 책이 더해질 필요가 없지만, 성령의 도움이 없이는 닫혀 있는 책이다. 우리는 이미 기록된 것을 보기 위해 계시를 가져야 한다. 둘째로, 우리는 말씀을 통해 우리가 무엇을 이해하기를 하나님께서 원하시는지 잘 모른다. 예수님께서도 그렇게 말씀하셨다. 예수님께서는 마음속에 있는 모든 것을 제자들에게 다 가르쳐주실 수 없었다(요 16:12 참조). 그것은 성령께서 성경의 페이지에 숨을 불어주실 때 우리가 얻게 되는 지식이다. 그것은 하나님과의 거룩한 만남으로 이어진다. 진리를 경험하면 결코 잊지 못한다.

"**묵시가 없으면 백성이 방자히 행하거니와**(잠 29:18)." NKJV 번역에서는 "계시가 없는 곳에서는 사람들이 제약을 던져 버린다"고 되어 있다. 그것은 엄청난 사실을 밝혀준다. 많은 사람들이 이 구절을 목표와 꿈에 대한 것이라고 생각한다. 그러나 그렇지 않다! 이 구절은 계시의 영이 한 사람의 삶에 미칠 수 있는 영향에 대해 말씀하고 있다. 계시의 영은 우리에 대한 하나님의 꿈에 어긋나는 모든 것을 기꺼이 제한할 수 있게 해준다. 누군가 말한 바와 같이, "비전은 고통에 목적을 부여해준다."

「하나님과 꿈꾸기」 7장에서

성령으로부터 오는 지식은 하나님과의
거룩한 만남으로 이어진다.
진리를 경험하면 결코 잊지 않는다.

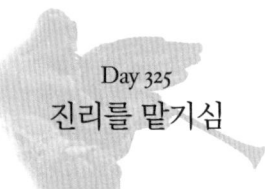

Day 325
진리를 맡기심

하나님은 모든 사람이 구원을 받으며 진리를 아는 데에 이르기를 원하시느니라

:: 디모데전서 2:4절

모든 진리가 동등하지는 않다. 진리에도 정도가 있다. 어떤 것은 진리이고, 어떤 것은 더욱 진리이다. 구약에서는 나환자를 만지면, 만진 사람이 부정해졌다. 구약에서 우선적으로 계시해준 것은 죄의 능력이었다. 그러나 신약에서는 나환자를 만지면 나환자가 깨끗해졌다. 신약의 우선적 계시는 하나님의 사랑의 능력이다. 두 진술 모두 진리이다(죄도 능력이 있고 사랑도 능력이 있다). 그러나 분명히 하나가 더 우월하다.

우리를 모든 진리 안으로 이끌라고 성령님을 주셨지만, 성령께서 맡으신 분명한 일 중 하나는 특정한 때에 아버지께서 우리에게 강조하기 원하시는 진리 속으로 우리를 이끄시는 것이다. 베드로가 그것을 알고 이렇게 썼다.

"그러므로 너희가 이것을 알고 이미 있는 진리에 서 있으나 내가 항상 너희에게 생각나게 하려 하노라(벧후 1:12)."

현재의 진리는 하나님께서 지금 우선적으로 생각하고 계신 진리를 나타낸다. 하늘의 바람이 어디로 불고 있는지 인식할 줄 아는 사람은 지혜롭다. 하나님께서 축복하고 계신 일에 우리가 참여하면 삶과 사역이 훨씬 더 쉬워진다. 예수님께서 가르치시고 믿으신 개념들 중에 사람들의 심기를 불편하게 한 것 중 하나는 어린이가 어른보다 하나님 나라에 들어갈 준비가 더 되어 있다는 것이었다. 물론 이제는 많은 사람들이 그 개념에 상당히 적응하고 있지만, 여전히 어떤 부분은 적용할 때 힘들어한다. 그 중 한 사례가 다음과 같다.

"그 때에 예수께서 대답하여 이르시되 천지의 주재이신 아버지여 이것을 지혜롭고 슬기 있는 자들에게는 숨기시고 어린 아이들에게는 나타내심을 감사하나이다(마 11:25)."

『하나님과 꿈꾸기』 7장에서

성령으로부터 오는 지식은
하나님과의 거룩한 만남으로 이어진다.
진리를 경험하면 결코 잊지 않는다.

Day 326
청신호 지대

바울이 그 환상을 보았을 때 우리가 곧 마게도냐로 떠나기를 힘쓰니 이는 하나님이 저 사람들에게 복음을 전하라고 우리를 부르신 줄로 인정함이러라

:: 사도행전 16장 10절

많은 신자들은 뭔가 할 때가 되면 하나님께서 인도하실 것이라는 개념을 가지고 산다. 그래서 그들은 기다린다. 때로는 평생을 기다리기만 하면서, 자기 주변 세상에 의미심장한 영향을 미치지 않는다. 그들의 철학은 "하나님께서 청신호를 보내주시기 전까지는 아직 빨간 불이야"라는 것이다. 그러나 그런 청신호는 결코 켜지지 않는다.

사도 바울은 복음의 청신호 지대에 살았다. 그는 성경에 순종하기 위해 하늘의 표적을 기다리지 않았다. 예수님께서 "가라!"고 하셨으므로 그것으로 충분했다. 그러나 아버지께서 우선적으로 생각하고 계신 것이 무엇인지 성령께서 보여주셔야 했다.

사도 바울은 아시아에 대한 부담이 있었고, 거기 가서 복음을 전파하고자 했다. 그런데 성령께서 그를 제지하고, 그것은 성령께서 그를 아시아로 인도하시지 않았다는 것을 의미했다. 그러자 사도 바울은 비두니아로 가려 했지만, 다시 성령께서 아니라고 하셨다. 그러고 나서 사도 바울은 마게도냐 사람이 오라고 간청하는 꿈을 꾸었다. 사도 바울은 그것이 그가 가야 할 방향이라고 결론을 내리고 복음을 전하러 마게도냐로 갔다. 그것은 하나님의 인도에 대한 놀라운 이야기이다(행 16:6-10 참조). 그러나 놓치기 쉬운 점이 있다. 바울은 성경에 나와 있는 것에 순종하려 했다. 왜냐하면 그는 온 세상으로 가라는 명령을 간직하고 살았기 때문이다(마 28:19 참조). 속담에도 말하듯이 서있는 차보다 움직이는 차의 방향을 바꾸기가 쉽다. 바울이 복음을 가지고 가는 삶에 헌신되어 있었기 때문에 정확한 때에 하나님께서 그에 대해 갖고 계셨던 구체적 방향이 무엇인지 들을 수 있었다. 아직 때가 아닐 때 그가 특정한 곳에 가는 것을 성령께서 막으셨다.

「하나님과 꿈꾸기」 7장에서

아버지께서 우선적으로 생각하고 계신 것이 무엇인지
성령께서 보여주시는 것이 필요했다.

Day 327
계시의 목적

무익하나마 내가 부득불 자랑하노니 주의 환상과 계시를 말하리라

:: 고린도후서 12장 1절

계시를 부어주시는 것은 우리를 더 똑똑하게 하시려는 것이 아니다. 하나님과의 만남에서 통찰을 얻는 것은 큰 유익이지만, 하나님께서 최우선으로 삼는 관심사는 우리의 지성이 아니다. 계시에 있어서 하나님의 초점은 우리 **개인의 인격적 변화**이다. 계시는 하나님과의 만남으로 이어지며, 그 만남은 우리를 영원히 변화시킨다. 그 만남은 어떤 놀라운 경험일 수도 있고, 혹은 단순히 하나님의 평화 안에 잠기는 순간일 수도 있다. 여하튼 그것들은 '하나님의 나라가 임하는' 여정의 이정표들이다. 그런 만남이 없는 계시는 우리를 교만하게 만든다. 바울이 고린도 교회에게 "지식은 교만하게 하며…(고전 8:1)"라고 경고한 것이 그런 뜻이다. 우리의 지성이 받는 영향은 우리가 경험한 변화에 비례한다. 계시가 임하면 **우리의 믿음의 범위가 넓어진다**. 믿음을 발휘함으로써 경험을 통해 진리를 실현하는 것이 없이 통찰만 가지면 그것은 오직 이론일 뿐이다. 거기서 종교가 발생한다. 하나님께서 사람들이 건강하기를 바라신다는 것을 우리에게 보여주시는 것은 치유에 대한 신학을 주시려는 것이 아니다. 하나님께서 우리에게 통찰을 주신 바로 그 영역에서 우리가 믿음을 발휘해서 계시의 열매를 경험하도록 하시려는 것이다. 이 경우에는, 사람들을 치료하는 것이다! 계시는 '베일을 걷다' 혹은 '덮개를 제거하다'를 의미한다. 계시는 우리를 **더 큰 기름부음의 세계**에 들어가게 해서 그 진리가 개인적 경험과 생활방식이 되게 한다. 큰 진리일수록, 그 진리를 세상에 실현하는 데 더 큰 기름부음이 필요하다. 기름부음을 추구해야지, 이미 기름부음이 있는 척 가장해선 안 된다(고전 14:1 참조). 우리가 가진 기름부음은 우리가 실제로 어떤 계시 속에 살고 있는지 계시의 정도를 드러낸다.

「하나님과 꿈꾸기」 7장에서

하나님과의 만남에서 통찰을 얻는 것은
큰 유익이지만, 하나님께서 최우선으로 삼으시는 관심사는
우리의 지성이 아니다.

Day 328
계시를 받을 수 있는 마음 (1)

그 때에 예수께서 성령으로 기뻐하시며 이르시되 천지의 주재이신 아버지여 이것을 지혜롭고 슬기 있는 자들에게는 숨기시고 어린 아이들에게는 나타내심을 감사하나이다 옳소이다 이렇게 된 것이 아버지의 뜻이니이다

:: 누가복음 10장 21절

어린이들이 어른보다 계시에 더 열려 있다는 것이 사실일까? 우리는 성숙한 사람에게는 더 비중있는 계시가 주어지리라고 생각하곤 한다. 그것은 일리가 있다. 그러나 하나님의 관점으로 보실 때 정말로 성숙한 사람은 어린이의 마음을 가진 사람들이다.

많은 사람들이 성경에서 더 큰 계시를 받도록 기도해달라고 한다. 물론 누군가를 기도로 축복해주는 것은 항상 영광이지만, 계시가 어떻게 임하며 누구에게 임하는지 사람들은 잘 이해하지 못한다. 삶의 가장 큰 기쁨 중 하나는 하나님으로부터 듣는 것이다. 거기에는 어떤 나쁜 점도 없다. 그러나 기름부음을 받을 때는 치러야할 값이 있다.

다음은 하나님으로부터 계시를 받는 면에 성장하기 원하는 사람들을 위한 실제적인 제안들이다.

어린이처럼 되라. 단순하고 겸손한 마음은 하나님으로부터 듣는 것을 도와주지만, 심오하고자 하는 욕망은 헛되다. "천지의 주재이신 아버지여 이것을 지혜롭고 슬기 있는 자들에게는 숨기시고 어린 아이들에게는 나타내심을 감사하나이다(마 11:25)."

당신이 이미 알고 있는 것에 순종하라. 예수님께서 제자들에게 가르치셨다. "사람이 하나님의 뜻을 행하려 하면 이 교훈이 하나님께로부터 왔는지 내가 스스로 말함인지 알리라(요 7:17)." "행하려 하면 알리라." 하나님의 뜻을 행하려 하는 자에게 하나님의 뜻이 분명해진다. 순종하려는 자발성은 계시를 임하게 한다. 왜냐하면 하나님은 궁극의 청지기이셔서, 하나님의 보물을 순복하는 마음이라는 옥토에 투자하시기 때문이다.

『하나님과 꿈꾸기』 7장에서

> 하나님의 관점으로 보실 때
> 정말로 성숙한 사람은
> 어린이의 마음을 가진 사람들이다.

Day 329
계시를 받을 수 있는 마음 (2)

밤에 부른 노래를 내가 기억하여 내 심령으로, 내가 내 마음으로 간구하기를

:: 시편 77편 6절

다음은 하나님께 계시를 받는 것에 성장하기 원하는 사람들을 위한 실제적 조언들이다.

성경적인 "묵상"의 방법을 배우라. 성경적 묵상은 부지런히 연구하는 것이다. 묵상은 고요한 마음으로 생각을 '어느 방향으로 기울이는 것'이다. 우리의 마음속에서 한 단어를 심사숙고하면서 어린이와 같은 호기심 어린 마음에서 솟아나는 추구를 하는 것이 묵상이다.

믿음으로 살라. 나의 현재의 임무 속에서 믿음으로 사는 것은 더 많은 계시를 향해 준비시켜준다. 하나님의 신비를 당신에게 알려주시려고 이미 그 뜻을 정하셨다는 것을 이해하고 살며(마 13:11 참조), 그것에 따라 간구하라. 그리고 응답을 받기 전에 미리 감사하라.

이해하는 명철한 마음을 가지라. 올바른 기반을 가지면 건축가(계시자)가 오셔서 그 기반 위에 세우고 싶어 하신다. "명철한 자는 지식 얻기가 쉬우니라(잠 14:6)." 새로운 통찰이 임했을 때, 총명한 마음은 그것을 '어떻게 분류해두어야 할지' 안다.

하나님께 당신의 밤을 드리라. 하나님께서는 밤에 우리에게 임하셔서 우리가 낮에는 받기 어려운 교훈을 주시기를 좋아하신다(욥 33:15-16 참조). 밤에 당신에게 환상과 꿈을 통해 역사해달라고 구체적으로 간구하라.

당신이 이미 받은 것을 나누라. 당신이 말씀의 사역을 할 때 갈급한 사람들이 거기서 많은 것을 얻을 수 있다. 항상 주는 삶을 사는 것은 더 받는 분명한 방법이다. 하나님께서는 우리 마음속의 깊은 곳들로부터 아직 우리가 생각으로 인식하지 못하는 것들을 끌어내신다(잠 20:5 참조).

하나님의 친구가 되라. 하나님께서 하나님의 비밀들을 하나님의 친구들과 나누신다(요 15:15). 하나님께서 말씀하실 때 경청하라. 그러나 하나님께서 허용하신 것만 말하라. 어떤 것들은 우리가 친구이기 때문에 계시된 것이며, 다른 사람들과 나누지 말아야 하는 것이다.

『하나님과 꿈꾸기』 7장에서

하나님께서는 우리 마음속의 깊은 곳들로부터
아직 우리가 생각으로 인식하지 못하는 것들을 끌어내신다.

Day 330
가문의 이야기 듣기

진실로 진실로 네게 이르노니 우리는 아는 것을 말하고 본 것을 증언하노라 그러나 너희가 우리의 증언을 받지 아니하는도다 내가 땅의 일을 말하여도 너희가 믿지 아니하거든 하물며 하늘의 일을 말하면 어떻게 믿겠느냐
:: 요한복음 3장 11-12절

내가 자랄 때 좋아했던 것 중 하나는 집안의 이야기를 듣는 것이었다. 그것이 어떤 것이든 상관없었다. 할아버지가 미네소타에서 엄청난 크기의 곤들매기를 잡았던 얘기나, 아버지가 고등학교 때 미식축구를 했던 이야기나 다 내가 즐겁게 들었던 이야기들이다. 지난주에 들었던 것이라도 상관없었다. 나는 계속 듣고 싶었고, 매번 더 자세히 알고 싶었다. 그 이야기들은 반복해 들을 가치가 있었으며, 내가 물려받은 유산의 일부가 되었다.

이런 면에서, 예수님께서 놀라운 말씀을 하셨다(위의 요 3:12-13 참조).

'우리'는 성부, 성자, 성령을 가리킨다. 예수님과 제자들이나 예수님과 천사들을 가리키지 **않는다**. 예수님께서는 아버지께서 말씀하시는 것을 듣고서 말씀하셨다. 성령이 예수님 위에 계셔서 예수님께서 아버지를 분명히 보고 음성을 들을 수 있게 하셨다. 하나님께서 증언할 말씀이 있으시며, 하나님의 이야기에 귀 기울이려 하는 누구에게든 그 이야기를 전해주려 하신다. 같은 장의 후반부에서 또 말씀한다. "그가 친히 보고 들은 것을 증언하되 그의 증언을 받는 자가 없도다(요 3:32)." '하늘에서 풀린 것을 땅에서도 푸는 것(마 16:19)'이 우리의 책임이므로 우리는 하늘의 계시를 받아야 하고 하나님의 증언을 들으려는 마음을 가져야 한다. 바로 그것이 '그리스도와 함께 하늘에 앉은 것'의 장점이다. 하나님께서 우리에게 증언하기 원하시지만, 들으려 하는 사람이 아무도 없다. 예수님께서 땅의 것(육체의 탄생과 바람의 속성, 요 3:1-8 참조)을 말씀하셔도 사람들이 힘들어했다. 예수님의 소원은 그들에게 하늘의 것을 말씀하시는 것이다. 그것은 땅의 것과는 비교되지 않는다.

「하나님과 꿈꾸기」 7장에서

**우리는 하늘의 계시를 받아야 하고
하나님의 증언을 들으려는 마음을 가져야 한다.**

Day 331
무거운 말씀

내가 아직도 너희에게 이를 것이 많으나 지금은 너희가 감당하지 못하리라

:: 요한복음 16장 12절

예수님께서는 마음에 있는 모든 것을 제자들에게 다 가르치실 수 없었다. 예수님께서는 그들에게 더 많은 것을 주고 싶어 하셨지만, 그대로 하시지 않았다. 왜냐하면 예수님의 말씀의 무게가 제자들을 짓누를 것이었기 때문이다.

그들이 '무게를 감당할 역량'은 예수님께서 말씀하실 것을 수용하기에 충분하지 못했다. 하나님께서 말씀하시면 창조하신다. 예수님께서 선포하기 원하셨던 것으로부터 창조될 실체는 그들이 감당할 수 없을 정도로 너무 의미심장했다. 그리고 그들의 삶에 임할 영광의 세계를 맞이하려면 그들이 아직 소유하지 못한 힘과 안정감이 있어야 했다.

하나님께서 외인에게는 하나님의 영광을 주지 않으시지만, 우리는 외인이 아니다. 우리는 하나님의 몸의 지체들이다. 더 많은 것을 받아들일 수 있는 능력은 성품과 믿음 모두와 관련된다. 훌륭한 성품을 가지면 우리의 종국에 대한 영광스러운 약속들을 받을 수 있으면서도 영광을 우리 자신이 취하지 않을 수 있다. 그리고 더 큰 믿음을 가지면 선포된 말씀이 이루어지는 데 필요한 더 큰 용기를 가지고 화답하게 된다.

완전히 새로운 수준의 계시에 대해 그들을 준비시키기 위해 성령께서 임하셨다. 예수님께서 하시지 못한 곳으로까지 성령께서 그들을 이끄실 것이었다. 그것이 예수님께서 "내가 떠나가는 것이 너희에게 유익이라"고 말씀하신 이유 중 하나일 것이다. 성령의 내주하심으로 우리는 열 두 제자보다 더 많은 계시를 받을 수 있다.

"그러나 진리의 성령이 오시면 그가 너희를 모든 진리 가운데로 인도하시리니 그가 스스로 말하지 않고 오직 들은 것을 말하며 장래 일을 너희에게 알리시리라 그가 내 영광을 나타내리니 내 것을 가지고 너희에게 알리시겠음이라 무릇 아버지께 있는 것은 다 내 것이라 그러므로 내가 말하기를 그가 내 것을 가지고 너희에게 알리시리라 하였노라(요 16:13-15)."

『하나님과 꿈꾸기』 7장에서

**성령의 내주하심으로 우리는 열 두 제자보다
더 많은 계시를 받을 수 있다.**

Day 332
성령께서 우리를 인도하신다

그러나 진리의 성령이 오시면 그가 너희를 모든 진리 가운데로 인도하시리니 그가 스스로 말하지 않고 오직 들은 것을 말하며 장래 일을 너희에게 알리시리라

:: 요한복음 16장 13절

성령께서는 우리를 **모든 진리** 가운데로 이끄시는 임무가 있으시다. 여기서 '모든'이라는 단어가 놀랍다. 그리고 더욱 놀라운 것은 우리가 진리를 경험해야 한다는 것이다. 그래서 성령께서 우리를 **모든 진리** 가운데로 이끄신다. 성령께서는 아버지로부터 모든 지시를 받으신다. 예수님 위에 계시던 성령께서 아버지께서 행하고 계시며 말씀하고 계신 것을 예수님께 알리셨다. 같은 성령의 **선물을 같은 목적으로** 우리에게 주셨다.

성령의 임무 중 하나는 무슨 일이 일어날지 우리에게 알려주시는 것이다. 어려움이 다가온다는 경고도 필요하다. 왜냐하면 그것은 우리의 우선순위를 바로잡게 해주기 때문이다. 그러나 무엇보다도 아버지께서는 우리에게 하나님 나라의 비밀을 알려주기를 기뻐하신다.

이어서 "그가 내 영광을 나타내리니 내 것을 가지고 너희에게 알리시겠음이라(will disclose, 발표하시리라)"고 말씀하신다. 여기서 가장 감동적인 일이 일어난다. 예수님께서 사람이 되셔서 우리 대신 죽으셨을 때 포기하셨던 것을 이제 상속하셨다. 또한 성령께서 예수님께서 소유하신 모든 것을 단순히 계시하시는 것이 아니라, 그것을 우리에게 '발표한다'고 말씀한 것이 중요하다. '발표하다'는 '선포하다'를 의미한다! 즉 놀라운 자원의 이동이 일어난다. 만물이 아버지께 속했고, 아버지께서 만물을 아들에게 주시며, 아들께서 만물을 성령을 통해 우리에게 주신다. 성령께서는 하늘의 자원을 그 선포를 통해 우리에게로 옮기신다. 그래서 하나님의 음성을 듣는 것이 중요하다. 하나님께서 말씀하실 때마다 예수님의 유업을 우리에게로 옮기신다. 모든 선포된 약속은 하늘의 자원을 옮기는 것이며 그것은 우리가 받은 사명의 목적을 성취하도록 능력을 부여해준다.

『하나님과 꿈꾸기』 7장에서

> 만물이 아버지께 속했고,
> 아버지께서 만물을 아들에게 주시며,
> 아들께서 만물을 성령을 통해 우리에게 주신다.

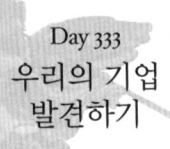

Day 333
우리의 기업 발견하기

우리로 하여금 빛 가운데서 성도의 기업의 부분을 얻기에 합당하게 하신 아버지께 감사하게 하시기를 원하노라
:: 골로새서 1장 12절

성령께서 우선적으로 하시는 일 중 하나는 우리에 대해 하나님의 마음 깊은 곳에 있는 것이 무엇인지 알려주시는 것이다. 우리가 영향력의 산을 정복할 때 계속 열정과 용기를 유지하는 것이 극히 중요하다. 자신의 동기에만 의존하다보면 열정이 사그라진다. 그러나 하나님의 눈 속에 불이 있다! 하나님을 자주 만나면 우리 안에 있는 불꽃이 계속 활활 타오르게 된다. 하나님에 대한 사랑은 다른 모든 것에 대한 사랑에 영향을 미친다. 성령께서 우리의 기업이 무엇인지 깨닫게 도와주심으로써 그 경험을 통해 우리가 이해하게 이끌어주신다

"오직 하나님이 성령으로 이것을 우리에게 보이셨으니 성령은 모든 것 곧 하나님의 깊은 것까지도 통달하시느니라…우리가 세상의 영을 받지 아니하고 오직 하나님으로부터 온 영을 받았으니 이는 우리로 하여금 하나님께서 우리에게 은혜로 주신 것들을 알게 하려 하심이라 우리가 이것을 말하거니와 사람의 지혜가 가르친 말로 아니하고 오직 성령께서 가르치신 것으로 하니 영적인 일은 영적인 것으로 분별하느니라 (고린도전서 2:10, 12-13)."

이 기업을 우리에게 아낌없이 후히 주신다. 성령께서 우리를 이 **약속의 땅**으로 데려가셔서 우리가 삶을 항해하며 하나님의 엄청난 사랑의 높이와 깊이와 길이와 너비를 깨닫게 하신다. 우리의 것이 무엇인지 성령께서 드러내 알려주신다.

또한 성령께서 성경을 생생히 살아나게 하신다. 성경은 **살아있는** 말씀이다. 하나님의 임재, 하나님의 길, 하나님의 언어를 인식할 줄 알게 되면 우리가 받은 불가능한 임무를 수행하는 데 성공하게 될 것이다.

『하나님과 꿈꾸기』 7장에서

> 성령께서 깨닫게 도와주심으로써
> 그 경험을 통해 우리가 이해하게 이끌어주신다.

Day 334
살아있는 말씀으로 인해 기뻐하기

하나님의 말씀은 살고 운동력이 있어 좌우에 날선 어떤 검보다도 예리하여 혼과 영과 및 관절과 골수를 찔러 쪼개기까지하며 또 마음의 생각과 뜻을 감찰하나니

:: 히브리서 4장 12절

하나님으로부터 듣고, 특히 하나님의 말씀인 성경에서 하나님의 음성을 듣는 능력은 우리가 하나님의 목적과 진정한 창조적인 일에 들어가려면 반드시 필요한 기술이다. 그것은 호흡처럼 필수적이다. 순복된 마음은 성경을 공부하면서 하나님께서 주시는 인상을 쉽게 받아들인다. 그런 부드러운 흙에 주께서 하나님 나라를 볼 수 있는 씨를 심으셔서 그것이 자라 세상을 변화시키도록 하신다.

나는 성경이 하나님의 말씀이며, 무오하고, 온전히 성령의 감동을 받았다고 믿는다. 성경에 비길 것이 없고, 성경에 더할 것도 없으며, 뺄 것도 없다. 성경과 같은 무게의 권위를 가진 다른 새로운 계시는 없을 것이라고 나는 믿는다. 오직 성경만이 다른 모든 지혜의 판단 기준이다. 사람의 지혜이든, 어떤 통찰이든, 하나님으로부터 직접 받았거나 천사가 줬다고 주장하는 책이든 말이다. 하나님께서 여전히 말씀하시지만 우리가 듣는 모든 것은 하나님께서 성경에서 하신 말씀과 일치해야 한다. 그런 불타는 확신 때문에 교회가 우리를 보호하려고 제정한 표준과 전통이 오히려 하나님의 살아있는 말씀으로부터 생명과 영향력을 빨아 없애버렸다. 원래의 의도는 그런 것이 아니었지만, 그런 뜻하지 않은 결과가 생겼다.

하나님의 임재를 인식하지 못하는 것 때문에 우리는 큰 값을 치르게 되었고, 특히 성경에 대해서 그랬다. 하나님의 말씀에 대한 사랑에 대해 쓰고 노래한 다윗 왕은 매일 주님을 그의 앞에 '모셨다'. 다윗은 하나님의 가까우심을 늘 인식하고 그 마음가짐으로 살려고 했다. 거룩한 상상은 하나님의 손 안에 있는 도구로서 우리가 참 실체에 연결되어 공급받게 해준다. 나는 하나님이 계시지 않은 곳은 상상할 수 없으므로 하나님께서 늘 나와 함께 계시는 것을 상상한다. 그것은 헛된 상상이 아니다. 오히려 그렇지 않다고 상상하는 것이 헛되다.

『하나님과 꿈꾸기』 8장에서

**특히 하나님의 말씀인 성경에서
하나님의 음성을 듣는 능력은 우리가 하나님의 목적과
참된 창조적 일에 들어가려면 반드시 필요한 기술이다.**

Day 335
원리를 따라 살 것인가, 임재 안에 살 것인가

너희가 거듭난 것은 썩어질 씨로 된 것이 아니요 썩지 아니할 씨로 된 것이니 살아 있고 항상 있는 하나님의 말씀으로 되었느니라

:: 베드로전서 1장 23절

어떤 종류의 성경 읽기는 주로 원리를 찾고 적용하는 데만 치중하며 하나님의 임재를 누리지 않는다. 물론 그것도 좋지만 한계가 있다. 하나님 나라의 원리들은 진실되고 능력이 있다. 그것은 누구에게나 가르칠 수 있다. 그 원리를 삶에 적용하면 왕을 위한 열매를 맺게 된다. 심지어 불신자도 하나님의 원리들에 따라 살면, 축복을 경험한다. 내 친구가 재정적 문제들에 시달리고 있었다. 그가 이웃에게 얘기했더니 목사였던 그 이웃이 수입의 10퍼센트인 십일조로 하나님께 영광 돌리지 않는 것이 문제일 수 있다고 말했다. 그리고 나서 그는 자신의 조언이 정확한지 하나님께 십일조를 드려 테스트해보라고 했다. 내 친구가 그 도전에 응해 십일조를 드렸을 때, 그의 삶에 축복이 부어지기 시작했다. 그는 결국 그리스도께 삶을 드리게 되었다. 하나님의 사랑을 맛보아 알았기 때문이었다. 그가 회심하기 전에도 하나님 나라의 원리가 작동되었다는 점에 주목하라. 원리를 찾고 적용하는 것은 심지어 불신자도 할 수 있다.

나는 원리를 무시하는 것이 아니다. 도시와 나라의 변화는 하나님 나라의 원리들을 받아들이느냐에 달려 있다. 그러나 그리스도인이 성경에서 경험할 것의 핵심은 그것이 아니다. 오히려 우리는 하나님을 만나기 위해 성경을 읽는 일이 더 많아야 한다.

내가 규칙을 알기 전에 성경을 통해 하나님의 음성을 듣는 법을 먼저 배운 것을 나는 감사한다. 사람들은 오늘 날에는 기적이 존재하지 않는다는 듯이 말하지만, 나는 이미 수많은 기적을 보았으므로 그 우스운 말이 지금은 나의 관심을 끌지 않는다.

『하나님과 꿈꾸기』 8장에서

> 우리는 하나님을 만나기 위해
> 성경을 읽어야 한다.

Day 336
오류가 또 오류를 부르는 경우

바람이 임의로 불매 네가 그 소리는 들어도 어디서 와서 어디로 가는지 알지 못하나니 성령으로 난 사람도 다 그러하니라

:: 요한복음 3장 8절

성경을 성령보다 우선시하는 것은 우상숭배이다. 삼위일체는 성부, 성자, 성경이 아니라, 성령이시다. 성경은 하나님을 계시하지만, 하나님은 아니다. 성경이 하나님의 전부를 담고 있는 것은 아니다. 하나님은 하나님의 책인 성경보다 크시다. 우리는 성경에 담겨 있는 것에 대해 성령께서 계시해주시는 것에 의존해야 한다. 왜냐하면 성령 없이는 성경이 닫힌 책이기 때문이다. 성령께 의존하는 것은 성경 공부 전에 간단히 인도를 구하는 것을 넘어서야 한다. 그것은 삼위일체의 제 3위이신 분과의 관계이며, 지속적으로 삶의 모든 면에 영향을 미치는 관계이다. 성령은 미지의 곳으로부터 알 수 없는 방향으로 부는 바람이시다(요 3:8 참조). 그는 하늘의 능력이시며 우리가 그 분을 통제할 수 없다. 우리가 그에게 순복해야 한다. 그는 갈급한 자들, 정말로 갈급한 모든 자들에게 그의 신비를 계시하기를 갈망하신다. 그는 하늘에서 매우 중요한 분이시므로 경고와 함께 임하신다. 아버지와 아들에 대해서 죄를 지어도 사함 받을 수 있지만, 성령을 거슬러 죄를 지으면 영원히 용서받지 못한다.

우리는 하나님의 상속자이며 성령은 우리가 받을 유산의 보증이시다(엡 1:13-14). 성령께서 자신에 대해 말씀하시지 않으므로 우리도 성령에 대해 많이 말하지 말아야 한다고 가르치는 사람들이 있다. 그러나 성부와 성자께서는 성령에 대해 말씀하실 것이 많다. 그분께 귀 기울이는 것이 지혜롭다. 우리는 하나님을 찬양하고, 앙모하고, 자랑하고, 하나님과 교류해야 한다. 그리고 성령은 하나님이시다.

하나님께서 환경과 특별한 사건의 일치를 통해 말씀하시지만 또한 성경을 통해서도 말씀하고자 하신다. 심지어 그것이 성경의 문맥이나 저자의 원래의 의도와 다른 경우도 있다.

「하나님과 꿈꾸기」 8장에서

> 우리는 성경에 담겨 있는 것에 대해
> 성령께서 계시해주시는 것에 의존해야 한다.

Day 337
살아있는 말씀

미련한 자의 어리석은 것을 따라 대답하지 말라 두렵건대 너도 그와 같을까 하노라 미련한 자에게는 그의 어리석음을 따라 대답하라 두렵건대 그가 스스로 지혜롭게 여길까 하노라
:: 잠언 26장 4-5절

하나님의 말씀은 살아있고 운동력이 있다. 그리고 하나님의 거룩한 에너지를 담고 있어서 언제나 활동하며 하나님의 목적을 성취한다. 그것은 의사의 칼이 치료하기 위해 자르는 것과 같다. 하나님의 말씀은 진정시키고 치료를 일으키는 향유이다. 그러나 내가 강조하고자 하는 핵심은 하나님의 말씀이 본질적으로 다면적이어서 겹겹이 열리는 특성이 있다는 것이다. 예를 들어, 이사야의 말은 그 당시 사람들에게 적용되었다. 그러나 그 말씀은 살아있기 때문에 그때 그가 말했던 것 중 많은 부분이 다른 때에 궁극적으로 성취되었다. 살아있는 말씀은 그렇다.

하나님께서 말씀하시길, 우리가 누구를 섬길지 선택해야 한다고 하셨다. 그러나 예수님께서는 말씀하시기를, 예수님께서 우리를 택하신 것이지, 우리가 예수님을 택한 것이 아니라고 하셨다. 우리는 이 세상의 기초가 놓이기 전부터 예정되었지만, 또한 **누구든지** 예수님께로 올 수 있다고 성경에서 말씀했다. 예수님께서는 모든 것을 팔아 예수님을 따르라고 하셨지만, 부자에게 선행에 부유하라고도 하셨다. 우리 인생의 특정 시기에 따라 어느 진리를 받아들여야할지 성령께서 아신다.

서구의 합리주의가 전형적으로 갈등하는 예를 위의 잠언 26장 4-5절의 구절에서 볼 수 있다. 그것은 어리석은 자를 어떻게 다룰 것인가에 대한 교훈이다. 한 구절은 어리석은 자에게 대답하지 말라고 하고, 그 이유도 밝힌다. 그리고 나서는 어리석은 자에게 대답하라고 하면서 또한 그 이유를 제시한다. 그런데 히브리적 사고방식에서는 이것이 모순이 아니다. 히브리적 사고방식에서는 진리가 두 상반된 개념의 긴장 사이에 존재한다는 것을 안다.

정적이고 움직이지 않는 반듯한 경계선과 해석을 원하는 사고방식은 유동적으로 보이는 논리를 불쾌해한다. 여기에 우리가 직면하는 큰 도전이 있다. 우리는 하나님께서 지금 말씀하시는 것을 들을 수 있는가? 하나님께서 우리 각자에게 다르게 말씀하실 수 있다는 것을 우리는 받아들일 수 있는가?

『하나님과 꿈꾸기』 8장에서

하나님의 말씀은 하나님의 거룩한 에너지를 담고 있어서 언제나 활동하며 하나님의 목적을 성취한다.

Day 338
모든 진리가 다 동등하게 창조되지 않았다

우리는 하나님께 속하였으니 하나님을 아는 자는 우리의 말을 듣고 하나님께 속하지 아니한 자는 우리의 말을 듣지 아니하나니 진리의 영과 미혹의 영을 이로써 아느니라
:: 요한일서 4장 6절

진리는 계층적이다. 어떤 진리들은 다른 진리들보다 우월하다. 종종 작은 진리들은 큰 진리들의 기반이 된다. "너희를 더 이상 종이라 하지 않고 친구라 한다"고 하셨다. 먼저 하나님의 종이 되는 기반 위에 하나님의 친구 됨이 이뤄진다. 진리는 점진적이다. 경계에 경계를 더하고 교훈에 교훈을 더한다.

사람들이 여러 다른 수준들의 진리들에 헌신할 때 교회 안에 분열이 많이 일어난다. 우리는 고정된 규칙과 경계선을 유동적이고 변화하는 것보다 좋아하는 경향이 있다. 굳어진 경계선은 우리를 **관계 중심**보다 **순종 중심**이 되게 한다. 순종 중심은 암기된 규칙과 규제에 기초한다. 관계 중심은 하나님의 음성과 임재에 온전히 기반을 두며 규칙과 규제는 다른 수준에 위치한다. 간음 중에 잡힌 여인이 예수님 앞으로 끌려왔을 때, 예수님께서는 자신의 규칙과 법칙을 율법과 반대되게 집행하셨다. 예수님께서는 아버지께서 행하시는 것만을 보고 행하셨다. 순종은 항상 우리에게 중요하다. 그러나 사랑으로 순종하는 것은 규칙 때문에 순종하는 것과 많이 다르다. 이스라엘은 규칙 만으로 순종할 수 없다는 것을 보여 주었다. 우리도 마찬가지이다.

성경이 변한다고 말한다면 그것은 불편한 개념이다. 하지만 성경은 없어지거나 모순되는 식으로 변하지는 않는다. 그러나 포도주 부대가 팽창하는 식으로 변화된다. 그것은 성령의 증가하는 역사를 반영한다. 신명기 23장 1절에서 "고환이 상한 자나 음경이 잘린 자는 여호와의 총회에 들어오지 못하리라"고 말씀했다. 그러나 이사야 56장 4-5절에서는 언약을 굳게 잡는 고자들에게는 영원한 이름을 주어 끊어지지 않게 한다고 하셨다. 최종적으로, 사도행전 8장에서 빌립이 한 환관을 회심시켜서 그가 에티오피아의 첫 전도자가 된다. 베드로는 그런 역사를 가리켜 '현재의 진리'라고 불렀다.

『하나님과 꿈꾸기』 8장에서

> 설정된 경계선은 우리를 **관계 중심**보다
> **순종 중심**이 되게 한다.

Day 339
문맥과 다르게 사용하시는 경우

모든 성경은 하나님의 감동으로 된 것으로 교훈과 책망과 바르게 함과 의로 교육하기에 유익하니

:: 디모데후서 3장 16절

신약에 인용된 구약의 예언들을 공부해보면, 오래지 않아 특이한 것을 깨닫게 된다. 예수님과 다른 신약 성경 기록자들은 구약의 많은 구절들을 문맥과 동떨어지게 인용해서 자신의 관점을 입증했다. 오늘날에 일반적으로 생각하는 것은 성령께서 그런 식으로 역사하셔서 성경이 기록되게 하셨지만, 오늘날 그렇게 하는 것은 정경이 확립되었으므로 허용될 수 없다는 것이다. 성경을 기록하는 데 사용된 원리들을 성경 해석에 사용할 수 없다니 얼마나 잘못인가? 그 **규칙**은 우리가 경험하는 것으로서 정통 기독교에 어긋나는 교리를 만들지 못하게 하려는 것이다. 물론 그 이유는 좋은 뜻으로 된 것이지만, 그 규칙 자체는 성경적이지 않다.

문제는 우리가 성경을 부정확하게 해석하는 경향이 있다는 것이 아니다. 문제는 성령께서 지상에, 그리고 우리 안에 계신지 2천 년이 지난 후에도 우리가 여전히 성령님을 모른다는 것이다! 규칙은 해답이 되지 못한다. 삼위일체의 세 번 째의 위격을 무시한 죄를 회개하는 것이야말로 절실히 필요한 해결책의 시작이다. 그것만이 하나님 안의 세계로 우리를 데려갈 수 있다. 그것은 한 세대 전체가 경험하는 것이 전에는 불가능하다고 여겨졌던 세계이다.

성령께서 성경의 영감을 주실 때에는 따르지 않았던 성경 해석 규칙을 이제와서 세우는 것이 어떻게 가능할 수 있는가? 정경이 완성되었다고 해서 그렇게 말하는 것은 더 이상 허용되지 않는다. 왜냐하면 성령께서 우리와 함께 계시고, 성경을 쓰실 때 무슨 의도를 가지셨는지 친히 아시기 때문이다. 물론 이것은 위험성이 있긴 하다. 왜냐하면 일부 사람들은 거룩하지 않거나 부정확한 교리를 만드는 경향이 있기 때문이다. 그러나 그렇다고 해서 성령께서 백성에게 말씀하시는 데 사용하시는 유용한 도구를 제거하는 것이 정당화되지 않는다. 위험성도 있지만, 그것은 귀한 보배이기도 하다. 이 둘 사이의 긴장을 유지하는 것이 필요하다.

「하나님과 꿈꾸기」 8장에서

> 성령께서 성경의 영감을 주실 때에는 따르지 않았던
> 성경 해석 규칙을 이제와서 세우는 것이
> 어떻게 가능할 수 있는가?

Day 340
터지지 않는 새 포도주 부대

오직 너는 바른 교훈에 합당한 것을 말하여

:: 디도서 2장 1절

교리는 성령의 기름으로 유연성을 유지하는 포도주 가죽 부대이어야 한다. 만일 그것이 딱딱하고 움직이지 않으면, 하나님께서 말씀을 우리에게 더 열어주시는 것에 따라가지 못할 것이다. 하나님께서는 우리의 지식에 더해주기를 좋아하신다. 너무 딱딱하면 계시가 계속될 때의 무게 때문에 교리의 포도주 가죽부대가 터져버린다. 그 결과 교회는 주변 세상에 대해 적절하게 능력을 나타낼 시기를 놓치고 만다.

성령께서 마음에 가지고 계신 것들을 우리에게 자유롭게 말씀하실 수 있어야 한다. 특히 우리가 자연적으로 거부하는 것들을 말이다. 성경적 근거가 있고 특정한 목적을 위해 하나님의 호흡을 생생히 살아나게 하는 진리에 우리가 열려야 한다. 교리적으로 안전하다고 느끼기 위해 성경의 특정 부분을 편의적으로 제외시키는 관점에 기초한 신학을 쌓는 것은 오류이다.

우리가 가장 중시하는 교리들이 성령의 감동 하에서 확대되어야 한다. 성령님께서 우리가 보기에는 이전에 배워왔던 것과 모순되게 보이는 것을 말씀하실 때 우리는 가장 힘들어한다. 그래서 엄격한 교리를 가지려는 갈망이 클수록 하나님의 음성을 듣지 못하게 된다. 하지만 하나님의 계시를 받아들이려면 하나님의 음성을 인식하는 것이 필수적이다. 그것이 비록 우리가 받은 전통적 교육에 어긋나더라도 말이다.

하나님께서는 특정한 한 구절로도 매일 평생 동안 능히 나를 먹이실 수 있으시다. 하나님의 말씀은 무한히 깊다. 하나님께서 우리에게 진리를 계시하실 때, 그것은 전에 계시된 진리의 기반 위에 항상 세워진다. 전의 것이 폐기되지 않는다. 그것 위에 새로운 말씀이 쌓아진다. 다시 한 번 말하거니와, 하나님의 계시를 임하게 하는 것은 어린아이 같은 마음이다(마 11:25 참조).

「하나님과 꿈꾸기」 8장에서

우리가 가장 중시하는 교리들이
성령의 감동 하에서 확대되어야 한다.

Day 341
궁극적 계시로서의 예수 그리스도

우리 주 예수 그리스도의 하나님, 영광의 아버지께서 지혜와 계시의 영을 너희에게 주사 하나님을 알게 하시고
:: 에베소서 1장 17절

모든 것을 변화시키는 하나의 계시는 예수 그리스도의 계시이다. 바울도 우리가 계시로 알게 될 것이 있다고 말했다(엡 1:17 참조). 그것이 우리를 그리스도의 충만함 안으로 이끌 것이다. "우리가 다 **하나님의 아들**을 믿는 것과 **아는 일**에 하나가 되어 온전한 사람을 이루어 **그리스도의 장성한 분량이 충만한 데까지** 이르리니(엡 4:13)." 성숙해지는 것은 하나님의 아들을 아는 지식을 얻는 결과이다. 이 계시는 교회를 완전히 바꿔놓을 것이다. 왜냐하면 우리가 그를 보는 만큼 그와 같아질 것이기 때문이다. 이것은 우리로 하여금 예수님을 정확하게 나타내게 할 것이다.

예수 그리스도 자신이 완전한 신학이시다. 그는 '하나님의 본체의 형상(히 1:3)'이시다. 그리고 아버지를 궁극적으로 나타내시는 분이시다. 구약에서 하나님의 본질에 대해 있었던 질문들이 신약에서 분명히 해결되었다. 하나님의 본질에 대해 우리가 이해하는 것을 예수님 안에서 볼 수 없다면, 그것은 의문시되어야 할 것이다.

기적을 구하여 예수님께 왔다가 실망한 채 떠난 사람들이 많은가? 아무도 없다! 그는 하나님께 의존하는 사람으로서 100퍼센트 성공하셨다. 예수님께서는 참석하신 장례식마다 파란을 일으키셨고, 자신의 장례식에 대해서도 그러셨다. 제자들이 한 아이를 악한 영들로부터 해방시키지 못했을 때, 예수님께서는 어떻게 돌파할 수 있는지 가르쳐주셨다. 즉 기도와 금식(막9:29에는 '금식'이라는 말은 없음-편집자 주)을 통해 이뤄진다고 하셨다. 이제 우리가 예수님의 조언에 응답하여 그 돌파구를 찾을 때이다. 예수님께서는 하나님의 뜻을 나타내 보이셨다. 우리의 경험에 맞추려고 그것을 바꾸지 말아야 한다. 이제 다시 우리가 하나님의 뜻을 나타내 보일 때이다.

『하나님과 꿈꾸기』 8장에서

예수 그리스도 자신이 완전한 신학이시다.

Day 342
위험의 실체와 가치

하나님과 주 예수 그리스도의 종 야고보는 흩어져 있는 열두 지파에게 문안하노라 내 형제들아 너희가 여러 가지 시험을 당하거든 온전히 기쁘게 여기라

:: 야고보서 1장 2-3절

성경 속에서 하나님의 음성을 들으려 할 때 마다 항상 분명히 들리는 것은 아니다. 때로 어떤 사람들은 하나님이 말씀하신 것이 전혀 아닌데도 하나님으로부터 음성을 들었다고 주장하는 큰 실수를 저지를 것이다. 그러나 성공하려면, 실패를 감수해야 한다.

20세기 초에 한 무리의 신자들이 하나님의 능력을 맛보고 더 많은 것을 갈구하게 되었다. 많은 사람들이 외국에 나가 선교사가 되었지만 현지어를 배우는 수고를 하지 않았다. 그들이 방언을 말하므로 하나님께서 그 언어를 주실 것이라고 생각했기 때문이었다. 그러나 그들이 도착해서 현지어를 할 수 없자 큰 실망이 이어졌다. "소망이 더디 이루어지면 그것이 마음을 상하게 하거니와"라는 구절이 의도는 좋았던 그 선교사들에게 딱 맞았다.

그리스도의 몸 안의 저명한 리더가 여러 해 전에 내게 말하길, 그의 교회에서 예언 사역을 의도적으로 없앴다고 했다. 그는 예언 사역의 위험이 너무 크고 잠재적 문제들이 너무 많다고 느꼈던 것이다. 나는 그를 존중하기 때문에 내가 그에게 동의하지 않는다는 것을 밝히진 않았지만, 마음속으로 조용히 기뻐했다. 왜냐하면 위조범들은 푼돈 동전을 위조하지 않는다. 그것은 그만한 가치가 없다. 원수가 모조품을 만들려고 그렇게 애쓴다면, 원본의 가치가 막대한 것이 틀림없다. 그런 이유로, 나는 예언 사역처럼 위험을 내포한 영역을 볼 때 용기를 얻는다.

나의 해결책은 함께 일할 같은 마음의 사람들을 발견하고, 우리의 공통의 추구에 내포된 위험을 인식하고, 우리가 진정한 것을 추구함에 있어서 겸손함을 유지하고 상호 점검해주는 것이다.

『하나님과 꿈꾸기』 8장에서

> 영원한 결과를 낳는 것들에만
> 마귀가 관심을 집중시킨다.

Day 343
묵상:
새 가죽부대의
사고방식

나의 기도를 기쁘게 여기시기를 바라나니 나는 여호와로 말미암아 즐거워하리로다

:: 시편 104편 34절

성경적 묵상은 뉴에이지 문화에서 권장하는 것과 완전히 다르다. 뉴에이지의 묵상은 모조품이다. 왜냐하면 우리 생각을 비워서 어떤 **빛의 천사**라도 들어올 수 있게 해서 결국 그것에 지배 아래 놓이게 되기 때문이다. 불행히도, 빈 곳을 찾는 악한 영들이 많이 있다.

참된 묵상은 하나님의 말씀을 풍성한 양식으로 삼는 것이다. 그것은 생각의 절대적 기반이 되어 평생 이어질 방향과 경로를 결정해준다. 그것은 성령과의 교류이다. 성경에서 말씀한 생각의 새 가죽부대를 갖기 위한 좋은 출발은 씨가 사람의 마음속에 발아하도록 시간을 주는 것이다. "너희는 떨며 범죄하지 말지어다 자리에 누워 심중에 말하고 잠잠할지어다(시 4:4)."

이 지구상의 삶의 어려움들과 상처들에 대해 우리가 하나님의 해결책을 제시하기를 하나님께서 바라신다. 우리의 영향력과 권위 하에 있는 이 땅의 관심 사안들을 우리가 주님 앞에 가져올 때, 주님께서 말씀 속에 감춰진 주님의 신비들을 열어주기 시작하신다. 예를 들어, 직장에서 두 친구 사이에 갈등이 있으면, 어떻게 평화를 이룰지에 대해 하나님께서 말씀을 통해 구체적 통찰을 주실 것이다. 만일 당신이 사업을 확장할 필요가 있는데, 언제, 어떻게 해야 할지 잘 모른다면, 하나님께서 성경으로부터 말씀해주실 것이다. 하나님의 말씀은 살아있고, 즉시 적용할 수 있으며, 그 범위와 능력에 있어 제한되지 않는다.

하나님의 말씀은 살아난다. 하나님께서 하나님의 책장들마다 호흡을 불어넣으셔서 우리 마음속에 무슨 일인가가 일어난다. 그래서 성경 말씀이 살아난다! 우리가 하나님의 말씀의 물가로 오면, 우리가 본 것을 재생산하게 될 것이다.

「하나님과 꿈꾸기」 8장에서

참된 묵상은 하나님의 말씀을
풍성한 양식으로 삼는 것이다.

**Day 344
묵상의
풍성한 열매**

야곱이 버드나무와 살구나무와 신풍나무의 푸른 가지를 가져다가 그것들의 껍질을 벗겨 흰 무늬를 내고 그 껍질 벗긴 가지를 양 떼가 와서 먹는 개천의 물 구유에 세워 양 떼를 향하게 하매 그 떼가 물을 먹으러 올 때에 새끼를 배니 가지 앞에서 새끼를 배므로 얼룩얼룩한 것과 점이 있고 아롱진 것을 낳은지라
:: 창세기 30장 37-39절

창세기에 야곱과 그의 기만적인 장인 라반에 대한 매우 이상한 이야기가 있다. 야곱은 라반 밑에서 오랫동안 일했지만 거듭해서 사기를 당할 뿐이었다. 야곱은 그가 일한 만큼 가축을 받기로 약속했다. 그래야 **독립해서 삶을 시작할** 자본을 가질 수 있었기 때문이다. 야곱이 아롱진 것, 점이 있는 것, 검은 것을 품삯으로 갖기로 그들은 합의했다. 아롱진 것이나 점이 있는 것은 드물다는 것을 알았기 때문에 라반은 합의했다.

짐승들이 물을 마시러 왔을 때, 물가의 점이 있고 얼룩진 나뭇가지를 보았다. 그곳은 번식하는 장소이기도 했다. 짐승들이 와서 물을 먹고 짝짓기를 할 때 얼룩진 나뭇가지를 보았다. 그 결과 그들은 얼룩지고 점이 있는 새끼를 낳았.

우리가 하나님의 말씀 앞에 나아오면, 우리가 보는 것을 재생산하게 된다. 더욱 흥미로운 것이 있다. 그것은 내가 개인적으로 경험한 것이기도 하다. 내가 성경을 읽을 때 내 마음을 어디에 두고 있느냐가 내가 성경에서 무엇을 보는지를 결정한다. 그것은 좋을 수도 있고 나쁠 수도 있다. 즉 "내 마음을 얼마나 부지런히 지켰느냐(잠 4:23 참조)"에 달려 있다. 마음에 악을 품은 사람들은 성경을 잘못 읽어서 그들이 찾고 있는 것을 확증해주는 것으로 읽을 수 있다. 문제는 성경 접근의 방법이 아니다. 우리가 주님 앞에서 겸손하고, 정직하고, 갈급한 마음으로 있느냐이다. 진리를 간절히 사모하면 다른 사람들이 놓치는 것을 보게 된다. 정결한 마음을 갖는 것은 하나님의 말씀으로의 여정을 불가능이 없는 여정으로 만들어준다.

「하나님과 꿈꾸기」 8장에서

우리가 하나님의 말씀 앞에 나아오면,
우리가 보는 것을 재생산하게 된다.

Day 345
우리의 세계 다시 디자인하기

그가 내 영광을 나타내리니 내 것을 가지고 너희에게 알리시겠음이라

:: 요한복음 16장 14절

아담은 그가 살 세상의 본질을 디자인하는 일에 하나님과 동역하는 특별한 임무를 받았다. 우리는 그 수준의 권위로 다시 회복되었다. 우리는 청지기 역할을 성취하기 위한 놀라운 도구를 받았다. "죽고 사는 것이 혀의 힘에 달렸나니(잠 18:21)"라고 성경은 말씀한다. 우리는 우리가 하는 말로 우리의 환경을 디자인하고 바꾼다. 조금 전까지 존재하지 않았던 현실이 단순한 선포를 통해 창조된다. 우리는 그 도구를 가지고 세우거나 무너뜨리고, 격려해주거나 낙심시키고, 생명을 주거나 멸할 수 있다. 선포된 말씀은 하늘의 자원을 땅에 공급하는 능력이 있다. 우리는 개혁자로서 먼저 우리가 말하는 것에 주의를 기울여야 하고, 우리가 사는 세상을 우리가 건설한다는 것을 인식해야 한다. 우리는 하나님**으로부터 받아서** 말하며, 하나님의 세계와 하나님의 방식을 드러낼 능력이 있다.

예수님께서 요한복음 16장 14절에서 성령의 우선적 역할 한 가지를 말씀하셨다(위의 구절 참조). 모든 것이 예수님께 속함을 밝히신 후에 예수님의 유산(만물)이 어떻게 우리의 계정에 이체되는지 예수님께서 우리에게 말씀하신다. 그것은 선포를 통해 이루어진다. 하나님께서 우리에게 말씀하실 때마다 하늘의 자원이 하나님의 계정에서 우리의 계정으로 옮겨진다. 하나님의 음성을 듣는 것은 그리스도 안의 우리의 방대한 유산을 발견하고 소유하는 데 필수적이다. 우리가 받는 유산은 우리의 이해 범위를 넘어선 엄청난 것이며, 곧 **만물**이다(고전 3:21).

우리의 유산인 '만물'을 받는다는 것은 이런 질문을 들게 한다. "왜 하나님께서 우리에게 만물을 주실까?" 왜냐하면 하나님께서 우리에게 주신 사명을 성취하는 데 **만물**이 필요하기 때문이다. 우리가 하나님께 받은 임무를 완수하려면 땅에 하나님의 목적을 성취하기 위해 '만물'이 우리의 감독 하에 있어야 한다.

「하나님과 꿈꾸기」 9장에서

> 하나님께서 우리에게 말씀하실 때마다
> 하늘의 자원이 하나님의 계정에서
> 우리의 계정으로 옮겨진다.

Day 346
정해진 은총의 때가 왔다

예수는 지혜와 키가 자라가며 하나님과 사람에게 더욱 사랑스러워(in favor, 은총을 받아) 가시더라

:: 누가복음 2장 52절

왜 예수님께서 사람에게 더욱 사랑스러워 지셔야 했는가? 은총을 받음으로써 사회에 다가가고 영향을 미칠 수 있기 때문이다. 그러나 모든 면에 완전하신 하나님의 아들께서 어떻게 하나님께 더욱 사랑스러워 가실 수 있단 말인가? 나도 대답할 말이 없다. 그러나 내가 아는 것이 있다. 예수님께서 임무를 완수하시기 위해서 하나님께 더 사랑스러워지고 은총을 받으셔야 했다면, 우리는 그것이 얼마나 더 필요하겠는가?

하나님 나라에 관련된 거의 모든 것과 마찬가지로, 우리가 가진 것을 후히 나눠줄 때 더 많이 받게 된다. 여기서 사랑스러워짐이나 은총은 은혜와 다르지 않다. "무릇 더러운 말은 너희 입 밖에도 내지 말고 오직 덕을 세우는 데 소용되는 대로 선한 말을 하여 듣는 자들에게 은혜를 끼치게 하라(엡 4:29)." 덕을 세우는 말을 하는 것은 듣는 사람의 삶에 은혜를 끼친다는 것을 이 구절에서 알 수 있다. 은혜는 하나님의 은총이며, 하늘에서 매우 소중히 여겨지는 것이다. 그것은 매우 의미가 큰 도구이다. 왜냐하면 격려의 말을 통해 섬김으로써 우리가 섬긴 사람에게 하나님의 은총이 임하게 하여 변화를 일으키기 때문이다.

우리는 누구를 격려할지 선택해야 한다. 그러면 우리가 하나님께 받은 은총을 하나님께서 그 사람에게 베푸신다는 것을 알아야 한다. 그렇게 영원한 결과를 갖는 중요한 역할을 정말로 신자들에게 주셨는지 의문을 품는다면, 상기할 예수님의 말씀 구절이 있다. "너희가 누구의 죄든지 사하면 사하여질 것이요(요 20:23)."

「하나님과 꿈꾸기」 9장에서

> 예수님께서 임무를 완수하시기 위해서
> 하나님께 더 사랑스러워지고 은총을 받으셔야 했다면,
> 우리는 그것이 얼마나 더 필요하겠는가?

Day 347
존중의 문화

그 때에 맹인의 눈이 밝을 것이며 못 듣는 사람의 귀가 열릴 것이며 그 때에 저는 자는 사슴 같이 될 것이며 말 못하는 자의 혀는 노래하리니

:: 이사야 35장 5-6절

격려는 **존중의 문화**를 만드는 기초 도구이다. 우리는 존중을 통해 신자들이 소명에 발을 들여놓게 하고, 우리의 지역 사회 공동체를 의와 복음 증거 면에서 강화시킨다. 보통의 불신자는 그리스도인이 그들에 대해 뭔가 좋은 말을 해주는 것을 경험한 적이 별로 없다. 기독교는 무엇을 좋아하는가보다, 무엇을 싫어하는가로 더 알려져 있다. 그러나 사실은 우리의 그런 결점에도 불구하고, 우리는 나머지 사람들과 구별될 수 있는 이 놀라운 은사를 받았다. 그것은 격려의 은혜를 베푸는 것이다. 우리가 격려하면 단순히 **기분이 좋아지는 것**에서 그치는 것이 아니라, 하나님의 은총이 임한다.

격려가 하나님의 초자연적 역사를 주변 환경 속에 임하게 한다는 사실은 하나님 나라의 큰 이슈이다. 이사야서 35장 4절에서 하나님의 사람들에게 서로 이런 말로 섬기라고 명한다. "굳세어라, 두려워하지 말라, 보라 너희 하나님이 오사 보복하시며 갚아 주실 것이라 하나님이 오사 너희를 구하시리라." 그것은 하나님의 언약적 공급과 약속에 기반을 둔 격려이다. 그것은 약속된 것이 한 사람의 삶에 실현되도록 선포하는 것이다. 말씀이 이뤄지도록 선포된 것을 듣고서 천군천사가 그들의 임무를 되새긴다(시 103:20). 그것에 대해 하늘에서 놀랍게 응답한다(위의 구절, 사 35:5-6 참고). 격려의 초자연적인 분위기 속에 불가능이 굴복한다.

이 존중의 분위기는 건강함을 창조하여 우리가 그것으로 말미암아 우리 주변에 있는 사람들을 섬겨 생명을 주게 된다. 우리가 환경에 희생되는 것이 아니라, 환경이 우리에게 굴복하여, 언약의 목적 하에 들어가게 된다(롬 8:28). 그래서 우리는 사회의 절규에 대한 해답이 된다.

『하나님과 꿈꾸기』 9장에서

> 격려가 하나님의 초자연적 역사를
> 주변 환경 속에 임하게 한다.

Day 348
내면의 삶이 외부의 삶으로 나타난다

모든 지킬 만한 것 중에 더욱 네 마음을 지키라 생명의 근원이 이에서 남이니라

:: 잠언 4장 23절

하나님 나라의 세계에는 삶의 문제들에 대한 모든 해답들이 담겨 있다. 여기에는 오존층 파괴 문제라든지, 결혼생활 실패의 문제라든지, 사업 문제까지 모두 해당된다. 왕의 통치 영역에 해답이 있다. 그 통치 영역은 성령께서 예수 그리스도의 주 되심을 나타내시는 영역이다. 그것이 우리 마음에 가장 먼저 깨달아진다.

이스라엘은 애굽을 떠나 약속의 땅으로 가는 과정에서 하나님의 통치를 나타내도록 부름 받았다. 그 여정은 불과 40일이면 충분 했지만, 이스라엘에게는 무려 40년이 걸렸다. 그들은 광야에서 40년 간 방황했다. 사실 그것은 그들의 내면에서 경험하는 것을 밖으로도 경험한 것이었다. "그러므로 내가 이 세대에게 노하여 이르기를 그들이 항상 마음이 미혹되어 내 길을 알지 못하는도다 하였고 내가 노하여 맹세한 바와 같이 그들은 내 안식에 들어오지 못하리라 하였다 하였느니라 (히 3:10-11)." '미혹되다'라는 단어는 '방황하다'를 의미한다. 그들은 먼저 마음이 방황 했다. 그들의 내면에서 일어나는 일이 그들 주변의 세계를 규정하고 만들어갔다. 다시 말해서, 그들의 내적 현실이 그들의 외적 현실이 되었다. 우리 안에서 일어나는 일이 우리 주변에서 일어나는 일에 영향을 미친다. 이 원리는 건강, 인간관계, 직업적 성공, 은사와 사역 등에 다 영향을 미친다. 모든 것이 마음에서 흘러나온다. 솔로몬이 이것을 깨닫고 잠언 4장 23절에서 가르쳤다(위의 구절 참조).

우리의 마음을 잘 관리하는 청지기직은 삶의 우선적 책무이다. 이것을 성공적으로 하는 것은 삶의 다른 영역들의 성공을 보장한다. 태도를 올바로 간수하면, 경건한 행동이 보장된다. 부주의한 태도는 잘못된 생각이 틈타게 하고, 잘못된 생각은 죄악의 행위가 틈타게 한다.

「하나님과 꿈꾸기」 9장에서

우리의 마음을 잘 관리하는 청지기직은
삶의 한 가지 우선적 책무이다.

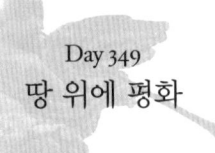

Day 349
땅 위에 평화

예수께서 깨어 바람을 꾸짖으시며 바다더러 이르시되 잠잠하라 고요하라 하시니 바람이 그치고 아주 잔잔하여지더라
:: 마가복음 4장 39절

마가복음 4장에서 예수님께서는 제자들과 함께 목숨을 위협하는 폭풍 속에 계셨다. 그런데 예수님이 주무셔서 제자들은 놀라워했다. 나는 예수님께서 살고 계신 세상 속에는 폭풍이 없기 때문에 예수님께서 주무셨다고 생각한다. 예수님께서는 **하늘의 자리에 앉아 있는 것**이 무엇인지 보여주고 계셨다. 그것은 '하늘에서 내려온 자 곧 인자(요 3:13)'라는 말씀의 정확한 적용이었다. 물론 그가 분명히 지상에서는 제자들 앞에 계셨지만 말이다.

그들은 예수님을 깨워 "우리가 죽게 된 것을 돌보지 아니하시나이까"라고 질문했다. 세상의 구원자께 그렇게 묻다니 아연실색할 일이었다. 예수님께서 폭풍에 대해 '평화(개역개정: 잠잠하라-역주)'를 말씀하시자 폭풍이 그쳤다. 폭풍 속에서도 안식할 수 있게 했던 평화가 폭풍에게 임해 폭풍을 잠잠하게 했다. 다시 말해서, 예수님의 내적 현실이 예수님의 외적 현실이 되었다. 만일 당신 안에도 그런 것이 있고, 그것이 진짜라면, 당신을 통해 방출될 수 있다. 우리가 어떤 폭풍 속에서 잠잘 수 있다면 우리는 그런 폭풍에 대해서만 권위를 갖는다. 왜냐하면 우리가 받은 것만 줄 수 있기 때문이다.

하나님 나라의 이 원리가 우리의 전 존재와 우리가 하는 모든 것에 영향을 미친다. 이것이야말로 "사랑하는 자여 네 영혼이 잘됨 같이 네가 범사에 잘되고 강건하기를 내가 간구하노라(요삼 2)"라는 구절의 핵심으로 보인다. 다시 한 번 우리가 주목하는 것은 우리의 내면을 다스리는 것이 외부도 다스린다는 것이다. 나의 감정, 생각의 건강이 나의 육체적 건강에 영향을 미친다. 또한 주목할 중요한 사실은 영혼이 잘되면 물질적, 재정적으로도 주님의 축복을 끌어당긴다는 것이다. 그것이 생명의 원리이다. 우리의 마음의 실체가 주변 세계의 특성을 결정한다.

『하나님과 꿈꾸기』 9장에서

우리가 어떤 폭풍 속에서 잠잘 수 있다면
우리는 그런 폭풍에 대해서만 권위를 갖는다.
왜냐하면 우리가 받은 것만 줄 수 있기 때문이다.

Day 350
본향에서 이룬 것 같이 땅에도

요한이 대답하여 이르되 만일 하늘에서 주신 바 아니면 사람이 아무 것도 받을 수 없느니라

:: 요한복음 3장 27절

기독교 가정에서 자란 많은 어린이들에게 걸림돌이 되는 것은 부모가 교회와 집에서 행동을 다르게 하는 것이다. 때로 그것은 노골적인 위선의 문제가 된다. 그러나 대부분의 경우에는 착한 신자들이 자신의 마음을 돌보는 법을 배우지 않아서이다. 염려와 불안이 마음을 지배하면 그들은 자동적으로 그 분위기를 집에 조성한다. 노래하는 기쁨이 가장 필요한 곳은 집인데, 정작 집에서는 그것을 찾아볼 수 없다.

그것은 그리스도인의 탈진의 큰 원인이 된다. 내면에 없는 것을 밖으로 표출하라는 압력을 받기 때문이다. 사업 지향적인 복음에 그것이 나타난다. 그런 복음은 은총을 받으면서 일하는 것이 아니라 일을 함으로써 은총을 받으려고 한다.

때로 우리는 우리의 언어를 바꾸는 데 초점을 맞춘다. 언어가 창조적 힘을 갖는다는 것을 알기 때문이다. 그래도 변하지 않는 사실은 마음에서 나온 것을 입이 말한다는 것이다. 마음을 다루지 않고 외적인 것만 변화시키는 것은 종교의 방식이다. 기적에 대한 강요도 마찬가지이다. 내면에 나타나지 않는 하나님 나라가 외적으로 나타나게 하려는 것도 종교의 잔인한 강요성이다. 기적을 행하라는 명령에서 우리가 발견하는 핵심은 "너희가 거저 받았으니 거저 주라(마 10:8)"는 것이다. 우리 안에 왕의 통치를 경험한 만큼 우리가 하나님 나라를 줄 수 있다. 우리의 안을 통치하는 것이 우리의 바깥도 통치한다. 베드로의 그림자의 경우처럼, 나를 덮고 있는 것이 나의 그림자를 통해 방출될 것이다(행 5:15 참조). 마음은 온갖 종류의 악을 품을 수 있을 뿐 아니라 온갖 종류의 의미심장한 영적 돌파를 일으킬 수 있다. 마음에서 무엇이 생성되느냐는 우리가 마음의 선한 청지기가 되는 데 달려 있다.

『하나님과 꿈꾸기』 9장에서

> 우리 안에 왕의 통치를 경험한 만큼
> 우리가 하나님 나라를 줄 수 있다.

Day 351
창조자의 동역자들

간구할 때마다 너희 무리를 위하여 기쁨으로 항상 간구함은 너희가 첫날부터 이제까지 복음을 위한 일에 참여하고 있기 때문이라

:: 빌립보서 1장 4-5절

걱정, 시기, 분노, 원망 등등에 사로잡힌 영혼은 창조적인 사역을 꾸준히 이루어낼 수 없다. 그런 상태에서는 하나님께서 주신 신성한 특권 안에 번창하는 것이 불가능하다. 왜냐하면 우리가 원 디자인과 다르게 기능하고 있기 때문이다. 하나님께서 우리에게 지라고 하신 것을 질 때만 온전한 잠재력이 발휘된다. "내 짐은 가벼움이라(마11:30)"고 하셨다. 사람의 정신이 어떤 것에도 얽매여 있지 않을 때 자유롭게 창의력을 발휘할 수 있다는 것은 상식이다. 이렇게 생각해보라. 실린더가 여덟 개인 엔진이 있으면, 그 여덟 개 전부가 사용되어야 최대의 힘을 낼 수 있다. 실린더 여섯 개만으로도 달릴 수는 있지만, 양호한 상태는 아니다. 또 차가 그렇게 디자인되지도 않았다. 사람들은 늘 걱정, 두려움, 다른 정서적 압박에 시달리며 살면서 자신들의 '모터'가 잘 돌아가고 있다고 생각한다. 문제는 그들이 표준 이하인 자신의 삶으로 표준을 규정하고 있다는 것이다. 원망 등에 집착하는 것은 우리의 엔진에서 힘을 새어나가게 하고 의미 깊은 영적 돌파를 이루지 못하게 한다. 이럴 때는 회개가 해답의 시작이다. 회개는 우리를 용서와 하나님의 목적 안으로 이끈다.

지상에서 예수님의 권위를 위임받은 우리는 예수님께서 아버지로부터 받은 임무를 수행할 책임이 있다. 그것은 "마귀의 일을 멸하는 것(요일3:8 참조)"이다. 마귀가 패배했지만, 그의 많은 일들이 아직 도전을 받지 않고 있다. 예수님께서 승천하시기 전에, 아버지께서 예수님께 주신 것과 동일한 명령을 우리에게 전달하셨다(요20:21 참조). 그것은 "도둑질하고 죽이고 멸망시키려(요10:10)" 온 자에게 영향 받는 삶의 부분들을 분명하게 다루는 사역이다.

「하나님과 꿈꾸기」 9장에서

> 하나님께서 우리에게 지라고 하신 것을
> 질 때만 온전한 잠재력이 발휘된다.

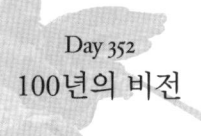

Day 352
100년의 비전

주께서 나를 온전한 중에 붙드시고 영원히 주 앞에 세우시나이다

:: 시편 41편 12절

하나님께서 우리 교회에 대한 100년의 비전을 가지라고 하시는 것으로 우리는 믿고 있다. 그래서 우리 교회는 항상 결정을 할 때마다 그 결정이 우리가 보지 못할 다음 세대에게 영향을 미친다는 것을 기억한다. "선인은 그 산업을 자자손손에게 끼쳐도(잠 13:22)." 하나님의 의가 우리를 선하게 만든다. 그리고 하나님의 의는 오늘 우리가 하는 결정이 후세대에게 미칠 영향을 보게 한다.

이 비전은 오직 신성한 목적을 발견함으로써만 실현 가능하다. 하나님의 사람들에 대한 영원한 목적을 볼 때, 우리는 그 목적에 걸맞은 생활을 이루어낼 수 있다. 최종 결과는 하나님의 목적을 불신자에게 인식시키는 것이다.

우리는 무엇보다도 하나님이 임재 하시는 사람들이다. 교회는 하나님의 영원한 처소이다. 우리는 하나님을 섬기는 것으로 알려져 있다. 그래서 우리는 사람들에 대한 사역을 더 효과적으로 할 수 있는 위치에 있고 그렇게 무장된다. 예를 들어, 가장 순수한 형태의 전도는 예배의 흘러넘침이다. 구약에서 사람의 손으로 건축한 하나님의 집에 하나님의 영광이 나타나 보였다면, 하나님께서 직접 지으시는 교회라는 이 집에는 하나님의 영광이 얼마나 더 나타나겠는가(마 16:18 참조).

우리는 하나님의 지혜를 권력의 자리에 있는 모든 사람들이 보도록 나타내야 한다. 그것은 높은 곳에 있는 통치자들과 권세들도 포함한다. 지혜를 통해 나타나는 창조적 표현은 모든 사람들에게 신자들의 모임이 땅의 문제들에 대한 하늘의 해답을 제시하도록 임무를 받았다는 사실을 일깨워준다. 그것은 이 세상의 열등한 지혜로부터 돌이켜, 사람들의 마음으로부터 나오는 절규에 능히 답할 수 있는 신성한 지혜로 향하게 할 것이다.

『하나님과 꿈꾸기』 9장에서

교회는 하나님의 영원한 처소이다.

Day 353
움직일 산들

여호와의 말씀이 날이 이르리니 왕궁의 모든 것과 왕의 조상들이 오늘까지 쌓아 두었던 것이 바벨론으로 옮긴 바 되고 하나도 남지 아니할 것이요 또 왕의 몸에서 날 아들 중에서 사로잡혀 바벨론 왕궁의 환관이 되리라 하셨나이다 하니

:: 열왕기하 20장 17-18절

우리가 다음 세대를 위해 건축하게 하는 사고방식을 저해하는 두 가지 산이 있다.

첫 번째는 우리 자신의 이기심이다. 우리 자신에게 무엇이 최선인지 생각하느라 우리가 만든 침대에서 자야 하는 사람들을 생각하지 못하기 쉽다. 히스기야가 그런 잘못을 했다. 그는 자신의 보물 전부를 외국인들에게 보여주는 죄를 지었다. 그러자 선지자가 그를 꾸짖었다(위의 구절, 왕하 20:17-18 참조). 그렇게 위대한 개혁자가 어떻게 이런 실수를 할 수 있었는지 몰라도 그는 이런 충격적인 대답을 했다. "히스기야가 이사야에게 이르되 당신이 전한 바 여호와의 말씀이 선하니이다 하고 또 이르되 만일 내가 사는 날에 태평과 진실이 있을진대 어찌 선하지 아니하리요 하니라(왕하 20:19)." 그렇게 위대한 사람이 어떻게 이런 자신만 생각했는지 슬프기 짝이 없다. 그의 어리석은 선택 때문에 후손이 저주를 받게 된다는 것을 알았는데도 말이다. 그는 자신의 살아생전에 축복을 누릴 것이라는 사실에 너무 행복한 나머지 후손에게 불행의 유산을 남긴다는 것을 미처 생각하지 못했다. 그는 후손에게 축복대신 저주를 남겼다. 그것은 위대한 부흥가의 삶에 경악할 결말이다.

두 번째 문제는 이렇다. 우리의 소망이 오로지 천국의 삶에만 있으면 우리가 명령을 받은 대로 정복하며 하나님의 통치를 위해 기도하기가 쉽지 않다. 상반된 것으로 보이는 진리 사이에 존재하며 교회가 긴장 속에서 균형을 유지하는 것은 쉽지 않은 일이다. 즉 우리는 그리스도의 재림에 대한 복된 소망을 가지면서도 하나님 나라(왕의 통치)가 지금 임하도록 기도하고 일할 특권으로 인해 즐거워한다! 그리스도의 재림에 대한 약속이 있다고 해서 내가 그리스도의 명령에 무책임해도 되는 것은 아니다.

『하나님과 꿈꾸기』 9장에서

> 그리스도의 재림에 대한 약속이 있다고 해서
> 내가 그리스도의 명령에 무책임해도
> 되는 것은 아니다.

Day 354
양과 염소의 나라들

모든 민족을 그 앞에 모으고 각각 구분하기를 목자가 양과 염소를 구분하는 것 같이 하여

:: 마태복음 25장 32절

우리는 우리의 삶이 세계의 사건들에 극적 차이를 일으키는 특별한 시대에 살고 있다. 우리는 이때를 위해 태어났다. 우리의 임무는 불가능이란 없는 듯 사는 것이다. 열방을 제자 삼으라는 명령은 비유가 아니다. 그것은 실제적 명령이며 그 임무를 받아들이는 자들을 위해 하늘이 뒷받침해준다. 이제는 '양'과 '염소'가 결정될 때이다. 교회가 침묵하거나 하나님의 목적에 대해 불신하면 우리의 임무 중에서 그 부분을 성취하는 특권을 놓칠 수 있다. 그렇다면 성령이 부어졌을 수도 있는 많은 나라들이 엉망이 될 것이다.

우리가 언제, 어떻게 하늘로 올라갈 것이라고 생각하든, 예수님께서 교회를 **구조하러** 오신다는 개념은 버려야 한다. 그 거짓말은 마치 나사가 제 자리에서 풀린 것처럼, 여러 세대의 많은 개혁자들이 소명을 이루는 자리에서 떠나게 만들었다. 그것은 교회가 하나님 나라 확장을 위해 자세를 취하는 대신에, 기존에 가진 것을 방어하려는 자세를 취하게 했다. 그러나 사실은 발전과 확장의 목적을 위해 점령하는 전략이 하나님 나라의 절대적 원리이다. 자신의 달란트를 지키려고 파묻어둔 사람을 보라(마 25:24-28). 그는 지키기에 급급했으며 받은 것을 증가시키지 않았다가 자신의 선택에 대한 영원한 결과를 고통스럽게 맞이했다.

우리가 하나님의 말씀을 공부할 때, 하나님의 마음이 계시된다. 하나님께서 선포하신 모든 것이 이뤄질 것이다. 하나님의 말씀은 하나님께서 의도하신 열매를 맺지 않고서는 돌아가지 않을 것이다(사 55:11 참조). 우리는 아버지께서 말씀하시는 것을 말할 특권이 있다. 그럼으로써 성경 말씀의 선포를 통해 어떻게 우리의 세상을 만들어 가는지 배우라.

『하나님과 꿈꾸기』 9장에서

> 발전과 확장의 목적을 위해 점령하는 전략이
> 하나님 나라의 절대적 원리이다.

Day 355
내일을 오늘로 당기기

그 때에 네가 보고 기쁜 빛을 내며 네 마음이 놀라고 또 화창하리니 이는 바다의 부가 네게로 돌아오며 이방 나라들의 재물이 네게로 옴이라

:: 이사야 60장 5절

하늘의 자원으로 땅에 자원을 공급하려면, 청지기직에 대한 우리의 이해가 성장해야 한다. 우리의 은사, 시간, 인간관계, 그리고 우리가 살고 있는 세상을 책임감 있게 관리하는 것에 대해 리더들이 가르칠 때마다 많은 사람들이 고민을 한다. 그러나 무엇보다도 청지기인 우리에게 하사된 최대의 명예는 오늘 선한 청지기로서 내일을 관리하는 것이다.

우리 주변의 세상을 창조적 표현을 통해 만들어가는 우리의 역할이 가장 최전방에 서는 것은 우리가 내일을 오늘 속으로 즐겁게 당길 줄 아는 것이다. 하나님께서 우리에게 말씀하실 때마다 그 역할에 대해 우리를 훈련시키시는 것이다. 왜냐하면 그렇게 함으로써 하나님 나라에 대한 우리의 애정이 일깨워지기 때문이다. 하나님의 세계에 마음의 닻을 내리고 있는 사람들이 이 일을 섬길 최고의 자격이 있다. 하나님께서 말씀하실 때마다 하나님의 영원한 목적을 우리 안에 세워주신다. 하나님의 말씀이 영원으로부터 시간 속으로 임해서, 우리가 걸어갈 길이 된다. 그 말씀이 우리를 영원과 연결시키고, 하나님의 세계의 영향력으로 우리의 세계에 영향을 미치게 한다.

신자가 받는 유산은 인간의 이해를 초월한다. 그 선물의 풍성함을 영원한 미래에만 국한시키는 것은 십자가의 능력을 현재에 충분히 나타내지 못하는 것이다. 하나님께서 우리에게 이해를 초월하는 은사를 주신 것은 우리의 이성을 초월하는 임무를 우리가 맡았기 때문이다. 예수님께서 우리에게 모든 것을 주신 것은 우리의 소명 성취에 **모든 것**이 필요하기 때문이다. 예수님께서 온 땅을 예수님의 영광으로 채우려 하시는데, 예수님의 영광스러운 신부가 한 역할을 할 것이다.

흥미로운 주목할 사실은 우리가 내일, 즉 **장래 일**을 이미 상속받았다는 것이다. 그것은 우리를 의미심장한 내일의 청지기로 만든다. 하나님께서 일어날 사건들을 우리에게 계시하시고, 우리는 그 사건들의 때를 청지기로서 관리한다. 이 놀라운 특권이 성경에 예시되어, 그렇지 않았더라면 이해하기 힘들었을 구절들에 대해 통찰을 제시해준다.

「하나님과 꿈꾸기」 10장에서

우리는 내일, 즉 장래 일을 이미 상속했다.

Day 356
하나님께서 이스라엘의 눈을 가리셨다

그들의 눈을 멀게 하시고 그들의 마음을 완고하게 하셨으니 이는 그들로 하여금 눈으로 보고 마음으로 깨닫고 돌이켜 내게 고침을 받지 못하게 하려 함이라 하였음이더라

:: 요한복음 12장 40절

우리가 이해하는 하나님의 개념에 반하는 것으로 보이는 진술들과 원리들을 성경에서 보게 될 때가 많이 있다.

그런 한 경우가 위의 요한복음 구절이다. 언뜻 보기에는, 하나님께서 이스라엘을 고쳐주고 싶지 않으셔서 그들이 회개하지 않기를 바라시는 것 같다.

그러나 성경 전체를 살펴보면 다르다. 우리는 하나님께서 부드러운 마음을 강퍅하게 하지 않으신다는 것을 안다. 부드러운 마음은 하나님께서 말씀하시며 행하고 계신 것을 받아들인다. 사람들이 참으로 하나님을 찾을 때마다, 하나님께서 큰 자비와 은혜로 환영하셨다. 왜냐하면 하나님은 깨어진 삶을 회복시키는 분이시기 때문이다. 그러나 강퍅한 마음은 완전히 다른 반응을 보인다. 하나님께서는 강퍅한 마음을 가진 사람을 강퍅하게 하신다.

아마도 바로가 가장 좋은 예일 것이다(출 7 참조). 성경은 바로가 여호와를 거슬러 마음을 강퍅하게 하기를 반복했다고 말씀한다. 그래서 하나님께서 최종적으로 그의 마음을 강퍅하게 하셔서 그 상태가 영원하게 하셨다. 바로가 의의 도구로 사용되지 않으려 하자 하나님께서 바로의 악을 사용하셔서 하나님의 기적들을 나타내셨다. 이제 하나님의 의도는 그를 하나님의 목적을 위한 '장기판의 장기'로 사용하시려는 것이었다.

비슷하게 이스라엘도 강퍅해져서 하나님의 목적을 위해 사용되었다. 불신 때문에 거부당한 도시는 우리가 알기로 나사렛이 유일하지만, 다른 도시들 역시 엄청난 기적들을 보았음에도 회개하지 않았다(마 11:21 참조). 하나님의 기적을 보는 것에 따르는 청구서가 있다. 우리는 더 이상 전과 똑같이 살(생각하고 행동할) 수 없다. 삶의 나머지 부분에서는 잘 보이지 않는 하나님의 통치를 기적들이 분명히 보여준다. 그것을 보고도 변화되지 않으면 우리 자신에게 스스로 심판을 부른다. 이스라엘의 많은 도시들이 그랬다.

『하나님과 꿈꾸기』 10장에서

> 삶의 나머지 부분에서는
> 잘 보이지 않는 하나님의 통치를
> 기적들이 분명히 보여준다.

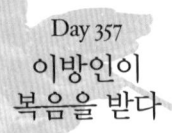

Day 357
이방인이 복음을 받다

그러므로 내가 말하노니 그들이 넘어지기까지 실족하였느냐 그럴 수 없느니라 그들이 넘어짐으로 구원이 이방인에게 이르러 이스라엘로 시기나게 함이니라

:: 로마서 11장 11절

하나님의 지혜는 완전하셔서 사람이 망쳐버린 최악의 것조차 하나님의 영광을 위해 사용하실 수 있으시다. 하나님께서는 **유대인들이 복음을 거절하는 이때**를 하나님의 주권 속에서 사용하셔서 이방인들이 믿음에 더해지게 하신다. 로마서 11장(위의 구절)에서 이것을 분명히 논하고 있다.

이스라엘이 예수님을 거절한 것은 이방인들이 감람나무, 즉 **하나님의 이스라엘**(갈 6:16, 롬 11:17-24)에 접붙여질 기회가 되었다. 이것은 모든 족속, 방언, 나라의 사람들을 구하시려는 하나님의 주권적 계획을 공부하기에 좋은 이야기이지만, 본 장의 목적은 아니다. 이 놀라운 이야기 속에 놀라운 한 가지 진리가 들어 있다. 이 마지막 때에 하나님 나라 안에서 이스라엘에 대해 하나님이 가지신 목적을 이스라엘이 보고서 구했다면, 하나님께서 주셨을 것이다. 그 약속이 성취될 정확한 때가 아니었더라도 하나님께서 그들에게 응답하셨을 것이다. 그러나 이스라엘이 그렇게 하지 않았으므로 하나님께서 이스라엘의 마음의 강퍅함을 사용하셔서 그것을 근거로 그들의 눈을 가리셔서 하나님의 목적이 하나님의 시간표에 따라 성취되게 하셨다. 그냥 "아니야"라고 하시는 대신에, 하나님께서 이미 강퍅한 그들의 마음을 강퍅하게 해서 이스라엘이 하나님 나라의 가능성을 인식할 능력을 잃게 하셨다.

이 이야기에서 함축하는 것이 있다. 당신은 보는 것을 가질 수 있다! 이렇게 말하는 것이 더 낫겠다. 하나님께서 당신에게 미래의 약속들을 보게 하시는 것은 그것들이 당신을 사로잡아서 당신이 그것들을 갈망하게 하시려는 것이다. 당신이 간절한 마음을 가질 때 그 약속들이 성취될 것이다.

『하나님과 꿈꾸기』 10장에서

하나님의 지혜는 완전하셔서
사람이 망쳐버린 최악의 것조차 하나님의 영광을 위해
사용하실 수 있으시다.

Day 358
성경의 선례들

보혜사 곧 아버지께서 내 이름으로 보내실 성령 그가 너희에게 모든 것을 가르치고 내가 너희에게 말한 모든 것을 생각나게 하리라

:: 요한복음 14장 26절

예수님과 어머니 마리아가 요한복음 2장에서 혼인잔치에 가셨다. 거기 있다가 마리아는 포도주가 모자란다는 것을 알아차렸다. 마리아가 그 문제를 예수님께 알리자, 예수님께서 대답하셨다. "여자여 나와 무슨 상관이 있나이까 내 때가 아직 이르지 아니하였나이다(요 2:4)." 예수님께서는 아버지께 받은 것만을 말씀하시고 행하셨기 때문에(요 5:19 참조) 지금은 기적을 행하는 자로 자신을 계시할 때가 아니라고 말씀하신 것이다. 그러나 마리아는 자신의 아들이 메시야라는 약속을 받은 지 어언 30년이 되었기 때문에 더 이상 기다리기가 어려웠다. 마리아는 종들에게 예수님께서 말씀하시는 대로 무엇이든 하라고 했다. 그러자 하나님 아버지로부터 모든 지시를 받으시는 예수님께서는 때가 되었다는 것을 인지하셨다. 놀랍다! 하나님의 때가 바뀌었다! 다른 날로 정해졌던 일(예수님을 기적을 행하시는 분으로 드러내는 것)이 마리아의 간절함을 통해 그 날 이뤄졌다.

또 다른 때에 예수님께서 우물가에서 사마리아 여인에게 사역하셨다. 예수님께서 그녀에게 너무나 심오한 영향을 미치셨기 때문에 그녀는 마을 전체에게 예수님의 말씀을 들으라고 설득했다. 처음에 그들은 여인의 간증 때문에 믿었지만, 결국에는 예수님을 직접 만남으로써 믿게 되었다. 아직 비 유대인들에게 복음을 전할 때가 아니었다는 것을 기억하라. 마태복음 10장에서 제자들이 임무를 받았을 때 비 유대인들에게 말씀을 전하는 것이 허락되지 않았다. 예수님의 죽음과 부활 후에야 그런 새로운 초점이 생기기 때문이다. 그러나 이 이야기에서 그 마을 사람들은 예수님께 이틀을 더 머물러 달라고 간청했고, 예수님께서 그렇게 하셨다. 그들은 다른 때로 남겨져있던 특권을 그 날로 앞당겼다.

『하나님과 꿈꾸기』 10장에서

> 다른 날로 정해졌던 일이
> 간절함을 통해 그 날 이뤄졌다.

Day 359
가장 의미 깊은 이야기

다윗이 이스라엘 온 무리를 예루살렘으로 모으고 여호와의 궤를 그 마련한 곳으로 메어 올리고자 하여

:: 역대상 15장 3절

아마도 다윗 왕이 이 원리의 성경적 선례를 보여주는 가장 놀라운 이야기의 주인공일 것이다.

다윗은 하나님의 마음에 합한 사람으로 알려져 있다. 다윗은 하나님께 대한 접근법이 달라질 것이라는 계시를 받았다. 그 깨달음이 모든 것을 바꾸었다. 다윗은 황소와 염소의 피가 하나님의 마음을 감동시키지 않으며, 하나님께서 정말로 찾으시는 것은 깨어지고 통회하는 마음의 제사라는 것을 알게 되었다. 그 당시에는 거의 상상할 수 없었던 또 다른 파격적 변화는 모든 제사장이 매일 하나님의 임재에 들어갈 수 있게 된다는 것이었다. 그리고 피가 담긴 대야로 제사를 드리는 것이 아니라, 감사와 찬양의 제사를 드릴 것이라는 것이었다.

준비가 시작되었다. 연주자들과 노래 부르는 자들이 연습을 했다. 이스라엘은 하나님의 임재가 예루살렘으로 돌아오는 것을 맞이하려고 준비하고 있었다. 이스라엘의 전 왕인 사울은 언약궤에 대한 관심이 별로 없었다. 그러나 다윗은 다른 무엇보다도 하나님의 임재를 원했다. 그 장막 안에서는 하나님의 임재 앞에서 동물 제사를 드리지 않았다. 백 퍼센트 찬양이었다.

여기서 주목할 두 가지가 있다. 첫째로, 그들이 한 일은 그 당시 율법에서 금지된 것이었다. 둘째로, 신약의 교회 생활이 어떤 것인지 미리 보여줬다. 예수님의 피 때문에 모든 신자는 하나님의 임재에 들어갈 수 있고 감사와 찬양과 경배로 하나님을 섬길 수 있었다.

다윗은 무엇보다도 예배자였다. 그는 어릴 때부터 하나님의 임재와 마음에 대해 많이 배웠다. 다윗은 신약의 신자들을 위해 준비된 생활을 잠깐 맛보았고, 그것이 그의 시대에 이루어지기를 갈망했다. 그가 본 것에 대한 갈급함이 너무 간절하자 하나님께서 후대를 위해 준비된 것을 그의 시대에 허락하셨다.

「하나님과 꿈꾸기」 10장에서

> 그가 본 것에 대한 갈급함이 너무 간절하자
> 하나님께서 후대를 위해 준비된 것을
> 그의 시대에 그에게 허락하셨다.

Day 360
큰 간격 넘어서기

끝날에 이르러는…곧 많은 이방 사람들이 가며 이르기를 오라 우리가 여호와의 산에 올라가서 야곱의 하나님의 전에 이르자 그가 그의 도를 가지고 우리에게 가르치실 것이니라 우리가 그의 길로 행하리라 하니

:: 미가 4장 1-2절

우리는 성경의 좋은 약속들 대부분을 '천년왕국' 때로 미루어버리는 나쁜 습관이 있다. 마지막 때가 사도행전 2장의 오순절에 시작되었다고 말하면서 마지막 때에 대한 선지자들의 놀라운 약속이 천년 왕국을 가리킨다고 말하는 것은 일관성이 없다. 그 중의 한 가지 좋은 예가 위의 미가서 4장 1-2절이다. 다음 사실에 오류가 분명히 드러난다. 대부분의 교회가 믿고 기다리는 것처럼, 세상의 상태가 점점 더 악화되어 교회가 구조되어야 한다면, 거기에는 믿음이 거의 필요하지 않다. 그것은 큰 약속에 응하는 무책임한 방식이다.

만일 다윗이 그런 사고방식으로 살았다면, 구약 율법의 제약 하에 살았어야 했을 것이고, 기쁨의 삶을 우리에게 간증하지 못했을 것이다. 그는 신약 시대 신자의 삶이 어떤 것인지 그 시대가 이루어지기도 전에 미리 보여주었다.

미래의 것을 그 시대로 가져오기 어려운 때가 있었다면, 다른 어느 때보다 다윗의 시대였을 것이다. 율법과 은혜 사이의 장벽이 너무 커서, 우리가 십자가 사건 이후 세대가 아니라면, 다윗이 한 일을 상상하기 어려웠을 것이다. 그러나 갈급하고 간절한 심령이 불가능을 이루었다. 그래서 미래에만 있을 법하던 것이 그들의 시대에 이루어졌다. 또한 그것은 다른 시대, 다른 인종의 사람들만을 위한 것도 아니었다. 신자들은 새 피조물, 새 인종이다(고후 5:17, 벧전2:9 참조). 다윗은 가장 큰 간격을 넘어서서 삶의 가장 큰 특권을 누렸다. 다윗은 하나님의 임재의 영광에 매일 나아갔다! 그것은 오직 예수님의 보혈로만 가능한 것이었다.

『하나님과 꿈꾸기』 10장에서

> 미래에만 국한되지 않은 것이
> 그들의 시대에 이루어졌다.

Day 361
우리의 최대의 도전

기록된 바 내가 너를 많은 민족의 조상으로 세웠다 하심과 같으니 그가 믿은 바 하나님은 죽은 자를 살리시며 없는 것을 있는 것으로 부르시는 이시니라

:: 로마서 4장 17절

만일 도시들이 회복되고 나라들이 치유된다는 약속이 천년왕국 시대에 대한 것이라면, 그리고 만일 하나님의 영광이 온 땅 위에 나타난다는 약속이 먼 미래에 대한 것이라면, 만일 천년왕국 전에는 하나님의 백성이 참된 성숙에 이르러 성숙한 사람으로 살 수 없다면, 나는 이렇게 질문하겠다. 하나님께서 성경에서 우리에게 보여주신 것에 대해 갈급해서 미래의 다른 때를 위한 것을 오늘 우리 시대에 끌어들일 사람은 없는가? 이 큰 간격을 넘어서서 하나님의 약속들을 임하게 하려고 헌신할 사람은 없는가? 또 모든 사람이 주님을 알게 될 것이라는 약속은 어떤가(렘 31:34 참조)? 그 약속은 우리의 도시들을 위해 추구할 가치가 있는 것이 아닌가?

만일 내가 말한 것이 맞는다면, 아무도 종말론 신학을 이유로 회피할 수 없다. 아무도 마지막 때에 대한 교리적 해석을 이유로 면제될 수 없다. 아무도 핑계 댈 수 없다. 만일 당신이 미래의 약속들을 볼 수 있고, 하나님의 의도에 대해 하나님께서 당신의 눈을 가리지 않으셨다면, 하나님께서는 당신에게 '없는 것을 있는 것으로 부르는(롬 4:17)' 역할을 맡기고 싶어 하신다. 믿음의 간절한 마음이 그런 역할을 한다. 우리의 기도와 중보로 역사의 방향과 흐름에 영향을 미칠 기회가 있다. 그럴 때 우리는 미래를 붙잡는다. 그래서 하나님께서 우리에게 '장래 일(요 16:13)'을 보여주고 싶어 하신다. 미래는 지금이다. 그리고 그것은 우리에게 속한다.

「하나님과 꿈꾸기」 10장에서

우리의 기도와 중보로 역사의 방향과 흐름에
영향을 미칠 기회가 있다.

Day 362
때를 따를 것인가?

여호와의 말씀이니라 보라 날이 이를지라 그 때에 파종하는 자가 곡식 추수하는 자의 뒤를 이으며 포도를 밟는 자가 씨 뿌리는 자의 뒤를 이으며 산들은 단 포도주를 흘리며 작은 산들은 녹으리라

:: 아모스 9장 13절

나는 우리가 '때'를 핑계거리로 삼는 것을 하나님께서 제거하려 하신다고 확신한다. 많은 사람들은 평생의 대부분을 영적 겨울로 살면서 그것을 **하나님의 연단**이라고 한다. 때의 비유로 침울함, 불신, 우울증, 무기력 등등에 대해 핑계를 대왔다. 이제 그것을 끝내야 한다. 기술적 발달이 기하급수적으로 이뤄졌듯이, 이 세대의 성숙도 그렇게 이뤄질 것이다.

하나님의 강가에 심긴 나무들은 1년 12달 내내 열매를 맺는다. 그 나무들은 예언된 대로 마지막 때의 폭발적 역사를 경험한 세대에 대한 예언적 원형이다. 그렇지 않다면 "포도를 밟는 자가 씨 뿌리는 자의 뒤를 이으며(암 9:13)"가 어떻게 가능하겠는가? 그것은 심고 거두는 것이 한 번에 이뤄지는 때에 대한 놀라운 예언적 장면이다. 그렇지 않다면 스가랴에서 말한, 약한 자가 다윗 같아지고 강한 자는 하나님 같아지는 성숙이 어떻게 가능하겠는가?(슥 12:8) 그런 것들은 바로 우리 앞에 있는 시간을 위해 예비 된 것들이다. 오늘의 우리가 내일을 붙잡자. 우리는 시간을 낭비하고 나서 하나님을 탓할 여유가 없다. 지금은 보고 이해할 때이다!

저주받은 무화과나무에 우리를 위한 메시지가 있다. 예수님께서 그 무화과나무를 저주하신 것은 그 나무가 **열매를 맺는 계절이 아닌 때에** 열매를 맺지 않았기 때문이었다. 저주받은 무화과나무는 즉시 죽었다. 예수님께서 불합리하셨던 것일까? 아니면 예수님께서는 우리 삶에 대해 예수님께서 기대하시는 것을 보여주려 하셨던 것일까? 우리는 예수님의 기대를 곧잘 무시한다. 예수님께서는 불가능을 행하도록 창조하신 자들이 불가능한 열매를 맺는 것을 기대하실 권리가 있으시다. 내 안에 살아계신 부활하신 그리스도의 영 때문에 나는 평범하고 시시한 일을 할 자격에서 박탈되었다. 나는 불가능을 행할 자격을 갖추었다. 왜냐하면 나는 믿는 신자이기 때문이다. 믿음은 나에게 불가능을 행할 자격을 준다.

『하나님과 꿈꾸기』 10장에서

> 내 안에 살아계신 부활하신 그리스도의 영 때문에
> 나는 평범하고 시시한 일을 할 자격에서 박탈되었다.

Day 363
영적 싸움의 목적

사랑하는 자들아 우리가 일반으로 받은 구원에 관하여 내가 너희에게 편지하려는 생각이 간절하던 차에 성도에게 단번에 주신 믿음의 도를 위하여 힘써 싸우라는 편지로 너희를 권하여야 할 필요를 느꼈노니

:: 유다서 1:3절

2년 전에 나는 아버지의 건강을 위해 기도했다. 그러나 아버지는 예수님 곁 본향으로 돌아가셨다. 그 이야기는 더 자세히 하지 않겠다. 하나님께는 부족함이 없다고 말할 수 있다. 그러나 나는 꿈쩍도 하지 않는 400kg의 바위를 밀고 있는 느낌이었다. 내가 몇 달 동안 그 바위를 밀었지만, 바위는 움직이지 않았다. 우리는 아버지께서 본향으로 돌아가신 것에 감사하며, 사람들의 수명을 단축시키는 것에 계속해서 대항하기로 결심했다.

얼마 지나지 않아 나는 깨닫게 되었다. 내가 그 400kg의 바위는 움직이지 못했지만, 이제 나는 바로 그 옆의 200kg의 바위는 움직일 수 있었다. 내가 400kg의 바위와 싸우기 전에는 이런 크기의 바위도 움직이지 못했다. 싸우는 것은 우리가 전에 할 수 있었던 것보다 더 무거운 것을 움직일 수 있게 역량을 길러주고, 전에는 우리 손이 닿지 않았던 사역의 기름부음의 영역을 열어준다.

종종 하나님께서 그런 싸움을 사용하여 하나님 안에서의 경험을 주변 사람들보다 훨씬 더 늘려주신다. 나는 그것을 **인간의 경험의 극치**라고 부른다. 과거에 그런 특별한 경험을 하고 그에 따른 비범한 기름부음과 은총을 받은 사람들은 그것을 통해 사람들에 대한 흡인력을 갖게 되었고, 그래서 사람들이 그들의 은사로 축복을 받게 했다. 그것이 은사의 목적의 일부이긴 하지만, 하나님의 온전한 의도에는 미치지 못한다. 그런 특별한 경험이 그리스도의 몸을 무장시켜서 결국은 그것이 교회의 표준이 되어야 한다. 과거에는 그것이 한 개인의 특별한 경험이었지만 말이다. 영적 싸움을 통해 얻어낸 돌파구를 모두와 공유해야 한다. 우리가 열심히 수고해 일한 것의 혜택을 모두가 공유해야 한다. 그것이 하나님의 방식이다.

『하나님과 꿈꾸기』 10장에서

영적 싸움을 통해 얻어낸 돌파구를
모두와 공유해야 한다.

Day 364
꿈꾸는 자들이여, 모이자

내가 그 때에 너희를 이끌고 그 때에 너희를 모을지라 내가 너희 목전에서 너희의 사로잡힘을 돌이킬 때에 너희에게 천하 만민 가운데서 명성과 칭찬을 얻게 하리라 여호와의 말이니라

:: 스바냐 3장 20절

하나님께서 하나님의 사람들의 갈급함을 사용하셔서 하나님의 역사의 추진력을 증가시키시고 그 속도에 급격한 변화가 일어나게 하신다. 새 신자들은 **성숙한** 사람들이 무엇이 가능한지 말해주기를 기다리지 않는다. 그들은 성경을 읽으면서 무엇이 타당한지 알고 있다. 문신을 하고, 몸에 피어싱을 하고, 죽음을 별로 두려워하지 않는 이 세대가 의미심장한 가능성에 도전하고 있다. 그들은 이전 세대가 불가능하다고 했던 것이 일어나는 것을 목격했으며, 이제 그 이하로는 결코 만족하지 않을 것이다. 나도 그들 중 하나로, 진정한 복음을 추구하는 일에 동참하고 있다. 그 복음은 장벽도 없고, 불가능도 없으며, 왕과 왕의 나라에 절대적으로 굴복하는 복음이다.

하나님께서 장래 일들을 계시하시는 것은 우리를 전략가로 만들기 위해서가 아니다. 하나님께서 우리에게 미래를 보여주시는 것은 우리를 갈급하게 만드시려는 것이다. 왜냐하면 굶주린 사람만이 하늘의 자원을 땅으로 옮기기 때문이다. 그런 이유로 부자는 하나님 나라에 들어가기가 정말로 어렵다. 보이지 않는 실체에 대한 갈망이 거의 없기 때문이다. 그들은 하나님 나라보다 열등한 물질의 풍부함 때문에 간절함을 잃었다.

우리는 경주를 하고 있다. 그것은 현재 존재하는 것과 존재할 가능성이 있는 것 사이의 경주이다. 우리는 모든 시대를 통틀어 가장 풍성한 유산을 받은 특별한 위치에 있다. 수천 년 동안 사람들이 하나님을 만나고 하나님께서 사람들을 만나시면서 그 유산이 축적되어 왔다. 앞서간 의인들이 지켜보고 있다. 그들이 하늘의 관중석을 가득 매우고 있는 "구름 같이 둘러싼 허다한 증인들(히 12:1)"이라고 불린다. 진짜 경주에서, 각 주자는 마지막 주자가 어떻게 마치느냐에 따라 상을 받는다. 그들은 경주의 이 마지막 구간을 위해 우리에게 투자했으며, 우리가 그들에게서 받은 것을 가지고 어떻게 사용하는지 지금 보고 있다.

『하나님과 꿈꾸기』 10장에서

하나님께서 하나님의 사람들의 갈급함을 사용하셔서 하나님의 역사의 추진력을 증가시키신다.

Day 365
오직 자녀들만 준비할 수 있다

하나님은 한 번 말씀하시고 다시 말씀하시되 사람은 관심이 없도다
사람이 침상에서 졸며 깊이 잠들 때에나 꿈에나 밤에 환상을 볼 때에

:: 욥기 33장 14-15절

우리는 꿈꿀 수 있는 능력을 부여받았다. 더 중요한 것은 하나님과 함께 꿈꿀 수 있다는 것이다. 하나님의 언어가 계속해서 드러나고, 하나님의 마음이 우리에게 전달되고 있다. 하나님의 선하심은 마음껏 과장해도 좋다. 우리는 지혜를 통해 창조성을 발휘함으로 우리 앞에 직면한 문제들을 해결하여 이전 세대들의 업적을 능가할 권리를 부여받았다. 그들의 최고점이 우리의 출발점이다. 이제는 우리가 달릴 때이다.

어릴 때 부모님이 손님을 집에 초청할 때가 있었다. 식사를 하며 즐거운 시간을 갖는 것에 참여하는 것은 항상 신났다. 그러나 잘 시간이 되어, 어른들은 아직 거실에서 얘기하며 즐거운 시간을 보내는 데 자리에서 일어나야 하는 것은 힘들었다. 내 방에서 어른들의 웃음소리가 들리면 괴로웠다. 그런 분위기 속에서 나는 도저히 잠을 자지 못했다. 때로는 더 이상 참을 수 없을 때, 조용히 복도로 나가서 귀를 기울였다. 나는 어떤 것도 놓치고 싶지 않았다. 만일 부모님이 나를 발견하시면 나를 다시 자러 가게 하셨다. 그러나 몇 번은 내가 그렇게 관심을 갖는 것이 귀여워서 나를 조금 더 거기 있게 해주셨다. 그럴 때는 내가 모험을 감행한 가치가 있었다!

지금 나는 다시 그 복도에 있다. 이 세대에 경험할 수 있는 어떤 것을 내가 놓친다는 것은 생각만 해도 괴롭다. 나는 이런 분위기 속에서 도저히 잠들 수 없다. 그랬다가는 내가 태어난 이유를 놓칠 것이기 때문이다.

「하나님과 꿈꾸기」 10장에서

우리는 꿈꿀 수 있는 능력을 부여받았다.
더 중요한 것은 하나님과 함께 꿈꿀 수 있다는 것이다.
당신은
날이면 날마다
기적의 삶을 경험할 수 있다!

가장 영감 있는 세 권의 책을 엮은 당신의 삶을 기적으로 채우는 365일 기도 가이드로 매일 하늘의 만나를 먹으라. 매일 영광을 맛보면서 당신의 영에 빛이 임하고 당신의 영혼이 강건해질 것이다.

주는 기이한 일을 행하신 하나님이시라
민족들 중에 주의 능력을 알리시고(시 77:14)

『하늘이 땅을 침노할 때』, 『초자연적 능력』, 『하나님과 함께 꿈꾸기』의 최고의 내용을 편집한 이 책은 당신이 종교적 한계에서 걸어 나와 치유와 표적과 기사와 무한한 가능성의 기독교 유산을 향해 날마다 나아가게 한다.

당신도 『기적의 삶』을 매일 경험할 수 있다. 아름다운 매일, 매일에!

빌 존슨과 부인 베니는 캘리포니아 주, 레딩에 있는 벧엘 교회의 담임 목사이다. 존슨 부부는 초교파적인 리더십 네트워크를 통해 많은 교회들을 섬기고 있다. 그는 성령 안의 풍성한 유산을 가진 가문의 5세대이다. 그들은 세 명의 자녀와 일곱 명의 손자 손녀를 두고 있다.

기적의 삶 365일

지은이 빌 존슨
펴낸이 김혜자
옮긴이 김주성

1판 1쇄 인쇄 2011년 2월 28일 | 1판 1쇄 펴냄 2011년 2월 28일

등록번호 제16-2825호 | 등록일자 2002년 10월
발행처 쉐키나 출판사 | 주소 서울시 강남구 대치2동 982-10
전화 02) 3452-0442 | 팩스 02)3452-4744
www.ydfc.com
www.shekinahmall.com

값15,000원
ISBN 978-89-92358-60-6 03230

* 잘못된 책은 바꿔 드립니다.
쉐키나 미디어는 영적 부흥과 영혼의 추수를 위해 책, CD, Tape, 영상물들의 매체를 통해 하나님 나라가 7대영역(가정, 사업, 정부, 교육, 미디어, 예술, 교회)으로 확장되는 비전으로 나아가고 있습니다.